全国高等学校测绘类应用型新形态教材

现代测量学

段祝庚	魏东升	郭宝宇	主　编
赵　蓉	张立亚	杨　志	副主编
赵建华　龙江平　曹元志　刘　红			参　编
邓晓嘉　刘卫东　陈　帅　段　梦			

电子工业出版社
Publishing House of Electronics Industry
北京·BEIJING

内容简介

本书依据高等院校农林、土木水利、地信类各专业测量学课程教学大纲精心编写。以地理空间信息采集和应用为主线，全书共 14 章，内容主要包括测量坐标系统、水准仪、全站仪的结构及使用，距离测量、角度测量、高程测量和坐标测量的基本方法，测量平差的基本知识，GNSS 卫星定位原理和方法，控制测量的基本方法，地面测量、摄影测量、激光雷达等数字测图技术和方法，地形图的分类、分幅与编号，地形图的认识与应用，测设的基本方法，工程测量、线路测量及隧道施工测量等测量学基本理论和知识。

本书配有虚拟仿真和实操视频、PPT 课件等数字化教学资源。本书可作为农林、生态、资源环境、城乡规划、土木水利等相关专业本科教材，也可作为电大、函授等各级各类学校测量学教学用书，还可供相关专业师生、工程技术人员和研究人员学习参考。

未经许可，不得以任何方式复制或抄袭本书之部分或全部内容。
版权所有，侵权必究。

图书在版编目（CIP）数据

现代测量学 / 段祝庚，魏东升，郭宝宇主编.
北京 : 电子工业出版社, 2025. 8. -- ISBN 978-7-121-51239-1
Ⅰ. P2
中国国家版本馆 CIP 数据核字第 2025UE2181 号

责任编辑：路　越
印　　刷：湖北画中画印刷有限公司
装　　订：湖北画中画印刷有限公司
出版发行：电子工业出版社
　　　　　北京市海淀区万寿路 173 信箱　　邮编：100036
开　　本：787×1092　1/16　印张：19　字数：463 千字
版　　次：2025 年 8 月第 1 版
印　　次：2025 年 8 月第 1 次印刷
定　　价：69.00 元

凡所购买电子工业出版社图书有缺损问题，请向购买书店调换。若书店售缺，请与本社发行部联系，联系及邮购电话：(010) 88254888，88258888。

质量投诉请发邮件至 zlts@phei.com.cn，盗版侵权举报请发邮件至 dbqq@phei.com.cn。
本书咨询联系方式：luy@phei.com.cn。

前　　言

为了满足农林、土木水利、地信类各专业对地理空间信息相关基础知识的需求，依据高等院校农林、土木水利、地信类各专业测量学课程教学大纲精心编写本书，本书编写过程中，在保持本学科系统性的基础上，加强对基本理论、基本概念和基本技能的论述，删减了有关光学经纬仪教学内容，增加了卫星导航与定位、摄影测量、激光雷达等教学内容，介绍了测绘新技术、新仪器和新成就，力争教材内容与行业技术发展接轨。

本书以地理空间信息采集和应用为主线，系统讲述了测量坐标系统、水准仪、全站仪的结构及使用，距离测量、角度测量、高程测量和坐标测量的基本方法，测量平差的基本知识，GNSS卫星定位原理和方法，控制测量的基本方法，地面测量、摄影测量、激光雷达等数字测图技术和方法，地形图的分类、分幅与编号，地形图的认识与应用，测设的基本方法，工程测量、线路测量及隧道施工测量等测量学基本理论和知识。

本教材由中南林业科技大学、湖南科技大学、湖南科技学院、湖南城市学院等高校与广州南方测绘科技股份有限公司联合编写。本书共分为14章。第1、2章由段祝庚编写，第3章由刘红、段梦编写，第4章由魏东升、杨志编写，第5章由邓晓嘉编写，第6章由龙江平编写，第7章由杨志编写，第8章由赵蓉编写，第9章由段梦编写，第10章由赵建华编写，第11、13、14章由张立亚编写，第12章由陈帅编写，曹元志、刘卫东对教材部分内容进行修改、校对，全书由段祝庚、魏东升、郭宝宇修改、校核、统稿。广州南方测绘科技股份有限公司提供了全部虚拟仿真和实操视频，并拥有其版权。在编写过程中，编者参考了大量同类优秀教材，引用了相关专家学者及同行的论著，并列于本书参考文献中；书中部分插图参考了相关文献和网络资源，在此向所有原作者致以诚挚的谢意。

本书可作为农林、生态、资源环境、城乡规划、土木水利等相关专业本科教材，也可作为电大、函授等各级各类学校测量学教学用书，还可供相关专业师生、工程技术人员和研究人员学习参考。

由于水平有限，书中可能存在不足和不妥之处，恳请读者批评指正。

编　者

目 录

第1章 绪论 ·· 1
  1.1 测量学 ·· 1
    1.1.1 测量学的概念 ·· 1
    1.1.2 测量学的研究内容 ··· 1
    1.1.3 测量学的任务 ·· 2
    1.1.4 测量学的应用 ·· 3
  1.2 测绘学科 ·· 4
    1.2.1 传统测绘学的分类 ··· 4
    1.2.2 测绘学科的发展历史、现状 ··· 7
    1.2.3 测绘学科的内涵 ··· 12
  思考题 ·· 12

第2章 坐标系统 ··· 14
  2.1 地球形状与地球模型 ··· 14
    2.1.1 地球的形状及大小 ·· 14
    2.1.2 大地水准面及大地体 ··· 15
    2.1.3 椭球面及地球椭球体 ··· 15
  2.2 中国大地坐标系统 ··· 17
  2.3 地面点位置的表达方式 ··· 18
    2.3.1 大地坐标系 ··· 18
    2.3.2 空间直角坐标系 ··· 19
    2.3.3 平面直角坐标系及高程 ·· 19
  2.4 高斯投影及高斯平面直角坐标 ··· 19
    2.4.1 高斯投影 ·· 19
    2.4.2 高斯平面直角坐标 ·· 21
  2.5 高程基准及高程系统 ·· 22
    2.5.1 高程基准 ·· 22
    2.5.2 高程系统 ·· 23
  2.6 水准面曲率对观测量的影响 ··· 24
    2.6.1 水准面曲率对水平距离的影响 ·· 24
    2.6.2 水准面曲率对高差的影响 ··· 25
    2.6.3 水准面曲率对水平角的影响 ·· 26
  思考题 ·· 26

第3章 水准测量 … 28
3.1 水准测量原理 … 28
3.2 水准仪与水准尺 … 29
3.2.1 微倾式水准仪 … 29
3.2.2 自动安平水准仪 … 33
3.2.3 数字水准仪 … 34
3.2.4 激光水准仪 … 35
3.2.5 水准尺及尺垫 … 35
3.3 水准仪的使用 … 36
3.4 水准路线测量 … 37
3.4.1 水准点 … 37
3.4.2 水准路线的布设 … 38
3.4.3 水准测量外业施测 … 39
3.4.4 水准路线测量内业计算 … 41
3.5 水准仪检验与校正 … 45
3.5.1 水准仪的主要轴线应满足的几何条件 … 45
3.5.2 水准仪的检验与校正 … 46
3.6 水准测量误差分析 … 49
3.6.1 仪器误差 … 49
3.6.2 观测误差 … 50
3.6.3 外界环境条件的影响 … 50
思考题 … 50

第4章 距离测量与角度测量 … 53
4.1 距离测量 … 53
4.1.1 距离测量概述 … 53
4.1.2 卷尺量距 … 53
4.1.3 电磁波测距 … 58
4.2 角度测量原理 … 63
4.2.1 水平角测角原理 … 63
4.2.2 竖直角测角原理 … 64
4.3 全站仪的认识与使用 … 65
4.3.1 全站仪概述 … 65
4.3.2 全站仪的基本组成及分类 … 66
4.3.3 全站仪的功能和使用 … 72
4.4 水平角观测 … 76
4.4.1 测回法 … 77
4.4.2 方向观测法 … 78
4.5 竖直角观测 … 80

4.6 全站仪的检验与校正 ... 82
4.6.1 全站仪应满足的几何条件 ... 82
4.6.2 全站仪的检验与校正 ... 83
4.7 电磁波距离测量误差分析 ... 86
4.8 角度测量误差分析 ... 87
4.8.1 仪器误差 ... 88
4.8.2 观测误差 ... 88
4.8.3 外界环境条件引起的误差 ... 89
思考题 ... 89

第5章 坐标测量 ... 91
5.1 直线定向 ... 91
5.2 坐标方位角与象限角 ... 92
5.3 坐标方位角计算 ... 93
5.4 坐标计算原理 ... 94
5.5 全站仪坐标测量 ... 96
思考题 ... 97

第6章 全球导航卫星系统 ... 98
6.1 GNSS 的组成与发展历程 ... 98
6.1.1 GNSS 的定义 ... 98
6.1.2 GNSS 系统组成 ... 99
6.1.3 GNSS 的发展历程 ... 100
6.1.4 GNSS 的新进展 ... 104
6.2 GNSS 定位的基础 ... 105
6.2.1 坐标系统和时间系统 ... 105
6.2.2 GNSS 卫星星历 ... 108
6.2.3 GNSS 卫星信号 ... 109
6.2.4 GNSS 接收机 ... 111
6.3 GNSS 定位的基本原理 ... 112
6.3.1 GNSS 定位概述 ... 112
6.3.2 伪距定位 ... 113
6.3.3 载波相位定位 ... 113
6.3.4 GNSS 定位误差 ... 114
6.4 GNSS 相对定位原理 ... 116
6.4.1 GNSS 相对定位概述 ... 116
6.4.2 观测值的线性组合 ... 117
6.4.3 相对定位的观测方程 ... 118
6.5 GNSS 差分定位 ... 119
6.5.1 GNSS 差分定位概述 ... 119

  6.5.2 单站差分 GNSS ·········· 119
  6.5.3 多站差分 GNSS ·········· 125
  6.5.4 RTK 测量 ·········· 126
 思考题 ·········· 133

第 7 章　测量误差基本理论 ·········· 135
7.1　测量误差的概念 ·········· 135
  7.1.1 误差产生的原因 ·········· 135
  7.1.2 测量误差的分类 ·········· 136
  7.1.3 测量误差的处理原则 ·········· 137
7.2　偶然误差的特性 ·········· 137
7.3　评定精度的标准 ·········· 140
  7.3.1 中误差 ·········· 140
  7.3.2 极限误差 ·········· 140
  7.3.3 相对误差 ·········· 141
7.4　误差传播定律 ·········· 141
  7.4.1 一般观测值的函数 ·········· 141
  7.4.2 一般函数误差传播律 ·········· 142
7.5　权与单位权中误差 ·········· 144
  7.5.1 权的定义 ·········· 144
  7.5.2 单位权中误差 ·········· 145
  7.5.3 典型观测值权的确定方法 ·········· 145
  7.5.4 权倒数传播定律 ·········· 147
 思考题 ·········· 147

第 8 章　控制测量 ·········· 148
8.1　控制测量概述 ·········· 148
  8.1.1 控制测量作用及原则 ·········· 148
  8.1.2 国家控制网 ·········· 149
  8.1.3 平面控制测量方法简介 ·········· 149
  8.1.4 高程控制测量方法简介 ·········· 151
8.2　导线测量 ·········· 152
  8.2.1 导线测量概述 ·········· 152
  8.2.2 导线测量的外业 ·········· 154
  8.2.3 导线测量的内业计算 ·········· 156
8.3　交会法 ·········· 161
  8.3.1 测角前方交会 ·········· 162
  8.3.2 测角侧方交会 ·········· 163
  8.3.3 测角后方交会 ·········· 163
  8.3.4 测边交会 ·········· 164

  8.3.5 边角交会 ·················· 164
 8.4 高程控制测量 ·················· 165
  8.4.1 三、四等水准测量 ·················· 165
  8.4.2 三角高程测量 ·················· 168
  8.4.3 GNSS 高程测量 ·················· 171
 思考题 ·················· 172

第9章 地形图的基本知识 ·················· 174
 9.1 地形图概念 ·················· 174
  9.1.1 地形图的比例尺 ·················· 174
  9.1.2 地形图分类 ·················· 176
 9.2 地形图图式 ·················· 176
  9.2.1 地物符号 ·················· 177
  9.2.2 地貌符号 ·················· 179
  9.2.3 注记 ·················· 181
 9.3 地形图的分幅编号 ·················· 183
  9.3.1 地形图的分幅 ·················· 183
  9.3.2 地形图梯形图幅编号 ·················· 185
  9.3.3 地形图正方形、矩形图幅编号 ·················· 186
  9.3.4 地形图图幅编号计算 ·················· 187
 9.4 地形图的识读 ·················· 188
 思考题 ·················· 191

第10章 大比例尺地形图测绘 ·················· 193
 10.1 地形图测绘方法 ·················· 193
  10.1.1 地形图测绘方法简介 ·················· 193
  10.1.2 数字化地形图测绘 ·················· 195
 10.2 地面测量数字化测图 ·················· 196
  10.2.1 地面测量数字化测绘作业模式 ·················· 196
  10.2.2 全站仪数字化地形图测绘 ·················· 198
  10.2.3 GNSS 差分定位数字化地形图测绘 ·················· 200
 10.3 地物测绘 ·················· 201
  10.3.1 地物分类 ·················· 201
  10.3.2 地物测绘的一般原则 ·················· 202
  10.3.3 地物测绘介绍 ·················· 202
  10.3.4 地物绘制 ·················· 205
 10.4 地貌测绘 ·················· 209
  10.4.1 等高线插值 ·················· 209
  10.4.2 等高线绘制 ·················· 210
 10.5 摄影测量测图 ·················· 212

  10.5.1 摄影测量原理 213
  10.5.2 航空摄影基本要求 214
  10.5.3 航空像片与地形图的区别 216
  10.5.4 摄影测量外业工作内容 217
  10.5.5 摄影测量内业关键步骤 217
  10.5.6 无人机摄影测量测图 219
 10.6 机载激光雷达地形测绘 223
  10.6.1 激光雷达分类 223
  10.6.2 机载激光雷达系统构成 225
  10.6.3 机载激光雷达地形测绘 226
 思考题 228

第11章 地理空间信息的应用 229
 11.1 地理空间信息概述 229
 11.2 地形图的主要用途 230
 11.3 地形图的精度 231
 11.4 纸质地形图 231
  11.4.1 纸质地形图的应用 231
  11.4.2 纸质地形图的数字化 237
 11.5 数字地形图的应用 239
 11.6 数字高程模型的应用 242
  11.6.1 数字高程模型 242
  11.6.2 利用DEM进行地形分析 244
 11.7 正射影像的应用 245
 思考题 247

第12章 建筑工程测量 249
 12.1 工程测量概述 249
 12.2 测设的基本内容和方法 250
  12.2.1 水平角测设 250
  12.2.2 水平距离测设 251
  12.2.3 平面点位测设 251
  12.2.4 高程测设 255
 12.3 建筑施工坐标系 256
 12.4 建筑施工平面控制测量 256
  12.4.1 建筑基线 257
  12.4.2 建筑方格网 258
 12.5 建筑施工高程控制测量 259
 12.6 建筑施工详细测设 260
  12.6.1 建筑施工图纸 260

  12.6.2 建筑施工详细测设 ·················· 263
 12.7 变形监测 ······························ 264
  12.7.1 变形监测的内容、目的及意义 ··········· 264
  12.7.2 建筑物（构筑物）沉降观测 ············ 265
  12.7.3 变形监测的特点和方法 ··············· 269
 思考题 ·································· 269

第13章 线路工程测量 ························ 271
 13.1 圆曲线的测设 ·························· 271
 13.2 有缓和曲线的圆曲线测设 ··················· 275
 13.3 竖曲线的测设 ·························· 277
 思考题 ·································· 279

第14章 隧道工程测量 ························ 280
 14.1 隧道地面控制测量 ······················· 280
  14.1.1 隧道地面平面控制测量 ··············· 280
  14.1.2 隧道地面高程控制测量 ··············· 281
 14.2 隧道洞内控制测量 ······················· 282
  14.2.1 洞内平面控制 ··················· 282
  14.2.2 洞内高程控制测量 ················· 283
 14.3 隧道（巷道）贯通测量 ···················· 283
  14.3.1 洞内中线和腰线测设 ················ 283
  14.3.2 洞内施工导线测量和水准测量 ··········· 284
  14.3.3 盾构施工测量 ··················· 284
  14.3.4 竖井联系测量 ··················· 285
 思考题 ·································· 290

参考文献 ··································· 291

第1章 绪　　论

内容提要

本章简要介绍了测量学及测绘学科的基本概念与主要研究内容，通过对传统测绘学进行分类，梳理了测绘学科的发展历史与现状，简述了测绘学科的数字化、信息化、智能化发展趋势，揭示了测绘学科的内涵，重点阐述了测量学的定义、研究内容、任务及其应用领域。

1.1　测　量　学

1.1.1　测量学的概念

人类生活在地球上，一切活动都与测绘地理空间信息息息相关。测绘地理空间信息包括空间、属性、时间三大要素。在什么时间、什么地方发生了什么事情？事发地点及其周围环境发生什么变化、有什么关联？测绘地理空间信息在人口、环境、资源、灾害等问题中发挥着重要作用。它不仅能够提供精确、全面的数据支持，还能够为这些问题的研究、管理和解决提供有效的技术手段。

测绘地理空间信息通过有关测量仪器设备按照一定的原理、方法进行采集与获取。这里的测量是指利用测量仪器测定地球表面自然形态的地理要素和地表人工设施的形状、大小、空间位置及其属性等。测量学是研究地球的形状和大小以及确定地面点（包括空中、地下和水下）空间位置的科学，利用测量仪器按照一定的原理、方法测定地球表面自然形态的地理要素和地表人工设施的形状、大小、空间位置及其属性等。它是测绘科学的一个重要组成部分，也是地球科学的一个分支。测绘学是与测量学概念、内涵极为相似的另一个专业名词。测绘学就是利用测量仪器测定地球表面自然形态的地理要素和地表人工设施的形状、大小、空间位置及其属性等，然后根据观测到的数据通过地图制图的方法将地面的自然形态和人工设施等绘制成地图。相对而言，测绘的内涵更为丰富、外延更广。

测量学研究区域通常为地球表面小范围（半径为 10km 范围），不顾及地球曲率，把地球表面当作平面看待。但是事实上地球表面并不是平面，当测绘工作的范围较大时不能把地球表面当作平面，需考虑地球曲率的影响。尤其是测绘科学技术的应用领域不断扩大，其工作范围可能为一个地区、一个国家，有时甚至需要进行全球的测绘工作。

1.1.2　测量学的研究内容

测量学的研究内容主要包括以下几点。

1. 测绘基准及坐标系统

测绘基准是为进行测绘工作所确定和建立的各类起算点、起算面及其相应参数的总称，主要包括大地基准、高程基准、深度基准和重力基准，涵盖了测绘活动中所使用的各种大地测量参数、统一的起算面、起算基准点（如大地原点、水准原点、重力基点）、起算方位及其相应的设施等。它们是测绘工作的基础和起算依据，对于保证测绘成果的整体性、系统性和科学性具有重要意义。坐标系统是描述物质存在的空间位置（坐标）的参照系，通过定义特定基准及其参数等形式来实现。

2．地面点位确定

利用测量仪器和设备，按照一定的作业规范和要求，对地面上的点进行观测和数据采集，经过数据处理和解算，最终确定这些点的位置信息，包括平面位置和高程等，并利用位置信息解决各种实际问题。

1.1.3 测量学的任务

测量学的任务主要包括测绘、测设和测绘地理信息的应用等三个方面。

1．测绘

测绘即地形地貌测绘，就是利用有关仪器设备将地面上地物（如山体、河流、建筑物等）、地貌（如山头、山脊、山谷、鞍部、洼地等）按一定原理和方法测量并绘制成图（见图 1-1），为城市规划、交通建设、土地管理、环境保护等行业和领域服务，为相关决策提供基础地理数据支持。

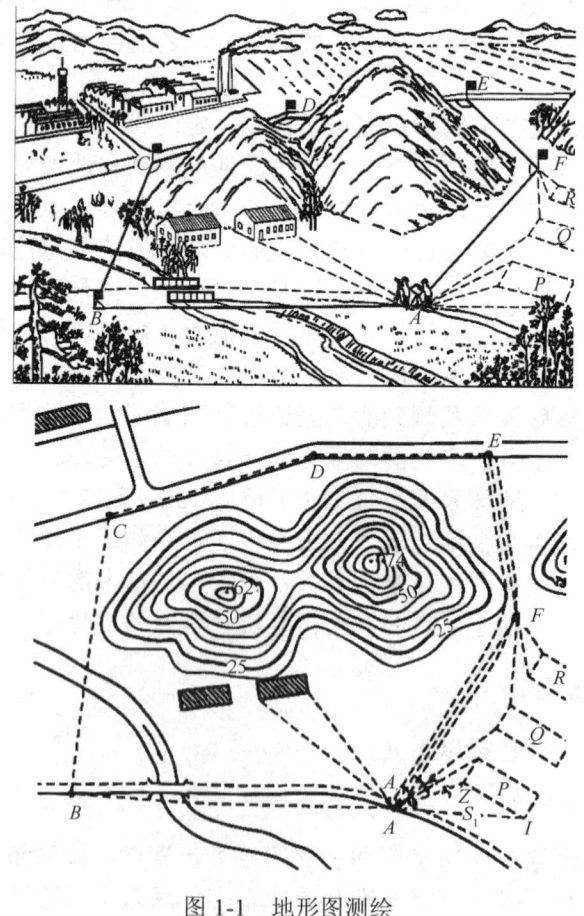

图 1-1 地形图测绘

当测绘工作为较小区域的测量和制图时，即小尺度、小范围时，可将地球表面当成平面，不考虑地球曲率的影响，测绘工作就要简单很多。但是事实上地球表面并不是平面，测绘工作的范围为较大区域时，即大尺度、大范围时，就必须考虑地球的形状、大小及地球曲率对测绘的影响，不能将简单地将地球表面当成平面，测绘工作因此变得复杂得多。本教材所指的测绘均限于小范围、小尺度。

2．测设

测设，也称为放样，就是利用测量仪器和设备，按一定原理和方法将设计图纸上规划设计好的建、构筑物平面位置和高程标定在实地上，作为施工的依据（见图1-2）。确保建筑、道路、桥梁、水利等工程设计成果在实地得到准确实施，按图施工。

图1-2　建筑施工测量放样现场

3．测绘地理信息的应用

测绘地理信息包含矢量数据、栅格数据、卫星像片、航空像片、地图以及地名数据库、专题数据和多媒体数据等多种数据形式。总体上，测绘地理信息具有空间性、数据量大、时序性强、多维性、区域性、准确性等特征，不同形式的测绘地理信息又具有各自的特点。熟悉和掌握测绘地理信息的特征、特点，对于深入理解其在各个领域的应用具有重要意义。测绘地理信息提供了精确的地表形态、地理要素、空间分布等信息，包括地形地貌、土地利用、自然资源分布、环境状况、交通网络等，是各类空间规划、管理、监测和决策的基础。测绘地理信息的应用丰富多样，广泛应用于国土管理、环境监测、城市建设、灾害预警等多个领域，并正逐步向自动化、智能化方向发展。这些应用不仅提升了政府的空间治理能力和水平，还带来了显著的社会价值和经济效益。

1.1.4　测量学的应用

1．国土管理与资源调查

通过测绘技术获取地表地物空间分布信息、地形起伏变化等基础地理信息数据，为土地规划、利用、保护、管理及决策提供科学依据。在矿产资源、水资源、森林资源等自然资源的调查中，测绘地理信息技术用于获取资源的分布、储量、质量等信息，为资源的合理开发和利用提供支持。

2. 城市规划与建设

利用测绘地理信息技术，可以获取城市的地理空间数据，进行城市规划的模拟、分析和优化，为城市的可持续发展提供决策支持。在城市建设过程中，测绘地理信息技术用于工程测量、建筑定位、地下管线探测等，确保工程建设的精度和质量。

3. 交通与物流

使用测绘地理信息技术可以获取交通网络的空间数据，进行交通流量的分析、预测和优化，提高交通管理的效率和安全性。在物流运输领域，测绘地理信息技术用于货物的定位、追踪和调度，提高物流运输的效率和准确性。

4. 农业与林业

在农业领域，测绘地理信息技术用于农田的精准测量、作物分布监测、农业灾害预警等，为农业生产的精细化管理提供支持。在林业领域，测绘地理信息技术用于森林资源的调查、监测和评估，为林业资源的可持续利用提供科学依据。

5. 环境监测与灾害预警

使用测绘地理信息技术可以获取环境要素的空间分布和变化信息，进行环境质量的监测和评估。在灾害预警方面，测绘地理信息技术用于地质灾害、气象灾害等的监测和预警，以提高灾害防治的效率和准确性。

6. 电力与通信

在电力和通信领域，测绘地理信息技术用于电力线路和通信线路的规划、建设和维护，确保电力和通信网络的稳定性和安全性。

7. 军事与公安

在军事和公安领域，测绘地理信息技术用于军事地理信息系统的建设和应用，以及公安部门的指挥调度和案件侦查等工作。

综上所述，测绘地理信息的应用领域非常广泛，几乎涵盖了所有需要地理空间数据的行业和领域。随着技术的不断进步和应用场景的不断拓展，测绘地理信息的应用前景将更加广阔。

1.2 测绘学科

1.2.1 传统测绘学的分类

随着测绘科学技术的发展和时间的推移，测绘学的学科分类方法是不相同的。传统测绘学可划分为大地测量学、摄影测量学、地图制图学、工程测量学和海洋测绘学。

1. 大地测量学

大地测量学是研究地球表面及其外层空间点位的精密测定，地球的形状、大小和重力场，地球的整体与局部运动，以及它们的变化的理论和技术。在大地测量学中，测定地球的大小是指测定与真实地球最为吻合的地球椭球的大小；研究地球形状是指研究大地水准面的形状；

测定地面或空间点的几何位置是指测定以地球椭球面为参考面的地面点位置，即将地面点沿椭球法线方向投影到地球椭球面上，用投影点在椭球面上的大地经纬度表示该点的水平位置，用地面至地球椭球面上投影点的法线距离表示该点的大地高程；研究地球重力场是指利用地球的重力作用研究地球形状等。

解决大地测量学所提出的问题，传统上有两种方法：几何法和物理法。几何法是采用几何观测量（距离、角度、方向）通过三角测量等方法建立水平控制网，提供地面点的水平位置，通过水准测量方法，获得几何量高差，建立高程控制网提供点的高程。物理法是观测地球的重力等物理量，采用地球重力场的理论和方法推求大地水准面相对于地球椭球的距离（称为大地水准面差距）、地球椭球的扁率（地球形状）等。

2．摄影测量学

摄影测量学是通过相机等传感器获取影像数据，通过对影像数据进行处理获取被摄物体形状、大小、位置、特性及其相互关系的一门学科（见图 1-3）。摄影测量的主要任务是测绘各种比例尺的地形图，为各种地理信息应用提供基础数据。

图 1-3　摄影测量

3．地图制图学

地图制图学是研究地图制作的基础理论、地图设计、地图投影、地图编绘和制作的技术方法及应用的学科。地图设计，是通过研究、实验制定新编地图的内容、表现形式及其生产工艺程序的工作；地图投影，是依据一定的数学法则建立地球表面上的经纬线网与在地图平面上相应的经纬线网之间函数关系的理论和方法，也就是研究把不可展曲面上的经纬线网描绘成平面上的图形所产生各种变形的特性和大小以及地图投影的方法等；地图编制，是研究制作地图的理论和技术，即从领受制图任务到完成地图原图的制图全过程；地图制印，是研究复制和印刷地图过程中各种工艺的理论和技术方法；地图应用，是研究地图分析、地图评价、地图阅读、地图量算和图上作业等的理论和方法。

4. 工程测量学

工程测量学主要研究在工程建设和自然资源开发各个阶段进行测量工作的理论和技术。它是测绘学在国民经济、社会发展和国防建设中的直接应用，包括规划设计阶段、施工建设阶段和运行管理阶段等过程中的测量。每个阶段测量工作的重点和要求各不相同。规划设计阶段的测量主要是提供地形资料和配合地质勘探、水文测量所进行的测量工作。施工建设阶段的测量主要是按照设计要求，在实地准确地标定出工程结构各部分的平面位置和高程作为施工和安装的依据。运行管理阶段的测量是指工程竣工后为监视工程的状况和保证安全所进行的周期性重复测量，即变形监测（见图1-4）。

图1-4　大坝变形监测

5. 海洋测绘学

海洋测绘学是以海洋水体和海底为研究对象所进行的测量和海图编制的理论和方法的学科。海洋测绘学主要包括海洋大地测量、海道测量、海底地形测量、海洋专题测量以及航海图、海底地形图、各种海洋专题图和海洋图集的编制（见图1-5）。海洋大地测量是测定海面地形、海底地形以及海洋重力及其变化所进行的大地测量工作；海道测量是以保证航行安全为目的，对地球表面水域及毗邻陆地所进行的水深和岸线测量以及底质、障碍物的探测等工作；海底地形测量是测定海底起伏、沉积物结构和地物的测量工作；海洋专题测量是以海洋区域与地理位置相关的专题要素为对象的测量工作，如海洋重力、磁力、领海基线等要素的测量工作；海图制图是设计、编绘、整饰和印刷海图的工作，同陆地地图制图方法基本一致。

图1-5　海洋测绘

1.2.2 测绘学科的发展历史、现状

测绘学有着悠久的历史。测绘技术起源于社会的生产需求，随着社会的进步而向前发展。古埃及和中国等古代文明就已经开始利用测绘技术治理土地和规划城市。古代测绘技术主要依赖于简单的测量工具，如绳尺、木杆尺等，以量测距离为主。这时候的地图只是根据文字记述或见闻绘成的略图，不讲求比例尺和方位，可靠性很差。同时，古代中国还利用磁石制成了最早的指南工具"司南"。公元前 7 世纪，中国已有早期的地图记录；公元前 130 年，西汉初期出现了《地形图》和《驻军图》（见图 1-6、图 1-7）。17 世纪初，英国科学家牛顿提出了地球是两极略扁的椭球体理论，望远镜的发明和三角测量法的创立开启了角度测量的新纪元。1730 年，英国的西森制成测角用的第一架经纬仪，大大促进了三角测量的发展。图 1-8 为早期的测角仪器——游标经纬仪。

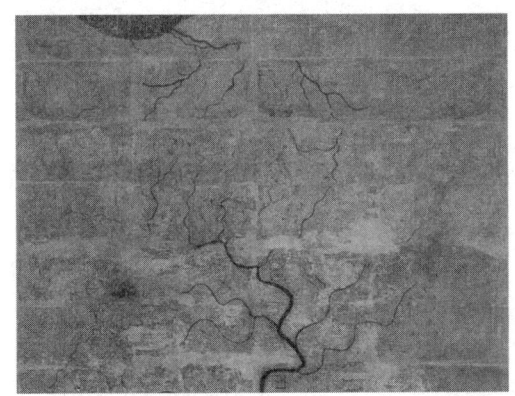
图 1-6 马王堆古墓出土的西汉《地形图》

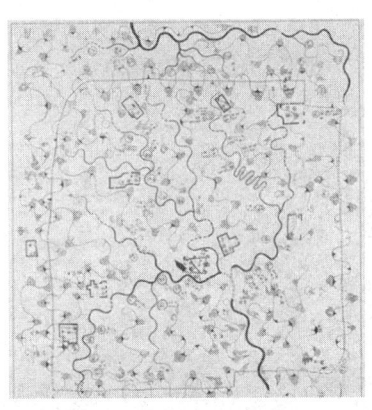
图 1-7 西汉《驻军图》

图 1-8 游标经纬仪

图 1-9 光学经纬仪

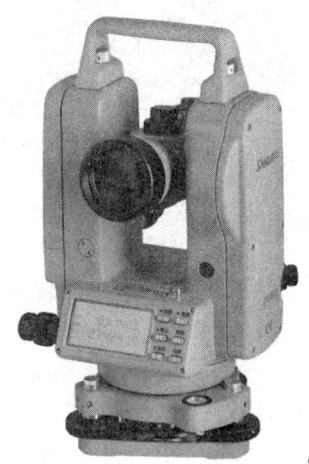
图 1-10 电子经纬仪

测量仪器和方法不断改进，测量数据精度的提高要求有精确的计算方法。1806 年和 1809 年，法国的勒让德（A.M. Legendre）和德国的高斯分别提出了最小二乘准则，为测量平差奠定了基础。19 世纪 50 年代，法国的洛斯达（A. Laussedat）首创摄影测量方法，20 世纪初形成了地面立体摄影测量技术。由于航空技术的发展，1915 年制造出自动连续航空摄影机，可

将航摄像片在立体测图仪上加工成地形图，因而形成了航空摄影测量方法，大大提高了地形图的制作效率。随着测量技术的进步，地图的精度和覆盖范围逐渐提高，国家规模的地形图开始被绘制出来。从17世纪末到20世纪中叶，主要是光学测绘仪器的发展，图1-9为光学经纬仪，此时测绘学的传统理论和方法也已发展成熟。到20世纪50年代，测绘仪器又朝着电子化和自动化的方向发展，图1-10为电子经纬仪。1948年发展起来的电磁波测距仪（见图1-11），可精确测定远达几十千米的距离，相应地在大地测量定位方法中发展了精密导线测量和三边测量。与此同时，随着电子计算机的出现，发明了电子设备和计算机控制相结合的测绘仪器设备，如全站仪（见图1-12）、摄影测量中的解析测图仪等，使测绘工作更为简便、快速和精确。继而在20世纪60年代又出现了计算机控制的自动绘图机，用于实现地图制图的自动化。1957年第一颗人造地球卫星发射成功后，卫星大地测量和航天摄影测量成为新的测绘领域。随后，甚长基线干涉测量技术、惯性测量技术等新技术不断涌现。20世纪90年代，美国建成了全球第一个卫星导航与定位系统（Global Positioning System，GPS），可为全球用户提供实时、全天候、高精度的三维位置、速度和时间信息。它不仅提高了测绘精度与效率，推动了测绘技术的革新和产业升级，还为测绘事业的发展注入了新的动力。

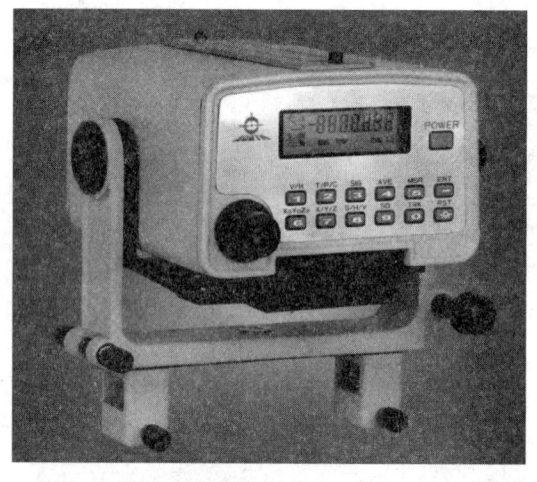

图1-11　光电测距仪

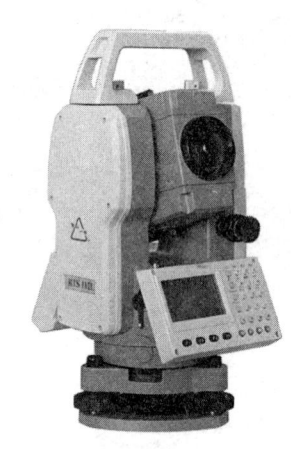

图1-12　全站仪

新中国成立以来，我国测绘事业蓬勃发展。1956年1月，国家测绘总局成立并作为国务院直属机构，随后逐步建立健全了国家和省（自治区、直辖市）两级测绘管理体制，标志着新中国测绘事业正式走上国家层面的管理和发展轨道。

1955年12月，国务院颁布了《关于长期保护测量标志的命令》，1959年9月，国务院颁布了《中华人民共和国大地测量法式（草案）》，为测绘事业提供了法律保障，标志着测绘事业开始走上法治化道路。

新中国成立后，先后建立起北京坐标系、黄海高程系、重力基准等，并在全国统一使用，解决了中国历史上坐标不统一的问题，为大规模测制地形图、编绘地图以及开展各种测量提供了必需的基准控制。

改革开放后，我国完善了测绘基准体系。我国开始建立适应中国实际需求的测绘基准体系，并相继建成1980西安坐标系、1985国家高程基准和1985国家重力基本网，构建起符合中国实际、具有中国特色的测绘基准体系。

1992年12月，我国颁布实施《中华人民共和国测绘法》，2007年9月，国务院印发《国务院关于加强测绘工作的意见》，成为我国测绘事业法制化建设的重要里程碑，逐步建立健全了以《中华人民共和国测绘法》为核心的测绘法律法规体系。

进入21世纪，我国全面建成了2000国家大地坐标系，更新了国家大地基准和国家重力基准，实现了测绘事业由数字化向信息化的跨越式发展，满足了经济社会发展对基础地理信息数据的多样化需求，推动了测绘技术的创新与应用。

20世纪后期，中国开始探索适合国情的卫星导航系统发展道路，按照分三步走的发展战略，于2020年建成了北斗卫星导航系统（简称北斗系统）。北斗系统是中国自主建设、独立运行的全球卫星导航系统，是为全球用户提供全天候、全天时、高精度的定位、导航和授时服务的国家重要时空基础设施。

党的十八大以来，测绘事业发展走出自己的"加速度"，谱写了创新发展、转型升级的新篇章，推动了地理信息产业的迅猛发展，为国家经济社会发展和自然资源管理提供了科学支撑和决策依据。

从20世纪60年代到本世纪初，测绘学科经历了由传统测绘、数字化测绘、信息化测绘到智能化测绘的转变，现在正在沿着智能化测绘道路迈进。

1. 模拟测绘

在20世纪90年代以前，模拟测绘一直占据主导地位。模拟测绘主要采用传统的测绘工具和仪器进行自然地理要素或地表人工设施的形状、大小、空间位置及其属性的测定、采集，以及对获取的数据、信息、成果进行手工记录、计算和表达，主要利用平板仪、经纬仪、测距仪、立体图测仪、多倍仪等传统仪器进行模拟数据采集，主要包括角度、距离、高程等，通过手工记录和计算，或辅以计算器及测量计算小程序来提高效率。通过刻图和印刷的方式完成地图产品的制版印刷。生成的地图产品以印刷图的形式出现，供规划、管理、设计施工行业和部门等使用。模拟测绘具有作业设备简陋，作业手段繁重，过度依赖人工、记录、计算，成果形式单一、精度相对较低等特点。模拟测绘作为测绘技术发展的一个重要阶段，在一定程度上满足了当时的社会需求，但随着科学技术的不断进步，其局限性日益显现，逐渐被数字化、信息化测绘所取代。

2. 数字化测绘

从20世纪90年代初开始，测绘领域充分利用计算机技术、3S技术（卫星导航定位技术、遥感技术、地理信息系统技术）等现代高新测绘技术，实现了地理信息获取、处理、服务和应用全过程的数字化，测绘学科从理论到技术发生了根本性的变化，开启了数字化测绘的新时代。数字化测绘是指利用全站仪、卫星导航定位系统（Global Navigation Satellite System，GNSS）、激光扫描仪、摄影测量设备和各种遥感传感器等现代测量仪器采集、获取地理空间数据，利用计算机硬件和软件对这些地理空间数据进行处理、存储、显示、传输和应用。

电子（数字）测绘仪器取得重要进展，生产出了自主知识产权的电子（数字）经纬仪、测距仪、全站仪、GNSS接收机等系列国产化仪器，开发出大量的测图软件，基本实现了测绘仪器装备的数字化，彻底改变了传统的测绘数据采集的手段、方法及地形测图成图的方法。测绘成果的形式也由纸质地图转变为数字产品，如数字高程模型（Digital Elevation Mode，DEM）、数字正射影像（Digital Orthophoto Map，DOM）、数字线画地图（Digital Line Graphic，

DLG）和数字栅格地图（Digital Raster Graphic，DRG）等。这些数字产品不仅具有更高的精度和更丰富的信息含量，而且便于存储、传输和处理。进一步，随着全球定位系统全面应用于大地测量定位，以及全数字化自动测图系统、影像扫描系统、全数字空中三角测量系统、数字摄影测量工作站、地图编辑工作站、地图数字化系统等数字化测绘技术装备以及地理信息系统基础软件和应用软件相继问世，一套适应新技术的系列数字化测绘标准和地理信息数据生产的工艺流程逐渐形成；同时，随着卫星导航定位、遥感、地理信息系统等和数字化测图有机结合，测绘和地理信息的获取、处理、管理和服务的运行模式也得到相应发展，基本解决了基于网络的数字化测绘生产、海量空间数据存储管理、空间数据库构建等关键技术难题，建成了一批基础地理信息中心和基础地理信息数据生产基地，测绘技术体系实现了从传统模拟测绘向数字化测绘的历史性跨越。数字化测绘具有测绘仪器电子化与自动化、数据处理计算机化、测绘生产与产品形式数字化、测绘成果分发网络化等特点。

3. 信息化测绘

进入 21 世纪以来，随着互联网和信息技术的进一步发展，测绘技术又进入了信息化测绘阶段。信息化测绘是我国测绘事业在实现了由传统测绘向数字化测绘转化和跨越之后，进入的一个新的发展阶段。它代表着我国测绘在进入新世纪后现代化建设的战略方向。信息化测绘以完善的测绘技术为基础，利用现代信息技术，开发和利用地理信息资源，提高测绘工作效率，向社会各领域需求者提供空间基础地理信息综合服务和保障的一种新型测绘体系。信息化测绘最本质的内涵和特征是实现实时有效的地理信息综合服务，具体表现为以下几个方面。

数据获取实时化：由"静态"到"动态"，即对地理信息的获取和数据库建设由静态生产为主转为动态变化监测和实时更新为主。信息化测绘通过研发和综合采用各种快速观测新技术，实现数据获取的实时化。

信息交互网络化：由"局域"到"广域"，即数据传输和信息交互的网络支撑运行环境，利用广域专网或国际互联网提供实时有效的地理信息综合服务，实现数据传输和信息交互的网络化。

基础设施公用化：由"专用"到"公用"，测绘基础设施如测绘基准体系和基础地理信息数据库系统的使用不再局限于专业部门，由原来的供专业使用为主升级改造为满足社会公共使用为主，实现测绘基础设施的公用化。

信息服务社会化：由"封闭"到"开放"，即测绘基础设施如测绘基准体系和基础地理信息数据库系统的运行主体从测绘系统内部扩展到其他应用部门、从公益性测绘保障体系内部扩展到地理信息产业体系，形成企业、事业单位、政府机构和用户大众协同运作的开放机制，实现信息服务的社会化。

信息共享法制化：推进信息共享，从政策法规上为充分的信息共享创造有利条件，妥善解决信息共享中的安全问题和产权问题，建立信息共享相关的法规、标准体系和运行机制，实现信息共享的法制化。

技术体系数字化：信息化测绘的技术基础本质特征是数字化测绘，在新阶段将按实时有效地理信息综合服务的要求进一步向高层次发展。

信息化测绘具有实时性、网络化、社会化、法制化、高技术性和综合服务性等特点。

4．智能化测绘

随着全球信息技术的飞速发展，测绘学科正经历着从信息化向智能化的深刻变革。智能化测绘是指运用现代科技手段，如人工智能、大数据、云计算、物联网等，实现测绘数据的自动采集、处理、分析和应用。智能化测绘是以知识和算法为核心要素，构建以知识为引导、算法为基础的混合型智能计算范式，实现测绘感知、认知、表达及行为计算（见图 1-13）。针对传统测绘算法、模型难以解决的高维、非线性空间求解问题，在知识工程、深度学习、逻辑推理、群体智能、知识图谱等技术的支持下，对人类测绘活动中形成的自然智能进行挖掘提取、描述与表达，并与数字化的算法、模型相融合，构建混合型智能计算范式，实现测绘的感知、认知、表达及行为计算，产出数据、信息及知识产品。

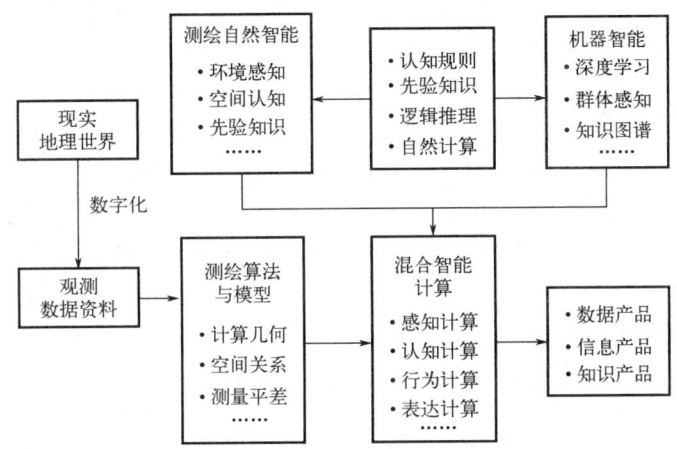

图 1-13 智能化测绘基本思路

智能化测绘具有以下主要特征。

数据处理的自动化与智能化。信息化测绘阶段已经实现了地理数据的自动化采集与处理，但智能化测绘将进一步提升这一过程的自动化和智能化水平。通过引入人工智能算法和深度学习技术，测绘系统能够自动识别、分类和提取数据中的关键信息，减少人工干预，提高处理效率和准确性。例如，利用深度学习技术，可以对遥感影像进行智能解译，自动提取地物特征，生成高精度的数字地图产品。

智能测绘设备的广泛应用。智能化测绘设备将成为测绘工作的主要工具，这些设备具备自主导航、自动避障、实时通信等功能，能够在复杂环境中自主完成测绘任务。例如，智能无人机、无人船、无人车等测绘平台已经广泛应用于地形测绘、环境监测等领域，未来还将进一步发展，提高测绘作业的效率和安全性。

时空信息服务的智能化。智能化测绘将推动时空信息服务向更加智能化、个性化的方向发展。通过大数据分析和人工智能技术，测绘系统能够预测用户的需求和行为模式，提供定制化的时空信息服务。同时，智能化测绘还将促进地理信息的实时更新和动态监测，为城市规划、交通管理、环境保护等决策过程提供更加精准的数据支持。

虚拟现实与增强现实技术的应用。虚拟现实（Virtual Reality，VR）和增强现实（Augmented Reality，AR）技术将为测绘成果的可视化和应用提供新的手段。通过 VR 技术，用户可以身临其境地感受测绘数据所描述的地理环境；通过 AR 技术，测绘数据可以叠加到现实世界中，为用户提供更加直观、便捷的导航和定位服务。

跨领域融合与协同发展。智能化测绘的发展将促进测绘学科与其他学科的深度融合与协同发展。例如，与物联网、云计算、大数据等技术的结合将推动测绘数据的实时采集、处理和共享；与人工智能、机器学习等技术的结合将提高测绘数据的智能化分析和应用能力；与城市规划、环境保护、灾害监测等领域的结合将拓展测绘成果的应用范围和深度。

智能化测绘的发展将对测绘学科产生深远影响。它将推动测绘技术的不断创新和升级，提高测绘工作的效率和精度；同时，也将为经济社会发展提供更加精准、高效、便捷的地理信息服务。展望未来，随着技术的不断进步和应用场景的不断拓展，智能化测绘将在更多领域发挥重要作用，为人类社会的可持续发展贡献力量。

测绘学科经历了从模拟测绘、数字化测绘到信息化测绘漫长发展历程，并向着智能化测绘方向快速发展。随着科技的不断进步和社会的不断发展，测绘学科将继续保持快速发展的态势，为人类社会提供更加精确、高效的地理空间信息服务。

1.2.3 测绘学科的内涵

现代测绘学是指确定地球和其他实体的形状和重力场及空间定位，利用各种测量仪器、传感器及其组合系统获取地球及其他实体与时空分布有关的信息，制成各种地形图、专题图和建立地理、土地等空间信息系统，为研究地球的自然和社会现象，解决人口、资源、环境和灾害等社会可持续发展中的重大问题，以及为国民经济和国防建设提供技术支撑和数据保障。

测绘学的研究内容主要包括以下几点。

地球形状与大小测定：通过精密的测量和计算，确定地球的形状、大小和重力场，为建立统一的坐标系统提供基础。

地表形态测绘：运用各种测绘技术和手段，对地表形态进行测绘，绘制各种比例尺的地形图和专题地图。

空间位置与属性确定：确定自然和人工物体、人工设施的空间位置及属性，为城市规划、国土资源管理、环境保护等提供基础数据。

信息系统建立：建立和维护地理信息系统（Geographic Information System，GIS），对空间数据进行存储、管理、分析和应用。

信息化测绘技术如卫星导航定位技术（GNSS）、遥感技术（Remote Sensing，RS）、地理信息系统技术（GIS）等正在逐步普及和应用，为测绘学的发展注入了新的活力。大数据、云计算、物联网、虚拟现实与增强现实技术、人工智能等新技术与测绘的关系密切且相互影响深远。这些新技术的引入和应用不仅提高了测绘工作的效率和精度，还拓展了测绘科学的应用领域和发展空间。将空间数据与其他专业数据进行综合分析，致使测绘学科从单一学科走向多学科的交叉，其应用已扩展到与空间分布信息有关的众多领域。

综上所述，测绘学科是一门综合性强、应用广泛、技术更新迅速的学科。它通过运用系统的方法和集成各种手段来获取和管理空间数据，为科学研究、国民经济建设和国防建设提供基础数据和重要技术支撑。

思 考 题

1. 测量学的定义是什么？它与其他学科有哪些联系和区别？
2. 测量学的研究内容主要包括哪些方面？这些研究内容在实际应用中有何重要意义？

3. 测量学的任务是什么？它在国民经济建设、国防建设和社会发展中的作用体现在哪些方面？

4. 请列举几个测量学在城市建设、资源勘探、环境监测等领域的应用实例，并解释其原理和作用。

5. 传统测绘学是如何分类的？各类测绘学之间有何异同？

6. 测绘学科的发展历史经历了哪些重要阶段？每个阶段有哪些标志性的技术进步或理论创新？

7. 当前测绘学科的现状如何？它在现代社会中的地位和作用是什么？

8. 测绘学科的内涵包括哪些方面？它与计算机科学、信息技术、地球科学等领域有哪些交叉融合点？

9. 随着科技的不断发展，测绘技术和方法有哪些最新的变革和趋势？这些变革对测绘学科的研究方向和应用领域有何影响？

第 2 章 坐标系统

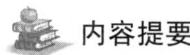
内容提要

本章介绍了坐标系统的基本概念和原理，包括地球形状与地球模型、中国大地坐标系统、地面点位置的表达方式、高斯投影及高斯平面直角坐标、高程基准及高程系统，以及水准面曲率对观测量的影响等内容。重点在于理解地球形状与模型对坐标系统建立的基础性作用；理解地球椭球体、椭球面、大地体及大地水准面的概念，掌握地面点位置的表达方式：大地坐标系、空间直角坐标系和平面直角坐标系及高程系统，掌握并理解高斯投影的特点及高斯平面直角坐标建立过程，水准面曲率对水平距离、高差和水平角等观测量的影响及其应对策略。难点为对高斯投影及高斯平面直角坐标的理解，以及高斯投影的变形规律。

2.1 地球形状与地球模型

2.1.1 地球的形状及大小

测绘学科主要研究对地球及其表面的各种形态进行精确的测定，并描绘这些形态的特征和分布。地球整体的形状、大小与测量工作密切相关。地球是一个两极部位略扁，赤道略鼓的不规则球体（见图 2-1），地球平均半径约为 6 371km。地球的自然表面极其复杂多样，包括了海洋、平原、丘陵、高山等多种地形地貌。地球表面高低起伏变化较大，珠穆朗玛峰高达 8 844m，马里亚纳海沟深达 11 022m，但与地球平均半径 6 371km 相比，只能算是极其微小的起伏。总体上，地球的自然表面是一个不规则的复杂曲面，海洋的面积约占 71%，陆地的面积约占 29%，可以近似认为地球是一个由水面包围的球体。为了测定地面点的位置和进行有关理论计算，通常用某种物理模型或者几何模型代替复杂的地球。

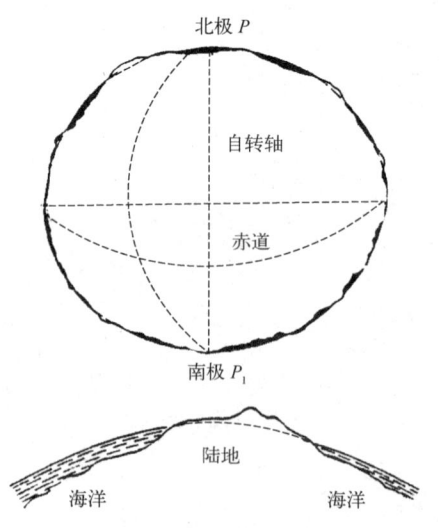

图 2-1 地球自然表面

2.1.2 大地水准面及大地体

地球上任何物体都受到地球引力和地球自转产生的离心力的作用（见图2-2），两种力的合力称为重力，重力方向线称为铅垂线（简称为垂线）。铅垂线是工程施工的基准线，确保建构筑物的垂直度，从而保证结构的稳定性和安全性。铅垂线也是测量的基准线，以确保测量结果的准确性和可靠性。

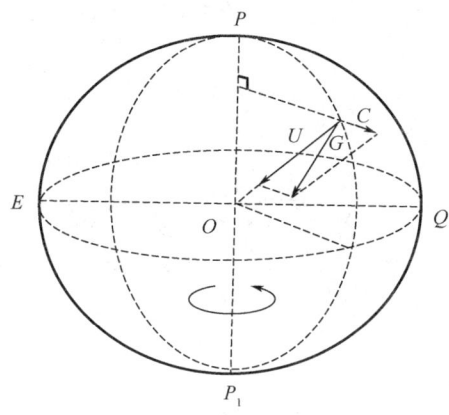

图 2-2　地球重力和地球形态

构建一个假想的物理模型，一个自由静止的海水面向陆地延伸形成的封闭曲面，该曲面称为水准面。水准面是一个重力等位面（见图2-3），且水准面与水准面上任何一点的铅垂线相垂直。由于受潮汐、风浪等影响海水面时高时低，故水准面有无穷多个。其中与平均海水面相吻合的水准面称为大地水准面。大地水准面与真实地球表面整体上较为吻合。由大地水准面所包围的形体称为大地体，大地体的形状、大小与真实地球较为吻合。由于地球表面起伏不平和地球内部物质质量分布不匀，大地水准面是一个略有起伏的不规则连续曲面，大地体是一个两极部位略扁，赤道略鼓的不规则球体。在实际工作中，以铅垂线、水准面、大地水准面、大地体等物理模型为基准和参考，以确保测量结果的准确性和可靠性。

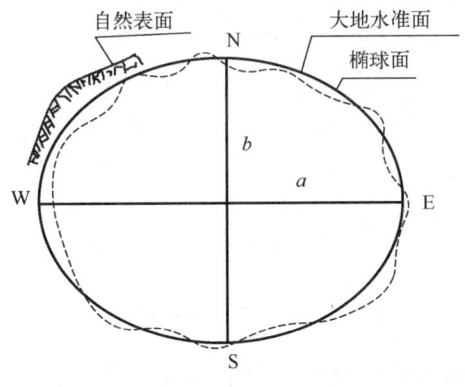

图 2-3　大地水准面

2.1.3 椭球面及地球椭球体

在进行测量理论计算时，例如测绘地形图时需要通过地图投影将地球曲面变换为平面，若这个曲面很不规则，则投影计算将是十分困难的。因此，选择一个形状、大小与大地水准面、真实地球表面非常接近的，可以用严格数学公式表达的规则几何模型作为投影基准，这个规则的几何模型就是椭球体。椭球体是将地球自转轴为短轴、以赤道直径为长轴的椭圆绕短轴旋转而成的椭球体，椭球体的表面称为椭球面。与某区域、某国家水准面、地形相吻合的椭球体称为参考椭球体，与全球范围内地形、大地水准面相吻合的椭球体称为总地球椭球体（见图 2-4）。在测量理论计算时，将地面点沿参考椭球面的法线投射参考椭球面上，然后再进行地图投影，以确定地面点的位置。因此，参考椭球面是进行有关测量理论计算的基准面。

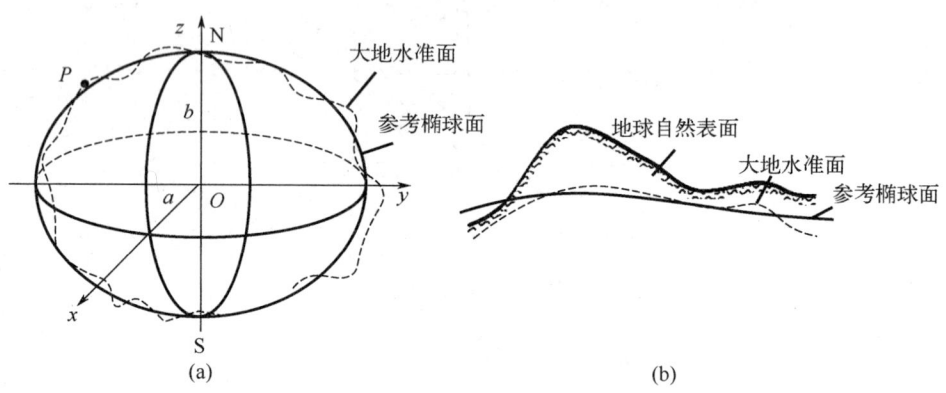

图 2-4　参考椭球面与大地水准面

决定椭球形状和大小的参数为椭圆的长半径 a、短半径 b 和扁率 f（见图 2-5），其中扁率 f 按式（2-1）计算：

$$f = \frac{a-b}{a} \tag{2-1}$$

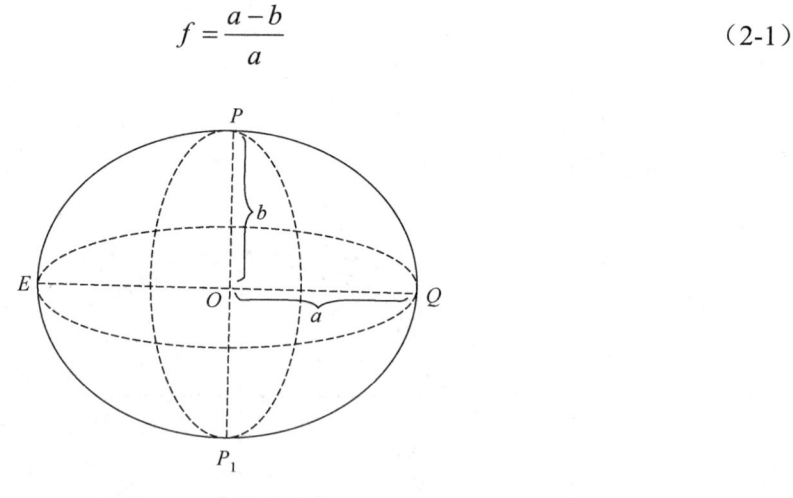

图 2-5　参考椭球体

选择不同的椭球参数，参考椭球体的形状和大小也不一样。世界上各个国家采用的参考椭球体都不尽相同，同一个国家在不同时期也可能采用不同的椭球。我国采用过克拉索夫斯基椭球、1975 国际椭球（International Ellipsoid 1975，IE75）、2000 国家大地坐标系椭球等，几种常用参考椭球体及参数如表 2-1 所示。

表 2-1　几种常用参考椭球体及参数

参考椭球体名称	a (m)	b (m)	f	来源
克拉索夫斯基椭球	6378140	6356863	1/298.3	由苏联大地测量学家克拉索夫斯基（Krasovsky）于1940年提出的地球椭球。北京54坐标系采用
IUGG1975 国际椭球	6378137	6356752	1/298.257	1975 年国际大地测量与地球物理联合会（International Union of Geodesy and Geophysics，IUGG）推荐值。西安80坐标系采用
WGS84 参考椭球体	6378137	6356752.3142	1/298.257223563	世界大地测量系统1984。GPS系统采用
CGCS2000 椭球	6378137	6356752.31414	1/298.257222101	2000 国家大地坐标系（China Geodetic Coordinate System 2000，CGCS2000）采用

2.2　中国大地坐标系统

坐标系统按照坐标系的原点分为地心坐标系统与参心坐标系统。地心坐标系统的原点与地球质心（通常与总椭球体几何中心一致）重合，参心坐标系统的原点与参考椭球体几何中心重合（参考椭球是指与某局部区域的地球表面最佳吻合的地球椭球）。中国使用过的大地测量坐标系统有1954北京坐标系、1980西安坐标系和2000国家大地坐标系（CGCS2000）等。

1．1954 北京坐标系

1954 北京坐标系属于参心坐标系统，是我国建国初期与前苏联的1942年坐标系进行联测建立的坐标系，坐标系原点位于苏联的普尔科沃天文台，采用克拉索夫斯基参考椭球，定位定向是苏联1942年坐标系的定位定向，在建国初期的经济建设中发挥了重要作用。由于历史条件的限制，1954 北京坐标系的定向不明确，采用的地球参考椭球的参数与实际地球形状和大小有较大差异，而地球椭球的定位又与我国大地水准面差距较大，使天文大地网地面观测量向地球椭球面归算时，产生较大偏差，影响其成果质量和使用。

2．1980 西安坐标系

1980 西安坐标系，又称1980年国家大地坐标系或西安80坐标系，属于参心坐标系统。该坐标系大地原点位于我国中部陕西省泾阳县永乐镇，西安市西北方向约60公里处。采用IUGG1975年推荐的参考椭球。椭球短轴指向地极原点JYD1968.0方向，起始大地子午面平行于我国起始天文子午面，具有较高精度，椭球面与我国大地水准面吻合较好，全国范围内的平均差值为10m，大部分地区的差值在15m以内，具有明确的椭球短半轴指向以及全国天文大地网整体平差等特点，在我国的大地测量和地图制作等领域发挥了重要作用。

3．2000 国家大地坐标系

2000 国家大地坐标系（CGCS2000）是中国当前最新的国家大地坐标系，是全球地心坐标系统在中国的具体体现。其原点为包括海洋和大气的整个地球的质量中心，采用CGCS2000椭球，z轴为原点指向历元2000.0的地球参考极的方向，x轴为原点指向格林尼治参考子午线与地球赤道面（历元2000.0）的交点，y轴与z轴、x轴构成右手正交坐标系。该坐标系采用广义相对论意义下的尺度,旨在满足国民经济建设、国防建设和社会发展、科学研究等领域对高精度大地坐标的需求。自 2018 年 7 月 1 日起,全面使用 2000 国家大地坐标系,并在 2019 年 1 月 1 日起全面停止向社会提供 1954 年北京坐标系和 1980 西安坐标系基础测绘成果。2000 国家大地坐标系具有全球统一性、高精度、现代性和广泛适用性等特点,已成为中国当前测绘和地理信息工作的基准坐标系统。

2.3 地面点位置的表达方式

地面点位置的表达方式主要采用球面坐标、空间直角坐标、平面坐标和高程等形式表示。地面点位置的二维表达方式主要有地理坐标和投影坐标两种。二维球面坐标采用地理坐标,即以纬度、经度表示地面点位置的球面坐标。这种表达方式简单直观,易于理解,是地理信息系统(GIS)中最常用的表示方法之一。二维平面坐标主要采用投影坐标,即将地球表面按照一定的数学法则投影到平面上,以平面直角坐标的形式来表示地面点的位置。投影坐标易于计算,有利于保证空间数据的准确性。而地面点位置的第三维垂直位置信息高程采用椭球高、海拔高表示,它也是地面点位置的重要组成部分。将地面点位置的二维坐标和第三维垂直位置信息综合起来表达地面点的三维坐标。

要准确完整地表达地面点的空间位置需要三维坐标。然而由于传统科技水平的限制,经典的测绘都是在地面上进行的,要以较高精度测定目标的三维坐标是很困难的。通常是将平面坐标和高程分开测量与求解。此外,由于人类总是习惯对平面介质(如纸或屏幕)上的目标进行观测,而对客观存在的三维空间目标通常以某种数学关系转换到二维的平面介质上进行研究,将三维空间目标转化为二维进行表达,该目标第三维的高程往往只作为该目标的属性信息进行处理。这样利用二维坐标不能准确、完整表达三维目标。随着测绘技术的进步发展,采用符合客观空间实际的三维坐标表达目标将是一种必然趋势。

2.3.1 大地坐标系

大地坐标系又称地理坐标系,是以参考椭球面作为基准面,以首子午面和赤道平面作为参考面。如图 2-6 所示,地面点 P 的大地经度 L 为通过 P 点的子午面与首子午面(通过英国的 Greenwich 天文台的起始子午面)之间的夹角,由首子午面起算,向东 0°~180°为东经,向西 0°~180°为西经;P 点的大地纬度 B 为通过 P 点的椭球面法线与赤道平面的交角,由赤道面起算,向北 0°~90°为北纬,向南 0°~90°为南纬。大地经度 L、大地纬度 B 是地面点在地球椭球面上的二维坐标,另外一维为点的大地高 H,大地高 H 是地面点沿参考椭球面法线到参考椭球面的距离。点位在椭球面之上为正,在椭球面之下为负。大地坐标 (L, B, H) 可用于确定地面点在大地坐标系中的空间位置。

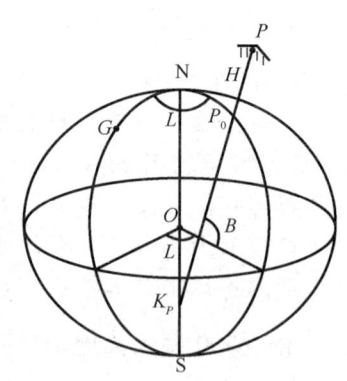

图 2-6 大地坐标系

地面点的经纬度如果是用天文测量方法测定的,则分别称为天文经度 λ 和天文纬度 φ。

2.3.2 空间直角坐标系

空间三维直角坐标系是以参考椭球的中心 O 为原点，起始子午面与赤道面的交线为 x 轴，参考椭球的旋转轴为 z 轴，在赤道面内通过原点与 x 轴垂直的直线为 y 轴的右手坐标系，如图 2-7 所示。

在空间直角坐标系中，地面点 P 的空间位置用三维直角坐标来表示，记为 $P(x,y,z)$。其中，x 是点 P 到 yOz 平面的距离 OP_1（以 x 轴正方向为正），y 是点 P 到 xOz 平面的距离 P_1P_2（以 y 轴正方向为正），z 是点 P 到 xOy 平面的距离 PP_2（以 z 轴正方向为正）。基于相同参考椭球体的空间直角坐标系和大地坐标系之间有严密的数学关系，可以利用数学公式进行换算，基于不同参考椭球体的空间直角坐标系和大地坐标系没有严密的数学关系，只能采用一定的数学模型进行近似转换计算。

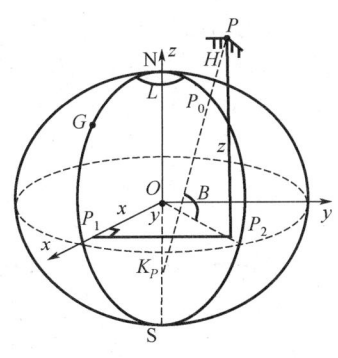

图 2-7 空间直角坐标系

2.3.3 平面直角坐标系及高程

平面直角坐标系是由同一平面上互相垂直的两条直线分别作为 x 轴和 y 轴，交点为坐标原点的坐标系。我国国土范围辽阔，在建立坐标系统时需考虑地球曲率的影响，我国采用高斯投影建立坐标系统，有关高斯投影及平面坐标系在下一节详细介绍。

当测量的范围很小时（例如数平方千米），可以不考虑地球曲率的影响，无须考虑地图投影，把测区当作平面看待。通常选择通过某点的子午线切线方向为 x 轴，向北为正，垂直于子午线切线的直线为 y 轴，向东为正，交点为坐标原点的坐标系，也可将坐标原点选在测区西南角，使坐标均为正值，建立该地区的独立平面直角坐标系，也称为假定平面坐标系。当然，这样的独立坐标系也需要与国家或城市的坐标系进行联测，以便进行坐标变换。

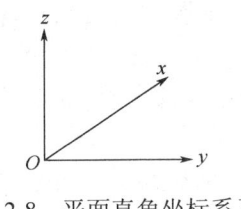

图 2-8 平面直角坐标系及高程

平面直角坐标系是一种二维坐标系，当需要表示三维坐标时，用垂直于平面坐标系的第三维坐标高度或者高程表示（见图 2-8）。

2.4 高斯投影及高斯平面直角坐标

2.4.1 高斯投影

以三维空间直角坐标和球面坐标表示的大地坐标一般适用于少数高级控制点的定位，而对于地形图测绘和工程测量中确定大量地面点位来说，不直观，也不方便。这就需要采用地图投影的方法，将空间直角坐标变换为球面坐标，或将球面坐标变换为平面坐标，或直接在平面坐标系中进行测量。将椭球面变换为平面的地图投影方法一般采用高斯投影。

高斯投影也称为高斯-克吕格投影（Gauss-Krüger Projection），是横轴等角切椭圆柱投影，由 18 至 19 世纪德国著名的数学家、大地测量学家高斯提出的一种投影方法，后经德国大地测量学家克吕格对公式进行补充和完善。

高斯投影的基本原理是：设想用一个椭圆柱横套在参考椭球体的外面，使椭圆柱与参考椭球体的某一子午线相切，相切的线为中央子午线，椭圆柱的中心轴与赤道面相重合且通过椭球中心，见图 2-9（a），按照等角投影（又称为正形投影）将椭球面图形投影在椭圆柱面上，阴影部分为投影带；然后将椭圆柱面沿着通过南、北极的母线切开，展开成平面，形成高斯平面，见图 2-9（b）。

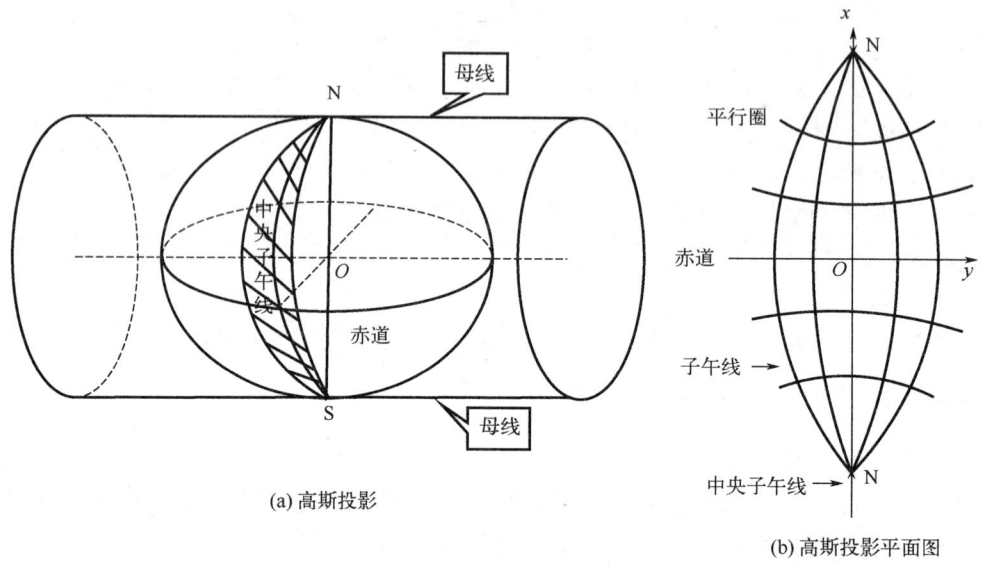

(a) 高斯投影

(b) 高斯投影平面图

图 2-9　高斯投影与高斯平面

球面、椭球面为不可展面，球面、椭球面展开到平面上时，会发生撕裂、皱折或无法保持原有形状，即存在变形。由于将椭球面投影为平面存在变形，为了控制变形不至于过大，将地球按经线划分成若干投影带，实行分带投影。分带投影分为 6°带投影和 3°带投影两种。

6°带投影从零度子午线开始，自西向东每隔经差 6°为 1 个投影带，将全球共分 60 个带，每带的带号按 1～60 依次编号（见图 2-10）。测绘规范规定，1∶2.5 万、1∶5 万、1∶10 万、1∶25 万和 1∶50 万比例尺的地形图采用高斯投影，按 6°分带。

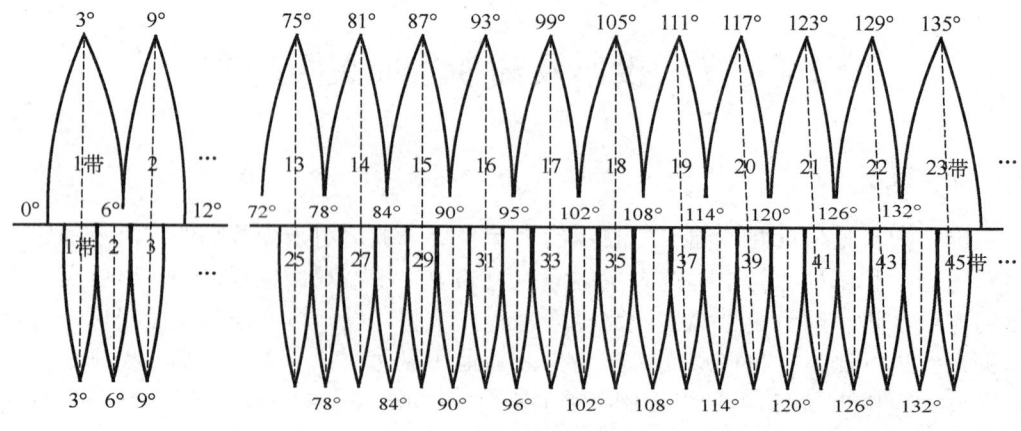

图 2-10　高斯投影分带

6°带投影的第 N 带中央子午线的经度 L_0 与带号 N 的关系为

$$L_0 = 6 \times N - 3 \qquad (2\text{-}2)$$

已知某点的经度为 L，则该点所在 6°带带号的计算公式为

$$N = \text{int}\left(\frac{L}{6}\right) + 1 \qquad (2\text{-}3)$$

式中 int 表示取商的整数部分。

3°带投影从东经 1.5°子午线开始，自西向东每隔经差 3°为 1 个投影带，将全球共分 120 个投影带，每带的带号按 1～120 依次编号。3°带投影是在 6°带投影基础上划分的，其奇数带中央子午线与 6°带中央子午线重合，偶数带中央子午线与 6°带边界中央子午线重合。测绘规范规定，1∶1 万、1∶5 000 地形图采用高斯投影，按 3°分带。

3°带投影的第 n 带中央子午线的经度 L_0 与带号 n 的关系为：

$$L_0 = 3 \times n \qquad (2\text{-}4)$$

已知某点的经度为 L，则该点所在 3°带带号 n 的计算公式为：

$$n = \text{int}\left(\frac{L - 1.5}{3}\right) + 1 \qquad (2\text{-}5)$$

我国领土位于东经 72°~136°之间，共包括了 11 个 6°投影带，即 13~23 带；22 个 3°投影带，即 24～45 带。

高斯投影具有以下特点。

（1）等角性：高斯投影是一种等角投影，在投影面上，任意两方向线之间的夹角与椭球体上相应的夹角相等，即保持角度不变。

（2）经线变形特性：中央子午线投影后是直线，且长度保持不变；其他子午线投影后是曲线，凹向中央子午线，且离中央子午线越远，长度变形越大。

（3）纬线变形特性：赤道投影后是直线，长度变长；其他纬线投影后是曲线，凸向赤道。

（4）正交性：经线和纬线投影后相互正交，即保持垂直关系，这有助于在地图上准确表示方向。

2.4.2 高斯平面直角坐标

在高斯平面上，以中央子午线与赤道的交点作为坐标原点 O，以中央子午线的投影为纵坐标轴 X，向北为正（我国位于地球北半球），以赤道的投影为横坐标轴 Y，向东为正，从而构成高斯平面直角坐标系，简称高斯坐标系或平面直角坐标系。按照顺时针方向将坐标系划分为四个象限，分别用 I、II、III、IV 表示。点在高斯坐标系的位置可以用点到 X、Y 轴的垂直距离表示(X, Y)，这种坐标称为自然坐标，见图 2-11（a）。在实际应用中，为了方便计算和使用，常常将 X 轴西移一定距离（如 500km），并在 Y 坐标前面冠以带号，以形成通用坐标。这样做可以确保 Y 值始终为正，并且可以通过带号来区分不同的投影带，见图 2-11（b）。

例如 A 和 B 两点所在的 6°带带号为 20，A 点和 B 点的自然坐标为(3 752 748.241, 176

802.542)、(3 561 241.748，−342 405.568)，则 A、B 点的通用坐标分别为(3752748.241，20 676 802.542)、(3 561 241.748，20 157 594.432)。

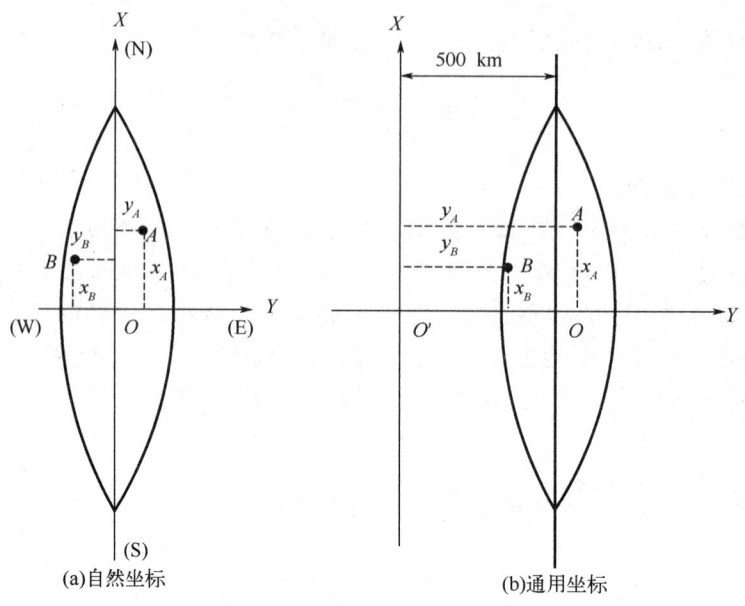

图 2-11　高斯平面直角坐标

2.5　高程基准及高程系统

2.5.1　高程基准

高程基准是高程测量的起算依据。确定地面点的高低通常确定一个基准面作为起算面，即这个基准面上的高程为零，利用地面点相对于基准面的高度差来确定地面点的垂直位置。基准面可以是大地水准面、椭球面或其他参考面。按照基准面的不同分为正高、正常高和大地高。

正高 H_g 是以大地水准面作为高程的基准面，即地面点沿铅垂线到大地水准面的垂直距离，这样定义的高程系统叫正高系统。大地水准面确定涉及与地下物质密度分布有关的平均重力加速度值，其精确值无法求得，因此正高也难以精确确定。

因此，实际应用采用似大地水准面代替大地水准面，以似大地水准面作为基准面的高程系统称为正常高系统。正常高 H_r 即为地面点沿垂线方向到似大地水准面的垂直距离。似大地水准面是指从地面点沿正常重力线按正常高相反方向量取到正常高端点所构成的曲面。它是前苏联地球物理学家、测量学家莫洛琴斯基在研究地球形状理论时，为避免大地水准面无法精确确定而引进的一个辅助面。似大地水准面非常接近于大地水准面，在海洋上两者完全重合，而在大陆上有微小差异。似大地水准面是一个几何曲面，它并不是具有物理意义的水准面。似大地水准面不同于大地水准面，似大地水准面是一个几何曲面，可以精确计算，而不是一个等位面，没有明确的物理意义，所以我国的法定高程采用正常高系统。

如图 2-12 所示，以参考椭球面为起算面的高程系统称为大地高。大地高 H 是地面点沿参考椭球面法线到参考椭球面的距离。卫星导航定位系统测定的高度为大地高。似大地水准面与参考椭球面的距离称为高程异常 ζ。大地水准面与参考椭球面的距离称为大地水准面差距 N，N 的值很难精确求得。

$$H = H_r + \zeta \tag{2-6}$$

$$H = H_g + N \tag{2-7}$$

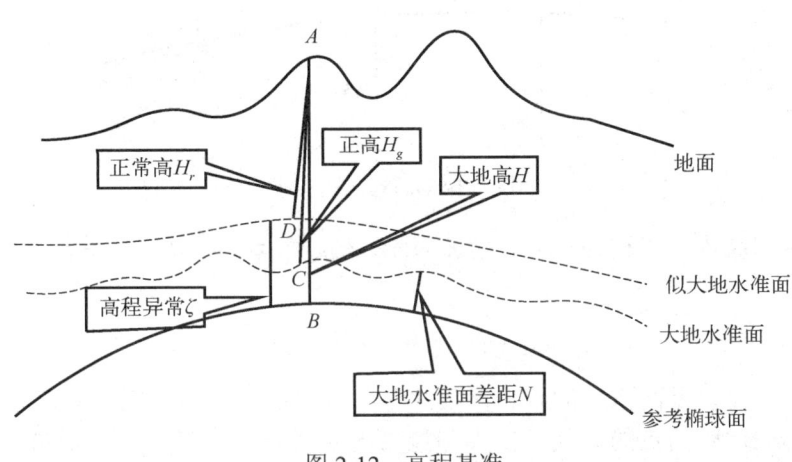

图 2-12 高程基准

2.5.2 高程系统

在实际应用中，高程基准通常采用单个或多个验潮站处长期测定的平均海面来确定，通常定义该平均海面的高程为零，常称为水准零点。利用精密水准测量方法测量地面某一固定点与水准零点的高差，从而确定该固定点的海拔高程。该固定点就称为水准原点，利用水准原点可以测量其他点的高程。

我国高程系统属于正常高系统，高程基准采用黄海平均海水面，验潮站是青岛大港验潮站。"中华人民共和国水准原点"在其附近的观象山上，以水准原点为起点，布设高等级的水准网，从而实现全国高程系统的构建。我国采用高程系统有 1956 年黄海高程系统和 1985 国家高程基准。

1. 1956 年黄海高程系统

1956 年黄海高程系统是中国于 1956 年确定的一个全国统一的高程系统，该系统基于青岛大港验潮站 1950—1956 年的黄海验潮资料建立。水准原点的高程为 72.289m。

2. 1985 国家高程基准

1985 年，以青岛大港验潮站 1952—1979 年的潮汐观测资料为计算依据，确定了新的高程基准，即 1985 国家高程基准。水准原点的高程为 72.260m。

地面点沿铅垂线到大地水准面的垂直距离称为绝对高程（简称高程，又称海拔）。图 2-14 中，A、B 两点的绝对高程分别为 H_A、H_B。当局部地区无法确定大地水准面的位置时，通常假定过某一个点水准面为起算面，地面点到该水准面的垂直距离称为相对高程。A、B 两点的相对高程分别为 H'_A、H'_B。

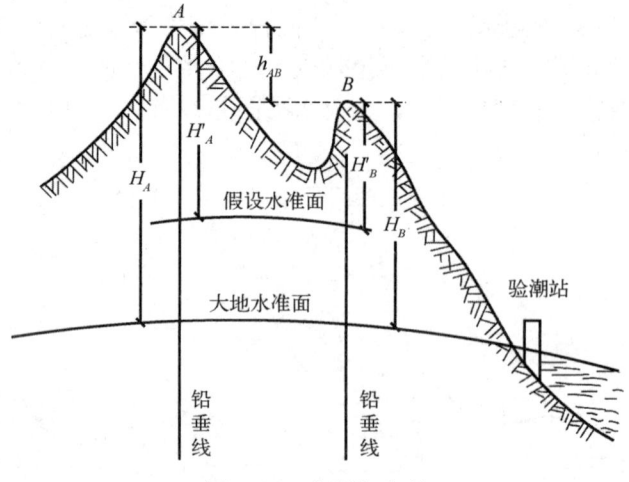

图 2-14 高程与高差

地面上两点间高程之差称为高差,用 h 表示。h_{AB} 表示 A 到 B 之间的高差,可按式(2-8)计算:

$$h_{AB} = H_A - H_B = H'_A - H'_B \tag{2-8}$$

对高差而言,可以是两点之间绝对高程之差,也可以是两点之间相对高程之差。高差有正、负,可以用来比较两点的高低。如果测量方向由 A 到 B,若高差 $h_{AB}>0$,为正值,则 A 点低,B 点高;若高差 $h_{AB}<0$,为负值,则 A 点高,B 点低;若高差 $h_{AB}=0$,则两点一样高。

2.6 水准面曲率对观测量的影响

水准面是高程测量的基准面,但水准面是一个不规则、复杂的曲面。为了简化测量及计算,往往将曲面上的图形投影到平面上,即用水平面代替水准面,但用水平面代替水准面会产生一定的变形,对有关观测量会产生一定的差异,这种差异称为水准面曲率对观测量的影响。下面分别分析水准面曲率对水平距离、高程和水平角度的影响,以便明确水平面代替水准面的范围,或在必要时加以改正。

2.6.1 水准面曲率对水平距离的影响

如图 2-15 所示,在地面上有 A、B 两点,它们投影到水准面的位置为 a、b,如果以切于 a 点的水平面代替水准面,即以相应的切线段 ab' 代替圆弧 $\overset{\frown}{ab}$,则将产生距离误差 Δd。由图 2-15 可以看出:

$$\Delta d = ab' - \overset{\frown}{ab} = D - S = R\tan\theta - R\theta \tag{2-9}$$

式中:R 为地球半径,可设为 6371km;θ 为弧长 $\overset{\frown}{ab}$ 所对圆心角。

将 $\tan\theta$ 按泰勒级数展开,并取级数前两项,得

$$\Delta d = R\theta + \frac{1}{3}R\theta^3 - R\theta = \frac{1}{3}R\theta^3 \tag{2-10}$$

因为 $\theta = \dfrac{S}{R}$,故

$$\Delta d = \frac{S^3}{3R^2} \tag{2-11}$$

用相对误差表示为

$$\frac{\Delta d}{S} = \frac{S^2}{3R^2} = \frac{1}{3}\left(\frac{S}{R}\right)^2 \tag{2-12}$$

利用式（2-11）和式（2-12）计算水准面曲率对不同的距离 S 所产生距离误差 Δd 和相对误差 $\dfrac{\Delta d}{S}$，如表 2-2 所示。

表 2-2　水准面曲率对水平距离的影响

距离 S / km	距离误差 Δd / mm	相对误差 $\dfrac{\Delta d}{S}$
1	0.008	1/12500 万
10	8.2	1/120 万
25	128.3	1/19.5 万
50	1026.5	1/4.9 万

由表 2-2 可知，当距离为 10km 时，以平面代替曲面所产生的距离相对误差为 1/120 万，这样微小的误差，就是在地面上进行最精密的距离测量也是容许的。因此，在半径为 10km 的范围内，即在面积约为 300km² 的范围内，以水平面代替水准面所产生的距离误差可以忽略不计。超过这个距离应按式（2-11）进行改正。

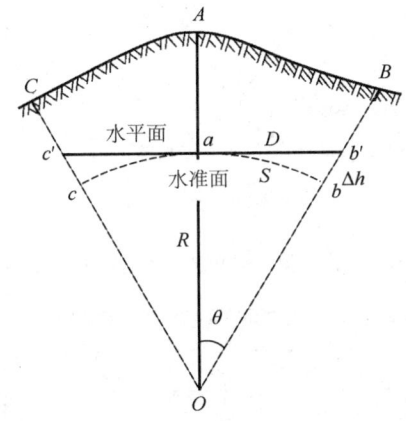

图 2-15　水准面曲率对水平距离、高差的影响

2.6.2　水准面曲率对高差的影响

在图 2-15 中，a、b 两点在同水准面上，其高程应相等。b 点在水平面投影为 b' 点，则 bb' 为水平面代替水准面产生的高程误差。设 $bb' = \Delta h$，则

$$(R + \Delta h)^2 = R^2 + D^2 \tag{2-13}$$

即

$$\Delta h = \frac{D^2}{2R + \Delta h} \tag{2-14}$$

上式中，用 S 代替 D，并顾及 Δh 与 $2R$ 相比可略而不计，则

$$\Delta h = \frac{S^2}{2R} \qquad (2\text{-}15)$$

利用式（2-15）计算水准面曲率对不同的距离 S 所产生高差误差 Δh，如表 2-3 所示。

表 2-3　水准面曲率对高差的影响

距离 S / km	0.05	0.1	0.2	0.3	0.4	0.5	1	2	5	10
高差误差 Δh / mm	0.2	0.8	3.1	7.1	12.6	19.6	78.5	313.9	1962.0	7848.1

从表中可以看出，以水平面代替水准面，当距离为 0.2km，即 200m 时，高程误差就达 3.1mm，这对高程测量影响很大。因此，当进行高程测量时，一般应顾及水准面曲率的影响，并加以改正。

2.6.3　水准面曲率对水平角的影响

由球面三角学可知，同一空间三角形在球面上的投影 $\triangle ABC$ 内角之和与对应在平面上的投影 $\triangle abc$ 内角之和不相等（见图 2-16），存在球面角超 ε，其计算公式为：

$$\varepsilon'' = (\angle A + \angle B + \angle C) - (\angle a + \angle b + \angle c) = \frac{S}{R^2}\rho'' \qquad (2\text{-}16)$$

式中，S 为球面三角形的面积；R 为球的半径，ρ 弧度与秒的转换量，即一弧度所对应的秒值，$\rho'' = 206265''$。

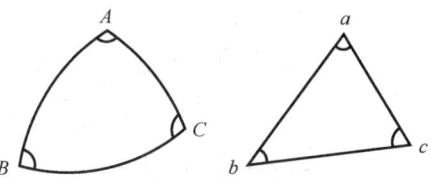

图 2-16　球面角超

利用式（2-16）计算不同球面面积 S 所对应的球面角超 ε''，如表 2-4 所示。

表 2-4　水准面曲率对水平角的影响

球面面积 S / km²	10	50	100	200	500
球面角超 ε / "	0.05	0.25	0.51	1.02	2.54

计算表明，当测区面积为 100km² 时，水准面曲率对水平角的影响球面角超 ε'' 很小，仅为 0.51"，只有在精密测量中才需要考虑，在普通测量时可以忽略不计。

思　考　题

1. 描述地球的主要形状特征，并解释为什么需要采用地球模型来进行测量和定位？
2. 什么是大地水准面和大地体？它们在测量学中有何重要意义？
3. 地球椭球体是如何定义的？与实际的地球形状有何差异？
4. 中国目前采用的是哪种大地坐标系统？它的主要特点和优势是什么？

5．解释大地坐标系、空间直角坐标系和平面直角坐标系的基本概念及其相互转换关系。

6．高程是如何定义的？它与海拔有何区别？

7．什么是高斯投影？它为什么要将地球椭球面上的点投影到平面上？

8．高斯投影有哪些主要的变形特性？如何理解和计算高斯平面直角坐标？

9．什么是高程基准？我国采用的是哪种高程基准？

10．什么是绝对高程（海拔）？什么是相对高程（假定高程）？

11．水准面曲率是如何影响水平距离的测量的？请给出具体的分析。

12．水准面曲率测量高差有什么影响？应对策略是什么？

13．在进行水平角测量时，水准面曲率是否会产生影响？

14．已知某点 P 的高斯平面直角通用坐标为 X_P=2050442.5m，Y_P=18523775.2m，则该点位于6°带的第几带内？位于该6°带中央子午线的东侧还是西侧？P点所在6°带的中央子午线为多少度？当采用3°分带时，P点所在3°带的中央子午线为多少度？

第3章 水准测量

内容提要

水准测量是高程测量的主要方法之一。本章从水准测量测定高差的原理入手，讲述了水准仪的构造和使用，水准测量方法、校核与成果的整理。重点掌握水准仪的使用和水准路线测量的外业施测，闭合水准路线、附合水准路线的平差计算；难点在于对水准仪应满足的基本几何条件的理解和水准测量误差的分析。水准仪的精度和稳定性直接影响测量结果，而误差来源复杂多样，包括仪器误差、观测误差和外界环境条件的影响等，需要采取相应的措施保证测量的精度。

测定地面点高程的工作，称为高程测量，是测量的基本工作之一。按所使用的仪器和施测方法的不同，高程测量可以分为水准测量、三角高程测量、GNSS 高程测量等。水准测量采用简单几何原理测量高差推算高程，是目前精度较高的一种高程测量方法，广泛应用于国家高程控制测量、工程勘测和施工测量中。三角高程测量利用三角学的原理，通过测量角度和距离来计算高程，适用于山区、丘陵等地形起伏较大的地区，在不便于进行水准测量的地区，三角高程测量是一种有效的高程测量方法。GNSS 高程测量是通过接收导航与定位卫星信号，利用空间三角测量原理来计算高程，具有高效性、经济性、实时性等特点，且不受地形和距离限制，适合需要快速、高效、实时地获取高程信息的场合。将 GNSS 与水准测量相结合可获得较高的高程精度。本章将主要介绍水准测量的原理与实施方法。

3.1 水准测量原理

水准测量是利用水准仪提供的水平视线测出地面上两点间的高差，然后根据已知点的高程推算出未知点的高程。

如图 3-1 所示，设已知 A 点的高程为 H_A，要测定 B 点的高程 H_B。在 A、B 两点之间安置一台水准仪，水准仪能提供一条水平视线，在 A、B 两点上竖立水准尺。利用水准仪提供的水平视线，在 A 点标尺上读数为 a，在 B 点标尺上读数为 b。设水准测量的前进方向为由 A 至 B，则称 A 点为后视点，A 点上水准尺读数 a 为后视读数；称 B 点为前视点，B 点上水准尺读数 b 为前视读数。由图中的几何关系可知，A 点至 B 点的高差 h_{AB} 等于后视读数减去前视读数 b，即

$$h_{AB} = a - b \tag{3-1}$$

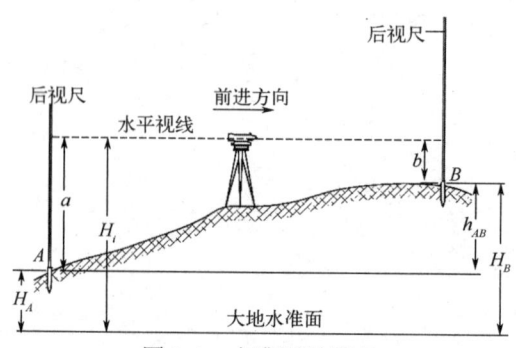

图 3-1 水准测量原理

若后视读数大于前视读数，则 $h_{AB} > 0$，高差为正，表示 B 点比 A 点高；若后视读数小于前视读数，则 $h_{AB} < 0$，高差为负，表示 B 点比 A 点低。

计算 B 点的高程有两种方法。一是高差法，由高差计算高程，即

$$H_B = H_A + h_{AB} = H_A + (a - b) \qquad (3\text{-}2)$$

二是仪高法，也称视线高法，由仪器的视线高程计算未知点高程。A 点高程 H_A 加上后视读数 a 可得仪器高程 H_i，或称视线高程，即

$$H_i = H_A + a \qquad (3\text{-}3)$$

则 B 点高程为

$$H_B = H_i - b = (H_A + a) - b \qquad (3\text{-}4)$$

这种方法在工程测量中应用广泛。

由上述可知，水准测量的核心是测定高差，目的是推算高程，关键是视线水平。

3.2 水准仪与水准尺

水准仪是用于水准测量的主要仪器，为水准测量提供必需的水平视线，以获取水准尺上的读数。此外，要完成水准测量工作还需要水准尺和尺垫等辅助工具。

水准仪按结构分类为微倾式水准仪、自动安平水准仪、数字水准仪（又称电子水准仪）、激光水准仪。微倾式水准仪是借助微倾螺旋使水准管居中来获得水平视线；自动安平水准仪是利用自动安平补偿器获得水平视线；电子水准仪，又称数字水准仪，是在自动安平水准仪的基础上发展来的，是利用水准仪对条码水准尺进行扫描自动读取条码尺读数，实现读数的数字化和自动化。

水准仪按其精度共分四个等级，DS_{05}、DS_1、DS_3、DS_{10}。"D"表示大地测量仪器，"S"表示水准仪，05、1、3、10 是指水准仪每 km 往返测高差中数的偶然中误差，以 mm 为单位。其中 DS_{05}、DS_1 属于精密水准仪，DS_3、DS_{10} 属于普通水准仪。"Z"则表示自动安平水准仪。水准仪系列技术参数及用途见表 3-1。

表 3-1 水准仪系列技术参数及用途

参数名称	水准仪等级			
	DS_{05}	DS_1	DS_3	DS_{10}
每千米水准测量高差中误差/mm	±0.5	±1	±3	±10
望远镜放大倍率不小于/倍	42	38	28	20
水准管分划值/("/2mm)	10	10	20	20
自动安平精度/("/2mm)	±0.1	±0.2	±0.5	±2.0
圆水准器分划值/("/2mm)	8	8	8	10
测微器格值/mm	0.05	0.05		
主要用途	国家一等水准测量	国家二等水准测量及精密水准测量	国家三四等水准测量及工程测量	工程及图根水准测量

3.2.1 微倾式水准仪

图 3-2 为 DS3 微倾式水准仪，由望远镜、水准器与基座三部分构成。

基座部分有 3 个脚螺旋，配合圆水准器，用于粗略整平仪器。望远镜用来瞄准目标进行

读数，它和水准管固连在一起。转动微倾螺旋，可以调节水准管连同望远镜一起在竖直方向上做微小的倾斜，以使水准管气泡居中，获得水平视线。

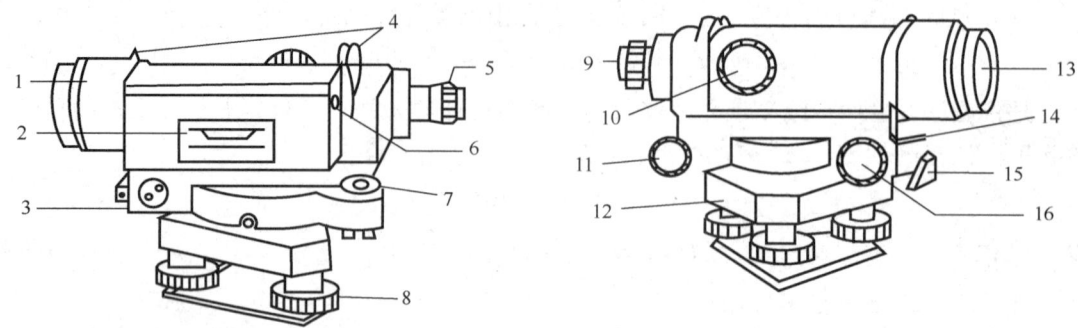

图 3-2　DS3 微倾式水准仪

1. 望远镜 2. 水准管 3. 托板 4. 准星和照门 5. 目镜调焦螺旋 6. 气泡观察窗 7. 圆水准器 8. 脚螺旋 9. 目镜 10. 物镜调焦螺旋 11. 微倾螺旋 12. 基座 13. 物镜 14. 微倾片 15. 水平制动螺旋 16. 水平微动螺旋

在仪器的基座下部有连接板，利用连接板中央的螺孔和中心螺旋，可使仪器与三脚架（图3-3）相连。

1. 望远镜

（1）望远镜的构造

望远镜可提供一条水平视线，并用于照准观测目标，由物镜、对光透镜、十字丝分划板及目镜等组成（见图3-4(a)）。在目镜与物镜间安装调焦透镜，旋转调焦螺旋，可使透镜前后移动，从而使目标的影像落在十字丝分划板上。十字丝分划板装在十字丝环上，通过校正螺钉固定在望远镜内。瞄准目标或在水准尺上读数时，应以十字丝交点为准。十字丝常见形式如图3-4(b)所示，中央两根垂直相交的丝构成十字丝，其中，横丝又称中丝；上下两根短丝为上丝和下丝，又称视距丝，用于测量视距，即标尺到水准仪的水平距离。十字丝交点和物镜光心的连线称为视准轴 CC_1，也称视线。

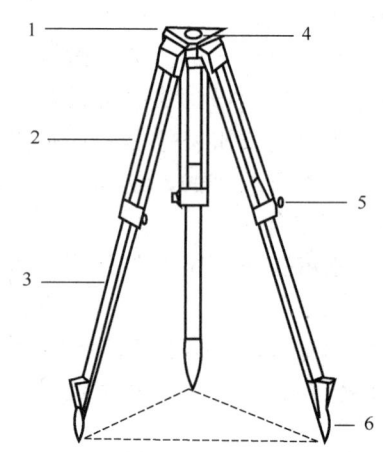

图 3-3　三脚架

1. 架头 2. 架腿 3. 伸缩腿 4. 连接螺旋 5. 伸缩制动螺旋 6. 脚尖

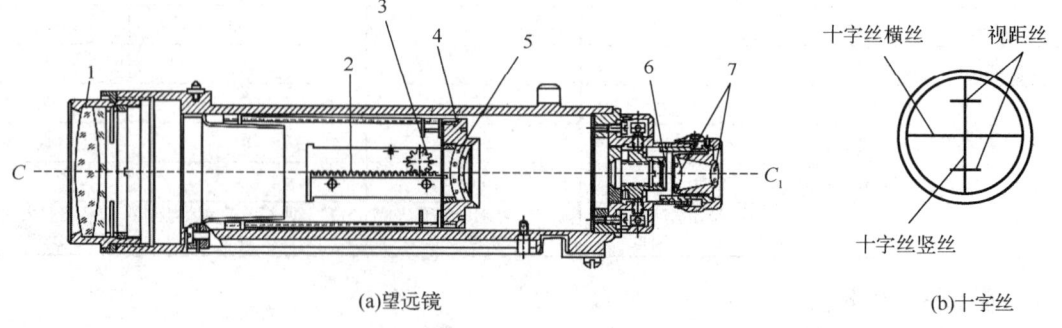

(a) 望远镜　　　　　　　　　　(b) 十字丝

图 3-4　望远镜的结构

1. 物镜 2. 齿条 3. 调焦齿轮 4. 调焦镜座 5. 物镜调焦螺旋 6. 十字丝分划板 7. 目镜组

（2）望远镜的使用

望远镜可绕其旋转轴做水平旋转，望远镜旋转轴的几何中心线称为竖轴 VV_1。制动和微动螺旋用来控制望远镜在水平方向的转动，拧紧制动螺旋将望远镜固定后，旋转微动螺旋能使望远镜左右方向做微小的转动。

用望远镜瞄准目标时，十字丝及目标成像都必须清晰稳定（见图 3-5）。为此，首先进行目镜对光：将望远镜对着明亮的背景，调节目镜对光螺旋，使十字丝清晰。其次进行物镜对光：先对准目标，调节物镜调焦螺旋，使物像清晰。同时使眼睛相对目镜微微上下移动，检查十字丝横丝与物像是否存在相对移动的现象。若目标正好成像于十字丝平面上，十字丝与物像不会相对移动，如图 3-6（a）所示，表明不存在十字丝视差。反之，十字丝与物像相对移动，如图 3-6（b）所示，表明存在视差。消除视差的办法是调节目镜看清楚十字丝，调节物镜调焦螺旋看清楚观测目标，使物像成像在十字丝分划板上。

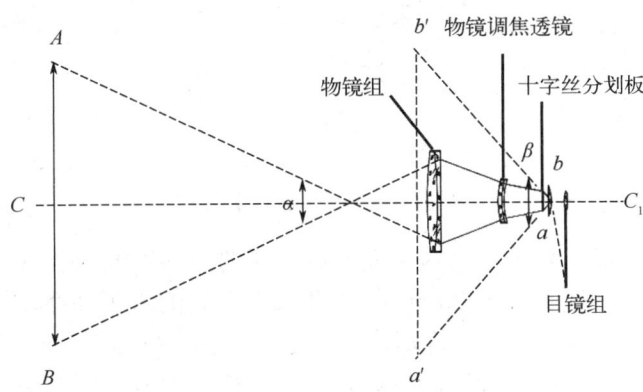

图 3-5 望远镜的成像原理

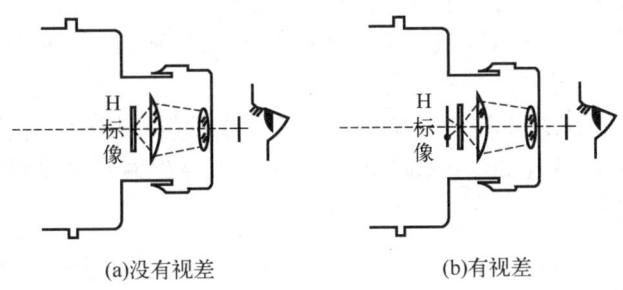

(a)没有视差　　　　　　(b)有视差

图 3-6 视差

2．水准器

（1）圆水准器

圆水准器如图 3-7 所示，它用一个玻璃圆盒制成，装在金属外壳内。玻璃的内表面磨成球面，盒内装有液体，并留有一小气泡。中央刻有一小圆圈，圆圈的圆心 O 为圆水准器的零点，过零点 O 的球面法线为圆水准器轴（$L'L_1'$）。当气泡位于小圆圈中央时，圆水准器轴处于铅垂位置。一般以圆弧 2mm 长度所对的圆心角 τ（$\tau = \dfrac{2}{R}\rho$，R 为圆弧曲率半径，$\rho = 206\,265''$）表示水准管的分划值。分划值越小，灵敏度越高，圆水准分划值一般为

$\tau = 8'/2mm$。圆水准器轴线 $L'L_1'$ 与仪器的竖轴 VV_1 互相平行,所以当圆水准器气泡居中时,表示仪器的竖轴 VV_1 已基本处于铅垂位置。由于圆水准器的精度较低,用于水准仪的粗略整平。

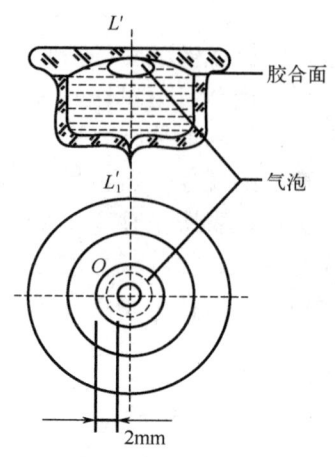

图 3-7　圆水准器

（2）管水准器

管水准器也称水准管,是用一个内表面磨成圆弧的玻璃管制成的（见图 3-8）。DS$_3$ 型水准仪的水准管分划值一般为 $\tau = 20''/2mm$。管内圆弧中点处的水平切线,称为水准管轴（LL_1）。当气泡以圆弧中点为中心对称,即气泡居中时,水准管轴（LL_1）处于水平位置。为了提高水准管气泡居中的精度,一般在水准管上方设置由一组棱镜构成的符合棱镜组,利用棱镜的反射作用,使气泡两端的像成像在直角棱镜上,如图 3-9 所示。从望远镜旁的符合气泡观察窗中可看到气泡两端的影像,当两半个气泡的像错开时,表明气泡未居中,如图 3-9（a）所示。当两半个气泡相吻合时,则表示气泡居中,如图 3-9（b）所示。这种具有符合棱镜组装置的水准管称为符合水准器,用来提高整平精度。

调节微倾螺旋,抬高或降低望远镜的一端,使管水准气泡居中,符合气泡两端影像符合,这时水准管轴 LL_1 水平,当视准轴 CC_1 平行于水准管轴 LL_1 时,视准轴 CC_1 处于水平位置,即水准仪提供的视线水平。

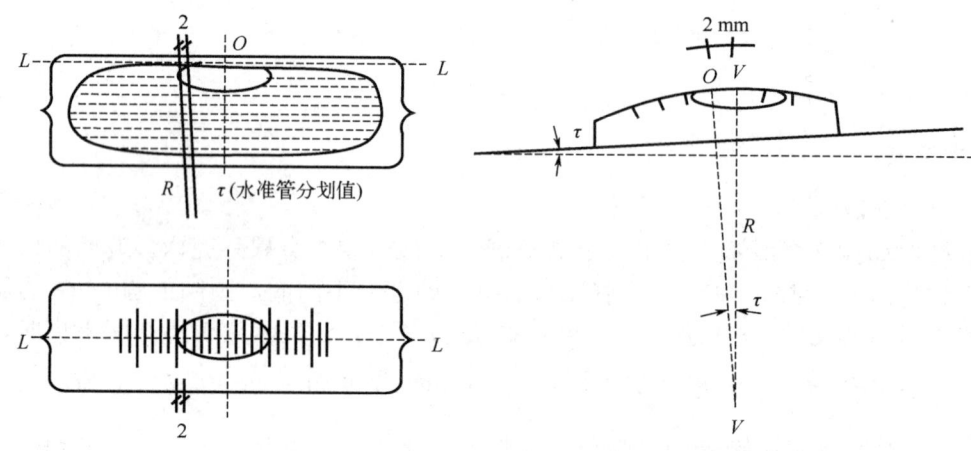

图 3-8　管水准器

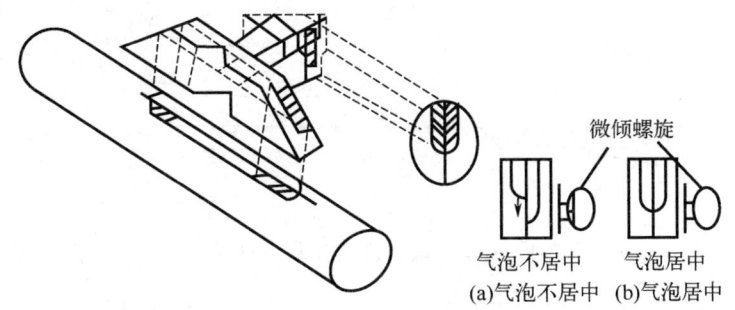

图 3-9 符合气泡

3. 基座

基座部分由轴座、脚螺旋和托板组成。仪器竖轴插入轴座内，由基座承托。脚螺旋用来调节圆水准器使圆气泡居中。通过中心螺旋可以将基座连接到三脚架上。

3.2.2 自动安平水准仪

1. 自动安平水准仪的构造

总体上，自动安平水准仪的结构与微倾式水准仪结构相似，不同之处是用补偿器代替符合水准器。使用时，只要用圆水准器粗略整平仪器，便可通过补偿器的作用读得水平视线的读数，仪器操作更加简便、快捷。目前，各种精度的自动安平水准仪已普遍使用于各级水准测量中。图 3-10 为国产 DSZ3 型自动安平水准仪。

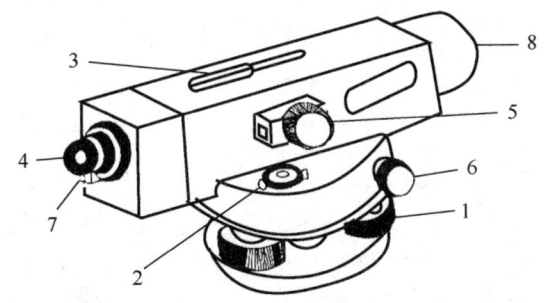

图 3-10 国产 DSZ3 型自动安平水准仪
1. 脚螺旋 2. 圆水准器 3. 外瞄准器 4. 目镜调焦螺旋；5. 物镜调焦螺旋 6. 微动螺旋 7. 补偿器检查按钮 8. 物镜

2. 自动安平水准仪的补偿原理

如图 3-11 所示，当视线水平时，水平光线恰好与十字丝交点所在位置 B 重合，读数正确无误；如视线倾斜一个 α 角，十字丝交点移动一段距离到达 A 处，这时按十字丝交点 A 读数，显然有偏差。如果在望远镜内的恰当位置装置一个"补偿器"，使进入望远镜的水平光线经过补偿器后偏转一个 β 角，恰好通过十字丝交点 A，读出的读数仍然是水平光线对应的正确读数。由此可知，补偿器的作用是使水平光线发生偏转，而偏转角的大小正好能够补偿视线倾斜所引起的读数偏差。

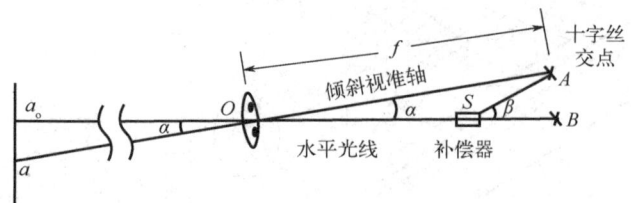

图 3-11 自动安平补偿器原理

自动安平水准仪借助安平补偿装置，能在一定范围自动使视准轴处于精确水平位置，即使仪器有微小的倾斜变化，补偿器也能随时调整，给出正确的水平视线读数，补偿范围一般为±15'。用圆水准器粗略整平仪器后，经过1～2s即可直接读取水平视线读数。自动安平水准仪通过阻尼器使悬吊的棱镜迅速静止下来，以提高测量效率，阻尼器多采用空气阻尼器，也有的采用磁阻尼器。补偿器一般有吊丝式、轴承式、簧片式和液体式等几种形式，在使用仪器过程应防止剧烈震动，以免影响测量精度及损坏补偿器。

3.2.3 数字水准仪

数字水准仪是一种集光机电、计算机和图像处理等高新技术于一体的现代测绘仪器，利用仪器CCD影像采集系统拍摄水准标尺上的条码图像，通过对条码图像的处理和分析，自动计算出水准标尺的读数，并显示在数字显示屏上，从而实现视线高度和水平距离的精确测量。数字水准仪的读数原理主要有光电转换与模数转换法、相关法、编码标尺法、几何法和相位法等。例如，南方DL-2003A数字水准仪（见图3-12）采用相关法读数，标尺的条码作为参照信号存储在仪器内；测量时，图像传感器捕获仪器视场内的标尺影像作为测量信号，然后与仪器的参考信号按照相关算法进行比较，便可求得视线高度和水平距离。索佳（Sokkia）等品牌的数字水准仪采用编码标尺法进行读数。

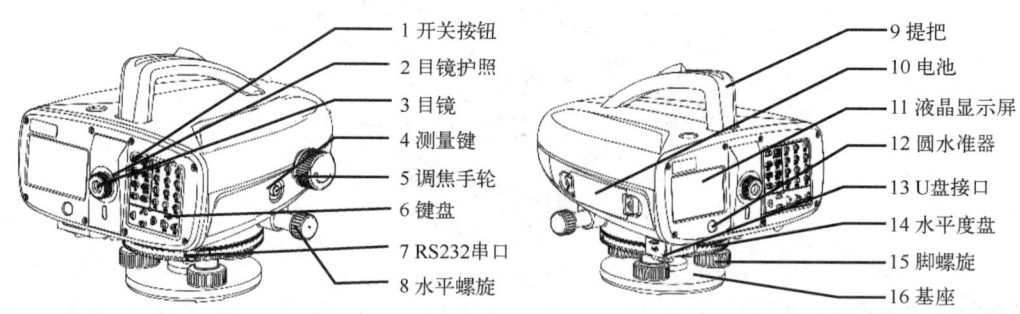

图 3-12 南方 DL-2003A 数字水准仪

数字水准仪的望远镜光学部分、机械结构与自动安平光学水准仪相同，因而具有人工读数和自动照准读数两种读数模式。自动照准读数时，必须与配套的条码水准尺一起使用。通常测量精度取决于配合仪器使用的标尺，中、低精度的测量可选用标准标尺，高精度测量则应选用钢瓦水准标尺。数字水准仪具有以下优点。

（1）采用先进的数字化技术和图像处理技术，能够自动识别和读取水准标尺上的条码，从而避免了传统水准仪中人为读数带来的误差。

（2）自动读数、记录和检核，降低了作业人员的劳动强度，提高了测量速度，提升了工作效率。

(3)数字水准仪自带内置程序,支持内外业一体化作业,便于后续数据处理和分析。

(4)操作简便,自动化程度高,测量精度高。

3.2.4 激光水准仪

激光水准仪是将激光装置发射的激光束导入水准仪的望远镜筒内,使其沿视准轴方向射出的水准仪。激光水准仪有专门激光水准仪和将激光装置附加在水准仪之上两种形式,与配有光电接收靶的水准尺配合,即可进行水准测量。与光学水准仪相比,激光水准仪具有精度高、视线长和能进行自动读数和记录等特点。

3.2.5 水准尺及尺垫

1. 水准尺

水准尺是进行水准测量时与水准仪配合使用的标尺,水准尺一般用优质木材、铝合金、玻璃纤维合成材料、铟钢等材料制成,按照其构造的不同,水准尺可分为塔尺、直尺、折尺等多种,长度有 2m、3m 和 5m 等。塔尺能伸缩、折尺可以对折,因而这两种尺携带方便,但接合处容易磨损而产生误差,所以塔尺常用于碎部测量,如图 3-13(a)、(b)所示,直尺比较坚固可靠。水准尺尺面绘有 1cm 或 5mm 黑白相间的分格,米和分米处注记有数字。三、四等水准测量一般采用尺长为 3m,以厘米为分划单位的区格式木质双面水准尺,如图 3-13(c)、(d)、(e)所示。双面水准尺一面为黑面尺(也叫主尺),另一面为红面尺(也叫辅助尺),每两根为一对。每对尺的黑面都是尺底为零,而红面的尺底分别为 4.687m 和 4.787m。在视线高度不变的情况下,同一根水准尺的红面和黑面读数之差应等于常数 4.687m 或 4.787m,这个常数称为尺常数,用 K 表示,因此利用双面尺可对读数进行检核。

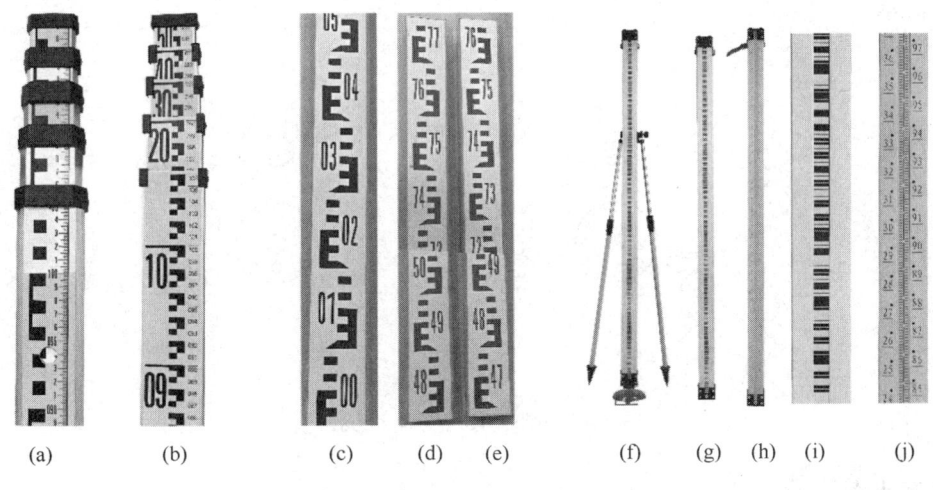

图 3-13 水准尺

(a)为铝合金塔尺正面;(b)为铝合金塔尺背面;(c)、(d)、(e)分别为区格式木质双面水准尺的黑面、红面(4687/4787);(f)、(g)、(h)、(i)、(j)分别为带支撑架尺垫铟瓦条码尺、铟瓦条码尺的条码面、铟瓦尺的数字面、局部放大的条码面、局部放大的数字面

一、二等水准测量通常使用的是铟瓦水准尺,因为铟瓦合金带受温度影响尺身伸缩变形

较小，精度较高。铟瓦水准尺有普通数字和条码两种注记形式。普通数字注记用于人工读数，条码注记用于数字水准仪自动读数，如图 3-13（f）～（j）所示。

2. 尺垫

尺垫是在转点处放置水准尺用的，为三角形的铸铁块（见图 3-14），中央有一突起的半球顶，以便放置水准尺，底部一般有尖脚，可踩入土中，减少水准尺下沉。

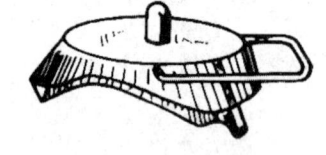

图 3-14　尺垫

3.3　水准仪的使用

1. 安置水准仪

安置水准仪前，首先应按观测者的身高调节好三脚架高度。松开架腿上的制动螺旋，伸缩架腿，使三脚架头与观测者的胸颈部平齐，旋紧制动螺旋。三脚等距分开，使架头大致水平。三个脚尖在地面的位置，大致成等边三角形。在泥土地面上，应将三脚架的三个脚尖踩入土中，使脚架稳定。从仪器箱内取出水准仪，放到三脚架头上，一手握住仪器，一手将三脚架上中心螺旋旋入仪器基座的螺孔内，使仪器与三脚架连接牢固。观测者观测时不能骑在架腿上，而应位于架腿之间的空档位置，以免观测时碰动仪器，影响观测精度。

2. 粗略整平

粗略整平是指调节脚螺旋使圆水准气泡居中，仪器竖轴大致铅垂，从而使望远镜视准轴大致水平。先双手同时以相反方向转动基座上任意两个脚螺旋，使圆水准器气泡位于和上述两个脚螺旋中心连线的中垂线上；然后用左手旋转第三个脚螺旋，使气泡居中。如果气泡仍未严格居中，则应重复上述操作。旋转脚螺旋时，气泡移动方向与左手大拇指移动方向一致，如图 3-15 所示。

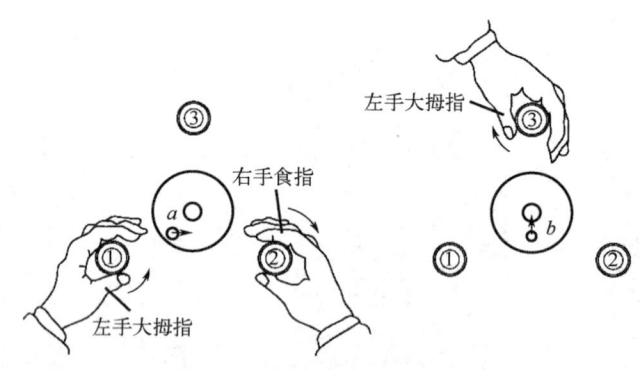

图 3-15　圆水准气泡调节方法

3. 照准水准尺

瞄准是用水准仪望远镜瞄准水准尺，进行目镜和物镜调焦，使十字丝和水准尺成像清晰，消除视差。首先进行目镜调焦，将望远镜对准明亮的背景，旋转目镜调焦螺旋，使十字丝清晰。再松开制动螺旋，转动望远镜，用望远镜上的准星和照门瞄准水准尺，拧紧制动螺旋（有很多水准仪采用摩擦制动的方式，则没有制动螺旋）。转动微动螺旋，十字丝纵丝对准标尺中间，精确照准水准尺，转动望远镜调焦螺旋，使标尺成像清晰，如图 3-16 所示。

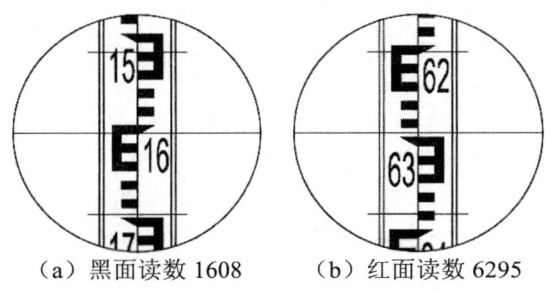

（a）黑面读数 1608　　（b）红面读数 6295

图 3-16　水准尺读数示例

4．读数

（1）微倾式水准仪

对于微倾式水准仪在读数前应调节水准仪的微倾螺旋，使水准管气泡严格居中，即精确整平，简称精平。有符合气泡的水准管，应调节微倾螺旋，使气泡两端的影像符合。然后开始读数。按照从小往大的方向读数的原则读取 4 位数，其中米、分米、厘米从标尺上直接读出，毫米位通过估计读出，并记录观测数据。例如，图 3-16（a）读数为 1608，图 3-16（b）读数为 6295。根据测量的需要，可选择只读中丝读数 $l_中$，也可上、中、下三丝读数都读，即 $l_上$、$l_中$、$l_下$。中丝读数 $l_中$ 用于计算高差 h，上丝 $l_上$、下丝 $l_下$ 用于计算视距 D，通常水准仪在设计时视距 $D = (l_上 - l_下) \times 100$。

（2）自动安平水准仪读数

自动安平水准仪由于有补偿器，只需要仪器粗平，瞄准标尺后即可直接读数。

（3）数字水准仪读数

与数字水准仪配套使用的水准尺为条形编码尺，通常由玻璃纤维或铟瓦合金制成。观测时，在人工完成安置与粗平、瞄准条码标尺后，按下测量键后约 1~2 秒，数字水准仪即可自动读取相应读数，显示测量结果，并进行有关计算。测量结果可存储在仪器内存中。

应用数字水准仪进行水准测量时需要注意以下情况：测量时标尺应尽量立在阳光下，且使尺面受光均匀，避免标尺截距有阴影，但不应在强光下测量；在进行逆光测量时，应使用物镜遮光罩，或者用手遮住干扰的背光。

3.4　水准路线测量

3.4.1　水准点

水准点（Bench Mark，BM）是埋设稳固并通过水准测量测定其高程的点。水准测量一般是在两水准点之间进行的，从已知高程的水准点出发，测量两点之间的高差，从而测定待定水准点的高程。水准点有永久性水准点和临时性水准点两种。永久性水准点通常采用混凝土等材料制成标石，深埋于地下一定深度，以确保长期保持稳定和安全。标石的顶部嵌有半球形的金属标志，标志顶点表示该水准点的高程及位置。此外，永久性水准点也可将金属标志埋设在坚固稳定的永久性建筑物的墙脚上，称为墙脚水准点。对于临时性工程或短期测量需求，可设置临时性水准点。这些点可以利用地面突起的坚硬岩石做上记号，也可将木桩打入地面，在桩顶钉一个铁钉来表示。水准点标石的埋设地点应选在地基稳固、地点隐蔽、能长期保存而又便于观测之处。图 3-17 为混凝土普通水准标石和墙脚水准标志的埋设示意图。

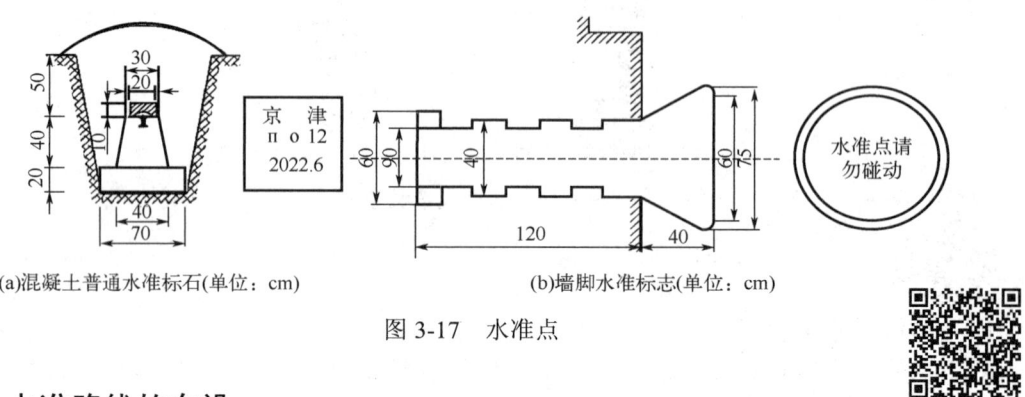

图 3-17　水准点

3.4.2　水准路线的布设

两个相邻水准点的水准测量路线段称为测段，是水准测量中的基本单元。水准路线则是由多个测段连接而成的，用于确定地面点高程的连续测量路线。水准路线可以是单一的水准路线，也可以是多个单一水准路线相互连接构成的水准网。按照已知高程的水准点的分布情况和实际测量需要，水准路线一般布设为单一水准路线和水准网。单一水准路线可布设为闭合水准路线、附合水准路线和支水准路线等形式，如图 3-18 所示。

1. 闭合水准路线

如图 3-18（a）所示，闭合水准路线是从一个已知高程的水准点出发，沿各高程待定点进行水准测量，最后闭合到原水准点上。闭合水准路线各测站所测高差之和的理论值应等于零，即有

$$\sum h_{理论} = 0 \tag{3-5}$$

2. 附合水准路线

如图 3-18（b）所示，附合水准路线是从一个已知高程的水准点出发，沿各高程待定点进行水准测量，最后附合到另一个已知高程的水准点上，各测站所测高差之和的理论值应等于由起始已知水准点和终止已知水准点的高程计算出的高差，即有

$$\sum h_{理论} = H_{终} - H_{始} \tag{3-6}$$

3. 支水准路线

如图 3-18（c）所示，支水准路线是从一个已知高程的水准点出发，沿各高程待定点进行水准测量，既没有附合到另一个已知水准点，也没有闭合到原水准点上。支水准路线一般应进行往返观测，理论上，往测高差总和与返测高差总和应大小相等，符号相反，即有

$$\sum h_{往} + \sum h_{返} = 0 \tag{3-7}$$

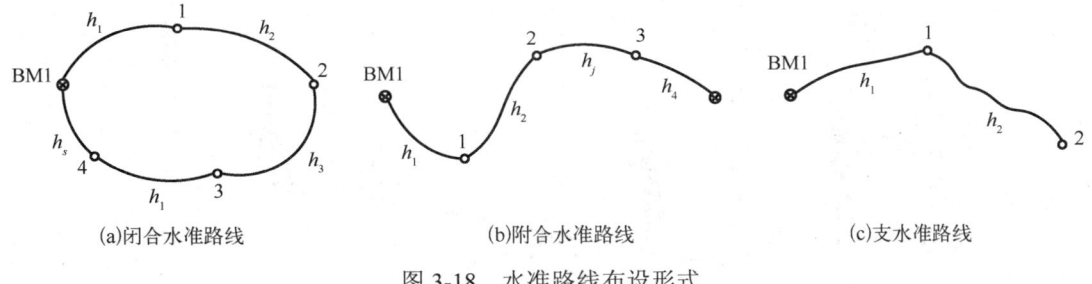

图 3-18 水准路线布设形式

式（3-5）、式（3-6）、式（3-7）可以分别作为闭合水准路线、附合水准路线和支水准路线观测正确性的检核。

3.4.3 水准测量外业施测

1．连续水准测量

当在距离较长或高差较大的情况下进行水准测量时，需要采用连续水准测量的作业方法进行测量。连续水准测量是指在进行水准测量时，沿选定的水准路线设置若干个临时立尺点，也称为转点（Turning Point，TP），在这些转点间安置水准仪依次设置测站，通过多个测站连续观测并计算相邻转点之间的高差，最终将所有高差进行代数相加，得到最终的高差。这种方法可以克服一次观测距离和高差的限制。

如图 3-19 所示，已知 A 点的高程 H_A，欲测定 B 点高程，其施测步骤如下。

在离 A 点适当距离处选转点 1，在 A 点和 1 点上立水准尺，将 A 点作为后视点，1 点作为前视点。在与 A、1 点距离大致相等且合适的地方安置水准仪并整平，瞄准后视标尺，使符合气泡居中，读取后视读数 a_1 并记录。再瞄准前视标尺，气泡居中后，读取前视读数 b_1 并记录。后视读数 a_1 减去前视读数 b_1，即得高差 h_1，并进行记录与计算；第 1 测站的工作结束后，将仪器搬至转点 1、2 之间，开始第 2 测站测量，将 1 点作为第 2 测站的后视点，在前进方向再选点 2，按前述方法继续进行观测、记录与计算。这样，每安置一次仪器，就测得一个高差，即

$$h_1 = a_1 - b_1$$
$$h_2 = a_2 - b_2$$
$$\cdots\cdots$$
$$h_n = a_n - b_n$$

将上列各式相加，即得 A、B 两点的高差 h_{AB}，即

$$h_{AB} = \sum h \tag{3-8}$$

$$\sum h = \sum a - \sum b \tag{3-9}$$

式（3-9）用于计算检核，说明各测站高差计算正确。

则 B 点高程 H_B 为

$$H_B = H_A + h_{AB} \tag{3-10}$$

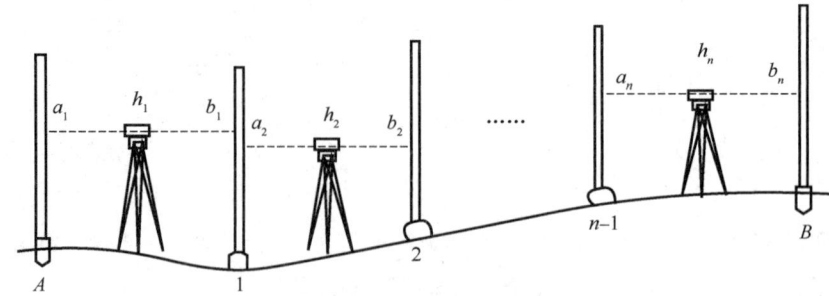

图 3-19 连续水准测量

在进行连续水准测量时，如果任何一测站的后视读数或前视读数有错误，都将影响所测高差的正确性。因此在每一测站的水准测量中，为了及时发现观测中的错误，通常采用双仪器高法或双面尺法进行观测，以检核高差测量中可能发生的错误，这种检核称测站检核。

2．测站检核

在进行连续水准测量时，如果任何一测站的后视读数或前视读数有错误，都将影响所测高差的正确性。为了确保每一测站观测数据没有错误，在每一测站测量作业时，采用双仪器高法或双面尺法进行检核，这种检核称测站检核。

（1）双仪器高法

在每一测站上用两次不同仪器高度的水平视线（改变仪器高度应在 10cm 以上）来测定相邻两点间的高差，理论上两次测得的高差应相等。如果两次高差观测值不相等，对图根水准测量，其差的绝对值应小于 5mm，否则应重测。当两次高差之差的绝对值小于 5mm，取两次高差的平均值作为该测站高差的最后结果。表 3-2 为附合水准路线进行水准测量的记录计算表，表中括号内的数值为两次高差之差。

表 3-2 水准测量记录（双仪器高法）

测站	点号	水准尺读数（mm）		高差（m）	平均高差（m）	高程（m）	备注
		后视	前视				
1	BM-A	1134	1677	−0.543	（0.000）	13.428	
	TP1	1011	1554	−0.543	−0.543		
2	TP1	1444	1324	+0.120	（0.004）		
	TP2	1624	1508	+0.116	+0.118		
3	TP2	1822	0876	+0.946	（0.000）		
	TP3	1710	0764	+0.946	+0.946		
4	TP3	1820	1435	+0.385	（0.002）		
	TP4	1923	1540	+0.383	+0.384		
5	TP4	1422	1308	+0.114	（0.002）		
	BM-B	1604	1488	+0.116	+0.115	14.448	
检核计算		15.514	13.474	2.040	1.020		

（2）双面尺法

当采用双面水准尺进行水准测量时，在每个测站上读取后视尺的黑、红面读数和前视尺的黑、红面读数，分别计算得到黑面高差和红面高差，理论上黑、红面高差应相等，黑、红面高差之差的绝对值不得超过 5mm，否则应重测。若在容许误差范围内，取两次高差的平均值作为该测站高差的最后成果。

测站校核可以校核一个测站测量成果是否符合要求，但整个路线测量成果是否符合要求，还需要进行路线校核。

3．路线检核

（1）闭合水准路线校核

闭合水准路线如图 3-18（a）所示。闭合水准路线各测站高差之和理论上应等于零，即 $\sum h_{理}=0$。由于测量存在误差，往往各测站观测高差之和 $\sum h_{测} \neq 0$，高差观测值与理论值之差称为高差闭合差 f_h：

$$f_h = \sum h_{测} - \sum h_{理} = \sum h_{测} - 0 = \sum h_{测} \tag{3-11}$$

由于测量误差不可避免，高差闭合差一般不为 0。为了保证测量精度，必须控制高差闭合差在规定容许值范围内，超过限值时，必须检查原因，返工重测。等外水准测量高差闭合差的容许值如下：

平坦地区 $\qquad f_{h容} = \pm 40\sqrt{L}$ （mm） $\tag{3-12}$

山区 $\qquad f_{h容} = \pm 12\sqrt{n}$ （mm） $\tag{3-13}$

式中 L 为水准路线长度，以 km 为单位，不足 1km 的，按 1km 计；n 为测站数。

（2）附合水准路线校核

附合水准路线如图 3-18（b）所示。附合水准路线各测站高差之和理论上应等于两个已知水准点间的高差，即 $\sum h_{理} = H_{终} - H_{始} = H_{BM2} - H_{BM1}$。由于测量存在误差，各测站观测高差之和 $\sum h_{测}$ 不等于两个已知水准点间的高差 $\sum h_{理}$，其高差闭合差 f_h 为

$$f_h = \sum h_{测} - \sum h_{理} = \sum h_{测} - (H_{终} - H_{始}) \tag{3-14}$$

式中，$H_{始}$ 与 $H_{终}$ 分别为附合水准路线起点与终点的水准点高程。高差闭合差的容许值与闭合水准路线相同。

（3）支水准路线校核

支水准路线如图 3-18（c）所示。为了对测量成果进行校核，支水准路线必须进行往返测量。往返观测的高差绝对值相等，符号相反，即往返观测高差的代数和应等于零。若不为零，则产生高差闭合差，即

$$f_h = \sum h_{往测} + \sum h_{返测} \tag{3-15}$$

闭合差容许值 $f_{h容}$ 应根据不同的地形情况，采用式（3-12）、式（3-13）计算。

3.4.4 水准路线测量内业计算

水准路线测量内业计算的主要目的是合理调整高差闭合差和计算出各未知点的高程，主要步骤包括高差闭合差计算、高差闭合差分配与平差、高程计算。

1. 高差闭合差计算

闭合水准路线、附合水准路线、支水准路线高差闭合差 f_h 分别按式（3-11）、式（3-14）和式（3-15）计算，并判断是否在容许值范围内，超过容许值范围，应检查外业数据是否记录、计算有误，如有必要应返工重测。

2. 高差闭合差分配与平差

当高差闭合差 f_h 在容许值范围内时，说明外业观测成果合格，可以进行高差闭合差的分配与平差。高差闭合差的分配与平差的原则是将高差闭合差依据地形情况平坦地区按路线长度 L 或山区按测站数 n 加权进行分配，即与路线长度 L 或测站数 n 成正比的原则，将高差闭合差反号进行分配。在高差闭合差为 f_h、路线长为 L 或测站数为 n 的一条水准路线上，设第 i 测段的高差观测值为 h_i、路线长为 L_i（或测站数为 n_i），则其高差改正数 V_i 的计算公式为：

平坦地区
$$V_i = -\frac{L_i}{\sum L_i} f_h = -\frac{L_i}{L} f_h \tag{3-16}$$

山区
$$V_i = -\frac{n_i}{\sum n_i} f_h = -\frac{n_i}{n} f_h \tag{3-17}$$

改正后的高差等于观测高差加上高差改正数，即

$$\hat{h}_i = h_i + V_i \tag{3-18}$$

所有高差改正值之和应等于高差闭合差的反号，即 $\sum V_i = -f_h$，用于计算检核。

3. 高程计算

利用改正后的高差，从已知点开始依次推算各点高程。

【例题 3-1】 在山区按等外水准测量要求施测某闭合水准路线，观测成果如图 3-20 所示。A 点为已知高程水准点，高程为 523.815m，共分为 A-1、1-2、2-3、3-A 四个测段，箭头为水准测量前进方向，各观测高差和长度如图 3-20 所示，试计算 1、2、3 点的高程。

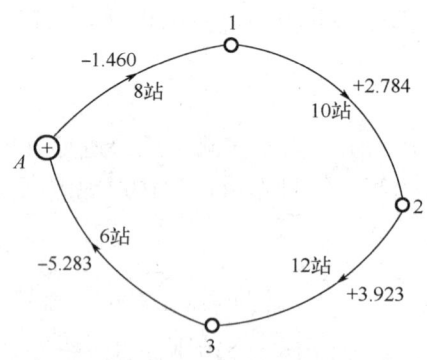

图 3-20 闭合水准路线

解： 计算在如表 3-3 所示的表格中进行，步骤如下。

（1）高差闭合差的计算与检核

$$f_h = \sum h_i = -1.460 + 2.784 + 3.923 - 5.283 = -0.036\text{m} = -36\text{mm}$$

此次测量为山区等外水准测量，故

$$f_{h容} = \pm 12\sqrt{n} = \pm 12 \times \sqrt{36} = \pm 72 \text{mm}$$

由于$|f_h|<|f_{h容}|$，故外业观测成果符合相应等级精度要求。

（2）高差改正数和改正后的高差计算

总测站数为36站，则每测站的高差改正数为

$$V_{1站} = -\frac{1}{\sum n_i}f_h = -\frac{1}{36} \times (-36) = +1\text{mm}$$

各测段的高差改正数按式（3-17）计算，将计算结果填入表3-3第4栏中。改正数总和应与闭合差的绝对值相等，符号相反。各测段实测高差加高差改正数便得到改正后高差$\widehat{h_i}$，计算并填入表3-3第5栏。改正后高差总和应等于理论值"0"，即$\sum \widehat{h_i}=0$，用于计算检核，否则说明计算有误。

（3）高程的计算

从A点开始，用改正后的高差逐点推算各未知点1、2、3的高程，将计算结果填入表3-3第6栏中。如

$$H_1 = H_A + h_1 = 523.815 + (-1.452) = 522.363\text{m}$$
$$H_2 = H_1 + h_2 = 522.363 + 2.794 = 525.157\text{m}$$
$$H_3 = H_2 + h_3 = 525.157 + 3.935 = 529.092\text{m}$$
$$H_A = H_3 + h_4 = 529.092 + (-5.277) = 523.815\text{m}$$

最后算得的A点高程应与已知的高程H_A相等，用于计算检核，否则说明高程计算有误。

表3-3 闭合水准路线内业计算

点 号	测站数	测段观测高差（m）	高差改正值（mm）	改正后高差（m）	高程（m）
1	2	3	4	5	6
A					**523.815**
	8	−1.460	+8	−1.452	
1					522.363
	10	+2.784	+10	+2.794	
2					525.157
	12	+3.923	+12	+3.935	
3					529.092
	6	−5.283	+6	−5.277	
A					523.815
$\sum$	36	−0.036	36	0	

$f_h = \sum h_i = -1.460 + 2.784 + 3.923 - 5.283 = -0.036\text{m} = -36\text{mm}$

$f_{h容} = \pm 12\sqrt{n} = \pm 12 \times \sqrt{36} = \pm 72\text{ mm}$，$f_h < f_{h容}$，外业观测成果合格。

【例题 3-2】 在平坦地区按等外水准测量要求施测某附合水准路线，观测成果如图 3-21 所示。A 和 B 点为已知高程水准点，共分为 A-1、1-2、2-3、3-4、4-B 五个测段，箭头为水准测量前进方向，各观测高差和长度如图 3-21 所示，试计算 1、2、3、4 点的高程。

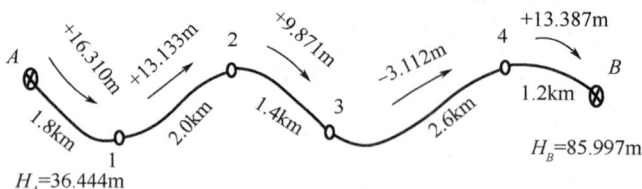

图 3-21 附合水准路线

解：计算在如表 3-4 所示的表格中进行，步骤如下。

（1）高差闭合差的计算与检核

$$f_h = \sum h_{测} - (H_{终} - H_{始})$$

$$= 49.589 - (85.997 - 36.444) = +0.036\text{m} = +36\text{mm}$$

此次测量为平坦地区等外水准测量，故

$$f_{h容} = \pm 40\sqrt{L} = \pm 40 \times \sqrt{9.0} = \pm 120\text{mm}$$

由于 $|f_h| < |f_{h容}|$，故外业观测成果符合相应等级精度要求。

（2）高差改正数和改正后的高差计算

路线总长度为 9.0km，则每 1km 的高差改正数为

$$V_{1\text{km}} = -\frac{1}{\sum L_i} f_h = -\frac{1}{9.0} \times 36 = -4.0\text{mm}$$

各测段的高差改正数按式（3-16）计算，将计算结果填入表 3-4 第 4 栏中。改正数总和应与闭合差的绝对值相等，符号相反。各测段实测高差加高差改正数便得到改正后高差 $\hat{h}_i$，计算并填入表 3-4 第 5 栏。改正后高差总和应等于水准路线终点与起始点高程之差，即 $\sum \hat{h}_i = H_{终} - H_{始}$，用于计算检核，否则说明计算有误。

（3）高程的计算

从起始 A 点开始，用改正后的高差逐点推算各未知点 1、2、3、4 的高程，将计算结果填入表 3-4 第 6 栏中。如

$$H_1 = H_A + h_1 = 36.444 + 16.3028 = 52.747\text{m}$$

$$H_2 = H_1 + h_2 = 52.747 + 13.1250 = 65.872\text{m}$$

$$H_3 = H_2 + h_3 = 65.872 + 9.8645 = 75.737\text{m}$$

$$H_4 = H_3 + h_4 = 75.737 + (-3.1224) = 72.615\text{m}$$

$$H_B = H_4 + h_5 = 72.615 + 13.3822 = 85.997\text{m}$$

最后算得的 B 点高程应与已知的高程 H_B 相等，用于计算检核，否则说明高程计算有误。

表 3-4 附合水准路线内业计算

点号	距离（km）	测段观测高差（m）	高差改正值（mm）	改正后高差（m）	高程（m）
1	2	3	4	5	6
A					**36.444**
	1.8	+16.310	−7.2	+16.3028	
1					52.747
	2.0	+13.133	−8.0	+13.1250	
2					65.872
	1.4	+9.871	−5.6	+9.8654	
3					75.737
	2.6	−3.112	−10.4	−3.1224	
4					72.615
	1.2	+13.387	−4.8	+13.3822	
B					**85.997**
∑	9.0	49.589	−36	49.553	

$$f_h = \sum h_{测} - (H_{终} - H_{始}) = 49.589 - (85.997 - 36.444) = +0.036\text{m} = +36\text{mm}$$

$f_{h容} = \pm 40\sqrt{L} = \pm 40 \times \sqrt{9.0} = \pm 120\text{mm}$，$f_h < f_{h容}$，外业观测成果合格。

3.5 水准仪检验与校正

用于测绘生产的水准仪应定期检定和校正，以确保水准仪的轴系关系保持正确，未经检定的水准仪不得用于测绘生产。水准仪能测得正确高差，要求水准仪能提供一条水平视线；对于自动安平水准仪而言，在视线不精确水平时，能经过补偿器的作用，读到视线精确水平时对应的水准尺读数。

3.5.1 水准仪的主要轴线应满足的几何条件

如图 3-22 所示，微倾式水准仪的主要轴线有视准轴 CC_1、管水准器轴 LL_1、圆水准器轴 $L'L_1'$ 和竖轴 VV_1。自动安平水准仪的主要轴线有视准轴 CC_1、圆水准器轴 $L'L_1'$ 和竖轴 VV_1，自动安平水准仪没有管水准器，因而没有管水准器轴。为使水准仪能正确工作，水准仪的轴线应该满足下列几个条件：

（1）圆水准器轴 $L'L_1'$ 应平行于竖轴 VV_1。

这一关系确保了水准仪能够通过调整脚螺旋使圆水准气泡居中，从而使仪器的竖轴处于铅垂位置。

（2）十字丝分划板的横丝应垂直于竖轴。

这一关系确保了在使用水准仪进行读数时，横丝能够提供一个垂直于竖轴的、稳定的读数参考线，从而提高读数的准确性。

（3）管水准器轴 LL_1 平行于视准轴 CC_1（微倾式水准仪）。

这是微倾式水准仪正常工作的主要条件。因为在水准测量中，需要保证视准轴处于水平位置，以便读取准确的水平视线读数。通过调节微倾螺旋使水准管气泡居中，即水准管轴 LL_1

处于水平状态,当水准管轴 LL_1 平行于竖轴视准轴 CC_1 时,视准轴 CC_1 也处于水平状态。

(4) 在补偿范围内,补偿器应能起到补偿作用(自动安平水准仪)。

(5) 视准轴 CC_1 经过补偿器补偿后应与水平线一致(自动安平水准仪)。

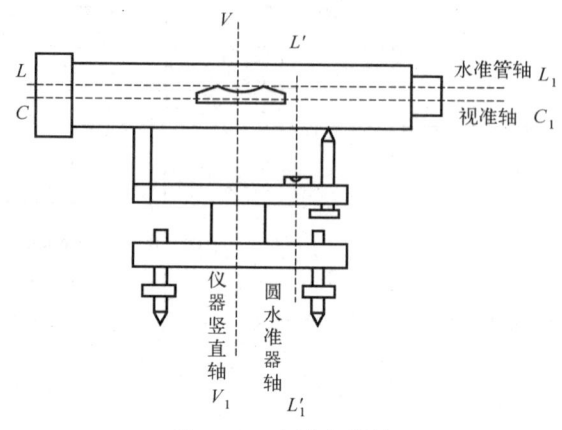

图 3-22 水准仪轴线

3.5.2 水准仪的检验与校正

1. 圆水准器轴平行于竖轴的检验与校正

(1) 检验

旋转脚螺旋,使圆水准气泡居中。将仪器绕竖轴旋转 180°,如果圆水准气泡仍然居中,说明圆水准器轴平行于竖轴,否则说明圆水准器轴不平行于竖轴,需校正。如图 3-23(a)所示,竖轴不与圆水准轴平行,圆水准轴偏于竖轴的左侧,交叉成 δ 角。此时若调节脚螺旋使圆气泡居中,则圆水准轴竖直,竖轴偏斜。将仪器绕偏斜的竖轴旋转 180°,如图 3-23(b)所示,圆水准轴转至竖轴的右侧,仍交叉成 δ 角。显然,此时圆水准轴偏离铅垂线的角度为 2δ,圆气泡也随之偏向高的一端。

(2) 校正

旋转脚螺旋使气泡中心向圆水准器的零点移动偏距的一半,如图 3-23(c)所示,然后拧松固定螺丝,使用校正针拨动圆水准器的三个校正螺丝(见图 3-24(b)),使气泡中心移动到圆水准器的零点,如图 3-23(d)所示。将仪器再绕竖轴旋转 180°,如果气泡中心与圆水准器的零点重合,则校正完毕,否则还需要重复前面的校正工作,最后拧紧固定螺丝。

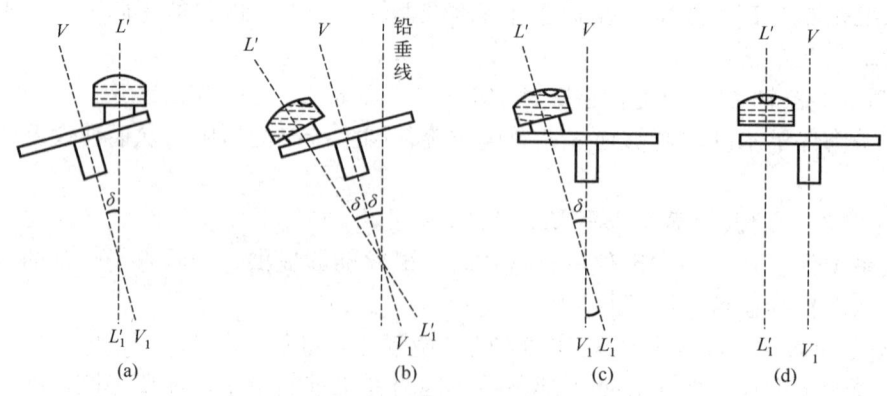

图 3-23 水准仪圆水准器的校正

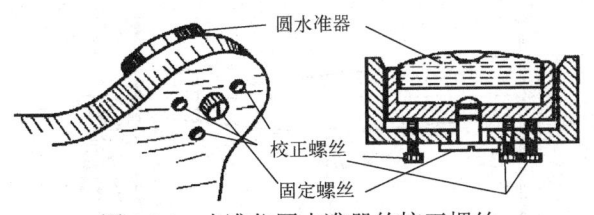

图 3-24 水准仪圆水准器的校正螺丝

2. 十字丝横丝垂直于竖轴的检验与校正

（1）检验

整平仪器后，用十字丝横丝的一端对准远处一明显标志点 P，如图 3-25（a）所示，旋紧制动螺旋，旋转微动螺旋转动水准仪，如果标志点 P 始终在横丝上移动，如图 3-25（b）所示，说明横丝垂直于竖轴。否则，需要校正，如图 3-25（c）和图 3-25（d）所示。

（2）校正

旋下十字丝分划板护罩，如图 3-25（e）所示，用校正针松开四个校正螺丝，如图 3-25（f）所示，按横丝倾斜的反方向转动十字丝组件，再进行检验。如果 P 点始终在横丝上移动，表明横丝已经水平，最后拧紧四个校正螺丝。

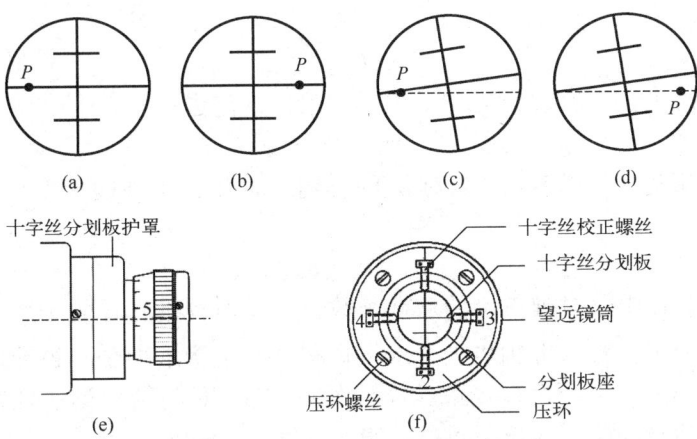

图 3-25 十字丝横丝的检验与校正

3. 水准管轴平行于视准轴的检验与校正（微倾式水准仪）

（1）检验

如果仪器的管水准轴与视准轴平行，当水准管气泡居中时，视线即水平。此时水准仪安置在两点间任何地点，所测得的高差都是正确的。假如管水准轴与视准轴不平行，当水准管气泡居中时，视线却是向上（或向下）倾斜，此时，水准尺上的读数比视准轴水平时要大（或小）。水准仪视准轴与水平线在竖直面内的夹角称为 i 角，由此产生的误差称为 i 角误差。此项误差的大小与标尺到仪器的距离成正比。如果将水准仪安置成后视与前视距离相等（见图 3-26），则在两尺上的读数误差 x 均相等。此时，即使存在 i 角，也可以获得正确高差，即

$$h = (a+x) - (b+x) = a - b$$

当后视与前视距离不相等时，两尺上的读数误差也不相等，测得的高差就要受到影响，前后视距离相差越大，i 角对高差的影响也越大。

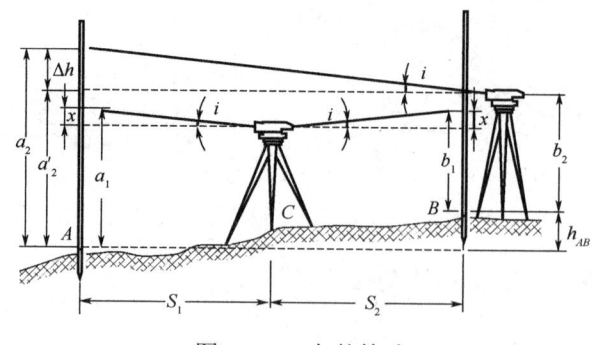

图 3-26　i 角的检验

选距离 80m 的 A、B 两点，各打一木桩。先将仪器安置在 AB 线段的中点 C，如图 3-26 所示，用双仪器高法测出正确高差 h_{AB}。将水准仪搬到距 B 点约 2~3m 处，安置仪器，测量 A、B 两点的高差，设后、前视尺的读数分别为 a_2、b_2，由此计算出的高差为 $h'_{AB} = a_2 - b_2$。两次设站观测的高差之差为

$$\Delta h = h'_{AB} - h_{AB} \tag{3-19}$$

则 i 角为

$$i = \frac{\Delta h}{D_{AB}} \rho \tag{3-20}$$

对于 DS_3 级微倾水准仪，i 角值要 ≤20″，如果超限，则需进行校正。

（2）校正

因仪器距 B 点很近，可以忽略 i 角对 b_2 的影响，认为 b_2 是视线水平时的读数。视线水平时的后视读数应为

$$a'_2 = b_2 + h_{AB} \tag{3-21}$$

转动微倾螺旋，使中丝对准正确的后视读数 a'_2，此时视准轴已处于水平位置，但水准气泡却偏离了中心。为了使管水准轴也处于水平位置，即使管水准轴与视准轴平行，可用校正针拨动水准管一端的上、下两个校正螺丝（见图 3-27），使符合气泡影像符合。校正完毕再旋紧校正螺丝。此项检验校正应反复进行，直至 i 角误差 ≤20″ 为止。

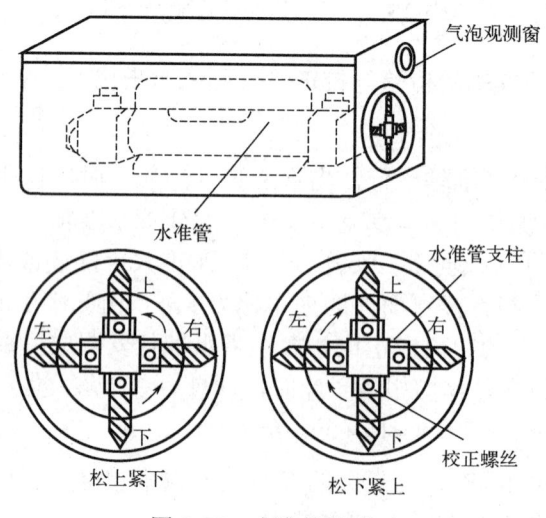

图 3-27　水准管的校正

4．自动安平水准仪补偿器能否正常工作的检验（i 角检验）

检验方法是将水准仪安置在一点，在离仪器约 50m 处立一水准尺。安置仪器时使其中两个脚螺旋的连线垂直于仪器到水准尺连线的方向。用圆水准器整平仪器，读取水准尺上读数。旋转视线方向上的第三个脚螺旋，让气泡中心偏离圆水准零点少许，使竖轴向前稍倾斜，读取水准尺上读数。然后再次旋转这个脚螺旋，使气泡中心向相反方向偏离零点并读数；重新整平仪器，用位于垂直于视线方向的两个脚螺旋，先后使仪器向左右两侧倾斜，分别在气泡中心稍偏离零点后读数。如果仪器竖轴向前后左右倾斜时所得读数与仪器整平时所得读数之差不超过 2mm，则可认为补偿器工作正常，否则应检查原因或送工厂修理。检验时圆水准器气泡偏离的大小，应根据补偿器的工作范围及圆水准器的分划值来决定。例如补偿工作范围为 ±5′，圆水准器的分划值为 8′/2 mm，则气泡偏离零点不应超过 $5/8 \times 2 = 1.2$ mm。补偿器工作范围和圆水准器的分划值在仪器说明书中均可查得。

5．自动安平水准仪视准轴经过补偿后应与水平线一致的检验校正（i 角检验）

（1）检验

自动安平水准仪 i 角检验与微倾式水准仪一致。

（2）校正

根据图 3-26，可以求出 A 点水准标尺上不包含 i 角误差影响的正确读数为 $a_2' = b_2 + h_{AB}$。拨动十字丝的校正螺旋，使 A 点的读数从 a_2 改变到 a_2'，此时对应的视准轴已经符合要求。

3.6　水准测量误差分析

水准测量误差来源与观测仪器、观测者及观测环境条件等因素有密切关系。按误差来源可分为仪器误差、观测误差和外界环境条件所引起的误差。下面分别分析其影响，并阐述应对措施和对策。

3.6.1　仪器误差

水准仪、水准尺经过了定期检定和校正，仍然存在残余误差，影响测量成果。有关水准仪误差主要表现为 i 角误差。

1．i 角误差

规范规定，DS_3 水准仪的 i 角应小于等于 20″，当 i 角大于 20″应进行校正。水准测量时，水准仪的 i 角符合规范要求，也应将水准仪安置在后视与前视距离相等的位置，以控制 i 角对观测高差的影响。自动安平水准仪利用补偿器补偿作用，提供一条水平视线。若补偿器补偿不完整，最终也表现为 i 角误差。

2．水准尺误差

由于水准尺分划不准确、尺长变化、尺弯曲等原因而引起的水准尺分划误差会影响水准测量的精度，因此须检验水准尺每米间隔真实长度与名义长度之差。

3.6.2 观测误差

1．仪器下沉的影响

在松软的泥土场地上架设水准仪进行水准测量时，应将水准仪脚架踩入泥土中，保持水准仪稳定，避免水准仪下沉。同时，采用后、前、前、后的观测程序可一定程度削弱水准仪下沉对测量结果的影响。

2．水准尺倾斜和下沉的影响

在水准仪瞄准水准尺进行读数时，水准尺必须竖直，不能左右、前后倾斜，在水准尺上安装圆水准器是保证尺子竖直的主要措施。

在水准测量过程中水准尺的下沉将使读数增大。在松软的泥土场地上进行水准测量时，应使用尺垫，将尺垫踩紧，避免水准尺下沉。采用往返观测取观测高差的中数可一定程度削弱尺垫下沉的影响。

3．读数误差

标尺毫米位数字是根据十字丝横丝在水准尺厘米分划内的位置进行估读的。读数误差与望远镜的放大倍数和视线长有关。视线越长，读数误差越大。

3.6.3 外界环境条件的影响

1．温度、风力的影响

当日光照射到水准仪时，由于仪器各部件受热不均匀，引起不规则的膨胀，影响到仪器轴线的正确关系，使其产生仪器误差。因此，精度要求较高的水准测量，对水准仪应撑伞防晒。在风力较大时，风影响水准仪的稳定性，从而影响测量结果。

2．大气折光影响

在日光照射下，地面温度较高，靠近地面的空气温度也相应较高，其密度较上层稀薄，空气上下对流加剧，光线通过时产生折射，从而影响对水准尺的读数，越靠近地面，其影响也越大。规范规定：三、四等水准测量时应保证上、中、下三丝能读数。可采取前后视线距离大致相等的观测方法来削弱大气折光误差。

3．地球曲率的影响

大地水准面是一个曲面，水准仪的视准轴是一条直线，水准仪的视准轴与水准面不平行，这对观测高差存在影响。在实际测量中，可采取前后视线距离大致相等的观测方法来削弱地球曲率对高差的影响。

思 考 题

1．水准测量的基本原理是什么？
2．什么叫视准轴？什么叫视差？视差如何形成？怎样消除？
3．如何利用脚螺旋与圆水准器整平仪器？

4. 转点在水准测量中起什么作用？
5. 为什么要把水准仪安置在与两尺距离大致相等处进行观测？
6. 水准测量中有哪些校核？各有什么作用？采用什么方法？
7. 水准仪的主要轴线有哪些？它们应满足的条件是什么？
8. 水准测量的误差来源有哪些？
9. 进行水准测量时，设 A 为后视点，B 为前视点，后视水准尺读数 a=1.124m，前视水准尺读数 b=1.428m，问 A、B 两点的高差 h_{AB} 为多少？设已知 A 点的高程为 20.016m，问 B 点的高程为多少？
10. 将水准仪安置在离 A、B 两点等距离处，测得高差 h = −0.350 m，设仪器搬到前视点 B 附近时，后视读数 a=0.952m，前视读数 b=1.340m，试问水准管轴是否平行于视准轴？如果不平行，当水准管气泡居中时，视准轴是向上倾斜还是向下倾斜？如何校正？
11. 自动安平水准仪为什么能在视线倾斜的情况下获得水平视线的读数？
12. 按普通水准测量要求施测某闭合水准路线观测成果如表 3-5 所示，完成表格各项计算。

表 3-5 闭合水准测量路线平差计算

测段	测点	测站数	高差观测值（m）	高差改正数（mm）	改正后高差（m）	高程（m）	备注
1	A	10	2.134			104.313	
2	1	8	1.424				
3	2	8	1.787				
4	3	11	−1.714				
5	4	17	−3.577				
	A						
Σ							

$\sum h_{测}$ = _____ $\sum h_{理}$ = _____ 高差闭合差 f_h = _____

容许闭合差 $f_{h容}$ = $\pm 12\sqrt{n}$ = _____ 一个测站的改正数 v = _____

13. 按普通水准测量要求施测某附合水准路线观测成果，如图 3-28 所示：A 和 B 为已知高程水准点，测段观测高差及长度已标注在图中，试在表 3-6 中完成待定点 1、2、3 点的高程计算。

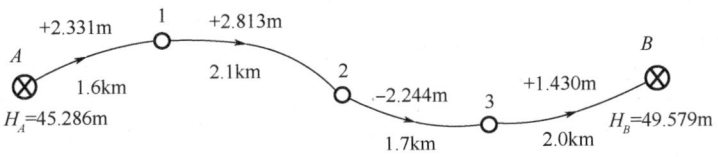

图 3-28 附合水准路线

表 3-6　附合水准路线平差计算

测段	测点	路线长度（km）	观测高差（m）	高差改正数（mm）	改正后高差（m）	高程（m）	备注
1	A						
2	1						
3	2						
4	3						
	B						
Σ							

$\sum h_{测} =$ _____　$\sum h_{理} =$ _____　高差闭合差 $f_h =$ _____

容许闭合差 $f_{h容} = \pm 12\sqrt{n} =$ _____　一个测站的改正数 $v=$ _____

第4章 距离测量与角度测量

内容提要

本章主要介绍卷尺量距和电磁波测距的基本原理及测量方法、水平角度和竖直角度的测量原理和方法、全站仪的结构与使用、全站仪的检验与校正、距离测量误差和角度测量误差等内容。重点熟悉全站仪的基本结构、熟练使用全站仪进行角度和距离测量、了解全站仪的检验与校正方法,难点在于掌握并理解距离和角度测量误差的来源以及消减方法。

4.1 距 离 测 量

4.1.1 距离测量概述

距离测量分为直接量距和间接量距两种方式,直接量距就是将相对标准的尺子与待测距离进行直接比对,以测定待测距离如卷尺量距,直接利用皮尺、钢尺沿地面丈量两点间的水平距离。卷尺量距属于传统的距离测量方法,其特点是工具简单、成本低廉。因易受地形限制,仅应用于平坦地区的近距离测量,例如应用于地形测量中的细部丈量和建筑工地的细部施工放样等。

间接量距是通过测量与距离相关的量间接推算待测距离,如视距测量、电磁波测距等。视距测量是利用水准仪或经纬仪望远镜的视距丝配合标尺,按几何光学原理进行距离测量。经纬仪视距测量主要应用于传统的经纬仪地形图测绘中,然而,目前经纬仪已经完全被全站仪替代了。水准仪视距测量主要用于测量水准仪至标尺之间的水平距离,其目的是控制水准测量误差的积累和传播。

电磁波测距是利用光学和电子仪器向目标发射和接收反射回来的电磁波(光波或微波,前者称为光电测距,后者称为微波测距)进行测距,属于电子物理测距。电磁波测距中广泛采用的是光电测距,其特点是仪器先进、测程远、精度高、操作方便,早期主要应用于高精度的控制测量,现已广泛应用于细部测量、施工放样等测量工作中,已成为距离测量的主要方法。值得注意的是,广义的电磁波测距应包括全球导航卫星系统(GNSS)测量,其原理是利用安置在测站上的 GNSS 接收机接收卫星在空间轨道上发射的电磁波测距信号,从而测定测站点到卫星间的距离,再按空间距离交会的原理确定地面点的空间位置。

本章仅介绍卷尺量距和光电测距,GNSS 测量作为控制测量和细部测量方法,在后面的"控制测量"和"地形测量"章节中进行介绍。

4.1.2 卷尺量距

1. 卷尺量距的工具

(1)卷尺

卷尺按材质分为皮尺和钢尺。皮尺一般由玻璃纤维和 PVC 塑料合制而成,弹性较大,容

易变形，量距精度较低，一般用于农田丈量等。钢尺，又称钢卷尺，是用钢制成的带状尺，尺的宽度为 10~15mm，厚度约为 0.4mm，长度一般有 20m、30m 和 50m 等多种，一把钢尺的全长称为"一尺段"。钢尺可以卷放在圆形的尺壳内，或卷放在金属的尺架上，如图 4-1 (a) 所示。也有尺长仅为 2~5m 的小钢卷尺，用于量取仪器高（测量仪器安置时离地面点的高度）、目标高（瞄准目标的高度），以及在地形测量时量取地物细部的尺寸。钢尺上长度的最小分划为毫米，最小注记为厘米，各整米处也有注记，便于测距时读数。图 4-1（b）为钢尺开头的一段注记。

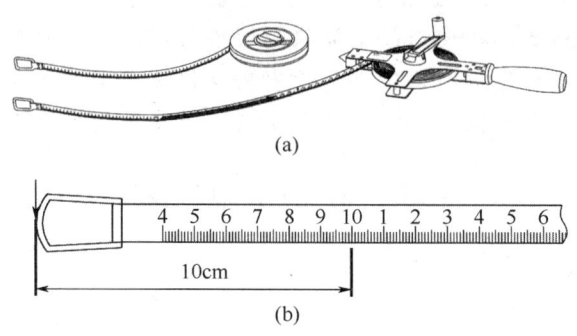

图 4-1 钢卷尺及其分划注记

（2）其他量距工具

除了卷尺，卷尺量距的工具还包括标杆、测钎、垂球等，精度要求较高的量距时，还需要有弹簧秤和温度计，如图 4-2 所示。标杆用于标定直线，测钎用于标定尺段数，垂球用于不平坦地区将尺子的端点垂直投影到地面，弹簧秤用于测定拉直尺子时施加规定的拉力，温度计用于测定钢尺丈量时的温度并对钢尺的长度进行温度改正。

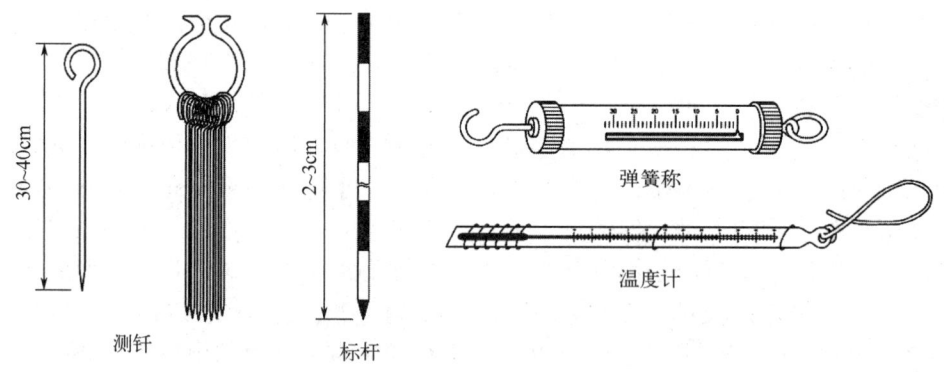

图 4-2 其他量距工具

2. 直线定线

当地面上两点之间的距离较远或地面起伏较大时，为了量距方便，需将所量距离分成若干个尺段，分别丈量。通常在直线的方向上插上一些标杆或测钎，定出若干个分段点并使这些分段点位于同一直线上，这项工作称为直线定线。一般情况下，可用标杆或测钎通过目测估计的方法确定直线的方向，将分段点标定在直线上。对于定线精度要求较高的情况或距离很远时，需要借助于仪器设备如全站仪进行定线。

(1) 目测定线

如图 4-3 所示，设 A、B 两点间可以通视，需要在 A、B 两点间的直线上标定出 1、2 等点。首先在 A、B 两点上竖立标杆，甲站在 A 点标杆后面约 1m 处，指挥乙左右移动标杆，直到甲从 A 点沿标杆的同一侧看到 A、2、B 三支标杆在同一直线上为止。采用同样的方法可以确定出直线上的其他点。两点间定线一般应由远到近，如图 4-3 所示，应先定 1 点，再定 2 点。目测定线时，标杆应竖直，乙持标杆的方法为用食指和拇指夹住标杆的上部，稍稍提起，利用标杆的重心在手指下而使标杆自然竖直。

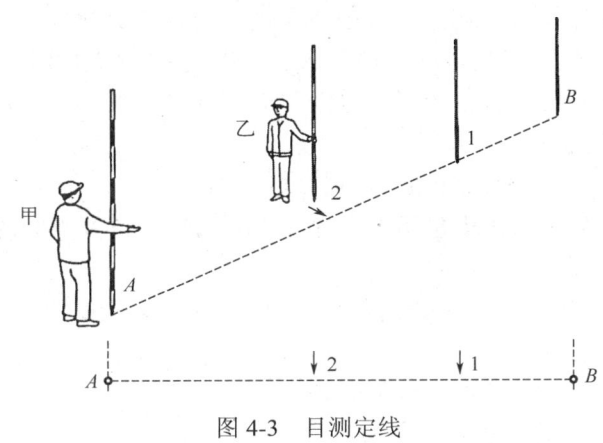

图 4-3　目测定线

(2) 全站仪定线

① 用全站仪在两点间定线

设 A、B 两点可以通视，安置全站仪于 A 点（全站仪的认识和使用见 4.3 节），经过对中、整平后，用望远镜十字丝的纵丝瞄准 B 点标杆，水平制动照准部，指挥在两点间某处的助手，左右移动标杆，直至标杆为望远镜的纵丝所平分。精密定线时，标杆应该用直径更小的测钎代替，或采用更适合于精确瞄准的觇牌。

② 用全站仪延长直线

如图 4-4 所示，如果需要将直线 AB 精确延长至 C 点，置全站仪于 B 点，经对中、整平后，在望远镜盘左位置以纵丝瞄准 A 点，水平制动照准部，倒转望远镜，在需要延长之处定出 C′ 点；再在望远镜盘右位置以纵丝瞄准 A 点，倒转望远镜，在 C′ 点附近定出 C″ 点；取 C′C″ 的中点，即为精确位于 AB 直线延长线的 C 点。这种延长直线的方法称为全站仪正倒镜分中法，可以消除全站仪可能存在的视准轴误差和横轴误差对延长直线的影响。

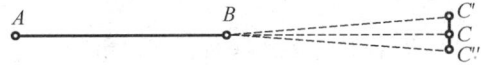

图 4-4　全站仪正倒镜分中法延长直线

3. 距离丈量

用钢尺进行距离丈量，当丈量的距离较长时（需要施测多个尺段），一般需要 3 人分别担任前尺手、后尺手和记录的工作。在地势起伏较大地区或行人、车辆较多的地区丈量距离时，还需增加辅助人员。当丈量的距离较短时，一般仅需 2 人就可以进行。

(1) 平坦地面的丈量方法

如图 4-5 所示，为了丈量多个尺段，先在直线两端点 A、B 竖立标杆，丈量时，后尺手（甲）持钢尺的末端在起点 A，前尺手（乙）持钢尺的前端（零点一端）和一束测钎沿直线方向前进，到一整尺段（钢尺的长度）时，甲根据端点 B 的标杆指挥乙，将钢尺拉直在 AB 方向上，钢尺刻划面向上，平敷于地面，不使其扭曲，对准直线方向和拉紧钢尺后，乙喊"预备"，甲把钢尺末端分划对准起点 A 后喊"好"，乙在听到"好"的同时，把测钎对准钢尺零点分划垂直地插入地面，如为硬性地面可用测钎或铅笔在地面画线作记号，这样完成第一尺段的丈量。甲、乙二人同时提尺离地前进，甲到达测钎或画线记号处，二人重复第一尺段的工作，量完第二尺段，甲拔起地上的测钎，依此操作，直至 AB 直线的最后一段，该段距离不会刚好是一整尺段的长度，称为余长。丈量余长时，乙将钢尺零点分划对准 B 点，甲在钢尺上读取余长值。在平坦地区，沿地面丈量的结果即为水平距离。A、B 两点间的水平距离为：

$$D_{AB} = n \times 尺段数 + 余长 \tag{4-1}$$

式中，n 为整尺段数。为了防止丈量错误和提高丈量的精度，两点间的距离一般需要进行往返丈量。

将往返丈量距离的差值 ΔD（取绝对值），除以往返丈量距离的平均值，并化为分子为 1 的分式 K，称为量距的相对误差，即

$$\Delta D = D_{往} - D_{返} \tag{4-2}$$

$$K = \frac{\Delta D}{(D_{往} + D_{返})/2} = \frac{1}{\dfrac{(D_{往} + D_{返})}{2\Delta D}} \tag{4-3}$$

$$D = \frac{D_{往} + D_{返}}{2} \tag{4-4}$$

例如，AB 的往测距离为 174.89m，返测距离为 174.84m，则量距的相对精度为：(174.89–174.84)/ ((174.89+174.84)/2)= 1/3500。

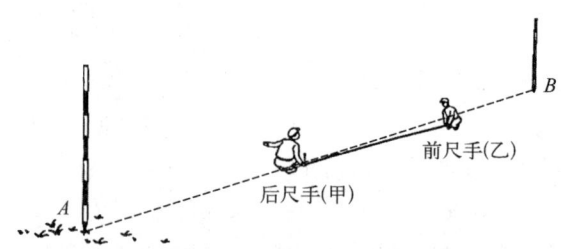

图 4-5 平坦地区的距离丈量

相对误差 K 的分母越大，说明量距的精度越高。钢尺量距的相对精度一般规定不应低于 1/3 000。量距的相对精度如未超限，则取往返量距的平均值作为两点间的水平距离 D。

（2）倾斜地面的丈量方法

如果 A、B 两点间有明显的高差，但地面坡度均匀，大致成一倾斜面，如图 4-6 所示，可沿地面丈量倾斜距离 S（简称斜距），再用水准仪测定两点间的高差 h，则水平距离 D（简称平距）和高差改正 ΔD_h 可按下式进行计算：

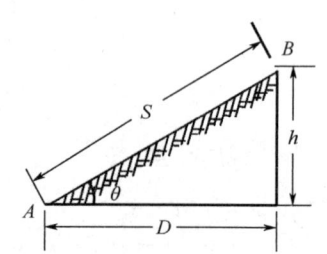

图 4-6 倾斜地面量距的高差改正

$$D = \sqrt{S^2 - h^2} \tag{4-5}$$

$$\Delta D_h = D - S \tag{4-6}$$

在比较陡峭的地方，如果坡度不均匀，可分段量得斜距，并测得各分段两端点之间的高差，求出各分段的平距，再求和得到全长，也可采用垂球投点分段直接量平距。

4．钢尺精密量距

利用钢尺进行量距时，当量距相对精度要求高于 1/3 000 时，应进行钢尺检定，获得钢尺尺长方程式，并进行尺长改正、温度改正、倾斜改正。

（1）钢尺尺长方程式

钢尺两端点分划线的实际长度与端点分划的注记长度（钢尺的名义长度）往往不相等，存在差值，利用这样的尺子量距，每量一尺段就包含一个差值，并随距离的增长而积累；钢尺丈量时的温度对尺长也有影响；另外，量距时用不同的拉力拉直钢尺会使尺长有微小的变化。钢尺的实际尺长是在规定的拉力条件下，表示为以温度为自变量的函数。这就是钢尺的"尺长方程式"，即：

$$l = l_0 + \Delta k + \alpha l_0 (t - t_0) \tag{4-7}$$

式中，l：钢尺改正后的长度（m）；

l_0：钢尺的名义长度（m）；

Δk：标准温度下的尺长改正值（mm）

α：钢的膨胀系数，其值为 0.0115～0.0125mm/（m·℃）；

t_0：标准温度，一般取 20℃；

t：丈量时温度（℃）。

量距时一般规定：对 30m 钢尺，用 100N（牛顿）拉力（弹簧秤指针读数为 10kg），对 50m 钢尺，用 150N 拉力（弹簧秤指针读数为 15kg）。

（2）尺长改正

按尺方程式中的尺长改正值 Δk 除以卷尺的名义长度 l_0，可得每米尺长改正值，再乘以量得长度 D_0，即得到该段距离的尺长改正为：

$$\Delta D_k = D_0 \frac{\Delta k}{l_0} \tag{4-8}$$

（3）温度改正

将距离丈量时的平均温度 t 与标准温度 t_0 之差乘以钢尺的膨胀系数 α，再乘以量得长度 D_0，即得到该段距离的温度改正为：

$$\Delta D_t = D_0 \alpha (t - t_0) \tag{4-9}$$

（4）倾斜改正

在倾斜地面丈量时，用水准仪测得直线两端点的高差 h，按式（4-6）算得该段距离的高差改正。

钢尺精密量距应按量得的长度经过尺长改正、温度改正和倾斜改正，最后得到改正后的水平距离为：

$$D = D_0 + \Delta D_k + \Delta D_t + \Delta D_h \tag{4-10}$$

【例题 4-1】 使用一把 30m 长的钢尺，用标准的 100N 拉力，沿倾斜地面往返丈量 AB 边的距离，用水准仪测得两端点的高差 $h = 2.54\text{m}$，往测时的平均温度为 32.4℃，返测时为 33.0℃，钢尺的尺长方程式为：

$$l = 30\text{m} - 1.8\text{mm} + 0.36(t - 20℃)\text{mm}$$

往返丈量的长度各项改正和改正后的水平距离列于表 4-1。根据改正后的水平距离计算往返丈量的相对精度为：

$$K = \frac{234.950 - 234.941}{234.950 + 234.941 / 2} = \frac{1}{26100}$$

表 4-1 钢尺量距成果整理

尺号	015			$l = 30\text{m} - 1.8\text{mm} + 0.36(t - 20℃)\text{mm}$			
线段（端点号）	量得长度 D_0/m	丈量时温度 t/℃	端点高差 h/m	尺长改正 ΔD_k/m	温度改正 ΔD_t/m	高差改正 ΔD_h/m	改正后平距 D/m
A—B	234.943	32.4	2.54	−0.0141	+0.0350	−0.0137	234.950
B—A	234.932	33.0	2.54	−0.0141	+0.0366	−0.0137	234.941

4.1.3 电磁波测距

电磁波测距（Electromagnetic Distance Measuring，EDM）是利用电磁波作为载波传输测距信号以测定两点间距离的一种方法，具有测程远、精度高、作业快、不受地形限制等优点。目前已成为大地测量、工程测量和地形测量中距离测量的主要方法。电磁波测距的仪器按其所采用的载波可分为以下三种：①用红外光作为载波的红外测距仪；②用激光作为载波的激光测距仪；③用微波段的无线电波作为载波的微波测距仪。前两者又总称为光电测距仪，在工程测量和地形测量中得到广泛的应用。本节主要介绍光电测距仪的基本工作原理和测距方法。

1. 光电测距仪的基本工作原理

光电测距的原理是利用已知光速 C，测定它在两点间的传播时间 t，从而根据光速 C 和传播时间 t 计算两点间距离。如图 4-7 所示，欲测定 A、B 两点间的距离，将一台发射和接收光波的测距仪主机安置于一端 A 点，另一端 B 点安置反光棱镜，经过光的发射、接收，测定光波传播的时间，两点间的距离 S 可按式（4-11）进行计算。由于 A、B 两点一般不可能位于同一高程处，光电测距直接测定的为倾斜距离（斜距）S。

$$S = \frac{1}{2} C \cdot t \tag{4-11}$$

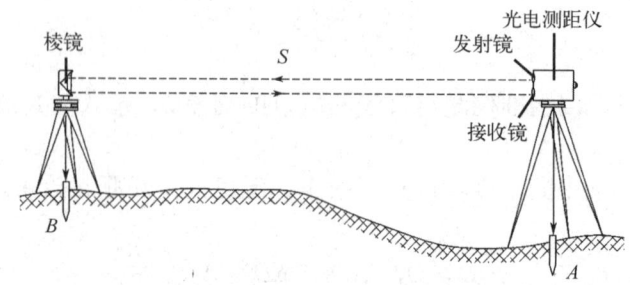

图 4-7 光电测距原理

真空中的光速 C 是接近 3×10^8 m/s 的物理基本常数，虽仍具有一定的误差，但影响光速测距的相对误差甚小，光电测距的精度主要决定于测定光波往返传播时间的精度。根据时间测定方法的差异，测距仪可分为脉冲式测距仪（直接测定时间）和相位式测距仪（间接测定时间）两种。由于脉冲宽度和测距仪计时分辨率的限制，脉冲式测距的精度较低，因此，一般精密测距仪都采用相位式测距。

（1）脉冲式光电测距

脉冲式光电测距就是直接测定仪器所发射的脉冲信号往返于测站与目标间的传播时间，其工作原理如图 4-8 所示。

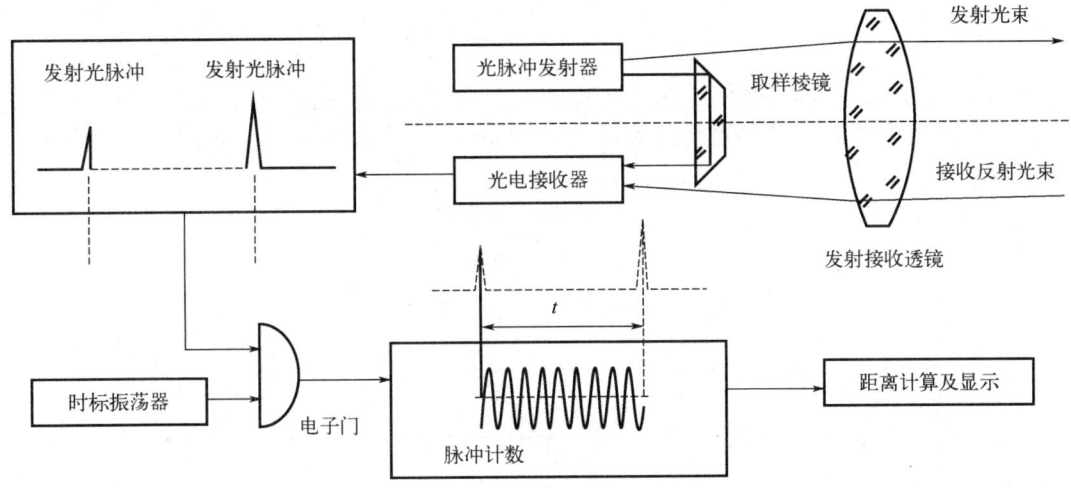

图 4-8　脉冲式光电测距仪工作原理

首先由光脉冲发射器将发射光的光强调制成具有一定频率的尖脉冲，通过发射接收透镜向目标定向发射；与此同时，由仪器内的取样棱镜取一小部分发射光送入光电接收器，将光脉冲转换为电脉冲（称为主波脉冲），由此打开电子门，让由时标振荡器发出的时标脉冲通过，时标脉冲计数器开始计数；从目标反射回来的反射光脉冲也被转换为电脉冲（称为回波脉冲）。由此关闭电子门，时标脉冲计数器停止计数。设时标振荡器的振荡频率为 f_0（每秒振荡次数），周期 $T_0 = 1/f_0$（每振荡一次的时间），计数器所得时标脉冲为 m 个，则脉冲光波往返传播的时间 $t = mT_0$，代入式（4-12）得到所测斜距为：

$$S = \frac{1}{2} C \cdot m \cdot T_0 \tag{4-12}$$

脉冲式测距仪一般用固体激光器作光源，能发射高频的脉冲激光。向目标瞄准后，可以不用反射器（如反光棱镜）而接收目标体产生的激光漫反射进行测距，因此特别适用于地形测量和目标难以到达时的测距。但不用反射器的测距精度会略低于用反射器时的测距精度，所测距离的长度也会受到一定的限制。

（2）相位式光电测距

相位式测距仪的基本工作原理如下：利用周期为 T 的高频电振荡将测距仪的发射光源（红外测距仪采用砷化镓发光二极管）进行振幅调制，使光强随电振荡的频率而周期性地明暗变化，如图 4-9 所示。调制光波在待测距离上往返传播，使同一束的发射光与接收光产生相位差，如图 4-10 所示。根据相位差间接计算传播的时间，从而计算距离。

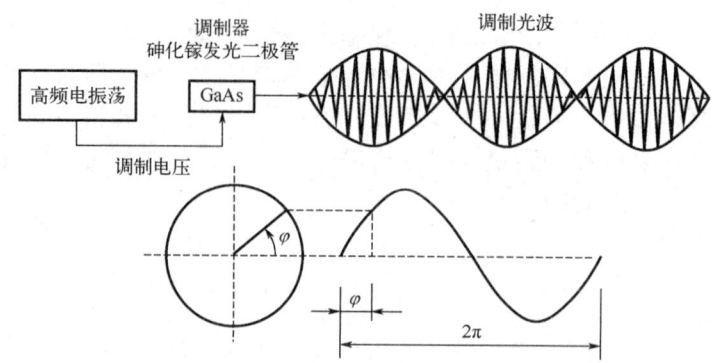

图 4-9 相位式光电测距工作原理

设光波的波长为 λ，如果整个过程光传播的整波长数为 N，最后一段不足整波长，其相位差为 $\Delta\varphi$（数值小于 2π），对应的整波长数为 $\Delta\varphi/2\pi$，可见图 4-10 中 AB 间的距离为全程的一半，即为：

$$S = \frac{1}{2}\lambda\left(N + \frac{\Delta\varphi}{2\pi}\right) \tag{4-13}$$

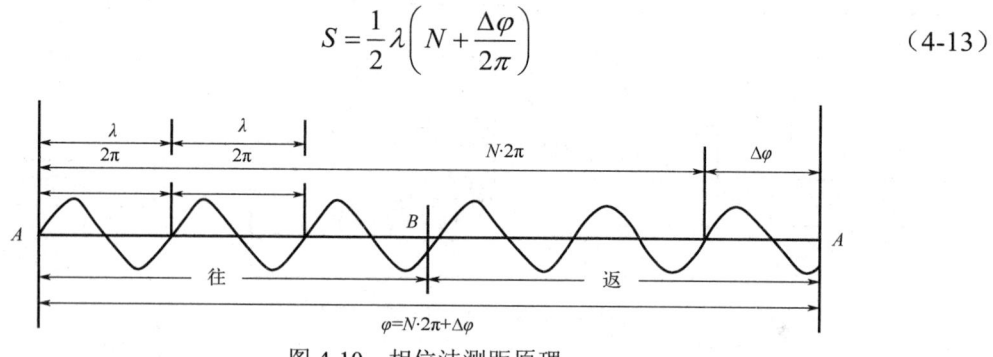

图 4-10 相位法测距原理

令 $\mu = \frac{1}{2}\lambda$，$\Delta N = \frac{\Delta\varphi}{2\pi}$，则有：

$$S = \mu(N + \Delta N) \tag{4-14}$$

式（4-14）为相位法测距的基本公式。这种测距方法相当于用一把长度为 μ 的尺子丈量待测距离，这把"尺子"称为"光尺"。相位式光电测距仪只能测出不足 2π 的相位差 $\Delta\varphi$，测不出整波长数 N，距离 S 无法确定。

由式（4-14）可知，当测尺长度 μ 大于待测距离 S 时，$N=0$，此时可以求得确定的距离。为了扩大测程，应选择波长 λ 比较大的光尺，即降低调制频率。但光尺越长，误差越大。为了解决扩大测程和提高精度的矛盾，短程光电测距仪通常采用多个调制频率，即多种光尺进行组合测距。具体关系见表 4-2。

表 4-2 测尺频率与测量精度的关系

测尺频率 f	15MHz	1.5MHz	150kHz	150kHz	1.5kHz
测尺长度	10m	100m	1km	10km	100km
测距精度	1cm	10cm	1m	10m	100m

此外，相位计的相位差测定也只能有 4 位有效数值。因而在相位式测距仪中设置有两种调制频率，产生两种光尺长度。例如，频率 $f_1=$ 15MHz，称为精尺频率，测尺长度 $\mu = 10m$，称为精尺长度，由此测定距离的尾数：米、分米、厘米、毫米数；频率 $f_2=$150kHz，称为粗

尺频率，测尺长度 μ = 1km，称为粗尺长度，由此测定距离的千米、百米、十米和米数。两种调制频率的联合使用，即可测得完整的距离值。

2. 光电测距的长度改正

电磁波测距过程中需要进行一系列的改正，主要包括：加常数改正、乘常数改正、气象改正、倾斜改正等。

（1）加常数改正

测距仪的距离起算中心与仪器的安置中心不一致，反射镜等效反射面与反射镜安置中心不一致，致使仪器测定的距离与实际距离不相等，其差值与所测距离的长短无关，称为测距仪的加常数，常用 a 表示。加常数为一固定值，在仪器出厂时已经测出，可预置在仪器中。但是仪器使用一段时间后，加常数可能会变化，需要定期进行检校。

（2）乘常数改正

在测距仪使用过程中，实际的调制光频率和设计的标准频率可能会有偏差，导致测距仪所测结果出现与距离有关的系统性的偏差。可以通过对距离结果乘以一个系数进行改正，该系数称为频率改正数或乘常数，常用 b 表示。乘常数可通过一定的检测方法求得，必要时对观测成果进行改正。

（3）气象改正

从电磁波测距仪的原理来看，距离测量精度与光速有很大关系，而光的传播速度又受大气状态（温度、气压、湿度等）的影响。仪器制造时只能选择某个大气状态（标准大气状态）来确定调制光的波长。实际工作过程中的大气状态一般与标准大气状态不同，导致测尺长度发生变化，使所测距离成果含有系统误差，因而必须进行气象改正。在仪器的使用说明书中一般会给出气象改正的计算公式，不同型号的测距仪，标准大气状态不同，气象改正公式中的系数也不同。如南方 NTS-332RM 型全站仪，标准大气状态为大气气压 101325Pa，温度 20℃。某大气状态下，每 km 距离测量大气改正的计算公式为：

$$K = 273.8 - \frac{0.002904P}{(1+0.00366t)} \quad (4\text{-}15)$$

式中 P 为气压，单位为 Pa，若使用的气压单位是 mmHg 时，按 1mmHg=133.3Pa 进行换算；t 为温度，单位为℃；大气改正值 K 的单位为 mm /km。

（3）倾斜改正

测距仪测得的距离观测值经加常数、乘常数和气象改正后，得到改正后的倾斜距离为 S。而一般测量要得到水平距离，因此需要进行倾斜改正。倾斜改正有两种方式：第一种是根据测线两端之间的高差求出倾斜改正数，目前不太常用；第二种是在测量斜距的同时、测出测线的竖直角 θ，按照式（4-16）直接计算水平距离。

$$D = S \cos\theta \quad (4\text{-}16)$$

3. 光电测距仪及反射器

（1）光电测距仪

自从 20 世纪中期发明光电测距仪以来，随着微电子学、激光、半导体和发光二极管等技术的发展，测绘工作所用测距仪的部件得到很大的改进，体积减小、精度提高，操作也越来越方便。测距仪从体积庞大的单体仪器，改进为可以架设于经纬仪上方的测角和测距的联合体，以至于最后将测距仪中的光电发射和接收的光学系统，以及光调制器、脉冲计、相位计等微电子元件和经纬仪的瞄准望远镜组装在一起，而成为同时可以测距和测角，使用更加方便的全站仪，而不再单独使用测距仪。因此，在此不再介绍单体的光电测距仪的具体使用方法，而将光电测距的操作放在"全站仪"一节中进行介绍。

（2）反射器

用光电测距仪进行距离测量时，在目标点上一般需要安置反射器。反射器分为全反射棱镜和反射片两种，前者经常用于控制测量中长距离的精密测距，后者用于近距离的测距，例如地形测量和工程测量。

全反射棱镜（简称反射棱镜或反光镜）是用光学玻璃磨制成的四面体，如同正立方体上切下的一个角锥体，如图4-11所示。角锥顶点为D，底面为ABC。ABC面是反射棱镜的正面，而ADB、ADC和BDC三个反射面要求严格相互垂直。这样，入射光线L_1（在ABC平面的入射点为P_1）和经过三个垂直面的三次全反射（反射点为1、2、3）后的反射光线LR（在ABC平面的折射点为P_R）互相平行，也可以说是入射光线按原路线返回。在棱镜的实物加工时，磨去ABC面的三个棱角，成为以ABC平面为底面的圆柱体和三个相互垂直的顶面，然后装入塑料外框，仅露出底面。实际应用的反射棱镜有单块棱镜的单棱镜和多块棱镜装在一起的多棱镜等，适合于远近不同的距离测量。安装于照准觇牌上的反光棱镜如图4-12所示，安装于标杆上的棱镜如图4-13所示。

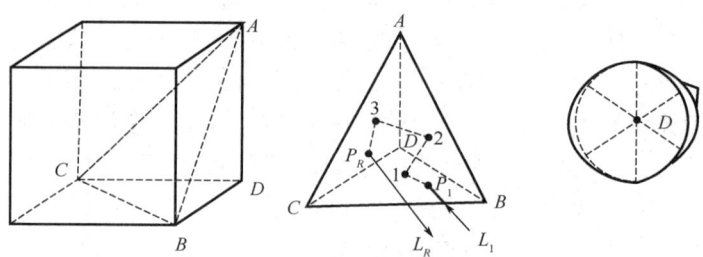

图4-11 全反射棱镜的制造和反射原理

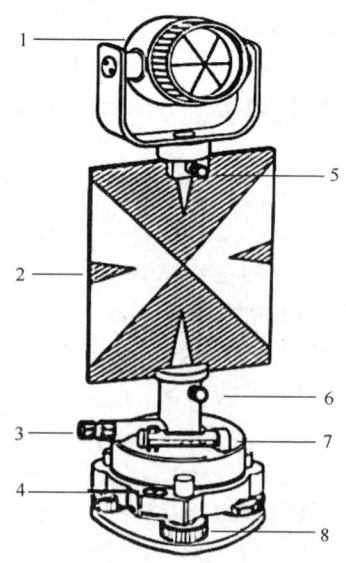

图4-12 觇牌棱镜

1. 反射棱镜 2. 觇牌 3. 光学对中器 4. 圆水准器 5. 棱镜连接螺旋 6. 方向制动螺旋 7. 水准管 8. 脚螺旋

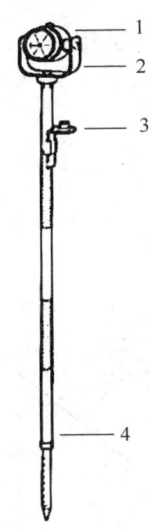

图 4-13 标杆棱镜
1. 反射棱镜 2. 棱镜支架 3. 圆水准器 4. 可伸缩标杆

由于棱镜的反射中心与镜架中心不一致,以及光线在棱镜中折反射需走过一段距离,导致实际距离与所测距离存在差异,这种差异称为棱镜常数。这个常数通常已在生产厂家所附的说明书上或棱镜上标出,供测距时使用。不同厂家生产的棱镜,其棱镜常数可能不一样,应根据所用棱镜在全站仪里进行设置。

反射片为塑料制成的透明薄片,厚度小于1mm,按全反射棱镜的反光原理,底面由许多正立方体的角锥阵列组成,同样能起到使入射光线与反射光线平行的作用。单个反射片的平面尺寸有 1cm×1cm、2cm×2cm、5cm×5cm 等多种,一般适合于数十米至数百米的各种不同距离的测量。

测距仪如果采用高频脉冲激光作为光源,则在近距离可以接收目标体上产生的激光漫反射进行测距,此时可以不用反光棱镜或反射片,称为"无棱镜测距"或"免棱镜测距"。

4.2 角度测量原理

角度测量是基本测量工作之一。角度测量分为水平角观测和竖直角观测,通常水平角观测用于确定点的平面位置;竖直角观测可用于将倾斜距离化为水平距离,也可结合两点间的斜距或水平距离计算两点间的高差,从而测定点的高程。

4.2.1 水平角测角原理

如图 4-14 所示,设 A、O、B 是地面上不同高程的任意三个点,a、o、b 是这三点沿铅垂线在同一水平面 P 上的投影。水平面上的 oa 与 ob 之间的夹角 β 即为地面上 OA 与 OB 两方向之间的水平角。由一点到两个目标的方向线在水平面上的垂直投影所构成的角度,称为水平角,水平角的大小为 0°~360°。

为了测定水平角,在 O 点安置测角仪器,测角仪器能提供一个水平放置的度盘,即水平度盘,度盘中心在过 O 点铅垂线上,水平度盘全圆顺时针刻有 0°~360°分划,并且用一个既能在竖直面内上下转动,又能沿水平方向旋转的望远镜瞄准目标。测水平角时,水平度盘固定不动,望远镜视线相对水平度盘做相对运动。通过望远镜瞄出的方向线即望远镜视线 OA、OB 在水平度盘上读得读数分别为 a 和 b,水平角 β 就等于 B 目标读数 b 减去 A 目标读数 a,即

$$\beta = b - a \tag{4-17}$$

为了保证水平角 β 大小为 0°~360°,当 b 小于 a 时,β 为负数,就加上 360°。

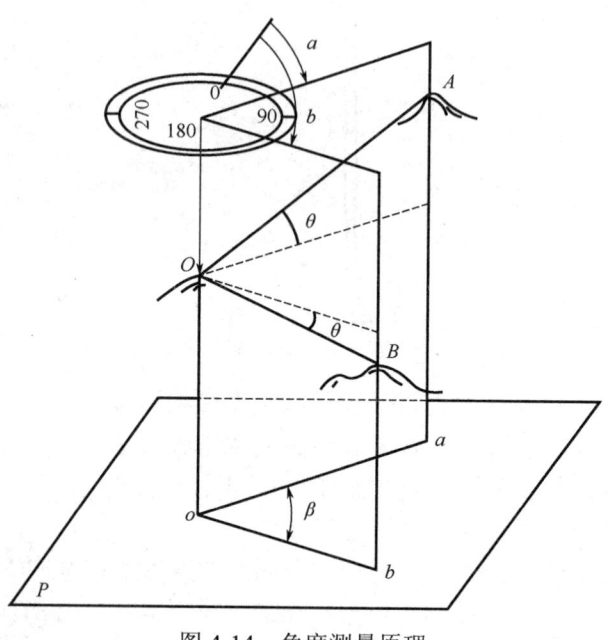

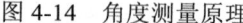

图 4-14 角度测量原理

4.2.2 竖直角测角原理

为了反映某一直线俯仰的情况,需要测定竖直角。竖直角指某一直线与其在同一铅垂面内的水平线所夹的角度,用 θ 表示。竖直角值范围为 0°~±90°,0°为水平线方向。直线在水平线以上为仰角,竖直角为正,如 OA 方向;直线在水平线以下为俯角,竖直角为负,如 OB 方向,如图 4-15 所示。

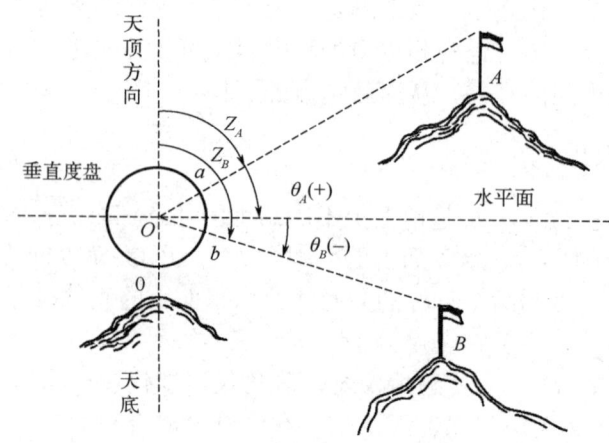

图 4-15 竖直角测角原理

另一种描述直线俯仰情况的角度是天顶距。某一直线与向上的铅垂线之间的夹角称为天顶距,用 Z 表示。天顶距的角值范围为 0°～180°,当直线为垂直指向天顶方向时,$Z=0$;当直线为水平方向时 $Z=90°$;当直线在水平线以上时 $0°<Z<90°$,为仰角;当直线在水平线以下时 $90°<Z<180°$,为俯角。

竖直角、天顶距均可以描述直线的俯仰情况,竖直角与天顶距可以通过式(4-18)相互转换;其大小与测站点高度(O 点的高度)以及观测目标的高度(A、B 点处旗杆的高度)有直接的关系,它们的高度变化都将引起竖直角或天顶距的变化。

$$\theta = 90° - Z \tag{4-18}$$

为了测定竖直角或天顶距,测角仪器能提供一个铅垂放置的度盘,即竖直度盘。度盘中心在过 O 点铅垂线上,竖直度盘全圆刻有 0°～360°分划。望远镜瞄准目标后,可以在竖盘上读数。在制造角度测量仪器时,将其在水平方向或天顶方向的读数设计成某一常数 C,测定竖直角时水平方向读数通常为 90°或 270°,测定天顶距时天顶方向的读数通常为 0°。瞄准目标时的读数与水平方向(或天顶方向)的固定读数 C 之差即为竖直角(或天顶距)的角度值。

由此可知,角度测量应具备以下条件:

(1) 仪器安置在测站 O 点上,而仪器的中心位于测站 O 的铅垂线上;
(2) 仪器能提供测量水平角、竖直角或天顶距带有刻度的水平度盘、竖直度盘;
(3) 仪器有能在竖直和水平方向转动的瞄准设备及读数的设备。

传统测量角度的仪器有光学经纬仪、电子经纬仪、全站仪。光学经纬仪、电子经纬仪的基本功能是测量水平角和竖直角。全站仪除了具有测量水平角和竖直角的功能,还具有测距功能,从而还具有坐标测量等其他功能。目前全站仪已经基本替代了经纬仪,本章以全站仪为例,介绍角度测量方法。

4.3 全站仪的认识与使用

4.3.1 全站仪概述

全站仪是一种利用机械、光学、电子等元件组合而成、可以同时进行角度(水平角、垂直角)测量和距离(斜距、平距、高差)测量,并可进行有关计算的高科技测量仪器。由于只要在测站上一次安置该仪器,便可以完成该测站上所有的测量工作,故称为电子全站仪,简称全站仪(Total Station Instrument)。

20 世纪 70 年代中期,红外测距仪刚问世时,由于受电子元件的限制,体积大、重量大,难以和经纬仪组合,所以都以单独测距仪的形式出现,只能测距。到 80 年代中期,随着电子器件小型化、集成化的问世,测距仪的体积变得越来越小、重量越来越轻,将电子经纬仪和测距仪组装在一起,并可分离成两个独立的部分,组成了积木式全站仪,可以在一个测站上同时完成测距和测角外业作业,但是要手工输入所测的竖直角、水平角到计算器中,方可进行平距、高差、坐标增量的计算。到 80 年代末,由于大规模集成电路的出现,将光电测距仪调制光发射接收系统的光轴和经纬仪的视准轴组合成分光同轴的整体式全站仪,并配置电子计算机的微处理机和系统软件,使其具有测量数据储存、计算、输入和输出等功能。通过输入、输出设备,可以与计算机进行交互通信,使测量数据直接进入计算机,据此进行计算和绘图，测量作业所需要的已知数据也可以从计算机输入全站仪。

一些全站仪将电荷耦合器件（Charge Coupled Device，CCD）与传动马达相结合，使其具有对目标棱镜的自动识别、跟踪和瞄准（Automatic Target Recognition，ATR）功能，CCD还用于度盘读数、构成电子水准器等。一些全站仪与全球导航卫星系统（Global Navigation Satellite System，GNSS）接收机相结合，以解决仪器自由设站的定位问题。全站仪的这些功能不仅使测量的外业工作高效化，而且可以实现整个测量作业的高度自动化。全站仪已广泛用于控制测量、地形测量、施工放样等方面的测量工作。

目前，全站仪的测距精度已达毫米级，测角精度已达秒级，测程可达几十公里，而且重量越来越轻、功能越来越全。除此之外，全站仪生产厂商日益增多，各品牌全站仪已成系列化，在功能、精度、测程，以及价格档次上都能满足不同层次、不同应用的测绘需求，如莱卡TPS400系列、拓普康GTS-720和南方测绘NTS-660等。随着科技的进步和智能化测绘的发展，全站仪的自动化、智能化程度越来越高，能够自动瞄准、跟踪，能够自动操作的智能化测量机器人已成为现实，如拓普康GTS-9000A系列测量机器人、莱卡SmartStation超站仪等。

4.3.2 全站仪的基本组成及分类

1. 全站仪的基本组成

全站仪的基本功能组合框图如图4-16所示，主要由电源、测角部分、测距部分、传感部分、数据处理、输入输出、中央处理单元、显示屏、键盘和接口等部分组成。

电源有可充电式电池的电池盒装入仪器内，或用外接电源，供各部分用电需要。测角部分相当于电子经纬仪，有水平度盘和垂直度盘，可以测定水平角、垂直角和设置方位角。测距部分相当于测距仪，用调制的红外光或激光按相位式或脉冲式测定斜距，并可归算为平距和垂距。测角和测距是全站仪的最基本功能。传感部分是光电管传感器或CCD传感器，目的是使全站仪的总体性能和精度得到提高，例如用于仪器纵轴倾斜改正的双轴补偿器，用于提高度盘读数精度的编码读数传感器，用于自动寻找目标的搜索传感器。数据处理是一系列应用程序和存储单元，按输入的已知数据和观测数据算出所需的测量成果，例如坐标计算、放样数据计算等，并进行数据的存取。输入输出包括键盘、显示屏和接口。键盘可以输入操作指令、数据和设置参数。显示屏可以及时显示仪器当前的工作方式、观测数据和运算结果，并有参数设置和数据输入的对话框。接口使仪器能与磁卡、磁盘、蓝牙、微机等交互通信、传输数据。中央处理单元接受指令和调度支配各部分的工作。

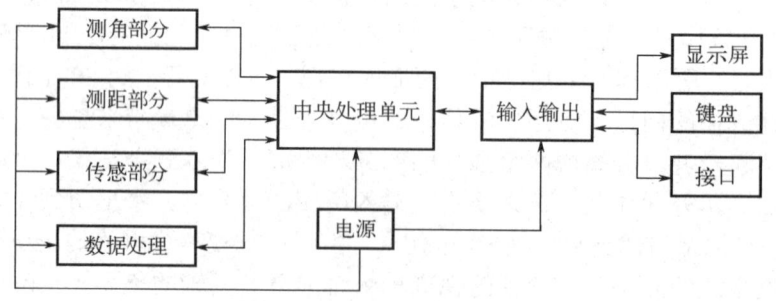

图4-16 全站仪的基本功能组合框图

2. 全站仪的特殊构件和功能

(1) 多功能同轴望远镜

在全站仪的望远镜中，搜索和瞄准目标用的视准轴与发射、接收测距调制光的光轴设计成同一轴，这样可以使仪器结构更加紧凑、操作更加方便、功效显著提高。与全站仪配套的反光棱镜装置于觇牌中心，如图 4-17（a）所示，图 4-17（b）为可以 360°照准的棱镜。这样，一次瞄准目标棱镜即能同时测得水平角、垂直角和斜距。望远镜也进行 360°纵转，需要时，可安装直角目镜测定大的仰角，甚至可以瞄准位于测站天顶的目标（工程测量中需要），测设铅垂线或测定其垂直距离（高差）。

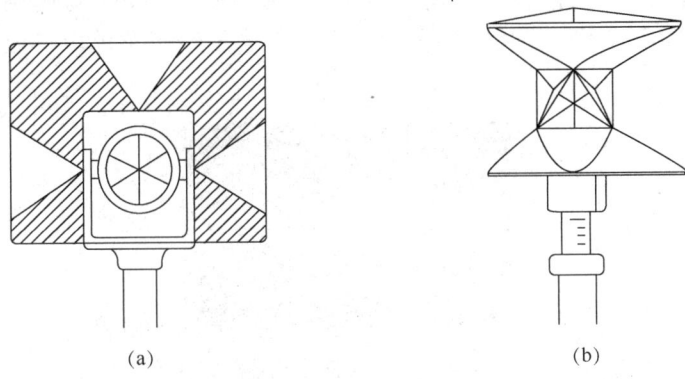

图 4-17　安装于觇牌中心的棱镜和可以 360°照准的棱镜

图 4-18 为 TCA2003 全站仪望远镜的同轴光路图。物镜、目镜和中间的调焦透镜（凹透镜）构成望远镜的视准轴及其瞄准系统。将红外测距、激光测距和自动目标识别（ATR）发射和接收的三种光学系统，通过折射棱镜、分光棱镜和变换棱镜等集成到同一视准轴系统的光路之中，并对具有不同作用的光信号作有效的分离和识别。红外光测距和激光测距按需要作变换，激光用于无棱镜测距。内光路马达及滤光片使内、外光路的光信号同时能为光电接收管所接收，以实现相位法测距。ATR 照准红外光发射和接收以及线性 CCD 阵列，另外构成自动目标识别的光路系统，它能传感目标的位置信息，并通过传动马达，指挥照准部自动瞄准目标。

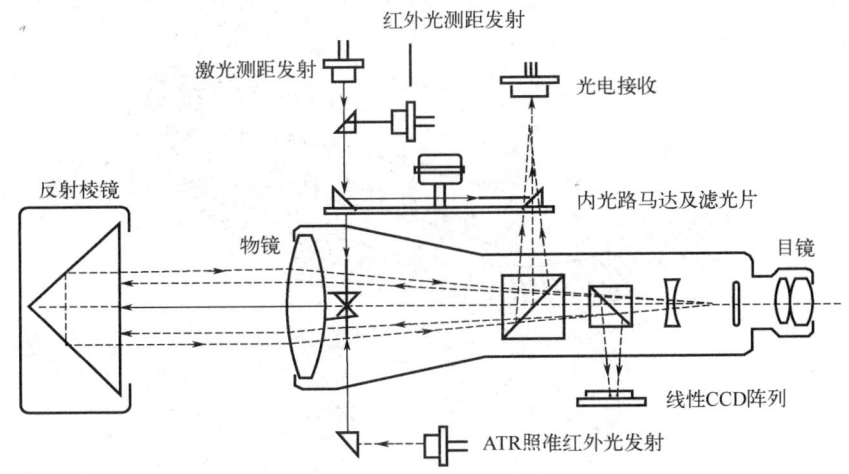

图 4-18　TCA2003 全站仪望远镜的同轴光路

（2）显示屏和键盘

全站仪的操作面板包括显示屏和键盘两部分（见图 4-19）。全站仪一般都有较大的显示屏，可显示 4×36~8×36 个字符（4~8 行），能够充分显示全站仪的各种功能、已知数据、观测值和计算数据等，并附有照明设备。最先进的有彩色触摸屏，兼有输入和显示功能。键盘大致可分为开关键、照明键、功能键、输入键、控制键和回车键等。输入键有一组，可以输入数字（含小数点、正负号）和英文字母；控制键分为移位键、变换键、空格键、退格键、取消键、光标移动键等；回车键一般用于某种功能的确认或输入数据的确认。全站仪的各种功能的主菜单一般以 4 个项目或 5 个项目为一页（page，编号为 P1, P2, …）；功能名称以一页为一组列于显示屏的最下一行（称为功能行），并与显示屏下的各个功能键相对应；用功能变换键改变各功能页的显示。有些功能的主菜单下尚有若干级子菜单，可显示在屏幕上，并用光标移动键选中调用。

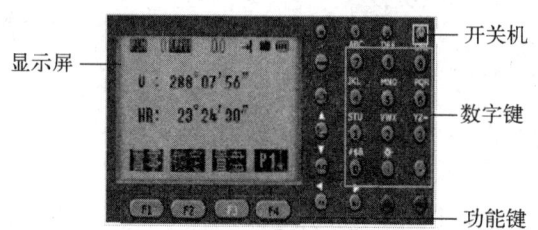

图 4-19　全站仪的显示屏和键盘

（3）传感器

① 度盘读数传感器

全站仪的度盘读数与电子经纬仪一样，一般采用增量式编码度盘，用光电传感器按通光量变化进行角度读数。较先进的有用条码编码度盘，用 CCD 传感器读数。角度的编码信息用发光管发光透过度盘，由一组线性 CCD 列阵和一个 8 位 A/D 转换器读出，如图 4-20 所示。为了确定读数指标相对于度盘的位置，一般需要在度盘上捕获至少 10 条编码线信息；在实际角度测量中，单次测量包括大约 60 条编码线，通过取平均值和内插的方法，以提高角度测量的精度。一般在度盘的对径上，设置一对线性 CCD 传感器，以消除度盘偏心差的影响。

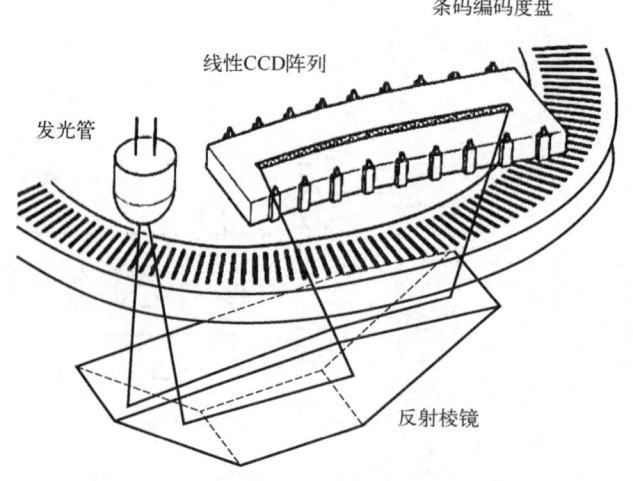

图 4-20　度盘读数的 CCD 传感器

② 纵轴倾斜传感器

全站仪的纵轴倾斜主要是由于安置仪器时的置平误差造成的,它影响视准轴的瞄准、水平度和垂直度盘的读数。对于垂直度盘,形成竖盘指标差;对于水平度盘,则由纵轴倾斜引起横轴倾斜和视准轴的位置而影响读数。对此,全站仪设置有"双轴倾斜补偿器"。所谓的双轴是指:视准轴在水平面上的投影,称为纵向轴(用 X 或 L 表示);横轴在水平面上的投影,称为横向轴(用 Y 或 T 表示)。双轴倾斜补偿器的功能是用传感器测定纵轴倾斜角在纵向轴和横向轴方向上的分量,然后:①显示纵向和横向的倾角,据此可以转动脚螺旋,精确置平仪器;②置平后剩余的纵轴倾斜误差,仪器自动对垂直度盘和水平度盘读数进行改正。

双轴倾斜传感器有几种形式,有的是根据内置的圆水准器气泡作为传感源,有的是根据内置容器内的液面作为传感源。后者如徕卡仪器厂的 TC 系列全站仪的液面补偿器,其原理如图 4-21 所示,液面补偿器安装在水平度盘中心上方的仪器纵轴线上,由发光二极管发出的光线,通过分划板反射棱镜和偏光棱镜在补偿器的液面下两次反射,最后通过成像透镜成像于线性 CCD 阵列,测定纵向(L)与横向(T)的偏移量。然后:①可在显示屏显示仪器纵轴的纵、横向的倾斜角值和模拟水准气泡的图像,如图 4-22 所示,纵向偏移为 $-15''$,横向偏移为 $+1'20''$;如果超过置平精度所容许的数值,可据此调整脚螺旋以减小偏移量;双轴倾斜补偿器的这种具有纵轴倾斜角显示和模拟的水准气泡显示功能的装置称为"电子水准器";②按剩余的纵轴倾斜偏移量,补偿器通过计算,自动改正垂直角值和水平方向值。

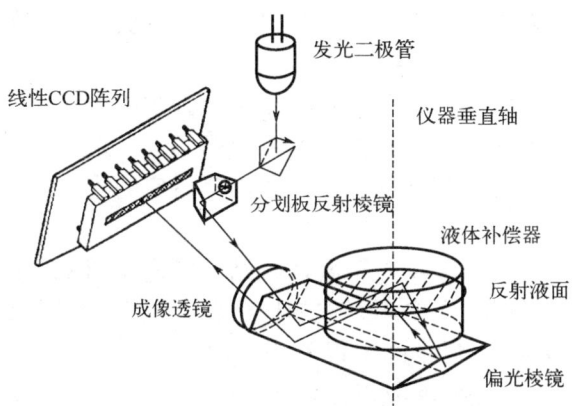

图 4-21 双轴倾斜传感器的 CCD 成像原理

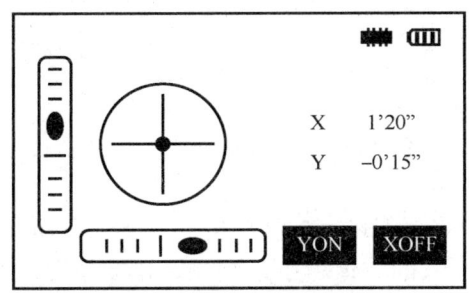

图 4-22 全站仪的电子水准气泡

③ 目标棱镜搜索传感器

ATR 照准红外光的发射和接收反射光的线性 CCD 阵列（相当于相机的底片），构成自动目标识别传感器。ATR 的感应区在约占望远镜视场三分之一的中心区，启动 ATR 测量时，如果目标棱镜在此区域内出现，ATR 可立即识别；感应区内如果没有出现目标棱镜时，即进行螺旋式扫描，搜索目标，使感应区移向棱镜；当视场内出现棱镜，即计算出 CCD 相机中心与接收光点的偏移量，用控制照准部的传动马达来纠正视准轴的水平方向和垂直方向，自动照准目标；当望远镜十字丝与棱镜中心达到容许偏差（≤5mm）时，停止转动马达，测出其偏移量，并对水平角和垂直角进行改正。

（4）存储器

全站仪的存储器已有相当大的容量，可以存储已知数据（例如控制点的三维坐标）、观测数据和计算数据。除了能将数据显示，可将其传输到外部设备（存储卡、电子记录手簿和计算机），这是全站仪的基本功能之一。存储器分为机内存储器和存储卡两种。

① 机内存储器

机内存储器相当于计算机的内存（RAM），用于存/取各种数据，其中主要是观测值（角度、距离、仪器高、目标高、点号、编码等）和计算值（平面坐标和高程等）。观测值和计算值一般以一个细部点作一条记录，一般至少可记录 3000 个点。计算所必需的已知数据，可在观测前输入内存。为了便于存取，内存数据以文件为单元。内存的数据经传输至储存卡或计算机后，可以将其清除。

② 存储卡

有些全站仪有存储卡设备，可以插入全站仪，记录观测和计算数据。

（5）通信接口

全站仪可以将内存中的储存数据通过 RS-232C 或 USB 串行接口和通信电缆传输给计算机，也可以接收从计算机传输过来的数据，称为双向通信。通信时，全站仪和计算机各自调用有关数据通信程序，先设置好相同的通信参数，然后启动程序，完成数据通信。

（6）仪器等级和技术参数

全站仪的精度包括测角精度和测距精度，全站仪以度盘的测角精度（仿照经纬仪：一测回水平方向中误差）划分等级。光电测距仪的标称精度是指测距仪本身引起的测距误差（用于厂商标明仪器本身的精度），包含固定误差和比例误差，固定误差与测距的长短无关，用"a"表示；比例误差与测距长度 D 成正比，比例误差系数用"b"表示。因此，测距仪的标称精度一般用下式表示：

$$m_D = a + b \times D \tag{4-19}$$

式中：m_D 为测距中误差（mm）；

a 为全站仪标称的测距固定误差（mm）；

b 为全站仪标称的测距比例误差系数（mm/km）；

D 为测距长度（km）。

例如各种测距仪和全站仪的测距标称精度有：（5+5×D）mm、（3+2×D）mm、（2+2×D）mm 和（1+1×D）mm 等。a、b 的数值越小，则测距仪的精度级别越高。

各种等级的全站仪适用于各种不同的用途，表 4-3 列出全站仪系列技术参数和用途。

表 4-3　全站仪系列技术参数及用途

仪器等级		1"秒级	2"秒级	3"秒级	5"秒级
测角部分	测角精度	±1"	±2"	±3"	±5"
	最小显示	0.5"/1"		1"/5"	
	补偿器类型	液体双轴倾斜传感器，补偿范围：±3'			
测距部分	测程　免棱镜	白色面：<500m，灰色面：<250m			
	反射片	<500m			
	单棱镜	按通视条件：<3 000m～<5 000m			
	三棱镜	按通视条件：<6 000m～<10 000m			
	测程精度　免棱镜	±（5+10×D）mm			
	反射片	±（3+2×D）mm			
	一般棱镜	±（2+2×D）mm			
	精密棱镜	±（1+2×D）mm			
水准器灵敏度	管水准器	20"/2mm		30"/2mm	
	圆水准器	10'/2mm			
仪器用途		控制测量及精密工程测量		地形测量及一般工程测量	

3. 全站仪的分类

按不同的分类依据可以将全站仪分为不同的类型，如按外观结构可以将全站仪分为积木型全站仪和整体型全站仪两大类；按测量功能可以将全站仪分为经典型全站仪、机动型全站仪、无合作目标型全站仪和智能型全站仪四大类。全站仪的分类依据、类型和描述见表 4-4。

表 4-4　全站仪的分类依据、类型和描述

分类依据	类型	描述
按其外观结构分类	积木型全站仪（组合型全站仪）	早期的全站仪，大都是积木型结构，即电子速测仪、电子经纬仪、电子记录器分别具有相对独立的功能，可以分离单独使用，也可以通过电缆或接口把它们组合起来，形成完整的全站仪
	整体型全站仪	随着电子测距仪进一步的轻巧化，现代的全站仪大都把测距、测角和记录单元在光学、机械等方面设计成一个不可分割的整体，其中测距仪的发射轴、接收轴和望远镜的视准轴为同轴结构。这对保证较大垂直角条件下的距离测量精度非常有利
按测量功能分类	经典型全站仪	经典型全站仪也称为常规全站仪，它具备全站仪电子测角、电子测距和数据自动记录等基本功能，有的还可以运行厂家或用户自主开发的机载测量程序。其经典代表为徕卡公司的 TC 系列全站仪
	机动型全站仪	在经典全站仪的基础上安装轴系步进电机，可自动驱动全站仪照准部和望远镜的旋转。在计算机的在线控制下，机动型系列全站仪可按计算机给定的方向值自动照准目标，并可实现自动正、倒镜测量。徕卡 TCM 系列全站仪就是典型的机动型全站仪
	无合作目标型全站仪	无合作目标型全站仪是指在无反射棱镜的条件下，可对一般的目标直接测距的全站仪。因此，对不便安置反射棱镜的目标进行测量，无合作目标型全站仪具有明显优势。如徕卡 TCR 系列全站仪，无合作目标距离测程可达 1000m，可广泛用于地籍测量，房产测量和施工测量等

续表

按测量功能分类	智能型全站仪	在自动化全站仪的基础上，仪器安装自动目标识别与照准的新功能，因此在自动化的进程中，全站仪进一步克服了需要人工照准目标的缺陷，实现了全站仪的智能化。在相关软件的控制下，智能型全站仪在无人干预的条件下可自动完成多个目标的识别、照准与测量。因此，智能型全站仪又称为"测量机器人"，典型的代表有徕卡的 TCA 型全站仪等
按测距仪测距分类	短距离测距全站仪	测程小于 3km，一般精度为±（5+5×D）mm，主要用于普通测量和城市测量
	中测程全站仪	测程为 3～15km，一般精度为±（5+2×D）mm、±（2+2×D）mm 通常用于一般等级的控制测量
	长测程全站仪	测程大于 15km，一般精度为±（5+1×D）mm，通常用于国家三角网及特级导线的测量
—	自动陀螺全站仪	将陀螺仪和全站仪集成于一体的精密测量仪器，具有全天候、全天时、快速高效且能独立测定真北方位的特点

4.3.3 全站仪的功能和使用

全站仪的功能比较全面，几乎包括

全站仪认知　全站仪设置　对中整平　全站仪应用程序

地面测量的所有工作，例如各种地面控制测量（导线测量、交会定点、三角高程测量）、地形测量数据采集、工程测量施工放样和变形观测等。

全站仪的使用可分为观测前的准备工作（安置仪器、对中整平、瞄准目标）、角度测量、距离（斜距、平距、高差）测量、三维坐标测量等。角度测量和距离测量属于最基本的测量工作，坐标测量一般用得最多。目前全站仪的种类较多，国外的品牌主要有徕卡、天宝和拓普康，国产的品牌有南方、中海达、华测和中纬等。不同精度等级和型号的全站仪在基本结构和使用方法大体上是相同的，但在细节上是有差别的，因为各种型号的全站仪都有本身的功能菜单系统（主菜单和各级子菜单）。下面介绍南方 NTS-330 系列全站仪的主要功能及其使用方法。

1. 南方 NTS-330 系列全站仪的主要功能

南方 NTS-330 系列全站仪是一款具有免棱镜测量功能的全站仪，其测角精度有 1"、2" 和 5" 三种类型，精测模式下测距精度为（1+1×D）mm 和（2+2×D）mm 两种，普通模式下最大测程为 4000m，无棱镜最大测程为 600m。

（1）南方 NTS-330 系列全站仪的外部构造与功能

南方 NTS-330 系列全站仪的外部构造如图 4-23 所示，主要由基座和照准部两大部分构成。基座上有三个脚螺旋和圆水准器，通过基座锁定按钮可以与照准部进行连接和分离。三个脚螺旋主要用于仪器的对中整平，圆水准器主要用于粗平仪器。照准部上主要有望远镜、光学对中器、显示屏和键盘、管水准器、水平制微动螺旋、竖直制微动螺旋、USB 接口、SD 卡插口、RS232 电线接口和电池盒等部件。望远镜主要作用是瞄准目标，包括目镜、物镜、目镜调焦螺旋、物镜调焦螺旋和粗瞄准器等部件。光学对中器用于对中仪器，管水准器用于精平仪器。通过旋转水平制微动螺旋可以使照准部在水平面内转动，通过旋转竖直制微动螺旋可以使望远镜在竖直面内转动。通过 USB 接口/RS232 电线接口可以使全站仪与外部设备进行数据交互。

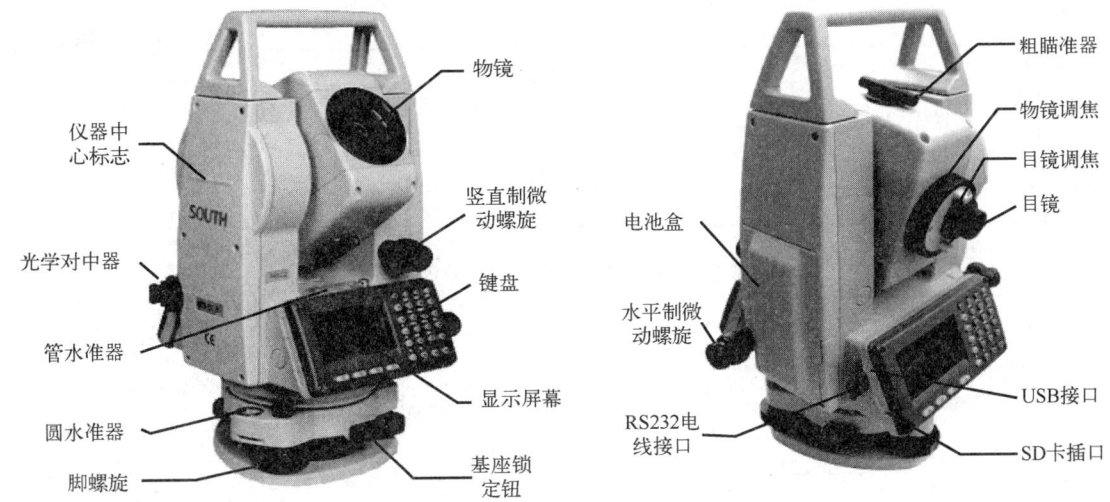

图 4-23 南方 NTS-330 系列全站仪的外部构造

(2) 全站仪的操作面板

南方 NTS-330 系列全站仪的操作面板如图 4-24 所示。全站仪操作面板由操作按键和显示屏幕构成。操作按键包括仪器开机键、数字/字母输入键、功能键、确认键、返回键和测量模式键等。其测量模式主要有角度测量、距离测量、坐标测量和施工放样等。南方 NTS-330 系列全站仪各按键的名称及功能如表 4-5 所示，屏幕显示符号表示的内容如表 4-6 所示。

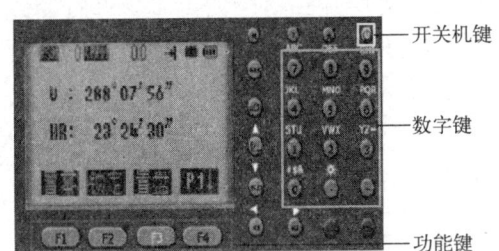

图 4-24 南方 NTS-330 系列全站仪的操作面板

表 4-5 南方 NTS-330 系列全站仪各按键的名称及功能

按键	名称	功能
【ANG】	角度测量键	进入角度测量模式
【◢】	距离测量键	进入距离测量模式
【∠】	坐标测量键	进入坐标测量模式（上移键）
【S.O】	坐标放样键	进入坐标放样模式（下移键）
【K1】	快捷键 1	用户自定义快捷键 1（左移键）
【K2】	快捷键 2	用户自定义快捷键 2（右移键）
【ESC】	退出键	返回上一级状态或返回测量模式
【ENT】	回车键	对所做操作进行确认
【M】	菜单键	进入菜单模式
【T】	转换键	测距模式转换
【★】	星键	进入星键模式或直接开启背景光

续表

【⏻】	电源开关键	开机和关机仪器
【-】	负号键	输入负号，开启电子气泡功能
【·】	点号键	开启或关闭激光指向功能、输入小数点
【F1~F4】	功能键（软键）	输入对应的软件信息
【0~9】	数字/字母输入键	输入数字和字母

表 4-6 南方 NTS-330 系列全站仪显示符号表示的内容

显示符号	内容	显示符号	内容
V	垂直角	V%	垂直角（坡度显示）
HR	水平角（右角）	VD	高差
HL	水平角（左角）	m	以米为距离单位
R/L	HR 与 HL 的切换	ft	以英尺为距离单位
HD	水平距离	dms	以度分秒为角度单位
SD	斜距	gon	以哥恩为角度单位
N	北向坐标	mil	以密为角度单位
E	东向坐标	PSM	棱镜常数（以 mm 为单位）
Z	高程	PPM	大气改正值

2．全站仪的使用

（1）安置全站仪

首先拧松三脚架螺旋，将三脚架拉升到适当的高度，并拧紧螺旋，在测站点 O 处张开三脚架，使架头大致水平、架头中心大致对中测站点。然后从仪器箱中取出全站仪安置于三脚架架头上，并立即旋紧中心连接螺旋。

（2）仪器开机

按电源开关键【⏻】使仪器处于开机状态，按负号键【-】键进入电子气泡页面，如图 4-22 所示。

（3）对中整平全站仪

对中的目的是将全站仪的水平度盘中心安置到测站点的铅垂线上。按照仪器结构的不同，对中分为光学对中器对中和激光对中。如图 4-25 所示，光学对中器装在照准部的下部，利用直角棱镜将光线折射 90°来观察地面点，其光轴与仪器竖轴中心一致。若地面点标志中心与光学对点器分划板中心的小圆圈或十字相重合，则说明仪器竖轴中心已位于测站点的铅垂线上。有些全站仪在照准部的下部装有激光发射器，向下发射红色激光，利用激光进行对中。操作步骤和方法与光学对中一致。先粗对中，再精确对中。

粗对中：一边用眼睛观察光学对中器或对中激光，一边用两只手分别握住三脚架的两条架腿（另一条架腿固定不动），前后左右移动三脚架，直到观察到测站点 O 位于光学对中器中的小圆圈附近为止或对中激光与地面点接近、重合，并固定好三角架的三条架腿。

精确对中：一边用眼睛观察光学对中器，一边调节三个脚螺旋使测站点 O 完全位于光学对中器中小圆圈的中心位置、对中激光与地面点完全重合。

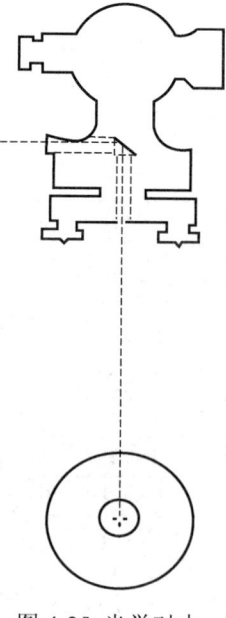

图 4-25 光学对中

整平的目的是使全站仪的水平度盘处于水平位置。先粗平，再精确整平。

粗平：用一只手的大拇指和食指卡住三脚架架腿的升降处，另一只手松开三脚架螺旋，并上下升降三脚架架腿，使圆水准气泡大致居中，然后固定三脚架螺旋（注意在整个操作过程中三脚架架腿始终不能离开地面）。

精确整平：首先，松开水平制动螺旋，转动仪器照准部，使管水准器平行于两螺旋的连线方向，通过旋转该两个脚螺旋使管水准气泡居中，如图4-26（a）所示。然后，将照准部旋转90°，使其垂直于起初两个脚螺旋的连线方向，旋转第三个脚螺旋，使管水准气泡居中（注意在该过程中不能旋转开始的两个脚螺旋），如图4-26（b）所示。如果水准管位置正确，则照准部旋转到任何位置时，水准管气泡都是居中的，水准管气泡偏离量不超过1格，电子气泡偏离值在20"。

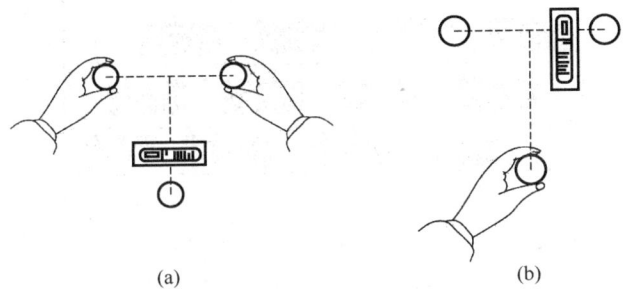

图4-26 转动脚螺旋整平仪器

经过精确整平后，可能对中又受到轻微影响，仪器中心略微偏离了地面点。这时候通过对光学对中器、或激光观察，轻微松开中心连接螺旋，让仪器在三脚架上轻微平移（不可旋转仪器），使仪器精确对准测站点，并拧紧中心连接螺旋。对中、整平会相互影响，需反复交叉进行调节，直到既精确对中又精确整平为止。

（4）瞄准目标，观测水平角、竖直角和距离

①瞄准目标：首先调节目镜调焦螺旋使十字丝清晰；再用望远镜的粗瞄器，使目标位于视场内，旋紧水平和竖直制动螺旋；然后转动物镜调焦螺旋，使目标成像清晰；最后转动水平和竖直微动螺旋，精确瞄准目标，并注意消除视差。水平角观测时，用十字丝的纵丝瞄准目标，竖直角观测时用十字丝的横丝切准观测目标。角度观测时，为了消除、削弱仪器误差，一般要用盘左、盘右两个位置进行观测。所谓"盘左"，即在观测时，竖盘位于望远镜的左边；"盘右"即为竖盘在望远镜的右边。盘左、盘右也称正镜、倒镜。照准标志如图4-27所示。

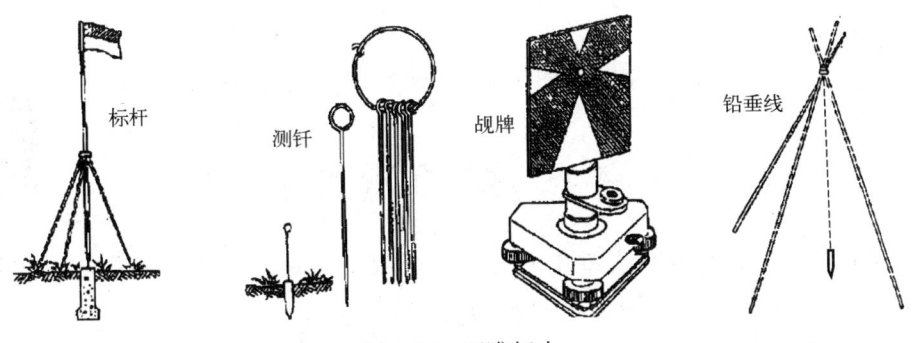

图4-27 照准标志

② 角度测量：按角度测量键【ANG】，进入角度测量模式，读取度盘读数，如图 4-28 所示。水平角观测时，用置零或置盘进行水平度盘配置，置零即设置水平度盘读数为 0°0′0″，置盘为设置水平度盘读数为任意需要的值，例如 35°45′56″，然后瞄准目标读取水平度盘读数 HR（向右旋转水平度盘读数增加）或 HL（向左旋转水平度盘读数增加）。竖直角观测时，先观察竖直角度盘注记形式，如有必要进行竖直角度盘注记形式设置，V 为竖盘读数。

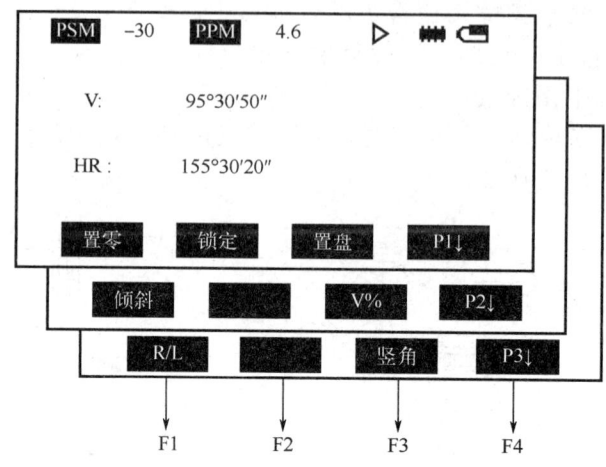

图 4-28　南方 NTS-330 系列全站仪的角度测量模式

③ 距离测量：按距离测量键【▱】，进入距离测量模式，如图 4-29 所示。在距离测量模式下，设置测距模式（包括单次精测、连续精测、连续跟踪），按距离测量键，全站仪发射电磁波，测得测站点与目标点的斜距 SD，结合竖直角可将斜距转换为水平距离 HD、垂直距离 VD。

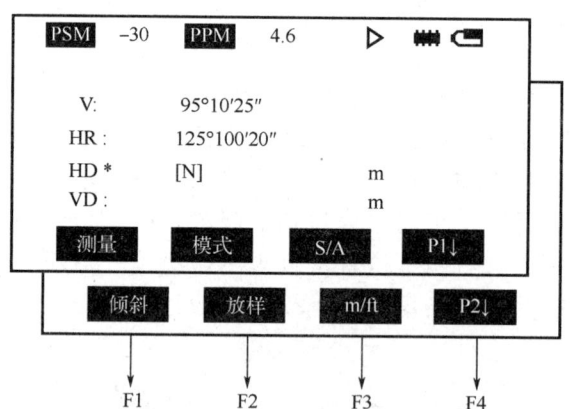

图 4-29　南方 NTS-330 系列全站仪的距离测量模式

4.4　水平角观测

水平角观测方法主要有测回法和方向观测法。测回法适用于观测两个方向之间的水平角。方向观测法适用于观测三个及三个以上的观测方向。

4.4.1 测回法

欲测图 4-30 中水平角 β（$\angle AOB$），具体观测过程如下。

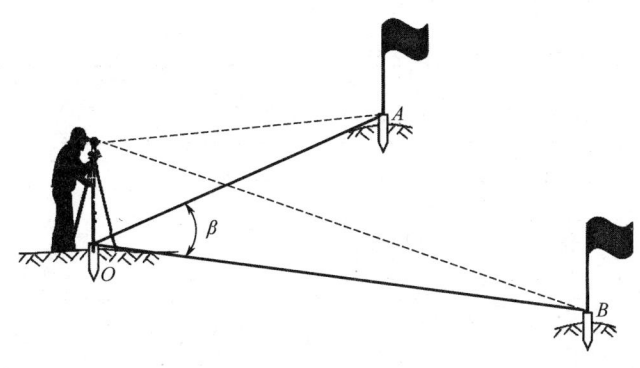

图 4-30　水平角观测

① 在 A、B 点上竖立标杆，在测站点 O 上安置全站仪，对中整平后，盘左位置用望远镜先粗略瞄准、再精确照准第一个观测目标 A。配置水平度盘使其略大于 $0°$，如水平读数为 $0°00'12''$，读取水平度盘读数 $a_{左}$，并记入观测手簿，见表 4-7。

② 松开照准部制动螺旋，顺时针旋转，精确瞄准第二个观测目标 B，读取水平度盘读数 $b_{左}$，并记入观测手簿中。

以上操作称为上半测回，测得角值为：

$$\beta_{左} = b_{左} - a_{左} \qquad (4\text{-}20)$$

③ 倒转望远镜 $180°$，让全站仪处于盘右位置，松开照准部制动螺旋，逆时针旋转照准部，精确瞄准第二个观测目标 B，读取水平度盘读数 $b_{右}$，并记入观测手簿中。

④ 松开照准部制动螺旋，逆时针旋转照准部，再瞄准第一个观测目标 A，读取水平度盘读数 $a_{右}$，并记入观测手簿中。

以上操作称为下半测回，测得角值为：

$$\beta_{右} = b_{右} - a_{右} \qquad (4\text{-}21)$$

上、下半测回角值之差，如不超过 $40''$ 时，取上、下半测回角值的平均值作为一测回的角值，即：

$$\beta = \frac{\beta_{左} + \beta_{右}}{2} \qquad (4\text{-}22)$$

当测角精度要求较高时，为了减少水平度盘刻划不均匀对测角的影响，一般需要对同一角度进行多测回观测，每测回进行度盘配置。度盘配置方法为测回间起始方向水平度盘读数相差 $\dfrac{180°}{n}$（n 为测回数）。如需对某个角度观测 4 个测回，即 $n=4$，测回间起始方向水平度盘读数相差 $45°$，则第一、二、三、四测回的起始方向水平度盘读数分别配置为略大于 $0°$、$45°$、$90°$、$135°$。各测回观测方法与第一测回相同。最后需计算出各测回平均角值，记录于表中。

表 4-7 为两个测回的测回法水平角观测手簿。

表 4-7 水平角观测手簿（测回法）

日期　2024.07.12　　观测者　韩　磊　　记录者　蒋旭惠
天气　　晴　　　　仪器型号　南方-10326

测回	测站	目标	竖盘位置	水平度盘读数 ° ′ ″	半测回角值 ° ′ ″	一测回平均角值 ° ′ ″	各测回平均角值 ° ′ ″	备注
第一测回	O	A	左	0　00　10	81　25　26	81　25　26	81　25　18	
		B	左	81　25　36				
		B	右	261　25　57	81　25　25			
		A	右	180　00　32				
第二测回	O	A	左	90　01　16	81　25　08	81　25　10		
		B	左	171　26　24				
		B	右	351　26　35	81　25　13			
		A	右	270　01　22				

附注：1. 测量过程中所有观测数据不允许用橡皮擦除或铅笔涂黑，只能用短横线划掉，于其上方重新记录。秒值不允许修改，也不允许连环涂改；2. 观测数据的修改及重测，都应在备注栏中写明缘由；3. 计算结果应采取"四舍六入"的原则，如为5，则视前一位是单数还是双数，单则进，双则舍，即"单进双不进"。如25.5 则为 26，10.5 则为 10。

4.4.2 方向观测法

当方向数多于三个时，需再次瞄准起始方向进行观测，这时就称为全圆方向法，其操作步骤如下。

① 如图 4-31 所示，安置全站仪于 O 点，盘左位置照准所选定的起始方向（又称为零方向）A。配置水平度盘使水平度盘读数略大于 0°，读取水平度盘读数，并记入表 4-8 的第 4 栏。

② 顺时针方向转动照准部，依次瞄准目标 B、C、D，分别读取水平度盘读数，并记入表 4-8 的第 4 栏。

③ 再次瞄准起始方向 A，读取水平度盘读数，此操作称之为"归零"，将读数记入表 4-8 第 4 栏中。半测回起始方向的两个读数之差为"归零差"不应大于规范规定限差。以上操作称为上半测回。

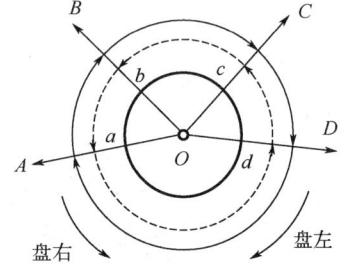

图 4-31 全圆方向法观测水平角

④ 倒转望远镜 180°，盘右位置进行下半测回观测。逆时针方向转动照准部，依次瞄准 A、D、C、B、A 各方向，分别读数水平度盘读数，并记入表 4-8 第 5 栏中。

如果需要观测 n 个测回，则各个测回需按 $\dfrac{180°}{n}$ 变动水平度盘起始位置进行观测。

表 4-8 方向观测法的计算步骤如下。

①计算两倍照准误差 2C 值。无任何误差的情况下，在一个测回中，同一方向水平度盘的盘左读数与盘右读数应相差 180°。由于仪器误差、瞄准误差等影响，同一方向水平度盘的盘左读数与盘右读数之差与 180°不符值，称为 2C 值。按式（4-23）计算。表 4-9 中列出了方向观测法的技术要求。水平角方向法观测的误差不符合表 4-9 要求时，应在原来度盘位置上进行重测。

$$2C = 盘左读数 - （盘盘右读 \pm 180°） \quad (4-23)$$

表 4-8 方向观测法观测手簿

日期 __2024.9.12__   观测者 __张 山__   记录者 __李 实__

天气 __晴__   仪器型号 _____

测站	测回数	目标	读数 盘左 ° ′ ″	读数 盘右 ° ′ ″	2C=左-(右 ±180°) ″	平均读数=1/2(左+右 ±180°) ° ′ ″	归零后的方向值 ° ′ ″	各测回归零方向值的平均值 ° ′ ″	附注
1	2	3	4	5	6	7	8	9	10
O	1	A	0 01 12	180 01 15	−3	(0 01 12) 0 01 14	0 00 00		
		B	36 43 14	216 43 08	+6	36 43 11	36 41 59		
		C	120 28 06	300 28 04	+2	120 28 05	120 26 53		
		D	150 13 48	330 13 52	−4	150 13 50	150 12 38		
		A	0 01 14	180 01 07	+7	0 01 10			
	2	A	90 02 26	270 02 30	−4	(90 02 24) 90 02 28	0 00 00	0 00 00	
		B	126 44 32	306 44 24	+8	126 44 28	36 42 04	36 42 02	
		C	210 29 24	30 29 26	−2	210 29 25	120 27 01	120 26 57	
		D	240 14 54	60 14 48	+6	240 14 51	150 12 27	150 12 33	
		A	90 02 22	270 02 20	+2	90 02 21			

表 4-9 水平角方向法观测技术要求

仪器	半测回归零差（″）	各测回2C互差（″）	同一方向值各测回互差（″）
2″	8	13	9
6″	18	—	24

② 计算各方向的平均读数，并填于表 4-8 的第 7 栏。

$$\text{平均读数} = \frac{1}{2}[\text{盘左读数} + (\text{盘右读数} \pm 180°)]$$

如 OA 方向的平均读数为：

$$\frac{1}{2}[0°01'12'' + (180°01'15'' - 180°00'00'')] = 0°01'014''$$

由于归零，故起始方向 OA 有两个平均读数，再取其平均值，即得第一测回 OA 方向的平均值为：

$$\frac{0°01'14'' + 0°01'10''}{2} = 0°01'12''$$

填入表 4-8 中第 7 栏的括号内。

③ 计算归零后的方向值。将计算出的各方向的平均读数分别减去起始方向 OA 的平均读数，即得各方向的归零方向值，填入表 4-8 中的第 8 栏。

④ 计算各测回归零后方向值的平均值。取各测回同一方向归零后方向值的平均值，作为该方向的最后结果，填入表 4-8 的第 9 栏中。

4.5 竖直角观测

1. 竖直角计算

全站仪的竖直度盘注记形式通常为顺时针全圆式注记，依据读数指标（图 4-32 铅垂向下箭头所示）读取竖盘读数。竖直度盘跟随望远镜一起转动时，读数指标与竖直度盘作相对运动，从而测定竖直角。当盘左位置望远镜视线水平时的竖直度盘读数为 90°，见图 4-32（a）；当望远镜上仰瞄准目标时竖直度盘读数将减小，记为 L，见图 4-32（b），此时盘左位置竖直角 θ_L 应为正值（仰角），可按式（4-24）计算。

$$\theta_L = 90° - L \tag{4-24}$$

当盘右位置望远镜视线水平时的竖直度盘读数为 270°，见图 4-32（c）；当望远镜上仰瞄准目标时竖直度盘读数将变大，记为 R，见图 4-32（d），此时盘右位置竖直角 θ_R 也应为正值（仰角），可按式（4-25）计算。

$$\theta_R = R - 270° \tag{4-25}$$

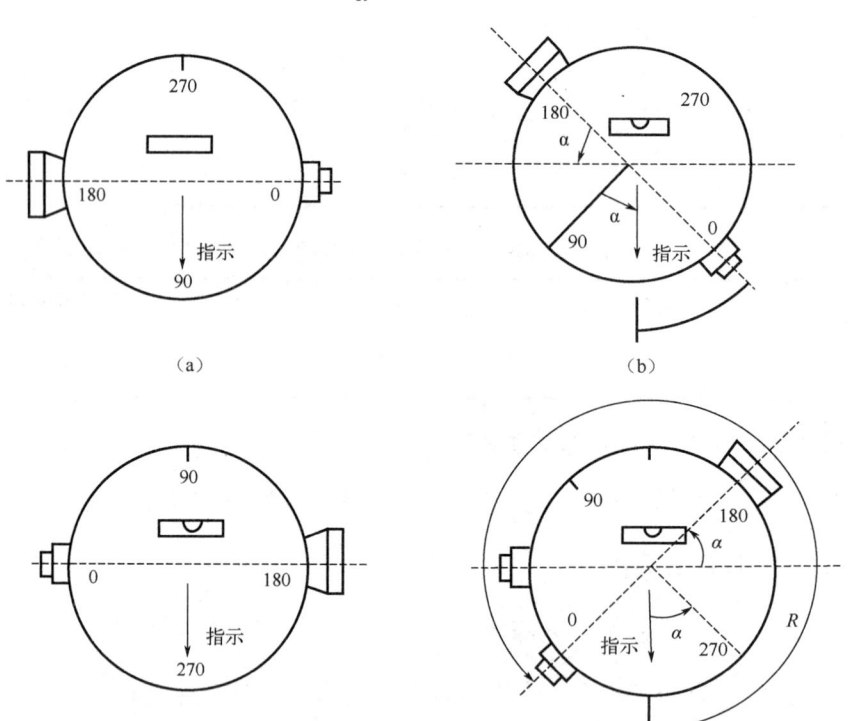

图 4-32 竖直度盘注记形式及盘左、盘右读数情况

2. 竖盘指标差

由于仪器误差，望远镜视线水平时，竖直度盘读数指标指示的读数不是设计理论值 90° 或 270°，而是偏离了正确位置，如图 4-33 所示，使读数偏大或者偏小了一个小角度 x，称 x 为竖盘指标差。当偏移方向与竖盘注记增加方向一致时，x 为正，反之为负。

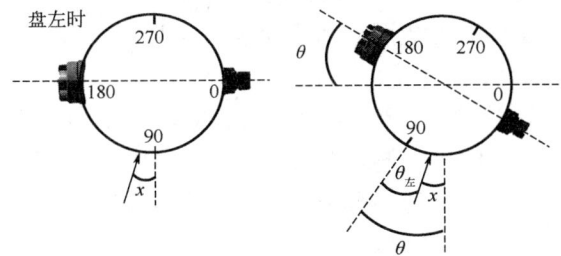

图 4-33 盘左位置指标差对竖直角测量的影响

盘左位置当视线水平时，竖盘读数应为 90°，但由于存在指标差，实际读数为 90°+x，而仰起望远镜瞄准目标后竖盘读数为 L。由竖直角测量原理可知，竖直角应为两次测量读数的差值，并且仰角应为正，故可按式（4-26）计算竖直角。

$$\theta = (90° + x) - L = 90° - L + x = \theta_L + x \tag{4-26}$$

同理，如图 4-34 所示，盘右位置当视线当视线水平时，竖盘读数本应为 270°，但由于存在指标差，实际读数为 270°+x，而仰起望远镜瞄准目标后竖盘的读数为 R。由竖直角测量原理可知，竖直角应为两次测量读数的差值，并且仰角应为正，故可按式（4-27）计算竖直角。

$$\theta = R - (270° + x) = R - 270° - x = \theta_R - x \tag{4-27}$$

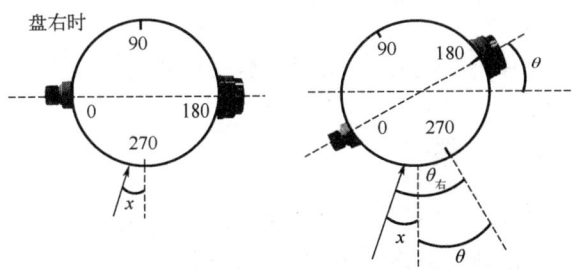

图 4-34 盘右位置指标差对竖直角测量的影响

由式（4-26）和式（4-27）两式相加可求得不包含竖盘指标差 x 的竖直角观测值，即盘左盘右观测可抵消指标差的影响。

$$\theta = \frac{\theta_L + \theta_R}{2} = \frac{(R - L - 180°)}{2} \tag{4-28}$$

式中：θ_L、θ_R 为盘左盘右观测包含竖盘指标差 x 的竖直角观测，R、L 为盘左盘右竖盘读数，θ 为不包含竖盘指标差 x 的竖直角观测值。

由式（4-26）和式（4-27）两式相减可求得竖盘指标差 x：

$$x = \frac{\theta_R - \theta_L}{2} = \frac{(L + R - 360°)}{2} \tag{4-29}$$

式中：x 为竖盘指标差。

3. 竖直角观测

通常全站仪竖直度盘可以设置成竖直角式注记，也可以设置成天顶距式注记。在观测前应注意竖直度盘的注记形式，并进行适当设置。竖直角观测的具体步骤如下：

（1）安置全站仪于测站点，经过对中和整平；

（2）盘左位置瞄准目标，调节照准部和望远镜微动螺旋用十字丝的横丝精确对准目标，读取盘左竖直读数 L，记录在表 4-10 中，并按照式（4-24）计算盘左竖直角观测值 θ_L；

（3）盘右位置精确瞄准盘左观测同一目标位置，读取盘右竖直读数 R，按照式（4-25）计算盘右竖直角观测值 θ_R；

（4）按式（4-28）和式（4-29）计算最终竖直角观测值 θ 和竖盘指标差 x。

用同一台仪器在同一时间段内观测，竖盘指标差应为定值。但是，由于竖直角瞄准观测存在误差，使计算出各测回的竖直角指标差有变化。为了保证测量精度，竖直角指标差变化范围应小于 1'。

表 4-10 竖直角观测记录

日期 <u>2024.05.27</u>　　观测者 <u>赵　伍</u>　　记录者 <u>陈　陆</u>
天气 <u>　晴　</u>　　　　仪器 <u>南方-10236</u>

测站	目标	竖盘位置	竖盘读数 ° ′ ″	半测回角值 ° ′ ″	两倍指标差 ″	一测回竖直角 ° ′ ″	各测回竖直角均值 ° ′ ″
O	A	左	73 44 12	+16 15 48	+12	+16 16 00	+16 15 58
		右	286 16 12	+16 16 12			
	A	左	73 44 18	+16 15 42	+15	+16 15 57	
		右	286 16 12	+16 16 12			

附注：在同一测站上，竖直角指标差的变化范围，允许在 1' 以内。

4.6 全站仪的检验与校正

4.6.1 全站仪应满足的几何条件

全站仪的几何轴线如图 4-35 所示，VV_1 为纵轴，LL_1 为照准部水准管轴，$L'L_1'$ 为圆水准轴，HH_1 为横轴，CC_1 为视准轴。纵轴 VV_1 为照准部的旋转轴。照准部水准管轴 LL_1 为通过水准管内壁圆弧中点的切线，当水准管气泡居中时，水准管轴 LL_1 处于水平位置。圆水准轴 $L'L_1'$ 为通过圆水准器内壁球面中心的法线，圆水准器气泡居中时，圆水准轴 $L'L_1'$ 处于铅垂位置。横轴 HH_1 为望远镜的旋转轴，又称水平轴。视准轴 CC_1 为望远镜物镜光心与十字丝中心的连线，也是瞄准目标时的视线。

根据水平角和垂直角观测原理，全站仪经过整平以后，要求：①纵轴 VV_1 应铅垂，水平度盘应水平；②望远镜上、下转动时，视准轴 CC_1 应在一个铅垂平面内。根据第一个要求，圆水准轴 $L'L_1'$ 必须与纵轴 VV_1 平行，才能据此粗平仪器；照准部水准管轴 LL_1 必须与纵轴 VV_1 垂直，才能据此精平仪器。根据第二个要求，视准轴 CC_1 必须与横轴 HH_1 垂直，横轴 HH_1 必须与纵轴 VV_1 垂直。另外，为了测角时便于瞄准，要求十字丝的纵丝应铅垂、横丝应水平；为了便于垂直角观测，竖盘的指标差应有一定的限制；为了减少仪器的对中误差，光学对中器的视准轴应与纵轴相重合。总之，全站仪的几何轴线应满足下列各条件：

（1）照准部水准管轴应垂直于纵轴（$LL_1 \perp VV_1$）；
（2）圆水准轴应平行于纵轴（$L'L_1' // VV_1$）；
（3）视准轴应垂直于横轴（$CC_1 \perp HH_1$）；
（4）横轴应垂直于纵轴（$HH_1 \perp VV_1$）；
（5）十字丝纵丝应垂直于横轴；
（6）竖盘指标差应小于规定的数值；

(7) 光学对中器的视准轴应与纵轴相重合。

在使用全站仪前,应进行仪器轴线的检验,如果其误差超限,则需要进行校正。

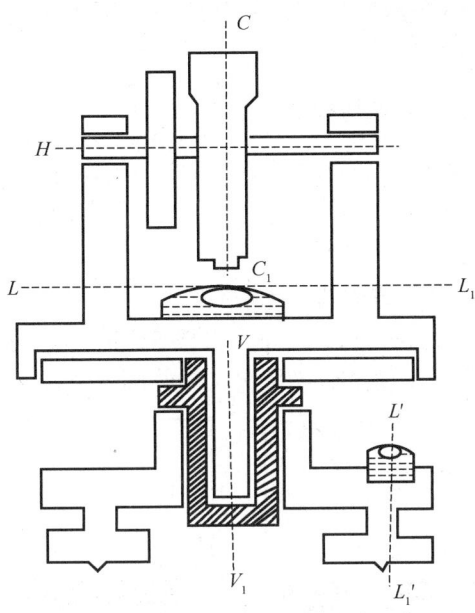

图 4-35 全站仪的几何轴线

4.6.2 全站仪的检验与校正

全站仪的检验与校正主要涉及管水准器的检验和校正、圆水准器的检验和校正、倾斜传感器零点误差的检验与校正、望远镜分划板的检验和校正、视准轴垂直于横轴的检验与校正和光学对中器的检验和校正等几个方面的内容。

1. 管水准器的检验和校正

(1) 检验

首先将全站仪整平,然后转动照准部使管水准器与两脚螺旋连线平行,调节这两个脚螺旋使管水准器气泡严格居中,再旋转照准部 180°,若管水准气泡偏离管水准器中心位置,则需要校正管水准器。

(2) 校正

① 在检验时,若管水准器气泡偏离了中心,先用与管水准器平行的脚螺旋进行调整,使气泡向中心移近一半的偏离量。剩余一半用校正针转动水准器校正螺丝进行调整至气泡居中。

② 将照准部旋转 180°,检查气泡是否居中。如果气泡仍不居中,重复步骤(1),直至气泡居中。

③ 将照准部旋转 90°,用第三个脚螺旋调整气泡居中。重复上述检验与校正步骤,直至照准部转至任何方向气泡均居中为止。

2. 圆水准器的检验和校正

(1) 检验

管水准器检校正确后精平仪器,若圆水准器气泡不居中,则需要对圆水准器进行校正。

（2）校正

用校正针或内六角扳手调整气泡下方的校正螺丝使气泡居中。校正时，应先松开气泡偏移方向对面的校正螺丝，然后拧紧偏移方向的其余校正螺丝使气泡居中。气泡居中时，三个校正螺丝的紧固力均应一致。

3．倾斜传感器零点误差的检验与校正

当仪器精确整平后，倾角的显示值应接近于零，否则存在倾斜传感器零点误差，会对测量成果造成影响，需要进行校正。

（1）检验

① 精确整平仪器，并将水平方向置为零。

② 进入校正模式，按[▼]键进入到下一页，再按 F1 键进入零点误差校正屏幕，显示 X 和 Y 方向上当前改正值。稍等片刻显示稳定后读取自动补偿倾角值 X_1 和 Y_1，如图 4-36 所示。

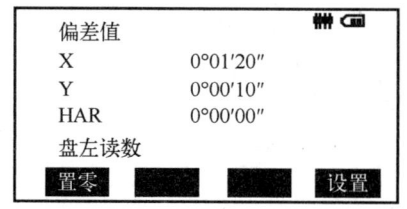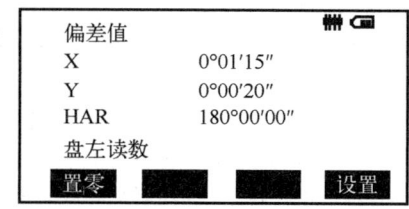

图 4-36　自动补偿倾角值

③ 旋转照准部 180°，等读数稳定后读取自动补偿倾角值 X_2 和 Y_2。

④ 计算倾斜传感器的零点偏差值的平均值。如果计算偏差值都在±20″以内则不需校正，否则需要进行校正。

（2）校正

① 在检验最后一步页面中，按 F4 设置键，并将水平角值置为零，屏幕显示盘右读数。

② 旋转照准部使 HAR 为 0°00′00″，稍等片刻按 F4 设置键存储 X_1 和 Y_1 的值。屏幕显示出 X 和 Y 方向上的原改正值和新改正值，如图 4-37 所示。

③ 确认校正值、改正值是否在校正范围内，如果 X 值和 Y 值均在 400±30 校正范围内，按 F4[是]键对改正值进行更新，并返回到校正菜单进行下一步骤；如果超出上述范围，按 F3[否]键退出校正操作。

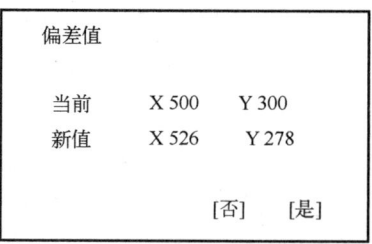

图 4-37　偏差值显示页面

④ 按照检验步骤重新进行检验，如果检查结果在±20″之内，则校正完毕，否则要重新进行校正。

4．望远镜分划板的检验和校正

（1）检验

① 整平仪器后在望远镜视线上选定一目标点 A，用分划板十字丝中心照准 A 并固定水平和垂直制动手轮。

② 转动望远镜垂直微动手轮，使 A 点移动至视场的边沿（A' 点）。若 A 点是沿十字丝的

竖丝移动，即 A 点仍在竖丝之内的，则十字丝不倾斜不必校正。如图 4-38 所示，A' 点偏离竖丝中心，则十字丝倾斜，需对分划板进行校正。

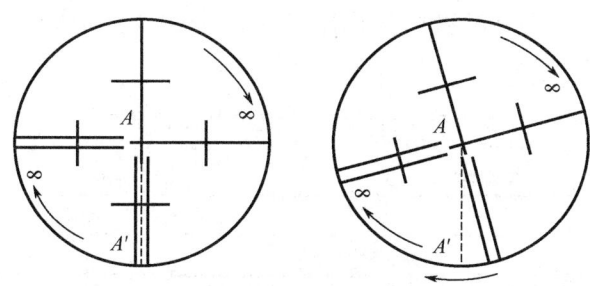

图 4-38　望远镜分划板的检验

（2）校正

① 首先取下位于望远镜目镜与物镜调焦手轮之间的分划板座护盖，用螺丝刀旋松四个固定螺丝，绕视准轴旋转分划板座，使 A' 点落在竖丝的位置上。

② 旋紧固定螺丝，再用上述方法检验校正结果，并将护盖安装回原位。

5．视准轴垂直于横轴的检验与校正（2C）

（1）检验

① 距离仪器同高的远处设置目标 A，精确整平仪器并打开电源。

② 在盘左位置将望远镜照准目标 A，读取水平角；松开垂直及水平制动手轮，旋转照准部和望远镜盘右照准同一 A 点，并读取水平角。

③ 计算 2C 值：$2C=L-(R\pm180°)$，若大于±20"，则需校正。

（2）校正

① 用水平微动手轮将水平角读数调整到消除 C 后的正确读数：$R+C$。

② 取下位于望远镜目镜与物镜调焦手轮之间的分划板座护盖，调整分划板上水平左右两个十字丝校正螺丝，移动分划板使十字丝中心照准目标 A。

③ 重复检验步骤，校正至｜2C｜≤20"符合要求为止，将护盖安装回原位。

6．光学对中器的检验和校正

（1）检验

① 精确整平仪器，在一张白纸上画一个十字交叉，并放在仪器正下方的地面上。

② 调整好光学对中器的焦距后，移动白纸使十字交叉位于视场中心。转动脚螺旋，使对中器的中心标志与十字交叉点重合。

③ 旋转照准部，每转 90°，观察对中点的中心标志与十字交叉点的重合度。如果照准部旋转时，光学对中器的中心标志一直与十字交叉点重合，则不必校正，否则需按下述方法进行校正。

（2）校正

① 将光学对中器目镜与调焦手轮之间的改正螺丝护盖取下。

② 固定好十字交叉白纸，并在纸上标记出仪器每旋转 90°时对中器中心标志落点 A、B、C、D。用直线连接对角点 AC 和 BD，两直线交点为 O。

③ 用校正针调整对中器的四个校正螺丝，使对中器的中心标志与 O 点重合。重复检验步骤，检查校正至符合要求。最后将护盖安装回原位。

全站仪的检验与校正结果可以填入记录表中，全站仪的检验与校正记录表如表 4-11 所示。

表 4-11 全站仪的检验与校正记录表

日期：_____ 仪器编号：_____ 检验者：_____

序号	检验项目	检验和校正记录		
		略图		数据记录和描述
1	管水准器的检验和校正	0°	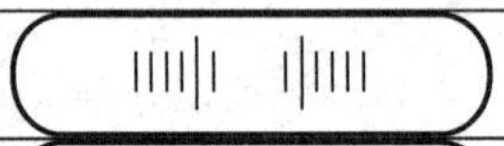	
		180°		
2	圆水准器的检验和校正	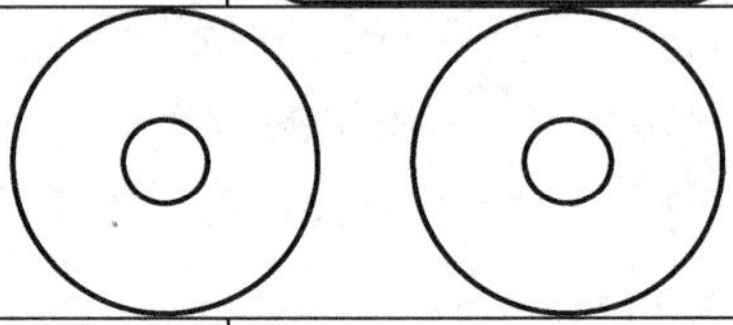		
3	倾斜传感器零点误差的检验与校正	X 方向的偏差		
		Y 方向的偏差		
4	望远镜分划板的检验和校正	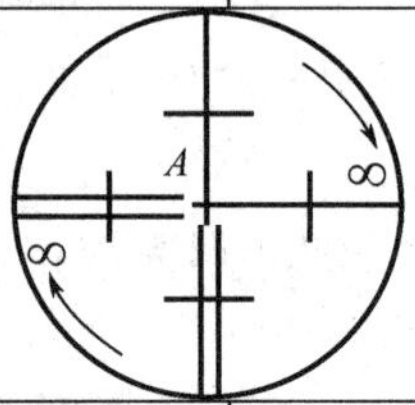		
5	视准轴垂直于横轴的检验与校正	盘左读数		
		盘右读数		
6	光学对中器的检验和校正	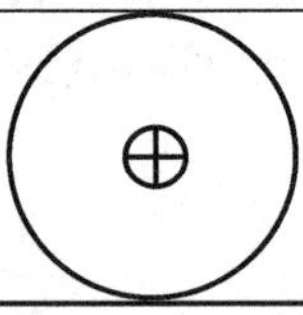		

4.7 电磁波距离测量误差分析

由于目前的测距方法主要是采用电磁波测距，因此本节主要介绍电磁波测距的误差来源，电磁波测距的误差来源包括以下几个方面。

1. 调制频率的误差

由电磁波测距的基本原理可知，距离公式可以表示为：

$$S = \frac{C}{2f}\left(N + \frac{\Delta\varnothing}{2\pi}\right) \quad (4-30)$$

为了分析测距仪的调制频率误差对测距的影响,对式(4-30)中的距离 S 和频率 f 求微分,可得:

$$\frac{dS}{S} = -\frac{df}{f} \tag{4-31}$$

由式(4-31)可知,频率的相对误差使测定的距离产生相同的相对误差,由此产生的距离误差与距离的长度成正比。由于仪器使用过程中电子元件的老化,会使原来设置的标准频率发生变化。通过测距仪的定期检定,测定乘常数 R,对距离进行改正,主要是为了消除仪器的频率误差。测距时是否需要进行这项改正,可视乘常数的大小、距离的远近和测距所需的精度而定。

2. 气象参数测定误差

测距时测定的气象参数为气温 t 和气压 p,假定在标准状态下(t=20℃,p=101 325Pa),对式(4-15)进行微分,可得:

$$dK = -0.0027dp + 0.935dt \tag{4-32}$$

由此可见,如果气温测定的误差为±1℃,或气压测定的误差为±50Pa,则对距离测定大约产生±1mm/km 的相对误差。测距时是否需要进行气象改正,可视气象参数与标准状态差别的大小、距离的远近和测距所需的精度而定。

3. 相位测定和脉冲测定的误差

在相位式测距仪中相位差测定的误差,脉冲式测距仪中脉冲个数测定的误差都影响距离测量的尾数,与距离的长短无关。误差的大小决定于仪器测相系统或脉冲计数系统的精度,以及调制光信号在大气传输中的信噪比误差等。前者决定于仪器的性能和精度,后者来源于测距时的自然环境,例如天气的阴晴、大气的透明度、杂散光的干扰等。

4. 反射器常数误差

与测距仪配套的反射器其加常数都有确定的数值。例如,对于反射棱镜,一般加常数 $C = -30$mm;对于反射片,则加常数 $C=0$。而且可在测距仪中预先设置加常数,测距时可自动加以改正。但是如果反射器与测距仪不配套,或设置有误,或瞄准不精确等原因,就会产生反射器常数误差。

5. 仪器和目标的对中误差

光电测距是测定测距仪中心至棱镜中心的距离,因此仪器和棱镜的对中误差有多大,对测距的影响也有多大,与距离的长短无关。因此,对于仪器和棱镜的水准管和光学对中器,应事先进行检验和校正。测距时,应仔细地对测距仪和棱镜进行整平和对中。

4.8 角度测量误差分析

角度测量误差来源与测绘仪器、观测者及观测环境条件等因素有密切关系。按误差来源可分为仪器误差、观测误差和外界环境条件所引起的误差。下面分别分析其影响,并阐述应对措施和对策。

4.8.1 仪器误差

用于测绘生产的仪器设备应定期检定和校正，以确保测绘仪器的轴系关系保持正确，未经检定的测绘仪器不得用于测绘生产。但即使测绘仪器经过了定期检定和校正，测绘仪器仍然存在残余误差，影响测量成果。这些误差主要包括视准轴误差、横轴误差、竖轴误差、度盘偏心差等。对于仪器校正后的残余误差，应采取相应的观测方法控制、抵消或削弱仪器误差，如表4-12 所示。

表 4-12 仪器误差产生原因及应对措施

仪器误差名称	产生原因	观测应对措施
视准轴误差	视准轴不垂直于仪器横轴时产生的误差	通过盘左盘右观测取平均值的方法抵消
横轴误差	横轴不垂直于仪器竖轴所产生的误差	通过盘左盘右观测取平均值的方法抵消
竖轴误差	仪器竖轴不铅垂所产生的误差	由于竖轴误差不能通过盘左盘右观测取平均值来消除，因此需要严格整平仪器来削弱其影响。在观测前应确保仪器竖轴铅垂，可以使用水准器进行检查和调整
度盘偏心差	水平度盘的分划中心与照准部的旋转中心不重合而产生的误差	通过盘左盘右观测取平均值的方法抵消
竖盘指标差	视准轴不垂直于仪器横轴时产生的误差	通过盘左盘右观测取平均值的方法消除
度盘分划误差	度盘分划不均匀所产生的误差	在测回间按 180°/n 配置度盘起始读数，以削减度盘分划误差的影响

4.8.2 观测误差

1. 对中误差

仪器在安置时，仪器中心与测站点不在同一条铅垂线上，产生对中误差。如图 4-39 所示，设 O 点为测站点，A、B 为目标点，由于仪器安置时存在对中误差，仪器中心偏至 O' 点，OO' 的距离称为测站偏心距，通常用 e 表示。对中误差 $\Delta\beta$ 可按式（4-33）估算。

$$\Delta\beta = \beta - \beta' = \delta_1 + \delta_2 = \rho''\left(\frac{e}{D_1} + \frac{e}{D_2}\right) \quad (4\text{-}33)$$

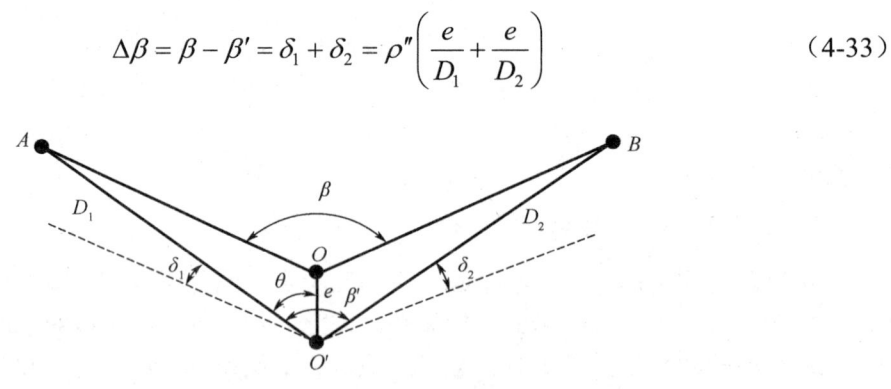

图 4-39 对中误差示意图

为减弱对中误差的影响，尽可能在各测站上精确对中（使 e 小于 3mm），并且当边长较短，更要精确对中。

2. 目标偏心误差

由于测点上的观测目标如标杆、测钎倾斜或测钎、标杆与测点等不在同一铅垂线上，导致照准目标偏离测点中心,产生目标偏心误差。观测时,标杆、测钎应垂直立于测点上方,确保标杆、测钎等观测目标与测点等在同一铅垂线上。

3. 整平误差

照准部水准管气泡未严格居中,会导致水平度盘不平,从而产生整平误差。这种误差的影响与观测目标的竖直角有关,竖直角越大,整平误差影响越明显。

4. 照准误差

人眼通过望远镜瞄准目标时产生的误差,受多种因素影响,如人眼的分辨能力、望远镜的放大倍率、目标的大小和形状、大气透明度等。观测时应精确瞄准目标,测水平角时应以竖丝精确切准目标中心或底部,测竖直角时应用中横丝精确切准目标点。

4.8.3 外界环境条件引起的误差

在角度测量过程中,外界环境条件往往会对测量结果产生一定的误差。外界环境条件主要包括风力影响、日晒和温度变化、土质和地面条件的影响、空气湿度的影响及大气折光和热辐射等。这些误差及其产生的原因以及相应的应对措施可以参考表4-13。

表4-13 外界环境条件引起的误差产生原因及应对措施

外界环境条件引起的误差	产生原因	观测应对措施
风力影响	风力会使测量仪器(如经纬仪、全站仪等)产生抖动,从而影响观测的稳定性	1. 选择合适的观测时间,尽量在风力较小、气温适宜、天气晴朗且光线适中的时段进行观测; 2. 加强仪器稳固性,使用稳固的支架和脚架支撑仪器,将三脚架踩入泥土中,确保仪器在观测过程中不产生位移或振动; 3. 在观测前对观测环境进行检查和整理,清除可能影响观测的障碍物和干扰因素; 4. 使用遮阳伞、挡风板等辅助设备减少日晒和风力的影响; 5. 进行多次观测取平均值,减小偶然误差的影响,提高测量精度; 6. 使用高精度仪器,在条件允许的情况下使用更高精度的测量仪器进行观测以减小误差
日晒和温度变化	日晒会使仪器内部元件受热不均,产生热应力,导致测量精度下降;温度变化还会引起大气折光的变化,影响目标瞄准	
土质和地面条件的影响	松软的地面会使仪器在观测过程中产生下沉,导致观测基准点发生变化	
空气湿度的影响	高湿度环境下,仪器内部可能产生凝露,影响光学元件的透光性和测量精度,同时影响观测视线	
大气折光和热辐射	大气中的水汽、尘埃等微粒会对光线产生折射和散射作用,导致观测目标成像偏移;热辐射则会影响目标物的热辐射特性,进而影响观测结果	

思 考 题

1. 什么叫水平角?什么叫竖直角?竖直角的正负是如何规定的?
2. 观测角度时,对中的目的是什么?整平的目的是什么?
3. 简述用测回法和方向观测法测量水平角的操作步骤及各项限差要求。
4. 采用测回法观测水平角时,各测回间为何要变换始读数?如何变换?
5. 采用竖角观测时,如何消除竖盘指标差的影响?
6. 全站仪有哪些主要轴线?各轴线间应满足什么条件?
7. 表4-14为测回法观测水平角的观测记录,试完成表格各项计算。

表 4-14 水平角观测记录（测回法）

测站	目标	竖盘位置	水平度盘读数 ° ' "			半测回角值 ° ' "			一测回角度值 ° ' "			各测回平均值 ° ' "		
B	C	左	00	00	12									
	A		60	41	24									
	A	右	240	41	18									
	C		180	00	20									
B	C	左	90	01	22									
	A		150	42	26									
	A	右	330	42	32									
	C		270	01	42									

8．利用全站仪方向观测法外业观测记录如表 4-15，完成表格各项计算。

表 4-15 方向观测法外业观测记录

日期 __2024.12.12__ 观测者 __张 山__
天气 __晴__ 仪器型号 _____ 记录者 __李 实__

测站	测回数	目标	读数 盘左 ° ' "			读数 盘右 ° ' "			2C= 左−(右±180°) "	平均读数=1/2 (左+右±180°) ° ' "	归零后的方向值 ° ' "	各测回归零方向值的平均值 ° ' "	附注
1	2	3	4			5			6	7	8	9	10
O	1	A	0	01	12	180	01	02					
		B	45	40	33	225	40	36					
		C	120	30	34	300	30	44					
		D	160	24	34	340	24	22					
		A	0	01	16	180	01	08					
	2	A	90	02	13								
		B	135	41	35								
		C	210	31	44								
		D	250	25	34								
		A	90	02	14								

9．表 4-16 为测回法观测竖直角的观测记录，试完成表格各项计算。

表 4-16 竖直角观测记录

测站	目标	竖盘位置	竖直读数 ° ' "	竖直角 ° ' "	竖盘指标差 "	竖直角平均值 ° ' "
A	B	左	73 26 24			
		右	286 33 30			
	B	左	73 26 24			
		右	286 33 38			

第 5 章 坐 标 测 量

内容提要

本章介绍了直线定向、坐标方位角与象限角、坐标方位角计算、坐标计算原理以及全站仪坐标测量等基本原理和方法。重点掌握坐标方位角和象限角的概念及其相互转换，正、反坐标方位角的计算和坐标方位角的推算，坐标增量的计算以及坐标计算原理。难点是坐标方位角的推算。

5.1 直 线 定 向

要确定两点间的相对平面位置关系，不仅需要测量两点间的距离，还要确定这两点确定的直线的方向。确定地面上一条直线与标准方向的角度关系的工作，称为直线定向。

测量工作采用的标准方向有真子午线方向、磁子午线方向和坐标纵轴方向。

1. 真子午线方向

真子午线即连接地球南北两极的经线。真子午线方向是指通过地球表面某点的真子午线的切线方向，可用天文观测方法或陀螺仪来测定，其北端所指方向为真北方向。在国家小比例尺测图中采用真北方向作为定向的基准。

2. 磁子午线方向

磁子午线是连接地球南北磁极的线。在地球磁场的作用下，地面上某点的磁针自由静止时所指的方向，称为该点的磁子午线方向，磁针北端所指方向为磁北方向，可用罗盘仪测定，在林业测量中常采用磁北方向作为定向的标准。

3. 坐标纵轴方向

坐标纵轴方向就是平面直角坐标系中的纵坐标轴方向。若采用高斯平面直角坐标，则以中央子午线作为坐标纵轴，坐标纵轴北端所指方向为坐标北方向。

真北方向、磁北方向和坐标北方向合称为三北方向，如图 5-1 所示。

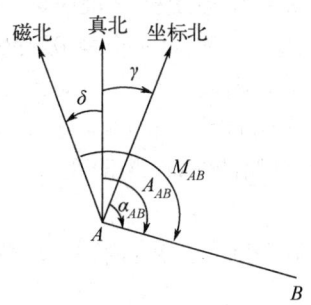

图 5-1 三北方向和三种方位角之间的关系

5.2 坐标方位角与象限角

在测量工作中，常用方位角和象限角来表示直线的方向。

1. 方位角

由标准方向的北端顺时针方向量至某直线的水平角，称为该直线的方位角，其大小为 0°~360°。根据标准方向的不同，方位角分为真方位角、磁方位角和坐标方位角。

从真子午线北端顺时针方向量至某一直线的水平角称为该直线的真方位角，用 A 表示。从磁子午线北端顺时针方向量至某一直线的水平角称为该直线的磁方位角，用 M 表示。从坐标纵轴北端顺时针方向到某一直线的水平角称为该直线的坐标方位角，用 α 表示。由于通过各点的纵坐标轴方向都是相互平行的，应用坐标方位角来确定直线的方向在计算上比较方便，坐标方位角通常用于坐标理论计算。

由于地球南北极与地磁南北极并不重合，因此，通过地面上某点的磁北方向与真北方向不重合；由高斯投影可知，除中央子午线上的点外，投影带内其他各点的坐标轴方向与真北方向也不重合。真北方向与磁北方向的夹角为磁偏角 δ，真北方向与坐标北方向之间夹角为子午线收敛角 γ。当磁子午线方向、坐标纵轴方向位于真子午线方向以东时称为东偏，东偏时为正值；反之，西偏时为负值。

由于真子午线方向、磁子午线方向和坐标纵轴方向三者并不一致，因此，某一直线的真方位角、磁方位角、坐标方位角也不相等。三种方位角间的关系，可用下式表示：

$$\alpha_{AB} = A_{AB} - \gamma \tag{5-1}$$

$$M_{AB} = A_{AB} - \delta \tag{5-2}$$

在不同地区，磁偏角 δ、子午线收敛角 γ 的大小不一样，磁偏角 δ、子午线收敛角 γ 变化在几分到几度之间，因此不同地区的真方位角、磁方位角、坐标方位角之间的差别也不一样，但三者之间的差别很小。

2. 象限角

象限角是用于描述一个角在平面上的位置。在平面直角坐标系中，整个平面被 x 轴和 y 轴划分为四个象限，即第Ⅰ象限、第Ⅱ象限、第Ⅲ象限和第Ⅳ象限。某直线与坐标纵轴所夹的锐角称为该直线的象限角，一般用 R 表示，R 的大小为 0°~90°。由于象限角为锐角，与所在象限有关，因此描述直线的象限角时，不仅要注明角度的大小，还要注明直线所在的象限。如图 5-2 所示，北偏东 R_1、南偏东 R_2、南偏西 R_3、北偏西 R_4 分别为四条直线的象限角。

根据方位角与象限角的定义，它们之间的换算关系见表 5-1。

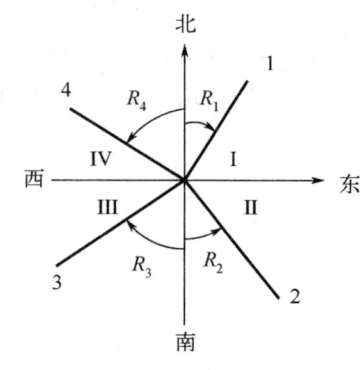

图 5-2 象限角

表 5-1　方位角与象限角的换算关系

直线所在象限	根据方位角求象限角	根据象限角求方位角	方位角范围
Ⅰ（北偏东）	$R = \alpha$	$\alpha = R$	0°~90°
Ⅱ（南偏东）	$R = 180° - \alpha$	$\alpha = 180° - R$	90°~180°
Ⅲ（南偏西）	$R = \alpha - 180°$	$\alpha = 180° + R$	180°~270°
Ⅳ（北偏西）	$R = 360° - \alpha$	$\alpha = 360° - R$	270°~360°

5.3　坐标方位角计算

1. 正、反坐标方位角计算

由两点连成的直线是有方向的，而直线的方向是相对的。如图 5-3 所示，设由 A 至 B 为直线的前进方向，即正方向，则 α_{AB} 为直线 AB 的正方位角；直线 BA 为直线 AB 的反方向，则 α_{BA} 为直线 AB 的反方位角；正反方位角是相互的。

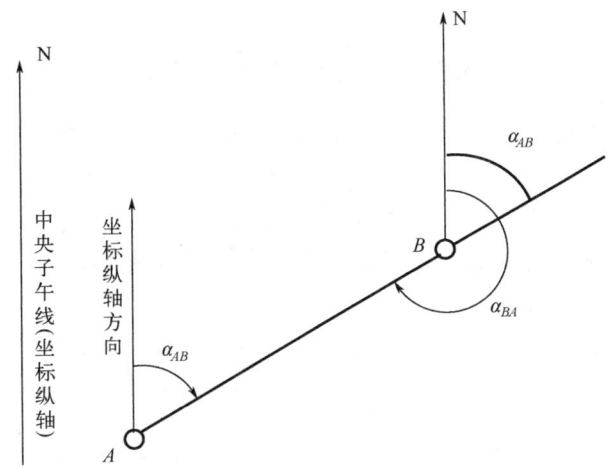

图 5-3　正、反方位角的关系

由图 5-3 可以看出，正、反坐标方位角相差 180°，即：

$$\alpha_{反} = \alpha_{正} \pm 180° \tag{5-3}$$

式中，当 $\alpha_{正} \geq 180°$ 时，取"－"号；当 $\alpha_{正} < 180°$ 时，取"＋"号。

2. 坐标方位角的推算

如图 5-4 所示，假设已知直线 12 的方位角 α_{12}，观测了转折角 β_2，欲推算直线 23 的方位角 α_{23}。规定若转折角在推算路线 1—2—3 的前进方向的左侧，则称该转折角为左角；若转折角在推算路线 1—2—3 的前进方向的右侧，则称该转折角为右角。

如图 5-4（a）所示，转折角 β_2 为左角，直线 23 的方位角 α_{23} 按式（5-4）计算：

$$\alpha_{23} = \alpha_{12} + 180° + \beta_2 \tag{5-4}$$

如图 5-4（b），转折角 β_2 为右角，直线 23 的方位角 α_{23} 按式（5-5）计算：

$$\alpha_{23} = \alpha_{12} + 180° - \beta_2 \tag{5-5}$$

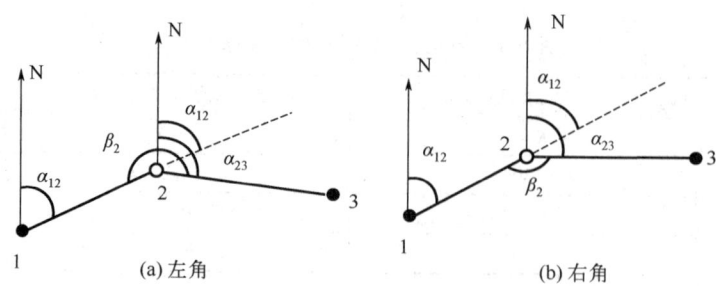

图 5-4 方位角推算

因此，方位角推算时，要考虑转折角 β 是左角还是右角，其通用公式为：

$$\alpha_{待求} = \alpha_{已知} + 180° \pm \beta \tag{5-6}$$

式中：$\alpha_{已知}$ 为方位角推算路线上已知坐标方位角，$\alpha_{待求}$ 为待求坐标方位角；当转折角 β 为左角时，取"+"号，当转折角 β 为右角时，取"－"号。

在推算过程中须注意：由于方位角的取值范围为 0°~360°，推算出的方位角 $\alpha_{待求}$ 若大于 360°，应减去 360°；若小于 0°，应加上 360°。

5.4 坐标计算原理

1. 坐标增量计算

地面上两点的坐标值之差称为坐标增量。如图 5-5 所示，设 $1(x_1, y_1)$、$2(x_2, y_2)$，用 Δx_{12} 表示 1 点至 2 点的 x 坐标增量，Δy_{12} 表示 1 点至 2 点的 y 坐标增量，则

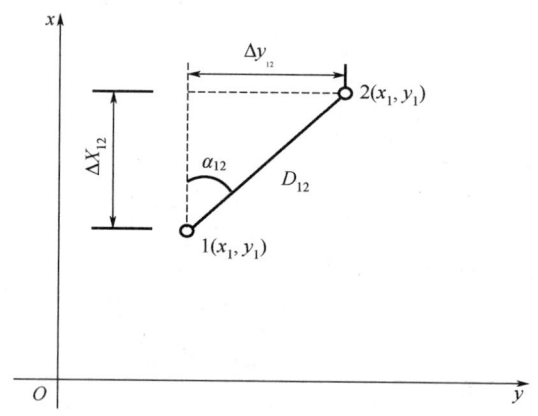

图 5-5 坐标增量计算

$$\Delta x_{12} = x_2 - x_1 \tag{5-7}$$

$$\Delta y_{12} = y_2 - y_1 \tag{5-8}$$

若已知直线 12 的坐标方位角为 α_{12}，边长为 D_{12}。则 1 点至 2 点的坐标增量为：

$$\Delta x_{12} = D_{12} \cos \alpha_{12}$$

$$\Delta y_{12} = D_{12} \sin \alpha_{12} \tag{5-9}$$

表 5-2 坐标增量的正负号与直线所在象限关系

直线所在象限	方位角 α	$\cos\alpha / \Delta x$	$\sin\alpha / \Delta y$
Ⅰ（北偏东）	0°~90°	+	+
Ⅱ（南偏东）	90°~180°	−	+
Ⅲ（南偏西）	180°~270°	−	−
Ⅳ（北偏西）	270°~360°	+	−

2. 坐标正算

根据已知点的坐标、两点间的水平距离及其相应的坐标方位角计算待求点的坐标，称为坐标正算。如图 5-5 所示，假设已知点 1 的坐标(x_1, y_1)、12 边的坐标方位角 α_{12}，12 水平距离 D_{12}，则 2 点的坐标(x_2, y_2)计算公式为：

$$x_2 = x_1 + \Delta x_{12} = x_1 + D_{12} \times \cos\alpha_{12}$$

$$y_2 = y_1 + \Delta y_{12} = y_1 + D_{12} \times \sin\alpha_{12} \tag{5-10}$$

上式中，Δx_{12}、Δy_{12} 分别为 12 边 x 坐标增量和 y 坐标增量。

【例题 5-1】如图 5-5 所示，已知 1 点坐标为(3145.675, 4234.787)（单位：m），12 边的水平距离 D_{12}=123.453m，12 边坐标方位角为 α_{12}=78°36'48"，试求 2 点坐标。

解： $x_2 = x_1 + D_{12} \times \cos\alpha_{12}$ =3145.675+123.453×cos78°36'48"=3170.048 （m）

$y_2 = y_1 + D_{12} \times \sin\alpha_{12}$ =4234.787+123.453×sin78°36'48"=4355.810 （m）

3. 坐标反算

根据直线两端点坐标计算两点间的水平距离和坐标方位角，称为坐标反算。根据图 5-5 可知，假设 1、2 点坐标分别为(x_1, y_1)、(x_2, y_2)，则可按以下步骤分别计算边长 D_{12} 和坐标方位角 α_{12}。

首先按式（5-11）计算边长 D_{12}；然后由式（5-12）计算直线边的象限角 R_{12}，再按照表 5-2 根据坐标增量的符号判断其所在象限，并按照表 5-1 方位角与象限角的关系计算其坐标方位角 α_{12}。

$$D_{12} = \sqrt{(x_2-x_1)^2 + (y_2-y_1)^2} \tag{5-11}$$

$$R_{12} = \arctan\left|\frac{\Delta y_{12}}{\Delta x_{12}}\right| \tag{5-12}$$

【例题 5-2】已知 1、2 点坐标分别为(4342.994, 3814.295)、(2404.507, 525.728)（单位：m），试计算 12 边长 D_{12} 和坐标方位角 α_{12}。

解：
$$\begin{aligned} D_{12} &= \sqrt{(x_2-x_1)^2 + (y_2-y_1)^2} \\ &= \sqrt{(2404.507-4342.994)^2 + (525.728-3814.295)^2} \\ &= 3817.382\,\text{m} \end{aligned}$$

$$R_{12} = \arctan\left|\frac{\Delta y_{12}}{\Delta x_{12}}\right| = 59°28'56"$$

由于 $\Delta x_{12}<0$，$\Delta y_{12}<0$，参考表 5-2 可知直线 12 在第Ⅲ象限，则 $\alpha_{12} = R_{12} +180°=239°28'56"$。

5.5 全站仪坐标测量

坐标测量功能是全站仪的主要功能，用于利用已知点的坐标测定未知点的坐标。如图 5-6 所示，A、B 两点为已知点，即已知 A、B 两点的三维坐标(x_A, y_A, H_A)、(x_B, y_B, H_B)，且 A、B 两点在地面上有明显标记。要测定 A 点附近未知点 $P(x_P, y_P, H_P)$ 的三维坐标。其测量原理为：以已知点 A 作为测站，以已知点 B 为后视定向点，全站仪利用 A、B 两点的坐标(x_A, y_A, H_A)、(x_B, y_B, H_B)反算 AB 边的坐标方位角 α_{AB}，利用全站仪测量水平角、竖直角和斜距，并计算测站点 A 与未知点 P 之间的坐标增量，由已知点的坐标计算未知点的坐标。按式（5-13）计算，即可得未知点 P 的三维坐标。

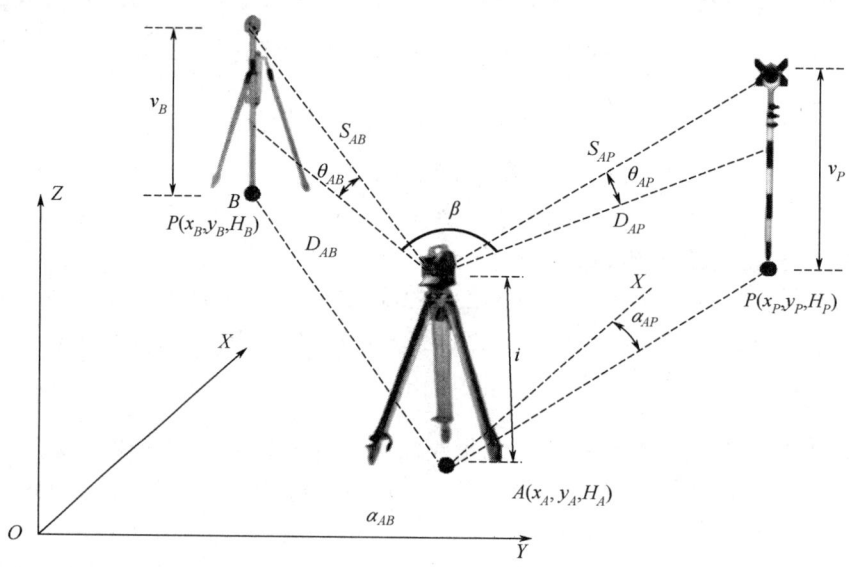

图 5-6　全站仪坐标测量原理

$$\begin{cases} x_p = x_A + S_{AP}\cos\theta_{AP}\cos(\alpha_{AB}+\beta) \\ y_p = y_A + S_{AP}\cos\theta_{AP}\sin(\alpha_{AB}+\beta) \\ H_p = H_A + S_{AP}\sin\theta_{AP} + i - v_p \end{cases} \quad (5\text{-}13)$$

其中，(x_A, y_A, H_A)为已知点 A 的坐标；α_{AB} 为利用 A、B 两已知点计算出的 AB 边的坐标方位角；S_{AP} 为全站仪测得 AP 的斜距；β 为全站仪测得的 AB 与 AP 间的水平角；θ_{AP} 为直线 AP 的竖直角；i 为全站仪仪器高，即望远镜横轴中心至地面点的垂直距离；v_P 为棱镜高，即 P 点棱镜中心至地面点垂直距离；(x_P, y_P, H_P)为未知点 P 的坐标。

全站仪坐标测量的具体作业步骤如下：

（1）在已知点 A 上安置仪器，对中整平。

（2）设置测站：新建项目并输入测站点三维坐标 $A(x_A, y_A, H_A)$，量取并输入仪器高 i，将这些数据记录在当前文件中。

（3）定向：有坐标定向和人工定向两种方式。坐标定向是根据测站点和后视点的平面坐标反算两点连线的方位角 α_{AB}。输入后视点 B 坐标(x_B, y_B, H_B)，全站仪自动计算出方位角 α_{AB}

后，全站仪盘左位置精确瞄准后视点，并设定定向。人工定向是直接输入测站点至后视点的方位角 α_{AB}，精确瞄准后视点并设定定向。

（4）测站检核：用后视点 B 或测站附近第三个已知点进行检核，把后视点或第三个已知点当作待测点进行坐标测量，比较后视点 B 或第三个已知点的测量坐标与已知坐标，若误差在限差范围内，说明定向无误；若误差超过限差范围内，说明定向有误，需重新定向或检查已知点坐标数据的正确性。

（5）坐标测量：瞄准待测点 P，输入棱镜高，测量水平角、竖直角和距离，即可计算得到待测点 P 的三维坐标；按此步骤重复测量测站周围其他所有待测点。

（6）测后检核：本测站周围所有待测点测量完毕后，需再次按步骤（4）进行测站检核，如果无误，则该测站观测完毕；如果有误，则需要检查误差产生原因，并核对已测数据的正确性。

思 考 题

1．什么是真子午线方向？在实际测量中，如何确定真子午线方向？
2．磁子午线方向与真子午线方向有何区别？
3．坐标纵轴方向是如何定义的？它与真子午线或磁子午线有何关系？
4．方位角是如何定义的？它如何表示一条直线相对于某一起始方向的角度？
5．象限角与方位角有何不同？它们之间是否可以相互转换？
6．在哪些情况下，使用象限角比使用方位角更方便？
7．什么是正坐标方位角和反坐标方位角？它们之间有何关系？
8．什么是坐标正算？它如何根据已知点的坐标和方位角计算新点的坐标？坐标正算在实际应用中有哪些用途？
9．坐标反算与坐标正算有何不同？它如何根据两点的坐标计算它们之间的方位角和距离？在哪些情况下，需要使用坐标反算？
10．全站仪是如何实现坐标测量的？它结合了哪些测量原理和技术？
11．在使用全站仪进行坐标测量时，需要注意哪些操作要点？
12．在进行大型工程或地形测量时，全站仪相比其他测量设备有哪些优势？
13．已知 A 点的磁偏角 δ 为西偏 21'，过 A 点的真子午线与中央子午线之间的收敛角 γ 为 +3'，直线 AB 的坐标方位角 α_{AB} 为 64°21'，求 AB 的真方位角 A_{AB} 与磁方位角 M_{AB}，并绘图说明之。
14．支导线如图 5-7 所示，已知 α_{12} 为 65°，观测角值均标注在图上，试求 2—3 边的正坐标方位角及 3—4 边的反坐标方位角。

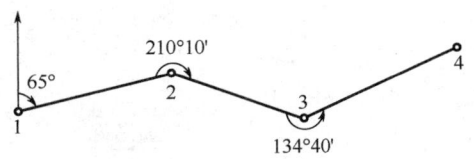

图 5-7 支导线坐标计算

15．已知 A(4523.146, 365.784)，B(3678.245, 247.876)，试计算 AB 边的水平距离及坐标方位角。

第 6 章 　全球导航卫星系统

内容提要

本章介绍了全球导航卫星系统（GNSS）的系统组成、定位原理、相对定位和差分定位及其应用。掌握 GNSS 组成与发展历程，了解空间部分、地面控制部分和用户部分的功能及作用；掌握坐标系统和时间系统等 GNSS 定位基础知识，熟悉 GNSS 卫星星历和卫星信号的特点；掌握伪距定位和载波相位定位的基本原理，以及定位过程中可能产生的误差来源；理解单站差分 GNSS 和多站差分 GNSS，以及实时动态差分定位（RTK）技术等差分定位的概念。难点在于载波相位定位与误差分析，载波相位定位实现过程相对复杂，如何准确分析并消除这些误差，是实现高精度载波相位定位的关键。

6.1 　GNSS 的组成与发展历程

卫星定位与导航作为最重要的定位技术之一，极大地推动了测绘与地理空间信息学的发展，并促使该学科从地学研究和工程建设领域走向公众服务领域。随着万物互联时代的到来，人类对标准的空间信息服务的需求日益增大，卫星定位与导航技术则为这一需求提供了很好的解决方案，故而成为众多国家的空间和信息化基础设施。全球卫星定位与导航技术由 GNSS 和 GNSS 用户终端两部分物理实体组成。其中 GNSS 主要包括美国的 GPS、俄罗斯的 GLONASS、中国的北斗全球卫星导航系统以及欧盟的 Galileo 等，各系统或处于组网建设阶段，或正进行现代化升级，进展不一。

6.1.1 　GNSS 的定义

GNSS 的全称是全球导航卫星系统（Global Navigation Satellite Systems），它是泛指所有全球、区域和增强的卫星导航系统，利用覆盖全球的卫星系统实现导航与定位测量（见图 6-1）。目前全世界的 GNSS 中，美国的 GPS 和俄罗斯的 GLONASS 处于完全运行状态，可以提供全球定位服务。中国的北斗全球卫星导航系统已于 2020 年建成，该系统是中国自主建设运行的 GNSS，为全球用户提供全天候、全天时、高精度的定位、导航和授时服务。

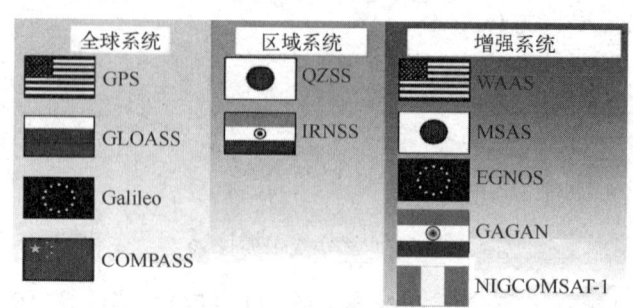

图 6-1 　GNSS 系统

6.1.2 GNSS 系统组成

GNSS 主要由三部分构成：地面控制部分、空间部分和用户部分。

1．地面控制部分

地面控制部分由主控站、监测站、地面天线和通信辅助系统（数据传输）组成，见图 6-2。主控站负责收集各个监测站的跟踪数据并计算卫星轨道和时钟参数，将计算结果通过地面天线发送给卫星。同时，主控站还负责管理、协调整个地面控制系统的工作，每个 GNSS 系统都设有数量不等的监测站，各监测站配备有精密的原子时间标准和可连续测定到所有可见卫星伪距的接收机，采用电离层和气象参数对测得的伪距进行改正后，生成具有一定时间间隔的数据并发送到主控站。在监测站的同址上安置有专用的地面天线，地面天线配置了将命令和数据发送到卫星并接收卫星的遥测数据和测距数据的设备，地面天线的所有操作都在主控站的控制下进行。

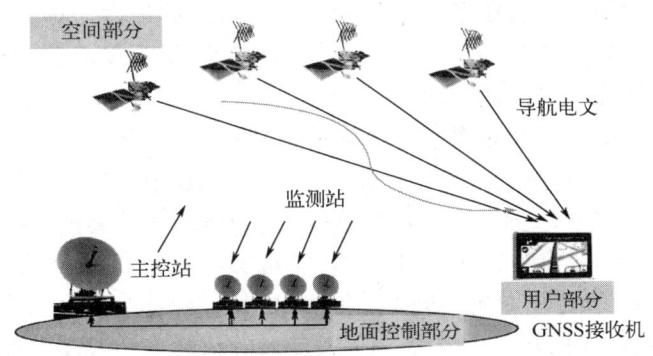

图 6-2 GNSS 的组成

2．空间部分

空间部分即空间卫星星座，GNSS 的空间卫星一般运行在距离地面 20000km 左右的太空，由 24～30 颗卫星组成星座，依据其结构设计分布在 3 个或 6 个轨道平面上，相邻轨道间的夹角相同。为保证系统的连续运行，一般在每个轨道上还需部署一颗备份卫星，一旦有卫星发生故障，则可以立即替代。

3．用户部分

用户部分即用户设备部分，也称导航信号接收机。其主要功能是能够捕获到卫星信号，并跟踪这些卫星的运行。当接收机捕获到跟踪的卫星信号后，即可测量出接收天线至卫星的伪距离和距离的变化率，解调出卫星轨道参数等数据。根据这些数据，接收机中的微处理计算机就可按定位解算方法进行定位计算，计算出用户所在地理位置的经纬度、高度、速度和时间等信息。

卫星信号接收机有各种类型，有用于航天、航空、航海的机载导航型接收机，也有用于测定精确位置的测量型接收机，也有普通大众使用的车载和手持型接收机。接收设备也可嵌入到其他设备中构成组合型导航定位设备，如导航手机、导航相机等。

6.1.3 GNSS 的发展历程

在人类探索与征服自然的历程中，导航技术始终扮演着至关重要的角色。从最初的简单指示到如今高精度的智能导航，它的进步不仅改变了我们的出行方式，更在一定程度上塑造了现代社会的面貌。导航的起源可以追溯到古代文明时期。那时，航海家和探险家们依靠天文现象如太阳、星星和风向来确定自己的位置和方向。随着文明的发展，人们开始利用更为精确的仪器，如指南针、天文钟和六分仪来提高导航的准确性。进入近代，随着科技的进步，传统导航技术得到了显著的提升。无线电导航技术的出现为航海和航空领域带来了革命性的变化，雷达和无线电导航台等设备的广泛应用，使得航行更加安全、准确。到了 20 世纪后半叶，卫星导航技术的出现更是将导航技术推向了新的高峰。

1. 子午卫星导航系统

1957 年 10 月，苏联第一颗人造卫星上天，在观测卫星的过程中，美国霍普斯金应用物理实验室的科学发现卫星运动会引起多普勒频移效应。经此启发，该实验室的科技人员提出了卫星导航的多普勒测量方法与概念。根据多普勒测量结果不仅能够确定卫星的运动速度，而且可以求出卫星与接收机之间的距离。

1958 年，美国为解决北极星核潜艇在深海航行和执行军事任务而需要精确定位的问题，开始研制军用导航卫星系统，命名为"子午仪计划"。从 1960 年 4 月到 1980 年初共发射 30 多颗卫星，其中第一颗是"子午仪 1B"，用来对导航卫星方案及其关键技术进行试验鉴定，并验证双频多普勒测速定位导航原理（见图6-3）。1963 年 12 月发射第一颗实用导航卫星"子午仪 5B-2"号；1964 年 6 月发射第一颗定型导航卫星"子午仪 5C-1"号，并交付海军使用；1967 年 7 月"子午仪"卫星导航系统组网实用并允许民用。1972 年开始执行"子午仪"改进计划（TIP），共发射 3 颗卫星，主要试验扰动补偿系统，大大提高了轨道预报精度。1981 年 5 月发射经过改进的实用型"子午仪"号卫星（NOVA），1996 年，子午仪卫星导航系统退出历史舞台。

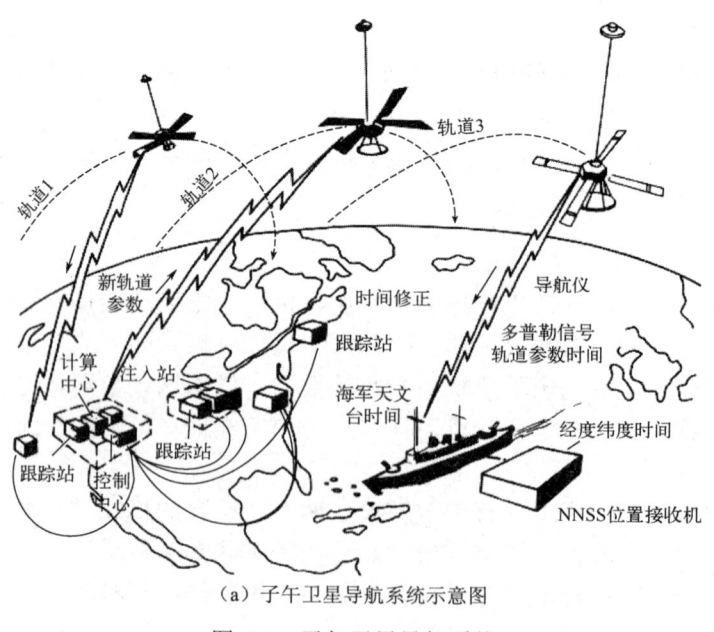

(a) 子午卫星导航系统示意图

图 6-3 子午卫星导航系统

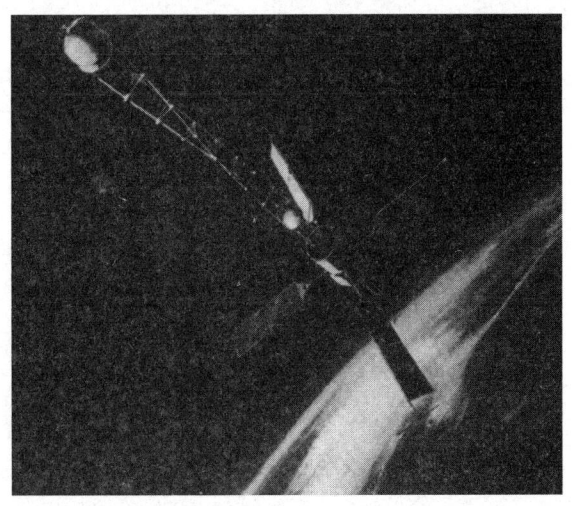

(b) 子午卫星示意图

图 6-3　子午卫星导航系统（续）

子午导航卫星系统是低轨道导航卫星，它集中了远程无线电导航台全球覆盖和近程无线电导航台定位精度高的优点，仅用 4 颗卫星组成的太空导航星座就能提供全天候全球导航覆盖和周期性二维（经纬度）定位能力，使全球用户统一于地心坐标系的高精度定位，使导航技术产生了革命性突破。在 20 世纪 70 年代中期，我国利用引进的多普勒接收机进行了西沙群岛的大地测量基准联测，国家测绘总局和总参测绘局联合测设了全国卫星多普勒大地网，极大促进了我国卫星导航和测绘事业发展。

2. GPS

全球定位系统（Global Positioning System，GPS）是美国从 20 世纪 70 年代开始研制，历时 20 年，耗资 200 亿美元，于 1994 年全面建成，具有在海、陆、空进行全方位实时三维导航与定位能力的新一代卫星导航与定位系统（图 6-4）。GPS 计划实施分为三个阶段。

方案论证和初步设计阶段：从 1973 年 12 月到 1978 年年底，共发射了 4 颗试验卫星，研制了地面接收机及建立地面跟踪网。

全面研制和试验阶段：从 1979—1987 年，又陆续发射了 7 颗试验卫星，研制了各种用途接收机，实验表明，GPS 定位精度远远超过设计标准。

实用组网阶段：1989 年 2 月 4 日，第一颗 GPS 工作卫星发射成功，表明 GPS 进入工程建设阶段。1993 年年底实用的 GPS 网即（21+3）GPS 星座已经建成，今后将根据计划更换失效的卫星。

GPS 的空间部分使用 24 颗且轨道高度约 2.02 万 km 的卫星组成卫星星座。21+3 颗卫星均为近圆形轨道，运行周期约为 11 小时 58 分，分布在六个轨道面上（每轨道面四颗），轨道倾角为 55°。卫星的分布使得在全球的任何地方、任何时间都可观测到四颗以上的卫星，并能保持良好定位解算精度的几何图形（DOP）。经过近 30 年的实践证明，GPS 是一个高精度、全天候和全球性的导航、定位和授时的多功能系统。GPS 技术已经发展成为多领域、多模式、多用途和多机型的高新技术国际性产业，已遍及国民经济各种部门，并广泛深入人们的日常生活。

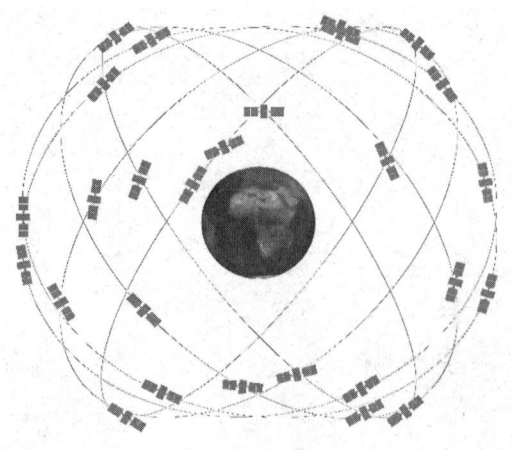

（a）GPS 卫星星座示意图

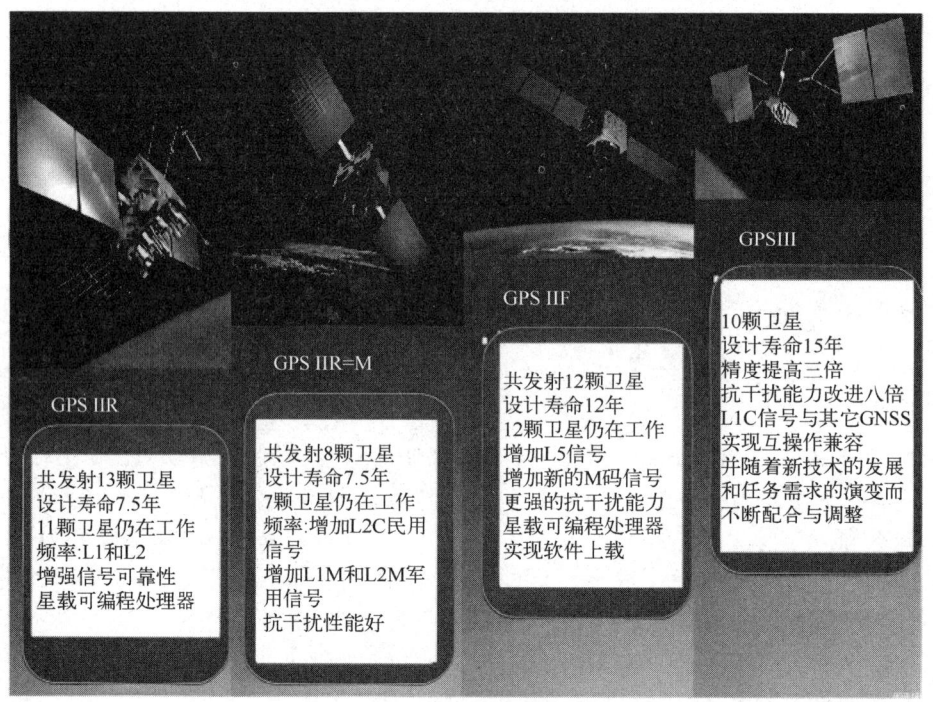

（b）不同的 GPS 卫星及其功能简介

图 6-4　GPS 卫星星座及其卫星示意图

3. GLONASS

GLONASS（Global Navigation Satellite System）是前苏联从 20 世纪 80 年代初开始建设的与美国 GPS 类似的卫星定位系统，也由卫星星座、地面监测控制站和用户设备等三部分组成，现由俄罗斯空间局管理。GLONASS 的卫星星座由 24 颗卫星组成，均匀分布在 3 个近圆形的轨道平面上，每个轨道面有 8 颗卫星，轨道高度为 19100km，运行周期为 11 小时 15 分，轨道倾角为 64.8°。

目前，GLONASS 将其星基增强系统（SDCM，差分改正监测系统）纳入体系，该系统共有 3 颗地球静止轨道（GEO）、27 颗中圆地球轨道（MEO）卫星在轨。GLONASS 的定位精度水平优于 5m，高程优于 9m，与其他系统定位精度相当。考虑到各大系统卫星星座基本完备，PDOP 均值相当，扣除传输段和用户部分的误差因素，可知 GLONASS 的空间信号精度基本与其他全球系统相当。

4. 北斗全球卫星导航系统

20 世纪后期，中国开始探索适合中国国情的卫星导航系统发展道路，并逐步形成了三步走发展战略：

第一阶段：2000 年年底，建成北斗一号系统，向中国提供服务；

第二阶段：2012 年年底，建成北斗二号系统，向亚太地区提供服务；

第三阶段：2020 年，建成北斗三号系统，向全球提供服务。

与其他 GNSS 相比，北斗全球卫星导航系统提供定位、导航、授时和通信数据传输等功能，更好地满足了用户的多元化需求，包括面向全球范围提供卫星无线电导航服务（RNSS）、全球短报文通信（GSMC）和国际搜救（SAR）服务；在中国及周边地区提供星基增强（SBAS）、精密单点定位（PPP）和区域短报文通信（RSMC）服务。

北斗全球卫星导航系统现阶段在轨工作卫星星座由 5 颗 GEO 卫星、7 颗 IGSO 卫星和 21 颗 MEO 卫星组成，其中，5 颗 GEO 卫星（BDS-2G）、7 颗 IGSO 卫星（BDS-2I）和 3 颗 MEO 卫星（BDS-2M）是北斗二号卫星，18 颗 MEO 卫星（BDS-3M）是北斗三号卫星。BDS-3M 在提供 B1I 和 B3I 信号基础上，增加了 B1C 和 B2a 两个信号，星座分布如图 6-5 所示。

目前，北斗三号卫星空间信号精度均值为 0.41m。在当前星座条件下，B1I、B3I 信号的定位精度水平约为 3.60m，高程约为 6~60m，测速精度约为 0.05m/s，授时精度 9.8 ns（95%置信度），亚太地区精度提升约 30%；B1C、B2a 信号的定位精度水平约为 2.4m，高程约为 4.3m，测速精度约为 0.06m/s，授时精度为 19.9ns（95%置信度）。相对于美国 GPS、俄罗斯 GLONASS 等，北斗全球卫星导航系统的空间信号精度相当，定位、测速和授时能力都非常优异。相信，随着北斗卫星星座的逐步完善和入网卫星的进一步增加，北斗全球卫星导航系统的服务精度将进一步提升。

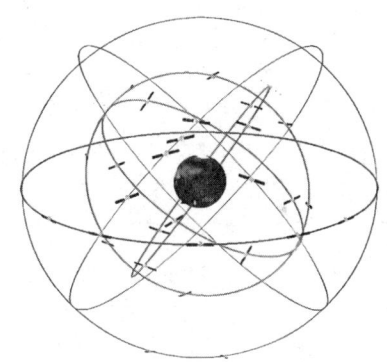

图 6-5 北斗全球卫星导航系统在轨工作卫星星座

5. Galileo

欧洲国家为了减少对美国 GPS 的依赖，同时也为了在未来的卫星导航定位市场上分一杯羹，决定发展自己的全球卫星导航定位系统。伽利略卫星导航系统 Galileo，是由欧盟研制和建立的全球卫星导航定位系统，该计划于 1999 年 2 月由欧洲委员会公布，欧洲委员会和欧空局共同负责。经过长达 3 年的论证，2002 年 3 月，欧盟 15 国交通部长会议一致决定，启动"伽利略"导航卫星计划。Galileo 由轨道高度为 23616km 的 30 颗卫星组成，其中 27 颗工作星和 3 颗备份星位于 3 个倾角为 56°的轨道平面内。截至 2016 年 12 月，该系统已经发射了 18 颗工作卫星，具备了早期操作能力（EOC），并在 2019 年具备完全操作能力（FOC）。全部 30 颗卫星（调整为 24 颗工作卫星和 6 颗备份卫星）于 2020 年发射完毕。

2023年1月27日，欧空局在第15届欧洲太空会议上宣布，经过工程师在ESTEC技术中心几个月的测试，由28颗卫星组成的Galileo，其高精度定位服务（HAS）已启用，水平和垂直导航精度分别可达到20cm和40cm。这也代表着欧洲的Galileo（包括28颗卫星和一个全球地面系统）已经成为世界上最精确的卫星导航系统，已经服务于全球超过三十亿用户。

6.1.4 GNSS的新进展

截至2020年，随着北斗全球卫星导航系统、Galileo的部署完成，全球导航卫星领域已经呈现了GPS、GLONASS、Galileo与北斗全球卫星导航系统并存的局面，表6-1为主要GNSS的参数对比表。而在局部区域，日本的QZSS以及印度的IRNSS的力量也不可忽视。这些系统在为卫星导航用户提供更多选择的同时，"一家独大"的局面也将发生重大改变，多系统共存将使更多的用户受益。

表6-1 主要GNSS的参数对比表

星座	北斗全球卫星导航系统	GPS	GLONASS	Galileo
国家	中国	美国	俄罗斯	欧盟
轨道构型	地球同步静止轨道（GEO） 倾斜地球同步轨道（IGSO） 中地球轨道（MEO）	中地球轨道（MEO）平面	中地球轨道（MEO）平面	中地球轨道（MEO）平面
在轨卫星数量	51	34	27	26
所在频段标签	B1 B2 B3	L1 L2 L5	G1 G2	E1 E5 E6
编码方式	CDMA	CDMA	CDMA & FDMA	CDMA
框架结构	CGCS2000	WGS-84	PZ90	GTRF
定位精度	10m（全球） 5m（亚太地区） 1m（军事领域）	10 m	10 m	3 m
测量精度	0.2m/s（全球） 0.1m/s（亚太地区）	0.2 m/s	0.2 m/s	0.2 m/s
授时精度	20 ns（全球）10 ns（亚太地区）	20 ns	20 ns	20 ns

在交通领域，GNSS在车辆导航、交通监控等方面具有广泛应用。通过接收GNSS信号，车辆可以精确导航，避免拥堵和迷路。此外，交通监控系统也可以利用GNSS实时监测车辆位置，提供更准确的交通信息。军事领域对GNSS的需求也十分重要。军用导航系统需要具备高度的安全性和精确性，以确保军事行动的顺利进行。GNSS不仅可以提供战斗部队的定位和导航信息，还可以用于制导导弹和无人机等军事设备。在地理信息领域，GNSS为地理数据采集和GIS（地理信息系统）提供了强大的支持。通过将GNSS与地理信息系统结合，可以实现地理数据的高精度采集和精确定位，这对于土地测量、环境监测、城市规划等方面具有重要意义。

未来，随着网络技术、通信技术和空间信息技术的不断发展，GNSS将迎来更广阔的应用前景。例如，随着车联网和自动驾驶技术的兴起，GNSS将成为实现智能交通的重要支撑。此外，随着卫星导航技术的进一步发展，GNSS的定位精度将会进一步提高，为各个领域的应用提供更加精确的定位和导航功能。

6.2 GNSS 定位的基础

6.2.1 坐标系统和时间系统

1. 坐标系统

GNSS 的最基本任务是确定用户在空间的位置。而所谓用户的位置，实际上是指该用户在特定坐标系的位置坐标。位置是相对于参考坐标系而言的，为此，首先要设立适当的坐标系。一般来说，坐标系统由原点位置、3 个坐标轴的指向和尺度所定义。根据坐标轴指向的不同，可划分为两大类坐标系：天球坐标系和地球坐标系。

（1）天球坐标系

天球空间直角坐标系定义为地球质心 O 为坐标原点，Z 轴指向天球北极，X 轴指向春分点，Y 轴垂直于 XOZ 平面，与 X 轴和 Z 轴构成右手坐标系。则在此坐标系下，空间点的位置由坐标(X, Y, Z)来描述。

天球球面坐标系定义为地球质心 O 为坐标原点，春分点轴与天轴所在平面为天球经度（赤经）测量基准—基准子午面，赤道为天球纬度测量基准而建立球面坐标。空间点的位置在天球坐标系下的表述为(γ, α, δ)。天球空间直角坐标系与天球球面坐标系的关系可用图 6-6（a）表示。

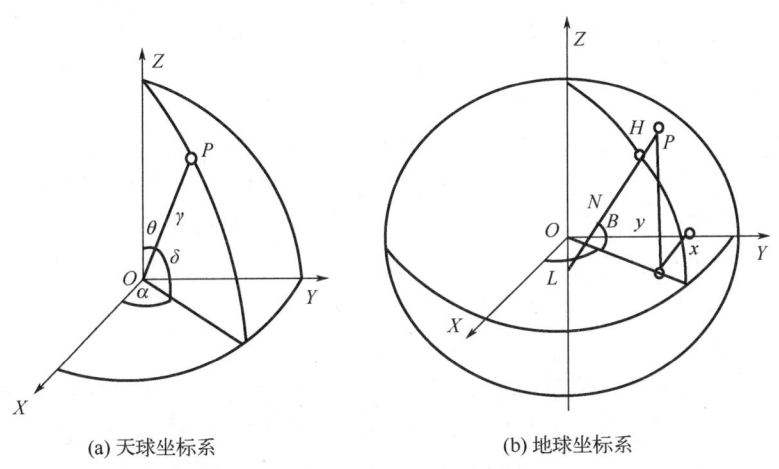

图 6-6 天球和地球坐标系示意图

（2）地球坐标系

地球直角坐标系的定义是：原点 O 与地球质心重合，Z 轴指向地球北极，X 轴指向地球赤道面与格林尼治子午圈的交点，Y 轴在赤道平面里与 XOZ 构成右手坐标系。地球大地坐标系的定义是：地球椭球的中心与地球质心重合，椭球的短轴与地球自转轴重合。空间点位置在该坐标系中表述为(L, B, H)。地球直角坐标系和地球大地坐标系可用图 6-6（b）表示。

（3）WGS-84 坐标系

WGS-84 坐标系是美国为 GPS 使用而建立的坐标系统。WGS-84 坐标系的原点在地球质心，Z 轴指向 BIH1984.0（BIH 为国际时间局）定义的协定地球极（CTP）方向，X 轴指向

BIH1984.0 的零度子午面和 CTP 赤道的交点，Y 轴和 Z、X 轴构成右手坐标系。

WGS-84 坐标系采用的椭球是国际大地测量与地球物理联合会第 17 届大会大地测量常数推荐值，其四个基本参数如下：

长半径：$a=6378137\pm2$（m）；

地球引力常数：$GM=3986005\times10^8 m^3 \cdot s^{-2} \pm 0.6\times10^8 m^3 \cdot s^{-2}$；

正常化二阶带谐系数：$J_2=108263\times10^{-8}$

$C_{20}=-484.16685\times10^{-6}\pm1.3\times10^{-9}$；

地球自转角速度：$\omega=7292115\times10^{-11} rad \cdot s^{-1} \pm 0.150\times10^{-11} rad \cdot s^{-1}$

（4）CGCS2000 坐标系

CGCS2000 即中国 2000 国家大地坐标系，属于地心大地坐标系统。该系统是通过综合利用中国 GNSS 连续运行基准站、空间大地控制网以及天文大地网的数据进行联合平差而建立的，以 ITRF 97 为参考框架，并以 2000.0 作为参考历元。在 CGCS2000 坐标系中，原点为地球的质量中心，Z 轴指向 IERS 参考极，X 轴则位于 IERS 参考子午面与通过原点且与 Z 轴正交的赤道面的交线上，Y 轴和 Z、X 轴构成右手坐标系。

与 WGS-84 坐标系相比，CGCS2000 坐标系在定义上与之非常相似，包括原点、尺度和定向。尽管两者采用的参考椭球极为接近，但在扁率上的差异会导致椭球面上的纬度和高度产生微小的变化，最大可达 0.1mm。在当前的测量精度范围内，两者可以视为相容至厘米级。此外，CGCS2000 坐标系提供的是 2000.0 历元下的瞬时坐标，而 WGS-84 坐标系则是观测历元下的动态坐标。通过历元和框架转换，两者之间的坐标可以进行换算。

2．时间系统

时间系统包括时刻（绝对时间）与时间间隔（相对时间）两个概念。测量时间同样需要建立测量基准，即时间的单位（尺度）和原点（起始历元）。作为时间基准的运动现象必须是周期性的，且其周期应有复现性和足够的稳定性。根据作为时间基准的不同，常用的时间系统有以下几类：一是世界时系统；二是原子时系统；三是地球质心力学时系统；四是协调世界时系统；五是 GPS 时间系统，六是北斗时间系统。

（1）世界时系统

世界时系统是以地球自转为基础的时间系统。由于在观察地球自转时，所选空间参考点的不同，世界时系统又包括恒星时（ST）、平太阳时（MT）和世界时（UT）。

由春分点的周日视运动确定的时间称为恒星时。春分点连续两次经过本地子午线的时间间隔为一恒星日，含 24 个恒星小时。在岁差和章动的影响下，春分点分为真春分点和平春分点，相应的恒星时也分为真恒星时和平恒星时。恒星时具有地方性。

因地球绕太阳公转的轨道为一椭圆，所以太阳视运动的速度是不均匀的。以真太阳周年视运动的平均速度确定一个假想的太阳，且其在天球赤道上做周年视运动，称为平太阳。以平太阳连续两次经过本地子午圈的时间间隔为一个平太阳日，含 24 个平太阳小时。与恒星时一样，平太阳时也具有地方性，故常称为地方平太阳时或地方平时。

世界时是以子夜零时起算的格林尼治平太阳时，如以 GAMT 表示平太阳相对于格林尼治子午圈的时角。世界时与平太阳时的尺度相同，起点不同。

(2) 原子时系统

随着科技的发展，人们对时间稳定度的要求不断提高。以地球自转为基础的世界时系统已不能满足要求。为此，从 20 世纪 50 年代起，便建立了以原子能级间的跃迁特征为基础的原子时系统。原子时秒长定义为：位于海平面上的铯原子基态两个超精细能级间，在零磁场中跃迁辐射振荡 9192631770 周所持续的时间，为一原子秒。原子时的起点定义为 1958 年 1 月 1 日零时的 UT2（事后发现 AT 比 UT2 慢 0.0039s）国际上用约 100 台原子钟推算统一的原子时系统，称为国际原子时系统（IAT）。原子时系统通过原子钟来守时和授时，国际原子时和 UT2 的关系为：

$$IAT = UT2 - 0.0039s \tag{6-1}$$

国际原子时的原点也由上式确定。

(3) 地球质心力学时（TT）系统

地球质心力学时是建立在国际原子时（IAT）基础之上的，其尺度和原子时的尺度一致，国际原子时（IAT）和地球质心力学时（TT）的严格定义如下：

$$TT = IAT + 32.184s \tag{6-2}$$

(4) 协调世界时（UTC）系统

由于地球自转速度长期变慢的趋势，近几十年来，世界时每年比原子时约慢 1s，两者之差逐年积累。为了避免发播的原子时与世界时之间产生过大的偏差，所以，从 1972 年便采用了一种以原子时秒长为基础，在时刻上尽量接近世界时的一种时间系统，这种时间系统称为协调世界时（UTC）系统，简称为协调时系统。协调时的秒长严格等于原子时的秒长，采用润秒（跳秒）的办法，使协调时与世界时的时刻相接近。当协调时与世界时的时刻差超过±0.9s 时，便在协调时中加入一润秒（正或负），润秒一般在 12 月 31 日或者 6 月 30 日末加入。具体日期由国际地球自转服务组织（IERS）通告。协调时与原子时之间的关系，由下式定义：

$$IAT = UTC + 1s \times n \tag{6-3}$$

其中，n 为调整参数，其值由 IERS 发布。

(5) GPS 时间系统（GPST）

GPS 时间系统是为精密导航和测量的需要建立的专用时间系统，由 GPS 主控站的原子钟控制，GPST 属于原子时系统，其秒长严格等于原子时的秒长，但 GPST 与国际原子时有不同的原点，GPST 与 IAT 在任何一个瞬间有一常量偏差，其关系为：

$$IAT = GPST + 19s \tag{6-4}$$

GPST 与协调时的时刻，规定于 1980 年 1 月 6 日 0 时相一致，其后，随着时间的积累两者之间的差别将表现为秒的整倍数。其关系为：

$$GPST = UTC + 1s \times n - 19s \tag{6-5}$$

n 值由国际地球自转服务组织公布。1987 年 $n=23$，GPST 比协调世界时快 4s，即 GPST=UTC+4s，2005 年 12 月，$n=32$，2006 年 1 月，$n=33$，所以，2006 年 1 月 GPST 与协调世界时的关系是：GPST=UTC+14s。

(6) 北斗时间系统（BDT）

BDT 是北斗全球卫星导航系统的时间基准，采用原子时作为基本单位，起始于 2006 年 1 月 1 日 UTC 零时零分零秒。BDT 与 UTC 之间的跳秒信息在卫星播放的导航电文中播报，由于存在闰秒的影响，BDT 与 GPST 之间存在 14s 的差异。

6.2.2 GNSS 卫星星历

1. 卫星运动轨道

GNSS 卫星在空间绕地球运行，除受地球引力作用外，还受到日、月和其他天体的引力影响，以及太阳光压、大气阻力和地球潮汐力等因素的影响（见表 6-2）。在各种作用力中，地球引力对卫星运行轨道的影响最大，其他作用力的影响相对要小得多。因此，卫星的实际运行轨道变得非常复杂，具有较大的不确定性，无法用简单而精确的数学模型描述。一般来说，首选把地球视为匀质椭球，匀质球体的引力称为中心力，决定了卫星运动的基本规律和特征，中心力作用下的卫星轨道称为无摄轨道，对应的参数称为无摄轨道参数（见图 6-7）。非中心力也称为摄动力，包括地球非球形对称的作用力、日、月和其他天体的引力影响，以及太阳光压、大气阻力和地球潮汐力等。摄动力的作用使卫星的运动产生小的附加变化，摄动力的作用下卫星的运动称为受摄运动，轨道称为受摄轨道。

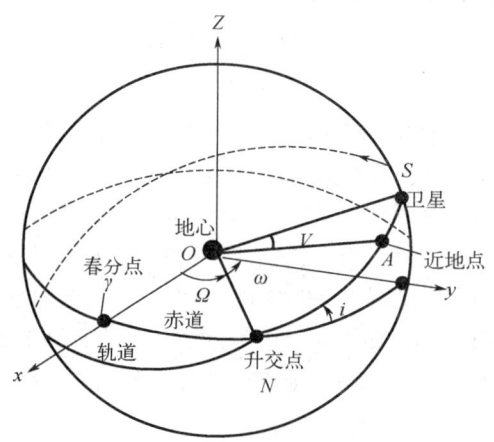

图 6-7 无摄运动轨道参数示意图

对于卫星精密定位来说，在只考虑地球质心引力情况下计算卫星的运动状态（即研究二体问题）是不能满足精度要求的，必须考虑地球引力场摄动力、日月摄动力、大气阻力、光压摄动力、潮汐摄动力对卫星运动状态的影响。考虑了摄动力作用的卫星运动称为卫星的受摄运动。在考虑了摄动力的作用后，卫星的受摄运动的轨道参数不再保持为常数，而是随时间变化的轨道参数。卫星在地球质心引力和各种摄动力总的影响下的轨道参数称为瞬时轨道参数。卫星运动的真实轨道称为卫星的摄动轨道或瞬时轨道。瞬时轨道不是椭圆，轨道平面在空间的方向也不是固定不变的。

表 6-2 卫星运动轨道

	作用在卫星上的力	卫星轨道	轨道理论
	地球引力（1）：地球正球（质点）的引力	人卫正常轨道	人卫正常轨道理论（二体问题）
摄动力	地球引力（2）：形状摄动力 日、月引力 大气阻力 光压力 其他作用力	轨道摄动	人卫正常摄动理论
	总和	人卫真实轨道	人卫轨道理论

2. 卫星星历

卫星星历是描述卫星运动轨道的信息，也可以说卫星星历就是一组对应某一时刻的轨道参数及其变化率。GNSS 卫星星历分为预报星历和后处理星历。

（1）预报星历

预报星历又叫广播星历，通常包括相对某一参考历元的开普勒轨道根数和必要的轨道摄动改正项参数（见图 6-8）。为了保持卫星预报星历的必要精度，一般采用限制预报星历外推时间间隔的方法。为此，GNSS 跟踪站每天都利用其观测资料，更新用以确定卫星参考星历的数据，以计算每天卫星轨道参数的更新值，并且每天按时将其注入相应的卫星加以储存，以更新卫星的参考轨道之用。因此，GNSS 卫星发射的广播星历，每小时更新一次，以供用户使用。预报星历的精度一般约为 20～40m。

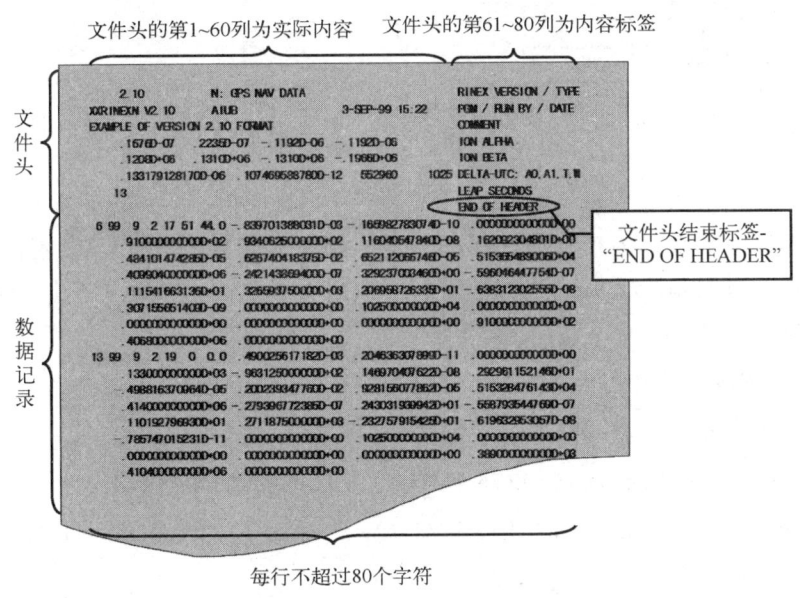

图 6-8 GPS 导航电文的文件结构

（2）后处理星历

由于 GNSS 卫星的预报星历是根据跟踪站前一段时间的观测资料外推的参考轨道参数，并加入轨道的摄动改正后得到的外推星历。因此，广播星历包含外推误差，其精度必然受到限制，不能满足某些从事精密定位工作的用户要求。后处理星历也称为精度星历，是根据地面跟踪站所获得的精密观测资料计算而得到的星历，它是一种不包含外推误差的实测星历，可为用户提供观测时刻的卫星精密星历，其精度可达米级。这种星历不是通过 GNSS 卫星的导航电文向用户传递，而是一些国家某些部门，根据各自建立的卫星跟踪站所获得的对 GNSS 卫星的精密观测资料。

6.2.3 GNSS 卫星信号

GNSS 卫星信号包含有三种信号分量，即载波、测距码和数据码。测距码和数据码先调制到载波上，然后卫星将调制到载波的信号播发出去。在这三种分量中，载波和测距码用于测量卫星到地面接收机之间的距离，数据码则提供计算卫星坐标所需的参数，最终由卫星坐标和卫星到地面间的距离求得地面点的坐标（见图 6-9）。

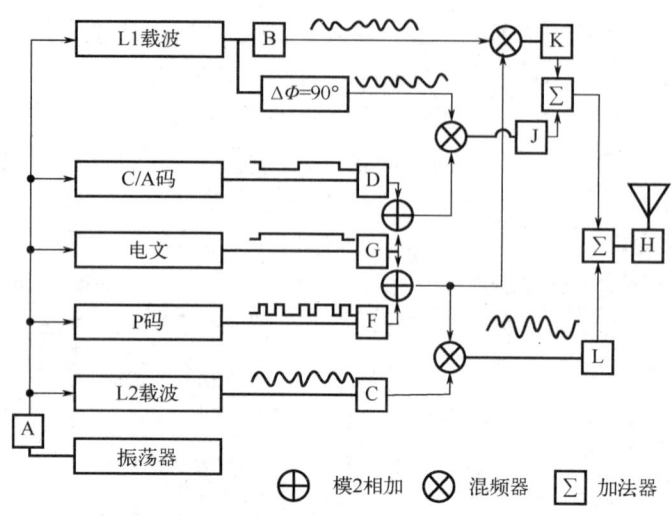

图 6-9　GPS 卫星信号示意图

（1）载波

在无线电通信技术中，为了有效地传播信息，都是将频率较低的信号加载在频率较高的载波上，此过程称为调制。然后载波携带着有用信号传送出去，到达用户接收机。GPS 定位系统使用 3 种载波：

L1 载波：$f_{L1}=154 \times f_0=1575.42$MHz，波长：$\lambda_1=19.032$cm

L2 载波：$f_{L2}=120 \times f_0=1227.6$MHz，波长：$\lambda_2=24.42$cm

L5 载波：$f_{L5}=115 \times f_0=1176.4$MHz，波长：$\lambda_5=25.48$cm

其中，f_0 原子钟的基准时钟频率（$f_0 = 10.23$ MHz）。选择这 3 个载波的目的是测量或消除掉由电离层而引起的延迟误差。

（2）测距码

码是用以表达某种信息的二进制数的组合，是一组二进制的数码序列，而这一序列又可以表达成以 0 和 1 为幅度的时间的函数。假设一组码序列 $u(t)$，对某一时刻来说，码元是 0 或 1 完全是随机的，但其出现的概率均为 1/2。这种码元幅度的取值完全无规律的码序列，通常称为随机码序列，也称为随机噪声码序列。它是一种非周期序列，无法复制。随机码的特性是其自相关性好，有利于提高 GPS 卫星码信号测距的精度。

C/A 码是伪随机噪声码中的一种，用于粗测距和捕获 GPS 卫星信号的伪随机码。它是由两个 10 级反馈移位寄存器构成的 G 码产生的。C/A 码的码长很短，易于捕获。在 GPS 导航和定位中，为了捕获 C/A 码以测定卫星信号传播的时延，通常需要对 C/A 码逐个进行搜索。因为 C/A 码总共只有 1023 个码元，所以若以每秒 50 码元的速度搜索，只需要约 20.5 秒便可达到目的。由于 C/A 码易于捕获，而且通过捕获的 C/A 码所提供的信息，又可以方便地捕获 GPS 的 P 码。所以通常 C/A 也称为捕获码。此外，C/A 码的码元宽度较大。假设两个序列的码元对齐误差为码元宽度的 1/10～1/100，则这时相应的测距误差可达 29.3m～2.9m。由于其精度较低，所以 C/A 码也称为粗码。

P 码是卫星的精测码，频率为 10.23MHz。它是由两个伪随机码 PN1(t)和 PN2(t)的乘积得到的。由于 P 码的码元宽度为 C/A 码的 1/10，这时若取码元的对齐精度仍为码元宽度的 1/10～1/100，则由此引起的相应距离误差约为 2.93～0.29m，仅为 C/A 码的 1/10。所以 P 码可用于较精密的导航和定位，故通常也称之为精码。

（3）导航电文

GPS 卫星的导航电文（简称卫星电文），就是包含了有关卫星的星历、卫星工作状态、时间系统、卫星钟运行状态、轨道摄动改正、大气折射改正以及由 C/A 码捕获码等导航信息的数据码（或 D 码）。它分为预报星历和精密星历，是用户用来定位和导航的数据基础。它的基本单位是长 1500 bit 的一个主帧（见图 6-10），传输速率是 50 bit/s，30 秒传送完毕一个主帧。一个主帧包括 5 个子帧，第 1、2、3 子帧每 30 秒重复一次，内容每小时更新一次。第 4、5 子帧的全部信息则需要 750 秒才能够传送完。即第 4、5 子帧是 12.5 分钟播完一次，然后再重复之，其内容仅在卫星注入新的导航数据后才得以更新。

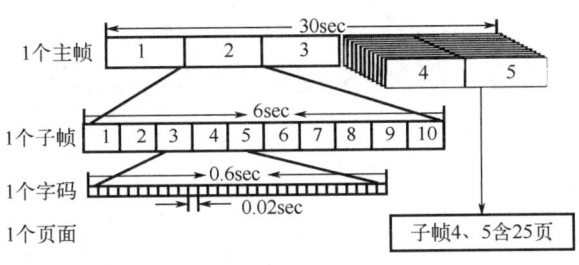

图 6-10 GPS 导航电文的基本结构

6.2.4 GNSS 接收机

GNSS 接收机是接收 GNSS 卫星信号并确定地面空间位置的仪器。GNSS 卫星发送的导航定位信号是一种可供无数用户共享的信息资源。对于陆地、海洋和空间的广大用户，需要拥有能够接收、跟踪、变换和测量 GNSS 信号的接收设备，即 GNSS 信号接收机，常见的 GNSS 接收机见图 6-11。

1. GNSS 接收机按用途分类

导航型接收机：主要用于运动载体的导航，可以实时给出载体的位置和速度。这类接收机一般采用 C/A 码伪距测量，单点实时定位精度较低，一般为±25m。根据应用领域的不同，此类接收机还可以进一步分为车载型、航海型、航空型和星载型。

测地型接收机：主要用于精密大地测量和精密工程测量。这类仪器主要采用载波相位观测值进行相对定位，精度高，仪器结构复杂，价格较贵。

授时型接收机：主要利用 GNSS 卫星提供的高精度时间标准进行授时，常用于天文台及无线电通信中时间同步。

2. GNSS 接收机按波频率分类

单频接收机：只能接收 L1 载波信号，测定载波相位观测值进行定位。由于不能有效消除电离层延迟影响，单频接收机只适用于短基线的精密定位。

双频接收机：可以同时接收 L1 和 L2 载波信号。利用双频对电离层延迟的不同可以消除电离层对电磁波信号的延迟影响，因此双频接收机可用于长达几千千米的精密定位。

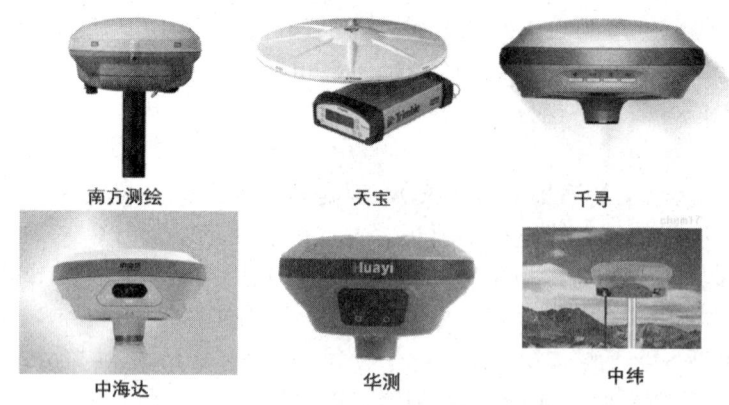

图 6-11 常见的 GNSS 接收机

6.3 GNSS 定位的基本原理

6.3.1 GNSS 定位概述

在 GNSS 定位中，GNSS 卫星是高速运动的卫星，其坐标值随时间在快速变化。因此需要实时地由 GNSS 卫星信号测量出观测站至卫星的距离，并实时接收卫星的导航电文解算出卫星的坐标值，并进行观测站的定位。依据测距的原理不同，GNSS 定位分为伪距定位、载波相位测量定位以及差分 GNSS 定位等。

对于待定点来说，根据其运动状态可以将 GNSS 定位分为静态定位和动态定位。静态定位是将 GNSS 接收机安置于固定不动的待定点，观测数分钟乃至更长时间，以确定该点的三维坐标，又叫绝对定位。静态定位是通过单台接收机定位，观测简单，可实现瞬时定位，但是定位精度主要受系统性偏差的影响，定位精度低，主要应用在资源普查和导航领域。若以两台 GNSS 接收机分别置于两个固定不变的待定点上，则通过一定时间的观测，可以确定两个待定点之间的相对位置，又叫相对定位。相对定位的定位精度高，但是需要多台接收机共同作业，作业过程和数据处理复杂，且不能直接获取待定点的绝对坐标，主要应用在高精度测量与导航领域。

GNSS 定位的基本原理是卫星不间断地发送自身的星历参数和时间参数，GNSS 接收机在某一时刻同时接收四颗以上的 GNSS 卫星信号，测量出观测站（接收机天线中心）P 至四颗以上 GNSS 卫星的距离并解算出该时刻 GNSS 卫星空间坐标，利用距离交会法解算出观测站 P 点的绝对位置（见图 6-12）。

如图 6-12 所示，设在时刻 t_i 在观测站 P 用接收机同时测得 P 点与四颗 GNSS 卫星 S_1、S_2、S_3、S_4 的距离 ρ_1、ρ_2、ρ_3、ρ_4，通过 GNSS 电文解译出该时刻四颗 GNSS 卫星的三维坐标分别为 (X^j, Y^j, Z^j)，$j=1,2,3,4$。用距离交会原理求解 P 点的三维坐标 (X, Y, Z) 的观测值方程为：

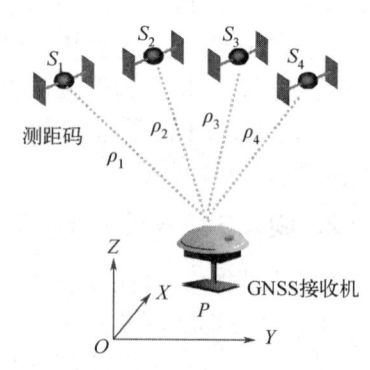

图 6-12 GNSS 卫星定位原理示意图

$$\begin{cases} \rho_1 = \sqrt{(X-X^1)^2+(Y-Y^1)^2+(Z-Z^1)^2}+c\cdot\delta_{t_1} \\ \rho_2 = \sqrt{(X-X^2)^2+(Y-Y^2)^2+(Z-Z^2)^2}+c\cdot\delta_{t_2} \\ \rho_3 = \sqrt{(X-X^3)^2+(Y-Y^1)^2+(Z-Z^3)^2}+c\cdot\delta_{t_3} \\ \rho_4 = \sqrt{(X-X^4)^2+(Y-Y^4)^2+(Z-Z^4)^2}+c\cdot\delta_{t_4} \end{cases} \quad (6\text{-}6)$$

其中，c 为光速，δ_{t_i} 为卫星的钟差。

6.3.2 伪距定位

利用伪距码进行伪距测量是 GNSS 的基本测距方法。伪距法定位是由 GNSS 接收机在某时刻测出测站到四颗以上 GNSS 卫星的伪距以及已知的卫星位置，采用距离交会的方法求定接收机天线所在点的三维坐标。所测伪距就是由卫星发射的测距码信号到达 GNSS 接收机的传播时间乘以光速所得到的量测距离。此方法既能用于静态定位，又适用于动态定位。由于存在卫星钟、接收机钟、电离层误差等，实际测出的距离 p' 与卫星到接收机的几何距离 p 有一定差值，该距离一般称为伪距。用 C/A 码测量的伪距称为 C/A 码伪距（定位误差为 20～30 米），用 P 码测量的伪距为 P 码伪距（定位误差约为 10 米）。

伪距测量的基本方程为：

$$\begin{cases} \tau' = \tau + \Delta t + nT \\ p' = p + c\Delta t + n\lambda \end{cases} \quad (6\text{-}7)$$

式中，p' 为伪距测量值，p 为卫星至接收机的几何距离，T 为测距码的周期，$\lambda = c \times T$ 为相应测距码的波长，$n=0, 1, 2, \cdots$ 是正整数，c 为信号传播速度。τ' 为延迟时间，τ 为卫星信号从卫星传播到接收机所用的时间，Δt 为接收机与卫星钟的钟差。

若已知待测距离小于测距码的波长，则 $n=0$，且

$$p' = p + c\Delta t \quad (6\text{-}8)$$

钟差 Δt 里包含了接收机钟差 δt_k 与卫星钟差 δt^j，所以 $\Delta t = -\delta t_k + \delta t^j$，若再考虑电离层延迟和大气对流层延迟，式（6-8）改写为

$$p = p' + \delta p_1 + \delta p_2 + c\delta t_k - c\delta t^j \quad (6\text{-}9)$$

电离层和对流层改正项可以建立一定模型进行计算，卫星钟差可以从导航电文中读取。几何距离 p 与卫星坐标 X, Y, Z 与接收机坐标 (x, y, z) 之间的关系可由下式表示：

$$p^2 = (X-x)^2 + (Y-y)^2 + (Z-z)^2 \quad (6\text{-}10)$$

6.3.3 载波相位定位

载波相位测量的观测值是 GNSS 接收机所接收的卫星载波信号与接收机产生的参考信号的相位差。以 $\phi_k^j(t_k)$ 表示 k 接收机在接收机钟面时刻 t_k 时所接收到的 j 卫星载波信号的相位观测值，$\phi_k(t_k)$ 表示 k 接收机在钟面时刻 t_k 时所产生的本地参考信号的相位值，则 k 接收机在接收机钟面时刻 t_k 时观测 j 卫星所取得的相位观测量可写为

$$\varphi_k^j(t_k) = \phi_k(t_k) - \phi_k^j(t_k) \quad (6\text{-}11)$$

图 6-13 为载波相位测量原理图,在初始 t_0 时刻,测得小于一周的相位差为 $\Delta\phi_i^j(t_0)$,其整周未知数为 $N_i^j(t_0)$,此时包含整周数的相位观测值应为

$$\varphi_i^j(t) = \Delta\phi_i^j(t_0) + N_i^j(t_0) = \phi_i^j(t_0) - \phi_i(t_0) + N_i^j(t_0) \quad (6\text{-}12)$$

接收机继续跟踪卫星信号,不断测定小于一周的相位差 $\Delta\phi_i^j(t)$,并利用整波计数器记录从 t_0 到 t 时间内整周数变化量 $N_i^j(t-t_0)$,即 $\text{Int}(\phi)$,只要卫星从 t_0 到 t 之间信号没有中断,则初始时刻整周模糊度 $N_i^j(t_0)$ 就为一常数,这样,任意时刻 t,卫星到 i 接收机的相位差为

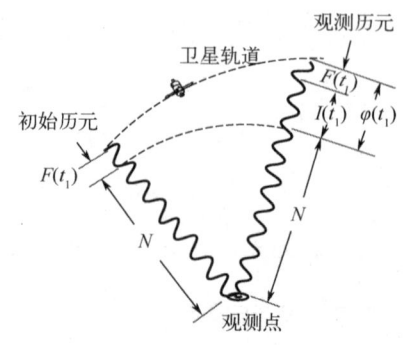

图 6-13 载波相位测量示意图

$$\varphi_i^j(t) = \Delta\phi_i^j(t) + N_i^j(t_0) + \text{Int}\phi \quad (6\text{-}13)$$

6.3.4 GNSS 定位误差

GNSS 测量时通过接收设备接收卫星发送的信息确定地面点的三维坐标。观测误差会导致测量结果出现偏差(见图 6-14(a))。根据 GNSS 卫星信号的传递过程,测量误差主要来源于 GNSS 卫星、卫星信号的传播过程和地面接收设备,如图 6-14(b)所示。

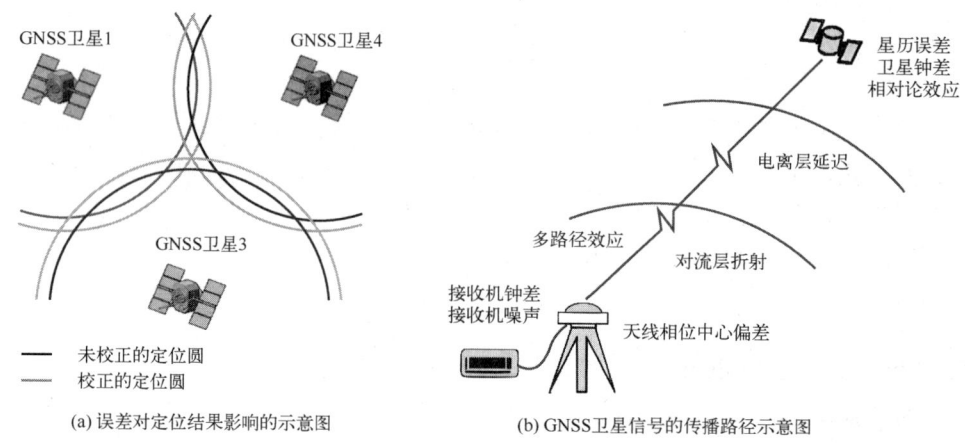

(a) 误差对定位结果影响的示意图　　　　(b) GNSS 卫星信号的传播路径示意图

图 6-14　GNSS 卫星信号的误差及其传播过程

1. 与卫星有关的误差

（1）卫星钟差

卫星钟差是由于在定位中,无论是码相位观测或是载波相位观测,均要求卫星钟与接收机时钟保持严格的同步。实际上,尽管卫星均设有高精度的原子钟铷钟和铯钟,但是它们与理想的时间之间仍存在着难以避免的偏差和漂移。这种偏差的总量约在 1 ms 以内。

（2）卫星轨道误差

卫星在运行中要受到多种摄动力的复杂影响,而通过地面观测站难以充分可靠地测定这作用力,并掌握它们的作用规律。目前,卫星轨道信息是通过导航电文得到的。换句话说,卫星轨道误差是当前测量的主要误差来源之一。测量的基线长度越长,此项误差的影响就越大。

2. 与卫星信号传播有关的误差

（1）电离层折射的影响

与其他电磁波信号一样，当卫星信号通过电离层时，将受到这一介质弥散特性的影响，使其信号的传播路径发生变化。当卫星处于天顶方向时，电离层折射对信号传播路径的影响最小，接近地平线时，影响最大。

（2）对流层折射的影响

对流层折射对观测值的影响，可分为干分量与湿分量。干分量主要与大气的温度与压力有关，而湿分量主要与信号传播路径上的大气湿度有关。

（3）多路径效应影响

多路径效应也称多路径误差，指接收机天线除直接收到卫星发射的信号外，还可能收到经周围地物反射的卫星信号，信号叠加将会引起测量参考点相位中心点位置的变化，从而使观测量数据产生误差。这种误差随天线周围反射面的性质而异，难以人为控制。根据已有研究资料表明，在一般反射环境下，多路径效应对测码伪距的影响可达到米级，对测相伪距的影响可达到厘米级。

3. 接收设备有关的误差

（1）观测误差

观测误差包括观测的分辨误差以及接收机天线相对于测站点的安置误差等。观测的分辨误差是指由于测量设备或技术的限制，导致观测结果与实际值之间存在的微小差异。这种误差通常与测量设备的精度、信号强度、环境干扰等因素有关。由于观测的分辨误差属于偶然误差，可适当地增加观测量，将会明显地减弱其影响。接收机天线相对于观测站中心的安置误差，主要来自于天线的对中误差以及量取天线高时产生的误差，在精密定位操作工作中，必须认真仔细，以尽量减小这种误差的影响。

（2）接收机的钟差

尽管接收机装有高精度的石英钟，可以达到相当高的频率稳定度，但对载波相位观测的影响仍是不可忽视的。

（3）载波相位观测的整周未知数

载波相位观测是当前普遍采用的最精密的观测方法，由于接收机只能测定载波相位非整周的小数部分，而无法直接测定载波相位整周数，因而存在整周不定性问题。此外，在观测过程中，由于卫星信号从发生失锁到信号重新锁定这个过程，对载波相位非整周的小数部分并无影响，仍和失锁前保持一致，但整周数却发生中断而不再连续。

（4）天线的相位中心位置偏差

在定位中，观测值是以接收机天线相位中心位置为准的，因而天线的相位中心与其几何中心理论上应保持一致。实际上天线的相位中心位置随着信号输入的强度和方向不同而有所变化，对相对定位结果的影响，根据天线性能的优劣，可达数毫米至数厘米。所以对于精密相对定位而言，这种影响是不容忽视的。

4. 其他误差

GNSS 测量误差的影响因素除上述以外，还有地球自转、相对论效应的影响，卫星钟和接收机振荡器的随机误差、大气折射模型和卫星轨道摄动模型误差、地球潮汐以及信号传播的相对论效应等都会对 GNSS 的观测产生影响。随着对长距离定位精度要求的不断提高,研究这些误差来源并确定他们的影响规律具有重要的意义。

6.4 GNSS 相对定位原理

GNSS 绝对定位作业简单,易于快速地实现实时定位,但是由于定位过程中受到卫星星历误差、钟差及其信号传播误差的影响,其定位精度不高,难以满足高精度定位需要,因此限制了其应用范围。为了减少这些误差对观测精度的影响,多采用相对定位获取更高精度的定位结果。

6.4.1 GNSS 相对定位概述

在 GNSS 定位中,主要存在三部分误差:一是共有的误差,如卫星钟误差、星历误差等;二是传播延迟误差,如电离层误差、对流层误差等;三是各用户接收机所固有的误差,如内部噪声、通道延迟、多路径效应等。为了减少这些误差对观测精度的影响,多采用相对定位获取更高精度的定位结果。相对定位是一种在基线的两端分别安置 GNSS 接收机,通过同步观测相同的卫星并采集 GNSS 数据,经过数据处理以确定基线两端点的相对位置或基线向量(见图 6-15)。这种方法可以推广到多台 GNSS 接收机安置在若干条基线的端点,通过同步观测相同的 GNSS 卫星来确定多条基线向量。在相对定位中,至少一个观测站需要提供坐标值作为参考,并利用观测得到的基线向量求解其他各站点的坐标值。在相对定位中,两个或多个观测站同步观测同组卫星的情况下,卫星轨道误差、卫星钟差、接收机钟差以及大气层延迟误差,对观测量的影响具有一定相关性。利用这些观测量的不同组合,按照测站、卫星、历元三种要素来求差,可以大大削弱有关误差的影响,从而提高相对定位精度。根据定位过程中接收机所处的状态不同,相对定位可分为静态相对定位与动态相对定位(GNSS 差分定位)。

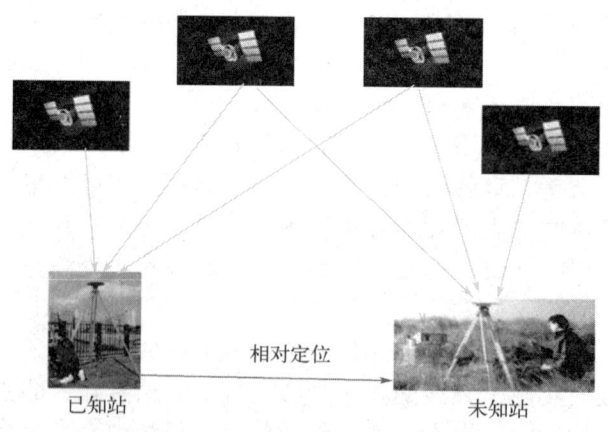

图 6-15 GNSS 相对定位原理

设置在基线两端点的 GNSS 接收机相对于周围的参照物固定不动,通过连续观测获得充分的多余观测数据并解算基线向量,称为静态相对定位。在静态相对定位中,一般采用载波相位观测值作为基本观测量,是当前 GNSS 定位中精度最高的一种方法。在载波相位数据处理中,为了可靠地确定载波相位的整周未知数,静态相对定位一般需要较长的观测时间(1~

3 小时），称为经典静态相对定位。

经典静态相对定位的效率较低，如何缩短观测时间，以提高作业效率便成为广大 GNSS 用户普遍关注的问题。理论与实践证明，在载波相位观测中，首要问题就是如何快速而精确地确定整周未知数。在整周未知数确定的情况下，随着观测时间的延长，相对定位的精度不会显著提高。因此提高定位效率的关键就是快速而可靠地确定整周未知数。

6.4.2 观测值的线性组合

假设安置在基线端点的 GNSS 接收机 T_1 和 T_2，相对于卫星（j 和 k）在历元（t_1 和 t_2）进行同步观测（见图 6-16），则可获得独立的载波相位观测量：

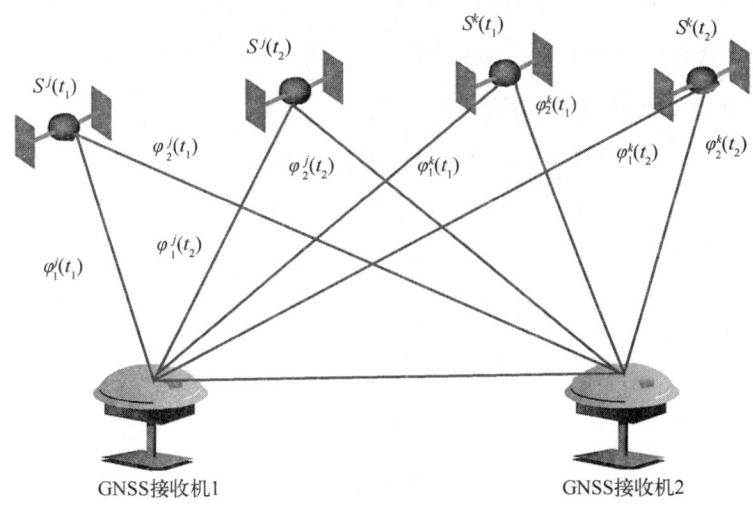

图 6-16 GNSS 相对定位的观测量示意图

在静态相对定位中，利用这些观测量的不同组合求差进行相对定位，可以有效地消除这些观测量中包含的相关误差，从而提高相对定位精度。目前常见的求差方式有三种：单差、双差和三差，具体介绍如下。

1. 单差

不同观测站同步观测同一颗卫星所得观测量之差。在 t_1 和 t_2 历元，观测站 1 和 2 对卫星 j 和 k 的四个单差观测量为

$$\Delta\varphi_{12}^{j}(t_1) = \varphi_1^{j}(t_1) - \varphi_2^{j}(t_1)$$

$$\Delta\varphi_{12}^{j}(t_2) = \varphi_1^{j}(t_2) - \varphi_2^{j}(t_2)$$

$$\Delta\varphi_{12}^{k}(t_1) = \varphi_1^{k}(t_1) - \varphi_2^{k}(t_1)$$

$$\Delta\varphi_{12}^{k}(t_2) = \varphi_1^{k}(t_2) - \varphi_2^{k}(t_2) \tag{6-14}$$

2. 双差

不同观测站同步观测同组卫星所得的观测量单差之差：

$$\nabla\Delta\varphi_{12}^{jk}(t_1) = \Delta\varphi_{12}^{j}(t_1) - \Delta\varphi_{12}^{k}(t_1)$$

$$\nabla\Delta\varphi_{12}^{jk}(t_2) = \Delta\varphi_{12}^{j}(t_2) - \Delta\varphi_{12}^{k}(t_2) \tag{6-15}$$

3. 三差

不同历元同步观测同组卫星所得的观测量双差之差：

$$\nabla\Delta\varphi_{12}^{jk}(t_1, t_2) = \nabla\Delta\varphi_{12}^{jk}(t_1) - \nabla\Delta\varphi_{12}^{jk}(t_2) \tag{6-16}$$

6.4.3 相对定位的观测方程

1. 单差观测方程

在 t 历元，观测站 i 对卫星 j 的载波相位观测方程为

$$\lambda\phi_i^j(t) = \rho_i^j(t) + c[\delta t_i(t) - \delta t^j(t)] - \lambda N_i^j(t_0) + \Delta_{i,Ip}^j(t) + \Delta_{i,T}^j(t) \tag{6-17}$$

将式（6-17）的载波相位观测方程应用于观测站 1 和 2，并代入式（6-16），可得：

$$\lambda\Delta\phi^j(t) = [\rho_2^j(t) - \rho_1^j(t)] + c[\delta t_2(t) - \delta t_1(t)] - \lambda[N_2^j(t) - N_1^j(t)] \\ + [\Delta_{2,I}^j(t) + \Delta_{2,T}^j(t)] - [\Delta_{1,I}^j(t) + \Delta_{1,T}^j(t)] \tag{6-18}$$

令：

$$\Delta t(t) = \delta t_2(t) - \delta t_2(t)$$

$$\Delta N^j = N_2^j(t) - N_1^j(t)$$

$$\Delta\Delta_I^j(t) = \Delta_{2,I}^j(t) + \Delta_{2,T}^j(t)$$

$$\Delta\Delta_T^j(t) = \Delta_{1,I}^j(t) + \Delta_{1,T}^j(t)$$

则单差观测方程可写为

$$\lambda\Delta\phi^j(t) = [\rho_2^j(t) - \rho_1^j(t)] + c\Delta t(t) - \lambda\Delta N^j + \Delta\Delta_I^j(t) + \Delta\Delta_T^j(t) \tag{6-19}$$

由式（6-19）可以发现，卫星的钟差影响可以消除。同时当两个观测站相距较近（<100 km）时，同一卫星到两个观测站的传播路径上的电离层、对流层延迟误差相近，取单差可进一步明显地减弱大气延迟的影响。

2. 双差观测方程

两台 GNSS 接收机安置在观测站 1 和 2，对卫星 j 的单差为 $\Delta\varphi_{12}^j(t_1)$，对卫星 k 的单差为 $\Delta\varphi_{12}^k(t_1)$，则由式（6-19），双差观测方程可表示为

$$\lambda\nabla\Delta\varphi_{12}^{jk}(t_1) = [(\rho_2^k(t_1) - \rho_1^k(t_1)) - (\rho_2^j(t_1) - \rho_1^j(t_1))] - \lambda\nabla\Delta N^j \tag{6-20}$$

$$\lambda\nabla\Delta\varphi_{12}^{jk}(t_1) = [(\rho_2^k(t_1) - \rho_1^k(t_1)) - (\rho_2^j(t_1) - \rho_1^j(t_1))] - \lambda\nabla\Delta N^j \tag{6-21}$$

在上式中可见，通过双差把接收机的钟差影响完全消除，大气折射残差取二次差可以略去不计。

3. 三差观测方程

在双差的基础上，分别在两个观测历元对上述的双差观测方程求三次差，可得三差观测方程为

$$\nabla\Delta\varphi_{12}^{jk}(t_1,t_2) = \nabla\Delta\varphi_{12}^{jk}(t_1) - \nabla\Delta\varphi_{12}^{jk}(t_2)$$
$$= [(\rho_2^k(t_1) - \rho_1^k(t_1)) - (\rho_2^j(t_1) - \rho_1^j(t_1))] \quad (6\text{-}22)$$
$$- [(\rho_2^k(t_2) - \rho_1^k(t_2)) - (\rho_2^j(t_2) - \rho_1^j(t_2))]$$

从三差观测方程中可见，三差模型进一步消除了整周模糊度的影响。

6.5 GNSS 差分定位

6.5.1 GNSS 差分定位概述

GNSS 差分定位是将一台接收机设置在一个固定的观测站（基准站），而且基准站在协议地球坐标系中的坐标是已知值。另一台接收机安装在运动的载体上（流动站），载体在运动过程中，流动站的 GNSS 接收机与基准站上的 GNSS 接收机同步观测卫星，以实时确定载体在每个观测历元的瞬时位置。在动态相对定位过程中，由基准站接收机通过数据链发送修正数据，流动站接收该修正数据并对测量结果进行改正处理，以获得精确的定位结果。由于流动站接收的基准站修正数据对流动站的观测量进行改正，这种数据处理方式本质上就是差分处理，以达到消除或减少相关误差的影响，能够大大提高定位精度。

按照对 GNSS 信号的处理时间不同，GNSS 差分定位可分为实时差分与后处理差分。实时差分就是在接收机接收 GNSS 信号的同时计算出当前接收机所处位置、速度及时间等信息。后处理差分则就是把卫星信号记录在一定介质（接收机主机、电脑等）上，回到室内再进行数据处理，获取用户接收机在每个瞬间的位置、速度、时间等信息。此外，按照提供修正数据的基准站的数量不同，GNSS 差分定位分为单站差分 GNSS 和多站差分 GNSS，多站差分 GNSS 又包括局域差分 GNSS 和广域差分 GNSS。

6.5.2 单站差分 GNSS

1. 单站差分 GNSS 构成

单站差分 GNSS 由基准站、无线电数据通信链和用户站 3 部分组成，具体情况如下。

基准站：基准站的站坐标是已知的，站上一般需配备能同时跟踪视场中所有 GNSS 卫星的接收机以及能计算差分改正数和编码的软件。

无线电数据通信链：编码后的差分改正信息是通过无线电通信设备传送给用户的，将这种无线电通信设备称为数据通信链，它由基准站上的信号调制器、无线电发射机和发射天线以及用户站的差分信号接收机和信号解调器组成。

用户站：用户站 GNSS 接收机可根据各用户站不同的定位精度及要求选择接收机。另外，用户站还应配有用于接收差分改正数的无线电接收机、信号解调器、计算软件及相应的接口设备等。

由于在单站差分 GNSS 中，用户站只接收一个基准站的改正信息来进行定位，因而系统的可靠性较差。如果基准站出现故障，用户站便无法进行差分定位，而如果基准站给出的改正信号出错时，则用户站的定位结果就可能会不正确。目前一般采用设置监控站的方法对改正信号进行检核，或用其他基准站提供的改正信息对某基准站提供的改正信息进行检核，以提高系统的可靠性。单站差分 GNSS 的优点是结构和算法都较为简单,技术上也较为成熟。但是该方法的前提是要求用户站误差和基准站误差具有强相关性,因此,定位精度将随着用户站与基准站之间的距离增加而迅速降低。此外,由于用户站仅根据单个基准站所提供的改正信息来进行定位改正,所以精度和可靠性均较差。

根据基准站所发送的修正数据的类型不同,单站差分 GNSS 又可分为位置差分、伪距差分和载波相位差分。单站差分 GNSS 系统是仅根据一个基准站所提供的差分改正信息,对用户站进行改正的差分 GNSS。因此在差分定位中,即使在某区域中设立有多个基准站,只要用户站仅接收一个基准站发送的改正信息,仍是单站差分 GNSS。

2. 位置差分

位置差分是一种最简单的差分方法,通过使用基准站的位置改正数去修正流动站的位置计算值,以求得比较精确的流动站位置坐标。由于相对定位中基准站的坐标值预先采用大地测量、天文测量或 GNSS 静态定位等方法精密测定,可视为已知,设其精密坐标值为 (X,Y,Z)。而在基准站上的 GNSS 接收机利用伪距绝对定位法测出得基准站坐标为 (X',Y',Z'),该坐标测定值含有卫星轨道误差、卫星钟与接收机钟误差、大气延迟误差、多路径效应误差及其他误差。则基准站的位置修正数为

$$\begin{cases} \Delta X = X - X' \\ \Delta Y = Y - Y' \\ \Delta Z = Z - Z' \end{cases} \quad (6\text{-}23)$$

式中,$\Delta X, \Delta Y, \Delta Z$ 为坐标改正数。基准站采用数据链将这些改正数发送出去,而流动站接收机通过数据链实时接收这些改正数,并在解算时加入。设流动站通过用户接收机利用自身观测数据采用测码伪距绝对定位法测定出其位置坐标为 (X'_k, Y'_k, Z'_k),则可按照下式计算流动站的精确坐标 (X_k, Y_k, Z_k) 为:

$$\begin{cases} X_k = X'_k + \Delta X \\ Y_k = Y'_k + \Delta Y \\ Z_k = Z'_k + \Delta Z \end{cases} \quad (6\text{-}24)$$

由于动态用户与 GNSS 卫星相对于协议地球坐标系存在相对运动,若进一步考虑用户接收机改正数的瞬时变化,则有:

$$\begin{cases} X_k = X'_k + \Delta X + \dfrac{\mathrm{d}(\Delta X + X'_k)}{\mathrm{d}t}(t - t_0) \\ Y_k = Y'_k + \Delta Y + \dfrac{\mathrm{d}(\Delta Y + Y'_k)}{\mathrm{d}t}(t - t_0) \\ Z_k = Z'_k + \Delta Z + \dfrac{\mathrm{d}(\Delta Z + Z'_k)}{\mathrm{d}t}(t - t_0) \end{cases} \quad (6\text{-}25)$$

式中,t 为测站时刻,t_0 为基准站校正时刻。

经过坐标改正后的用户坐标已消除了基准站与用户站的共同误差,如卫星星历误差、大气折射误差、卫星钟差、SA 政策影响等,提高了定位精度。坐标差分的优点是需要传输的差分改正数较少,计算方法较简单,任何一种 GNSS 接收机均可改装成这种差分系统。其缺

点主要是要求基准站与用户站必须保持观测同一组卫星，由于基准站与用户站接收机的配备可能不完全相同，且两站观测环境也不完全相同，因此难以保证两站观测同一组卫星，产生的误差可能会不匹配，从而影响定位精度。因此，位置差分适用于 100 km 以内测量。

3. 伪距差分

伪距差分是目前应用最广泛的差分定位技术之一。其基本原理是在基准站利用已知坐标求出测站至卫星的距离，然后将其与接收机测定的含有各种误差的伪距进行比较，并利用滤波器对所获得的差值进行滤波求出其偏差（伪距改正数），最后将所有卫星的伪距改正数传输给用户站，用户站利用此伪距改正数改正所测量的伪距，求出用户站自身的坐标。

设基准站的已知坐标为 (X,Y,Z)，进行差分定位时，基准站的 GNSS 接收机根据导航电文中的星历参数，计算其观测到的全部 GNSS 卫星在协议地球坐标系中的坐标值 (X^i,Y^i,Z^i)，从而由卫星到测站的坐标值可以反求出每一观测时刻的基准站至 GNSS 卫星的真实距离 D^i：

$$D^i = \sqrt{(X-X^i)^2 + (Y-Y^i)^2 + (Z-Z^i)^2} \quad (6\text{-}26)$$

另外，基准站上的 GNSS 接收机利用伪距法可以测量卫星到观测站之间的伪距 $\hat{D}^i$，其中包含了各种误差源的影响。由观测伪距与计算的真实距离可以计算出伪距改正数：

$$\delta D^i = D^i - \hat{D}^i \quad (6\text{-}27)$$

同时可以求出伪距改正数的变化率为

$$\frac{\mathrm{d}\delta D^i}{\mathrm{d}t}(t-t_0) \quad (6\text{-}28)$$

通过基准站的数据链将伪距改正数发送给流动站接收机，流动站接收机利用测码伪距法测量出流动站至卫星的伪距，再加上数据链接收到的伪距改正数，便可以求出改正后的伪距：

$$\tilde{D}^i = \hat{D}^i - \delta D^i - \frac{\mathrm{d}\delta D^i}{\mathrm{d}t}(t-t_0) \quad (6\text{-}29)$$

并按照下式计算流动站坐标：

$$\tilde{D}^i(t) = \sqrt{(X^j(t)-X_i(t))^2 + (Y^j(t)-Y_i(t))^2 + (Z^j(t)-Z_i(t))^2} + c\delta t(t) + V_i \quad (6\text{-}30)$$

式中，$\delta t(t)$ 为流动站用户接收机钟相对于基准站接收机钟的钟差；V_i 为流动站接收机的噪声。

使用伪距差分时，只需要基准站提供所有卫星的伪距改正数，而用户接收机观测任意 4 颗卫星，就可以完成定位。与位置差分相似，伪距差分能将两观测站的公共误差抵消，但是，随着用户到基准站距离的增加，系统误差又将增大，这种误差用任何差分法都无法消除，因此伪距差分的基线长度也不宜过长。

4. 载波相位差分

位置差分与伪距差分能满足米级的定位精度，已经广泛用于普通导航、水下测量等领域，但是测距码自身结构及测量中随机误差的限制，很难达到更高的精度。载波相位测量的噪声误差远低于测距码噪声误差，在静态相对定位中已经实现了毫米甚至亚毫米的定位精度。载波相位差分，又称 RTK（Real-Time Kinematic）技术，通过对两观测站的载波相位观测值进行实时处理，可以实时提供厘米级精度的三维坐标。

载波相位差分定位与伪距差分的原理相类似，其基本思想是：在基准站上安置一台 GNSS 接收机，对卫星进行连续观测，并通过无线电传输设备实时地将观测数据及基准站坐标信息传送给用户站；用户站一方面通过接收机接收 GNSS 卫星信号，同时通过无线电接收基准站传送的观测数据，然后根据相对定位原理实时地处理数据，并实时地以厘米级的精度给出用户站的三维坐标。

载波相位差分有两种定位方法，一种与伪距差分相同，基准站将载波相位的修正量发送给用户站，以对流动站的载波相位进行改正实现定位，该方法称为测相伪距修正法。另一种是将基准站的载波相位发送给用户站，并由用户站将观测值差进行坐标解算，这种方法称为载波相位求差法。下面分别介绍这两种载波相位差分定位的基本原理和基本思想。

（1）测相伪距修正法

测相伪距修正法的基本思想：基准站接收机与卫星之间的测相伪距改正数在基准站解算出，并通过数据链发送给流动站用户接收机，利用此伪距改正数去修正用户接收机到观测卫星之间的测相伪距，获得比较精确的用户站至卫星的伪距，再采用它计算用户站的位置。在基准站与观测卫星之间，由卫星坐标与基准站的已知坐标反算出基准站至该卫星的真实距离 ρ_0^j 为：

$$\rho_0^j = \sqrt{(X_0 - X^j)^2 + (Y_0 - Y^j)^2 + (Z_0 - Z^j)^2} \tag{6-31}$$

式中：(X^j, Y^j, Z^j) 为卫星的坐标，可利用导航电文中卫星星历精确计算；(X_0, Y_0, Z_0) 为基准站的精确坐标值，就是已知参数。

基准站与卫星之间的相位观测值 $\Phi_0^j(t_0)$ 和测相伪距 $\tilde{\rho}_0^j$ 表示为

$$\tilde{\rho}_0^j = \gamma \, \Phi_0^j(t_0) = \gamma(N_0^j(t_0) + N_0^j(t - t_0) + \delta\varphi_0^j) \tag{6-32}$$

利用基准站到卫星的真实距离，测量到的测相伪距可表示为：

$$\tilde{\rho}_0^j = \rho_0^j + c(\delta t_0 - \delta t^j) + \delta\rho_0^j + \Delta_{0,I_p}^j + \Delta_{0,T}^j + \delta m_0 + v_0 \tag{6-33}$$

式中：δt_0 与 δt^j 分别为基准站钟差与卫星钟差；$\delta\rho_0^j$ 表示卫星星历误差（包括 SA 政策影响）；Δ_{0,I_p}^j 与 $\Delta_{0,T}^j$ 分别为电离层与对流层延迟影响；δm_0 与 v_0 分别为多路经效应与基准站接收机噪声。

由基准站与观测卫星的真实距离和载波相位观测值，则可以求出卫星到基准站之间的伪距改正数：

$$\Delta\rho_0^j = \rho_0^j - \tilde{\rho}_0^j = -c(\delta t_0 - \delta t^j) - \delta\rho_0^j - \Delta_{0,I_p}^j - \Delta_{0,T}^j - \delta m_0 - v_0 \tag{6-34}$$

另一方面，流动站上的用户接收机同时观测卫星可得到流动站的测相伪距观测值为

$$\rho_i'^j = \rho_i^j + c(\delta t_i - \delta t^j) + \delta\rho_i^j + \Delta_{i,I_p}^j + \Delta_{i,T}^j + \delta m_i + v_i \tag{6-35}$$

式中各项的含义与式（6-34）相同。在用户接收机接收到由基准站发送过来的伪距改正数时，可用它对用户接收机的测相伪距观测值进行实时修正，得到新的精确测相伪距观测值 $\rho_i''^j$：

$$\begin{aligned}
\rho_i''^{\,j} &= \rho_i'^{\,j} + \Delta\rho_0^j \\
&= \rho_i^j + c(\delta t_i - \delta t^j) + \delta\rho_i^j + \Delta_{i,I_p}^j + \Delta_{i,T}^j + \delta m_i + v_i - c(\delta t_0 - \delta t^j) - \delta\rho_0^j - \Delta_{0,I_p}^j - \Delta_{0,T}^j - \delta m_0 - v_0 \\
&= \rho_i^j + c(\delta t_i - \delta t_0) + (\delta\rho_i^j - \delta\rho_0^j) + (\Delta_{i,I_p}^j - \Delta_{0,I_p}^j) + (\Delta_{i,T}^j - \Delta_{0,T}^j) + (\delta m_i - \delta m_0) + (v_i - v_0)
\end{aligned}$$
(6-36)

当用户站距基准站距离较小时（≤100 km），则可以认为在观测方程中，两观测站对于同一颗卫星的星历误差、大气层延迟误差的影响近似相等。同时用户接收机与基准站的接收机为同型号接收机时，其测量噪声基本相近。于是消去相关误差，可简写成：

$$\rho_i''^{\,j} = \sqrt{(X^j - X_i)^2 + (Y^j - Y_i)^2 + (Z^j - Z_i)^2} + \Delta d \tag{6-37}$$

式中：Δd 为各项残差之和。

根据前述分析，历元时刻 t_i 的载波相位观测量为

$$\Phi_i^j(t_i) = N_i^j(t_i) + N_0^j(t - t_i) + \delta\varphi_i^j \tag{6-38}$$

两测站同时观测卫星 j，对两测站的测相伪距观测值取单差，可得：

$$\begin{aligned}
\rho_i''^{\,j} - \rho_0'^{\,j} &= \lambda\Phi_i^j(t_i) - \lambda\Phi_0^j(t_i) \\
&= \lambda[N_i^j(t_0) - N_0^j(t_0)] + \lambda[N_i^j(t_i - t_0) - N_0^j(t_i - t_0)] + \lambda[\delta\phi_i^j(t_i) - \delta\phi_0^j(t_i)]
\end{aligned} \tag{6-39}$$

差分数据处理就是在用户站进行数据处理，式（6-39）的左端由基准站计算出卫星到基准站的精确几何距离代替，并经过数据链发送给用户机；同时，流动站的新测相伪距观测量，通过用户的测相伪距观测量与基准站发送过来的伪距修正数来计算。也就是说，将式（6-37）代入式（6-39）中，则有：

$$\begin{aligned}
&\sqrt{(X^j - X_i)^2 + (Y^j - Y_i)^2 + (Z^j - Z_i)^2} + \Delta d \\
&= \rho_0^j + \lambda[N_i^j(t_0) - N_0^j(t_0)] \\
&\quad + \lambda[N_i^j(t_i - t_0) - N_0^j(t_i - t_0)] + \lambda[\delta\phi_i^j(t_i) - \delta\phi_0^j(t_i)]
\end{aligned} \tag{6-40}$$

上式中假设在初始历元已将基准站与用户站相对于卫星的整周模糊度计算出来，则在随后的历元中的整周数以及测相的小数部分都是可观测量。因此，上式中的未知数只有用户站坐标与残差，这样只需要同时观测 4 颗卫星，则可建立 4 个观测方程，解算出用户站的三维坐标。

（2）载波相位求差法

载波相位求差法的基本思想是基准站不再计算测相伪距修正数，而是将其观测的载波相位观测值由数据链实时发送给用户站接收机，然后由用户机进行载波相位求差，再解算出用户的位置。

假设在基准站与用户站上的 GNSS 接收机同时于历元 t_1 和 t_2 观测卫星 j 和 k，基准站对两颗卫星的载波相位观测量（共 4 个），由数据链实时发送给用户站。于是用户站就可获得 8 个载波相位观测量方程：

$$\begin{cases}
\phi_0^j(t_1) = \dfrac{f}{c}\rho_0^j(t_1) + f[\delta t_0(t_1) - \delta t^j(t_1)] - N_0^j(t_0) + \dfrac{f}{c}[\Delta_{0,I_p}^j(t_1) + \Delta_{0,T}^j(t_1)] \\
\phi_i^j(t_1) = \dfrac{f}{c}\rho_i^j(t_1) + f[\delta t_i(t_1) - \delta t^j(t_1)] - N_i^j(t_0) + \dfrac{f}{c}[\Delta_{i,I_p}^j(t_1) + \Delta_{i,T}^j(t_1)] \\
\phi_0^k(t_1) = \dfrac{f}{c}\rho_0^k(t_1) + f[\delta t_0(t_1) - \delta t^k(t_1)] - N_0^k(t_0) + \dfrac{f}{c}[\Delta_{0,I_p}^k(t_1) + \Delta_{0,T}^k(t_1)] \\
\phi_i^k(t_1) = \dfrac{f}{c}\rho_i^k(t_1) + f[\delta t_i(t_1) - \delta t^k(t_1)] - N_i^k(t_0) + \dfrac{f}{c}[\Delta_{i,I_p}^k(t_1) + \Delta_{i,T}^k(t_1)] \\
\phi_0^j(t_2) = \dfrac{f}{c}\rho_0^j(t_2) + f[\delta t_0(t_2) - \delta t^j(t_2)] - N_0^j(t_0) + \dfrac{f}{c}[\Delta_{0,I_p}^j(t_2) + \Delta_{0,T}^j(t_2)] \\
\phi_i^j(t_2) = \dfrac{f}{c}\rho_i^j(t_2) + f[\delta t_i(t_2) - \delta t^j(t_2)] - N_i^j(t_0) + \dfrac{f}{c}[\Delta_{i,I_p}^j(t_2) + \Delta_{i,T}^j(t_2)] \\
\phi_0^k(t_2) = \dfrac{f}{c}\rho_0^k(t_2) + f[\delta t_0(t_2) - \delta t^k(t_2)] - N_0^k(t_0) + \dfrac{f}{c}[\Delta_{0,I_p}^k(t_2) + \Delta_{0,T}^k(t_2)] \\
\phi_i^k(t_2) = \dfrac{f}{c}\rho_i^k(t_2) + f[\delta t_i(t_2) - \delta t^k(t_2)] - N_i^k(t_0) + \dfrac{f}{c}[\Delta_{i,I_p}^k(t_2) + \Delta_{i,T}^k(t_2)]
\end{cases}$$

（6-41）

对基准站与用户站在同一历元观测同一颗卫星的载波相位观测量相减，可得到 4 个单差方程：

$$\begin{cases}
\Delta\phi^j(t_1) = \dfrac{f}{c}[\rho_i^j(t_1) - \rho_0^j(t_1)] + f[\delta t_i(t_1) - \delta t_0(t_1)] - [N_i^j(t_0) - N_0^j(t_0)] \\
\Delta\phi^k(t_1) = \dfrac{f}{c}[\rho_i^k(t_1) - \rho_0^k(t_1)] + f[\delta t_i(t_1) - \delta t_0(t_1)] - [N_i^k(t_0) - N_0^k(t_0)] \\
\Delta\phi^j(t_2) = \dfrac{f}{c}[\rho_i^j(t_2) - \rho_0^j(t_2)] + f[\delta t_i(t_2) - \delta t_0(t_2)] - [N_i^j(t_0) - N_0^j(t_0)] \\
\Delta\phi^k(t_2) = \dfrac{f}{c}[\rho_i^k(t_2) - \rho_0^k(t_2)] + f[\delta t_i(t_2) - \delta t_0(t_2)] - [N_i^k(t_0) - N_0^k(t_0)]
\end{cases}$$

（6-42）

单差方程中已经消去了卫星钟钟差，并且大气层延迟影响对单差就是微小项，可以略去。将两接收机同时观测两颗卫星、载波相位观测量的站际单差相减，可得到 2 个双差方程：

$$\Delta\nabla\phi^{j,k}(t_1) = \dfrac{f}{c}[\rho_i^j(t_1) - \rho_0^j(t_1)] - \dfrac{f}{c}[\rho_i^k(t_1) - \rho_0^k(t_1)] - [N_i^j(t_0) - N_0^j(t_0)] + [N_i^k(t_0) - N_0^k(t_0)]$$

$$\Delta\nabla\phi^{j,k}(t_2) = \dfrac{f}{c}[\rho_i^j(t_2) - \rho_0^j(t_2)] - \dfrac{f}{c}[\rho_i^k(t_2) - \rho_0^k(t_2)] - [N_i^j(t_0) - N_0^j(t_0)] + [N_i^k(t_0) - N_0^k(t_0)]$$

（6-43）

可见，双差方程中消去了基准站与用户站的 GNSS 接收机钟差和卫星钟差。双差方程右端的初始整周模糊度通过初始化过程进行解算。因此，在 GNSS 差分定位过程中，要求获得用户所在的实时位置，它的计算程序如下。

① 用户 GNSS 接收机静态观测若干历元，并接收基准站发送的载波相位观测量，采用静态观测程序求出整周模糊度，并确认此整周模糊度正确无误。这一过程称为初始化。

② 将确认的整周模糊度代入双差方程。由于基准站的位置坐标就是精确测定的已知值，两颗卫星的位置坐标可由星历参数计算出来，故双差方程中只包含用户在协议地球系中的位置坐标为未知数，此时只需要观测 3 颗卫星就可以进行求解。

由上分析可见，测相伪距修正法与伪距差分原理相同，是准 RTK 技术；载波相位求差法，通过对观测方程进行求差来解算用户站得实时位置，才是真正的 RTK 技术。此外，单站差分 GNSS 结构与算法简单，技术上较为成熟，主要适用于小范围的差分定位工作。对于较大范围的区域，则应用局域差分技术，对于一国或几个国家范围等广大区域，应用广域差分技术。

6.5.3 多站差分 GNSS

1. 局域差分 GNSS

在一个较大的区域布设多个基准站，以构成基准站网，其中通常包含一个或数个监控站，位于该区域中的用户根据多个基准站所提供的改正信息经平差计算后求得用户站定位改正数，这种差分 GNSS 称为具有多个基准站的局部差分 GNSS。

局域差分 GNSS 提供的改正量主要有以下两种方式：

（1）各基准站均以标准化的格式发射各自改正信息，而用户接收机根据接收到的各基准站的改正量，取其加权平均作为用户站的改正数。其中改正数的权可根据用户站与基准站的相对位置来确定。这种方式由于应用了多个高速的差分 GNSS 数据流，所以要求多倍的通信带宽，效率较低。

（2）根据各基准站的分布，预先在网中构成以用户站与基准站的相对位置为函数的改正数的加权平均值模型，并将其统一发送给用户。这种方式不需要增加通信带宽，是一种较为有效的方法。

局域差分 GNSS 较单站差分 GNSS 的可靠性和精度均有所提高，但是由于数据处理是把各种误差的影响综合在一起进行改正的，而实际上不同误差对定位的影响特征是不同的，如星历误差对定位的影响是与用户站至基准站间的距离成正比的；而对流层延迟误差则主要取决于用户站和基准站的气象元素间的差别，并不一定与距离成正比。因此将各种误差综合在一起，用一个统一的模式进行改正，就必然存在不合理的因素影响定位精度，且这种影响会随着用户站离基准站的距离增加而变大，导致差分定位的精度迅速下降。所以在局域差分 GNSS 中，用户站不能距基准站太远，才能获得较好的精度，因而基准站必须保持一定的密度（间距小于 300km）和均匀度。当区域覆盖的面积很大时，所需的基准站的数量将是十分惊人的。另外，在某些区域，例如海洋、我国西部的高山区和沙漠区中，由于难以建立永久性的基准站而导致形成一些区域差分 GNSS 的空白区。

2. 广域差分 GNSS

针对单站差分和区域差分 GNSS 存在的问题，Chang Clongkee 博士提出了广域差分 GNSS 的思想，将观测误差按误差的不同来源分解成星历误差、卫星钟差及大气折射误差，以提高定位的精度、可靠性以及完备性。

广域差分 GNSS 的基本思想为：在一个相当大的区域中用相对较少的基准站组成差分 GNSS 网，各基准站将求得的距离改正数发送给数据处理中心，由数据处理中心统一处理，将各种 GNSS 观测误差源加以区分，然后再传送给用户，这种系统称为广域差分 GNSS。

广域差分 GNSS 通过对用户站的误差源直接改正，达到削弱误差，改善用户定位精度的目的。广域差分 GNSS 主要对 3 种误差源加以分离，并单独对每一种误差源分别进行"模型化"。

（1）星历误差：广播星历是一种外推星历，精度不高，且其影响与基准站、用户站之间的距离成正比，是 GNSS 定位的主要误差来源之一。广域差分 GNSS 依赖区域中基准站对卫星的连续跟踪，对卫星进行区域精密定轨，确定精密星历并取代广播星历。

（2）大气延迟误差（包括电离层和对流层延迟）：普通差分提供的综合改正值，包含基准站处的大气延迟改正，当用户站的大气电子密度和水汽密度与基准站不同时，对 GNSS 信号的延迟也不一样，使用基准站的大气延迟量来代替用户站的大气延迟必然会引起误差。广域差分 GNSS 通过建立精确的区域大气延迟模型，能够精确地计算出其对区域内不同地方的大气延迟量。

（3）卫星钟差误差：普通差分利用广播星历提供的卫星钟差改正数，这种改正数仅近似反映了卫星钟与标准时间的物理差异，残留的随机钟误差约有±30 ns，等效伪距为 9 m，如果考虑 SA 政策中的抖动，其对伪距的影响达近百米。广域差分 GNSS 可以计算出卫星钟各时刻的精确钟差值。

6.5.4　RTK 测量

RTK 测量也称为实时动态测量。RTK 测量是以载波相位为基本观测量的实时差分测量，它是 GNSS 测量技术发展中的一个新突破。它的工作思路与差分 GNSS 相似，由基准站通过数据链及时将其载波观测值及基准站坐标信息一同传送给用户站。用户站接收 GNSS 卫星的载波相位与来自基准站的载波相位，并组成相位差分观测值进行及时处理，从而得到精度比差分 GNSS 高得多的实时测量结果，精度一般为 2cm 左右。RTK 测量是准动态测量技术与数据传输技术相结合而产生的，它完全可以达到"精度、速度、实时、可用"等各方面的要求。

RTK 系统一般由基准站、数据链、流动站接收机三部分组成（见图 6-17）。在基准站上安置 1 台接收机为参考站，对卫星进行连续观测，并将其观测数据和观测站信息，通过无线电传输设备，实时地发送给流动站，流动站 GNSS 接收机在接收 GNSS 卫星信号的同时，通过无线接收设备，接收基准站传输的数据，然后根据相对定位的原理，实时解算出流动站的三维坐标及其定位精度。实现载波相位差分的方法分为两类：修正法和差分法。修正法是通过基准站把载波相位修正量发送给用户站，以改正其载波相位，之后求解坐标，属于准 RTK 技术。差分法是通过基准站采集的载波相位发送给用户台进行求差解算坐标，为真正的 RTK 技术。

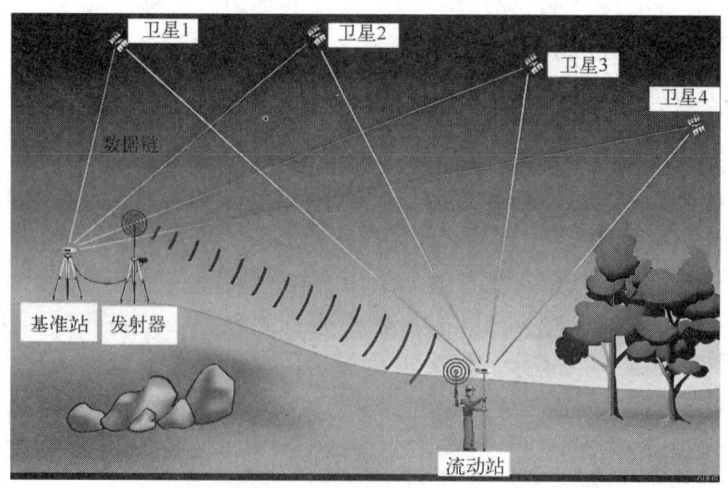

图 6-17　RTK 系统的构成示意图

1. 单基站 RTK

RTK 测量主要有单基站 RTK 和网络 RTK 两种测量方法。其中单基站 RTK 是 RTK 测量的常规方法，仅需要架设一个基准站，以及另外 1 个或多个流动站进行点位测量，基准站和流动站之间采用无线电台进行通信，也可以采用无线通信网络进行通信，如移动、电信、联通的通信网络（见图 6-18）。

不同品牌型号的卫星定位接收机差分定位碎步测量的流程大同小异，下面以 Zenith15 Pro 为例进行说明。

（1）Zenith15 Pro 简介

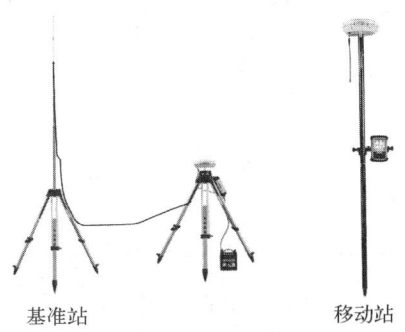

图 6-18　单基站 RTK

Zenith15 Pro 支持美国 GPS、俄罗斯 GLONASS、中国的北斗全球卫星导航系统、欧盟 Galileo 等多个全球导航卫星系统，内置收发一体化电台模块，基准站和移动站可完全互换，提高了设备的灵活性和便捷性；RTK 测量精度达到 $10+1\times10^{-6}\times d$ mm（d 为流动站至基准站的距离，以 km 为单位），保证了高精度测量的需求，广泛应用于地形测量、工程放样等领域。

① Zenith15 Pro 的主要部件

Zenith15 Pro 的主要部件略图如图 6-19 所示，面板如图 6-20 所示。

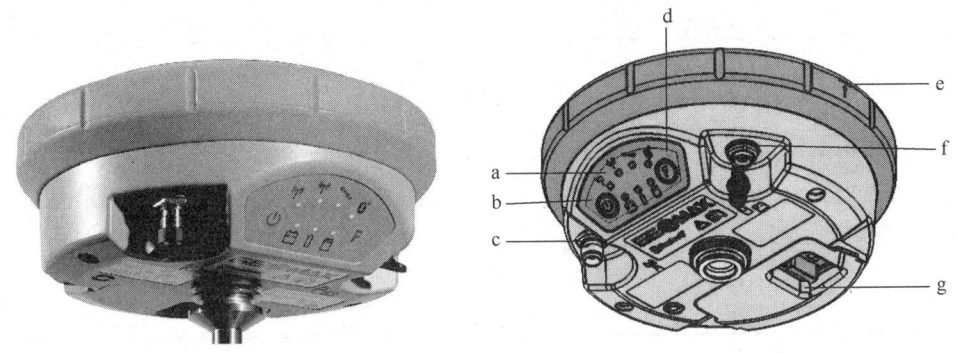

图 6-19　Zenith15 Pro 的主要部件略图

（a）LED 显示灯（b）开关机键（c）内置电台天线接口（d）功能键 FN（e）量高标记（f）数据/外置电台接口（g）电池仓

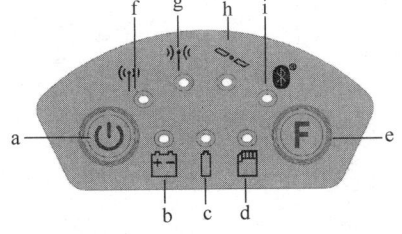

图 6-20　Zenith15 Pro 面板

（a）开机/关机键（b）外置电源（c）内置电源（电池）（d）SD 卡（e）功能键 F（f）基站（g）移动站（h）卫星定位信息（i）蓝牙

② Zenith 15Pro 功能键

Zenith 15Pro 功能键包括开机/关机键、功能键 F 和组合键，使用方法如表 6-3 所示。

表 6-3　功能键及使用方法

功能键名称	使用方法
开机/关机键	开机：按下电源键，待蜂鸣声响起松开； 关机：按下电源键并保持，待灯都熄灭后松开
功能键 F	按下 1 秒松开：切换基站/移动站，切换时基站/移动站灯会快速闪烁，停止闪烁即切换成功
组合键	组合键即同时按住电源键和功能键 F 并保持 持续至：卫星灯快速闪烁，松开即更新星历； 持续至：SD 卡灯快速闪烁，松开即格式化 SD 卡； 持续至：移动站/SD 卡同时红灯闪烁，格式化仪器内存，仪器会自动重启

③ Zenith 15Pro 面板指示灯状态及意义，如表 6-4 所示。

表 6-4　指示灯状态及意义

指示灯名称	指示灯状态及意义
基站灯	绿色长亮：基站状态 绿色闪烁：基站状态且在发射差分数据
移动站灯	绿色长亮：移动站模式 绿色闪烁：移动站状态且在接收电台信号
卫星灯	黄色闪烁：搜星中，未获得定位 黄色长亮：已获得单点定位解 绿色闪烁：浮点解 绿色长亮：固定解
蓝牙灯	绿色长亮：蓝牙准备就绪 蓝色长亮：蓝牙连接中 蓝色闪烁：蓝牙连接且在进行数据传输
外接电源灯	绿色长亮：外接电源供电中，电源充足 红色长亮：外接电源电量低
电池灯	绿色长亮：电池供电，电源充足 红色长亮：电量较低
SD 卡灯	绿色长亮：SD 卡准备就绪 绿色闪烁：静态数据记录中

（2）GeoMax Geo Office App

GeoMax Geo Office App 用于卫星接收机和计算机之间的数据交换及处理。单基站 RTK 的安置与数据采集主要包括基准站设置、通信部分设置和流动站部分设置，具体的操作步骤如下。

① 基站设置

架设基站：在测区内选择一高处、空旷的地方架设 GNSS 接收机作为基站，在 GNSS 接收机上按【开机/关机键】开启仪器。

在手簿上按【开机/关机键】开启手簿，单击手簿中的"开始"菜单，选择 GeoMaxSurvey 进入程序主界面。

② 蓝牙连接基站 GNSS 接收机：开启手簿蓝牙，选择 GeoMaxSurvey【仪器】→【仪器连接】→【扫描设备】进行蓝牙搜索，在搜寻到的蓝牙列表中找到基站接收机的序列号（如 ZT15_3138607），单击进行仪器连接，仪器自动开始连接，连接成功后下方出现卫星信息。接收机蓝牙指示灯呈蓝色常亮，相关步骤如图 6-21 至图 6-23 所示。

图 6-21　程序主界面图　　　图 6-22　仪器连接　　　图 6-23　蓝牙搜索接收机

② 基站设置及启动：单击主界面【仪器】→【基站设置】，可选数据链传输方式有电台、网络（P2P）及电台、网络双发三种模式，见图 6-24，电台模式是采用接收机内置、外置电台发送差分数据，需安装电台发射天线，通常内置电台信号发射距离较短约 5km，外置电台信号发射距离较远约 20km；网络（P2P）模式是采用手机信号进行差分数据传输，信号传输距离较远；电台、网络双发模式是采用接收机内置电台、手机信号同时进行差分数据传输。以电台模式为例，见图 6-25，接下来设置 RTK 数据格式 Geomax，通道：1-16，流动站电台通道号应与基准站一致；单击【确定】启动基准站，完成基准站设置。

③ 流动站设置：选择 GeoMaxSurvey【仪器】→【仪器连接】（见图 6-22、图 6-23）→【扫描设备】进行蓝牙搜索，在搜寻到的蓝牙列表中找到流动站接收机的序列号，单击进行仪器连接，仪器自动开始连接，连接成功后下方出现卫星信息。流动站接收机蓝牙指示灯呈蓝色常亮。单击主界面【流动站设置】，选择与基站相同数据链传输方式，RTK 数据格式及通道与基站完全一致；单击【确定】完成流动站设置。

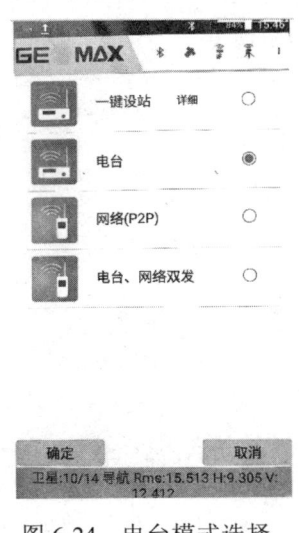

图 6-24　电台模式选择

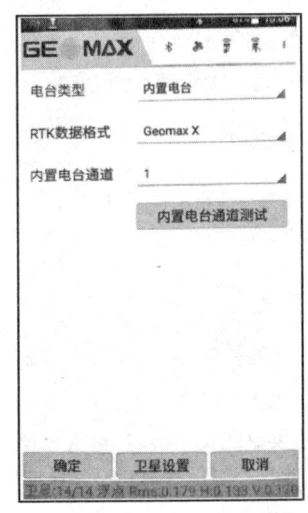

图 6-25　电台参数设置

④ 坐标系统设置：选择已有坐标系或新建坐标系。当已有坐标系参数如参考椭球、中央子午线符合项目所在区域坐标系参数时，直接选择已有坐标系；当已有坐标系参数如参考椭球、中央子午线不符合项目所在区域坐标系参数时，就需要新建坐标系。选择 GeoMaxSurvey【项目】（见图 6-26）→【选择坐标系】（见图 6-27）或【新建坐标系】。单击【新建坐标系】，设置坐标系名称、椭球、投影中央子午线等参数（见图 6-28），完成设置后单击【确认】，并设置为当前项目坐标系。

图 6-26　选择或新建坐标系

图 6-27　选择已有坐标系

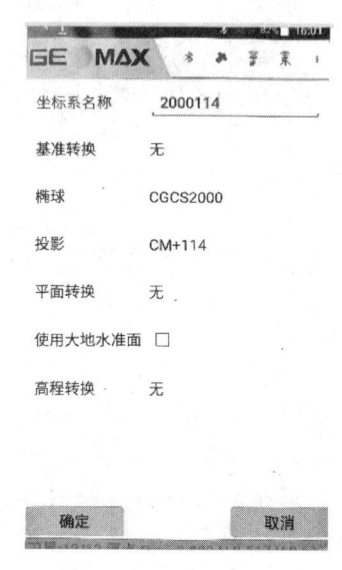

图 6-28　新建坐标系参数设置

⑤ 单点校正及测绘作业

单点校正适用于小范围的测量，见图 6-29。单点校正分为两种情况：一是基站架设在已知点上，用任意坐标启动；二是基站架设在未知点点上。基站架设在已知点上，用任意坐标启动时，在流程站上输入已知点坐标，计算实测坐标和已知坐标的差值进行改正。

基站架设在未知点上，用任意坐标启动时，在流程站上实测已知点坐标，计算实测坐标和已知坐标的差值进行改正。

⑥ 测绘作业：GeoMaxSurvey【测量】→【坐标测量】或【坐标放样】进行碎步测量或施工放样。

2. 多基站 RTK

多基站 RTK 也称为网络 RTK 技术，是对普通单基站 RTK 方法的改进。它是一种基于多基准站网络的实时差分定位系统，可克服常规 RTK 的缺点，满足长距离的 RTK 定位需求。目前应用于网络 RTK 数据处理的方法有：虚拟参考站、偏导数法、线性内插法、条件平差法，其中虚拟参考站（Virtual Reference Station，VRS）最为成熟。

VRS 的模型由 Herbert Landau 博士提出。其工作原理是在某一大区域（或某一城市）内建立若干个（3 个以上）连续运行的 GNSS 基准站；根据这些 GNSS 基准站的观测值（由于基准站有

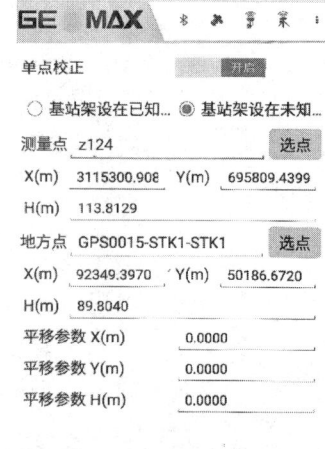

图 6-29　单点校正

长时间的观测，故点位坐标精度很高）建立区域内主要误差模型（如由离层对流层、卫星轨道等误差模型）。系统运行时，将这些误差从基准站的观测值中减去，形成无误差的观测值。一旦接收到移动站（用户的单台 GNSS 接收机）的概略坐标即在移动站附近（几米到几十米）建立起一个虚拟参考站（见图 6-30）。移动站与虚拟参考站进行载波相位差分改正，实现实时 RTK。由于其差分改正是经多个基准站观测资料有效组合求出的，可有效地消除电离层、对流层和卫星轨道等误差，哪怕移动站远离基准站 100 km，也能很快确定自己的模糊度实现厘米级快速实时定位。

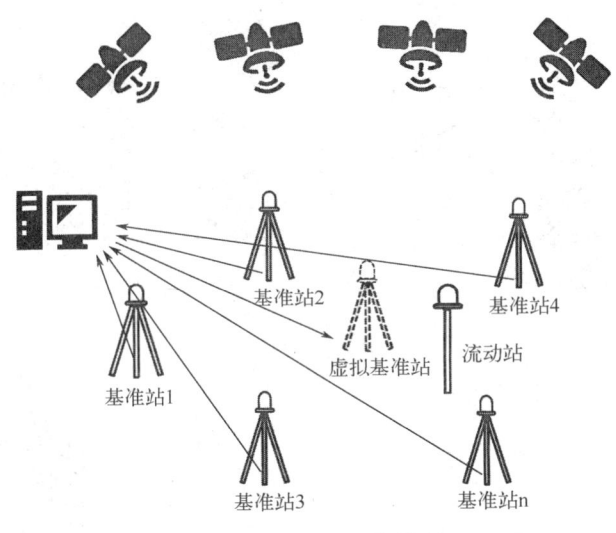

图 6-30　VRS 工作原理

多基站 RTK 由若干个连续运行的 GNSS 基准站、计算中心、数据发布中心、用户站等部分构成。连续运行的 GNSS 基准站连续进行 GNSS 观测，并实时将观测值传输至计算中心；计算中心根据这些观测值计算区域电离层、对流层、卫星轨道误差改正模型，并实时地将各基准站的观测值减去其误差改正，得到无误差观测值，再结合移动站的观测值，计算出在移动站附近的虚拟参考站的相位差分改正，并实时地传给数据发布中心。数据发布中心实时接收计算中心的相位差分改正信息，并实时发布。用户站接收到数据发布中心发布的相位差分改正信息，结合自身 GNSS 观测值，组成双差相位观测值，快速确定整周模糊度参数与位置信息，完成实时定位。因此，VRS 集网络技术、无线电通信技术与 GNSS 定位技术于一身。

3．CORS 系统

随着 GNSS 定位与导航技术的飞速进步和应用普及，它在城市测量中的作用已越来越重要。当前，利用多基站 RTK 建立的连续运行卫星定位服务综合系统（Continuous Operational Reference System，CORS）已成为城市 GNSS 应用的发展热点之一。CORS 系统是卫星定位技术、计算机网络技术、数字通信技术等高新科技多方位、深度结晶的产物。

CORS 由基准站网、数据处理中心、数据传输系统、数据播发系统，以及用户应用系统等五个部分组成（见图 6-31）。各基准站与监控分析中心间通过数据传输系统连接成一体，形成专用网络，各个部分的具体功能如下。

（1）基准站网

基准站网由范围内均匀分布的基准站组成，负责采集 GNSS 卫星观测数据并输送至数据处理中心，同时提供系统完好性监测服务。

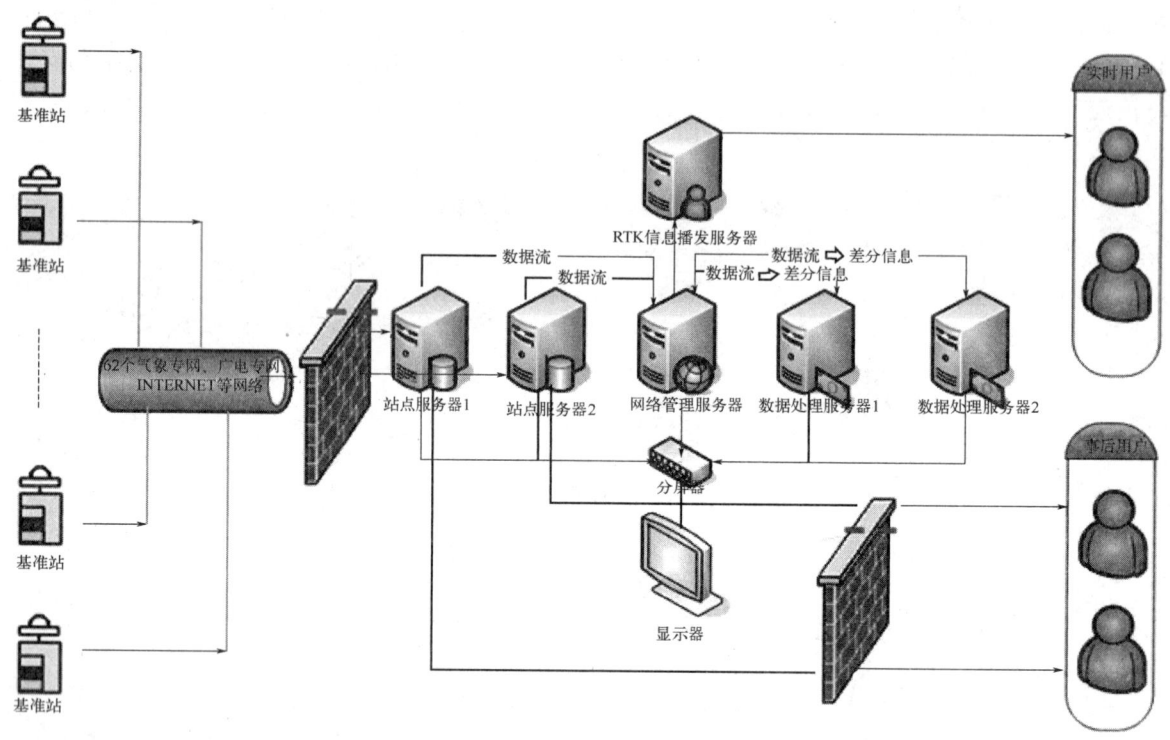

图 6-31　CORS 的组成

（2）数据处理中心

数据处理中心用于接收各基准站数据及其数据处理，形成多基准站差分定位用户数据，组成一定格式的数据文件分发给用户。数据处理中心是 CORS 的核心单元，也是高精度实时动态定位得以实现的关键所在。该中心 24 小时连续不断地根据各基准站所采集的实时观测数据在区域内进行整体建模解算，自动生成一个对应于流动站点位的虚拟参考站（包括基准站坐标和 GPS 观测值信息）并通过现有的数据通信网络和无线数据播发网，向各类需要测量和导航的用户以国际通用格式提供码相位/载波相位差分修正信息，以便实时解算出流动站的精确点位。

（3）数据传输系统

各基准站数据通过光纤专线传输至监控分析中心。数据传输系统包括数据传输硬件设备及软件控制模块。

（4）数据播发系统

数据播发系统通过移动网络、UHF 电台和 Internet 等形式向用户播发定位导航数据。

（5）用户应用系统

用户应用系统包括用户信息接收系统、网络型 RTK 定位系统、事后和快速精密定位系统以及自主式导航系统和监控定位系统等。按照应用的精度不同，用户应用系统可以分为毫米级用户系统、厘米级用户系统、分米级用户系统和米级用户系统等。

CORS 彻底改变了传统 RTK 测量作业方式，其主要优势体现在：
① 改进了初始化时间，扩大了有效工作的范围；
② 采用连续基站，用户随时可以观测，使用方便，提高了工作效率；
③ 拥有完善的数据监控系统，可以有效地消除系统误差和周跳，增强差分作业的可靠性；
④ 用户无须架设参考站，真正实现单机作业，减少了费用；
⑤ 使用固定可靠的数据链通信方式，减少了噪声干扰；
⑥ 扩大了 GNSS 导航和定位系统在动态领域的应用范围，更有利于车辆、飞机和船舶的精密导航，为建设数字化城市提供了新的契机。

目前国内 CORS 系统主要有三种，省 CORS、千寻 CORS 和移动 CORS。

1）省 CORS

省 CORS 由国家测绘部门组织建设的"全国卫星导航定位基准服务系统"。它在各区域独立运营，技术和服务也相对独立，如 HNCORS、湖北 CORS 和福建 CORS 等。

2）千寻 CORS

千寻 CORS 是一款高可用、高并发、云端一体的覆盖全国的厘米级高精度定位服务，由阿里巴巴集团和中国兵器工业集团共同打造，依托国家北斗地基增强系统"全国一张网"、定位算法及大规模互联网服务平台，可以实现 7×24 小时，为十亿级用户提供水平精度 2 厘米、高程精度 5 厘米的实时定位数据，可以实现全国任意覆盖地区使用不受限制。

3）移动 CORS

移动 CORS 又称为中国移动"one point"高精度定位产品，是中国移动依托全国站址资源优势，建设的一张全球站点规模大、选址优、制式新的高精度定位网，拥有 4400 座 CORS 基准站，除港、澳、台以外所有省、自治区、直辖市均覆盖，可实现并提供 7×24 小时毫米级、厘米级、亚米级数据服务。在北斗三号全球组网完成的情况下，中国移动对高精度定位服务进行全面升级，在接收初始卫星观测数据和算法解算差分数据环节，使其兼容"5 星 16 频"的卫星数据，其中就包括北斗三号卫星系统的 2 个频段，以及日本准天顶卫星系统的 3 个频段。

思 考 题

1．请简要解释什么是 GNSS？GNSS 与 GPS 有何区别和联系？
2．GNSS 主要由哪些部分组成？每个部分的作用是什么？
3．请概述 GNSS 的发展历程，包括主要的里程碑事件。
4．近年来，GNSS 技术有哪些新的进展和突破？这些新进展对 GNSS 的应用和性能有何影响？
5．请解释 GNSS 中常用的坐标系统（如 WGS-84）和时间系统。坐标系统和时间系统对 GNSS 定位的重要性体现在哪里？
6．什么是 GNSS 卫星星历？它如何描述卫星的位置和运动？
7．星历数据的准确性和实时性对 GNSS 定位有何影响？
8．卫星信号在传播过程中可能受到哪些干扰和影响？
9．不同类型的 GNSS 接收机（如单频、双频、高精度等）在性能和应用上有何差异？
10．请简要介绍 GNSS 定位的基本原理和流程。

11．GNSS 定位与传统的地面测量相比有哪些优势？

12．什么是伪距定位？它是如何实现的？伪距定位的精度和可靠性如何？

13．载波相位定位与伪距定位有何不同？它的优势在哪里？载波相位定位的实现过程中需要注意哪些关键问题？

14．请列举并解释 GNSS 定位中可能遇到的主要误差来源。如何减少或消除这些误差以提高定位精度？

15．什么是 GNSS 相对定位？它与绝对定位有何不同？相对定位在哪些应用场景中具有优势？

16．请简要介绍 GNSS 差分定位的基本原理和优势。差分定位与单站定位相比有哪些改进？

17．什么是单站差分 GNSS？它是如何实现的？单站差分 GNSS 的精度和适用范围如何？

18．多站差分 GNSS 与单站差分 GNSS 相比有哪些优势？多站差分 GNSS 的实现过程中需要注意哪些关键问题？

19．请解释 RTK 的基本原理和实现过程。RTK 测量在哪些应用场景中具有重要价值？如何确保 RTK 测量的高精度和实时性？

第 7 章　测量误差基本理论

内容提要

本章介绍了测量误差的基本理论，包括误差的产生、分类、处理原则、精度评定标准、误差传播定律以及权与单位权中误差的概念。掌握误差的产生与分类，明确误差的来源和误差的性质，以便有针对性地采取措施；理解中误差、极限误差和相对误差等精度评定标准；掌握并理解误差传播定律。难点在于理解偶然误差的统计规律性；理解权与单位权中误差的定义及其在测量数据处理中的作用，以及单位权中误差的计算方法和应用；应用误差传播定律进行误差分析。

7.1　测量误差的概念

在实际测量工作中发现，无论采用什么仪器方法，观测者如何小心，当对某个确定的量进行多次观测时，所得到的各个结果之间总是存在着一些差异，例如重复观测两点的高差，多次观测一个角或丈量一段距离，每次测量结果都互有差异；或者对若干个有一定几何关系的量进行观测时，实际观测结果往往与理论值不符。例如，理论上一个平面三角形的内角和等于180°，但测量三角形的三个内角时，三个内角实测值之和一般并不等于180°，而是与之有一定的差异。产生这些差异的主要原因是观测值中不可避免地含有误差。

若设某观测量的真值为 X，观测值为 L，令

$$\Delta = X - L \tag{7-1}$$

则称Δ为观测误差，由于是观测值与真值之间的差异，所以又称真误差。

这里的"真值"是指观测对象客观存在的量，尽管是客观存在的某个值，但我们往往无法获知。也可认为"真值"是一个理想化的概念，是指被测量对象在某个特定条件下的真实数值，即不存在任何误差的、完全准确的测量值，实际上这种情况往往是不存在的。尽管如此，真值仍然是测量领域中的一个重要基准，用于评估测量结果的准确性和可靠性。在实际应用中，通常通过一系列的方法和技术来逼近真值，如采用更高精度的测量仪器、改进测量方法、控制测量环境以及进行多次测量并取平均值等。

7.1.1　误差产生的原因

一个观测值的获取是通过观测者使用观测仪器或工具在一定的外界环境下按一定观测程序或方法测量实现的。由于获取过程中各环节都不可能完美无缺，因而观测误差不可避免，可以将误差产生的原因概括为以下三个方面。

1. 观测者

观测时由于观测者感觉器官的鉴别能力存在局限性，在仪器的对中、整平、照准、读数

等方面都会产生误差。同时,观测者的技术水平及工作态度也会对观测结果产生影响。

2. 测量仪器

测量中使用的仪器和工具,在设计、制造、安装和校正等方面不可能十分完善,同时仪器的精度有限,致使测量结果产生误差。

3. 外界观测环境

观测工作是在外界环境影响下完成的,天气变化、地面土质松紧差异、地形起伏、周围建筑物状况,以及太阳光线强弱、照射角度大小等都会对观测结果产生影响。有风会使测量仪器不稳;地面松软可引起仪器下沉;气温急剧变化会使水准管变形、目标成像跳动;太阳高度角、地形和地面植被决定了地面大气温度梯度,观测视线穿过不同温度梯度的大气介质或靠近反光物体,都会使视线弯曲,产生折光现象。

观测者、测量仪器和观测时的外界环境是引起观测误差的主要因素,它们的综合作用决定着观测质量优劣,通常将其称为观测条件。测量工作中使用精度的概念来衡量观测质量,当观测条件较好时,观测质量好,即精度高,反之精度低。凡是相同观测条件下获得的观测值,不论其真误差大小,都认为是等精度观测值。同理,观测条件不同时的各观测值为不等精度观测值。任何观测都不可避免地要产生误差,为了获得观测量的准确结果,就必须对误差进行分析研究,以便采取适当的措施来削弱甚至消除其影响。

7.1.2 测量误差的分类

根据观测误差的性质不同,观测误差分为粗差、系统误差、偶然误差。

1. 粗差

粗差是指在一定测量条件下,测量值明显超出规定条件下预期的误差范围,从而明显歪曲了测量结果的误差。这种误差通常是由于某种偶然或突发因素导致的,或因测量设备故障引起的数据错误,其数值远大于正常误差范围,具有显著的异常性。粗差会严重歪曲测量结果,对后续的数据分析和处理产生不良影响,如读数、输入数据、照准目标错误等。

2. 系统误差

在相同观测条件下进行多次观测,若单个观测误差在数值大小、正负符号上表现出一定的规律性,具有这种性质的误差称为系统误差。系统误差往往是由仪器制造或校正不完善、观测者生理习性以及观测时的外界条件等原因引起的。例如,利用有尺长误差的钢尺丈量距离时,每一尺段都会产生尺长误差,最后的距离误差会将所有尺段的尺长误差累积在一起,距离越长,需要测的尺段数越多,误差累积也越大。因此,系统误差在观测成果中具有累积性,对测量数据质量的影响是显著的。

3. 偶然误差

在相同观测条件下,对某观测量进行一系列观测,若出现的误差在数值、符号上有一定的随机性,从表面看并没有明显的规律性,但从大量误差的总体而言,具有一定的统计规律,这种误差称为偶然误差。例如,测角时用望远镜瞄准目标产生的照准误差;水准测量水准尺毫米位的估读误差等。减小偶然误差的影响需要从多个方面入手，包括提高测量设备精度、重复测量取平均值、改进测量方法和操作流程、控制环境条件、培训和监督操作人员、数据处理和分析以及增加多余观测等。在实际测量中，应根据具体情况选择合适的方法并综合运用以达到最佳效果。

7.1.3 测量误差的处理原则

由于粗差、系统误差和偶然误差有不同的性质和特点，应针对不同性质的误差采用不同的应对策略和方法，以达到消除或削弱误差的目的。

1. 粗差的处理方法

粗差是由于主观疏忽大意或客观条件突变产生的误差，其数值通常远大于随机误差和系统误差。其处理原则是探测并剔除粗差和重新观测。观测时保持一定数量的多余观测，在数据处理过程中，利用统计方法检验测量数据中的异常值，通常设定一个合理的临界值，凡是超出该临界值的测量值，均视为粗差并予以剔除。对于剔除粗差后的数据空缺，应重新进行观测以获取新的测量数据。

2. 系统误差处理方法

系统误差消除的方法如下：

（1）分析误差产生的原因和机理，掌握误差产生的规律，建立相应的数学模型对观测结果加以改正。例如进行钢尺检定，建立钢尺温度改正数学模型，对量取的距离进行温度改正。

（2）测前对仪器进行检校，以减少仪器校正不完善的影响。例如水准仪的 i 角检校，使其影响减到最小限度。

（3）采用有针对性、科学合理的观测方法，使误差自行抵消或削弱。例如，水平角观测中，采用盘左、盘右观测，可消除视准轴误差；水准尺的零点误差可以通过偶数站到达来消除。

2. 偶然误差的处理方法

偶然误差有其偶然性，从单个或少量误差来看无规律可循，大量观测数据具有相应的统计规律，因此通过误差理论处理偶然误差，求取观测值及其函数的最优估值，即测量平差。最常用的方法是则通过增加测量次数并取平均值，作为观测值的最优估值。

7.2 偶然误差的特性

偶然误差就其个体而言，数值大小与符号没有任何规律，表现为随机性。统计分析发现，大量偶然误差表现出一定的统计规律性，且误差个数越多，偶然误差规律性越明显。下面通过一个实例说明这种规律性。

在相同的观测条件下，对多个三角形的内角进行了 358 次独立观测。观测过程严格按测量规范完成，并已经消除了粗差和系统误差的影响。由于观测值仍含有偶然误差，致使每个三角形的内角和不等于 180°。设三角形内角和的真值为 X，观测值为 L，按式（7-1）计算出 358 个真误差 Δ。现将这些误差按大小进行排列并将其出现的范围划分为若干个小区间，每个区间的长度 $d\Delta = 0.2''$，然后统计真误差出现在各个区间的个数 v，误差出现在第 j 区间

内的频率为 $\frac{v_j}{n}$，其中 $n=358$ 为样本总数。偶然误差的统计结果如表 7-1 所示。

表 7-1 偶然误差的统计结果

误差区间 $|d\Delta|$	正误差		负误差		误差绝对值合计	
	个数 v_j	频率 $\frac{v_j}{n}$	个数 v_j	频率 $\frac{v_j}{n}$	个数 v_j	频率 $\frac{v_j}{n}$
0.0"～0.2"	45	0.126	46	0.128	91	0.254
0.2"～0.4"	40	0.112	41	0.115	81	0.226
0.4"～0.6"	33	0.092	33	0.092	66	0.184
0.6"～0.8"	23	0.064	21	0.059	44	0.123
0.8"～1.0"	17	0.047	16	0.045	33	0.092
1.0"～1.2"	13	0.036	13	0.036	26	0.073
1.2"～1.4"	6	0.017	5	0.014	11	0.031
1.4"～1.6"	4	0.011	2	0.006	6	0.017
1.6"以上	0	0	0	0	0	0
	181	0.505	177	0.495	358	1.000

从表 7-1 中统计数据可看出，误差的绝对值超过 1.6"的个数为 0，绝对值较小的误差比绝对值大的误差出现的频率高，绝对值相等的正、负误差出现的个数几乎相等。通过大量实验统计可总结偶然误差特性如下：

（1）在确定的观测条件下，偶然误差的绝对值不会超过一定的限度；
（2）绝对值小的误差比绝对值大的误差出现的频率高，即出现的可能性大；
（3）绝对值相等的正负误差出现的频率相等；
（4）当观测样本数 $n \to \infty$ 时，偶然误差的算术平均值趋近于零。即

$$\lim_{n\to\infty}\frac{\Delta_1+\Delta_2+\cdots+\Delta_n}{n}=\lim_{n\to\infty}\frac{[\Delta]}{n}=0 \tag{7-2}$$

为了更直观地表示偶然误差的统计规律，将表 7-1 的数据以直方图表示出来，如图 7-1 所示。

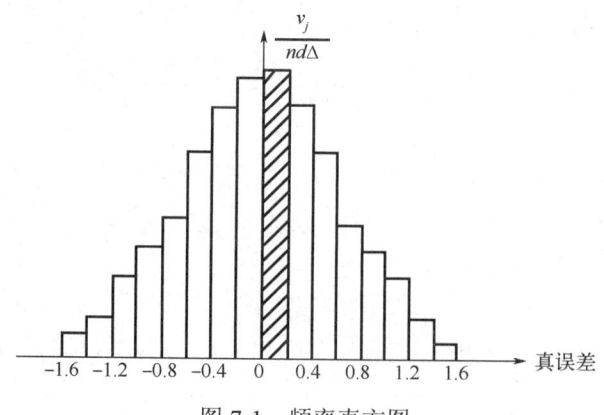

图 7-1 频率直方图

图中横坐标表示真误差的大小,单位为秒,纵坐标表示误差落入各区间的频数除以区间间隔,即 $\dfrac{v_j}{nd\Delta}$,其数值等于误差落入单位区间内的频率。频率直方图中每个矩形长条的面积值就代表误差落入该区间的频率值,所有矩形长条面积的和为1。

由图 7-1 可见,图形相对于纵轴基本对称,越高的矩形条越靠近坐标纵轴,随横坐标绝对值的加大而逐渐变小,在一定范围外为 0,所以频率直方图同样表达了偶然误差的前 3 个统计规律。相对于表格数据分析,更形象、直观。

长期观测实践表明,观测条件不同,偶然误差出现在同一区间内的频率就不同。例如,在另一测区,测得 421 个平面三角形内角,并计算三角形内角和的真误差,按同样的方法绘制频率直方图,如图 7-2 所示。

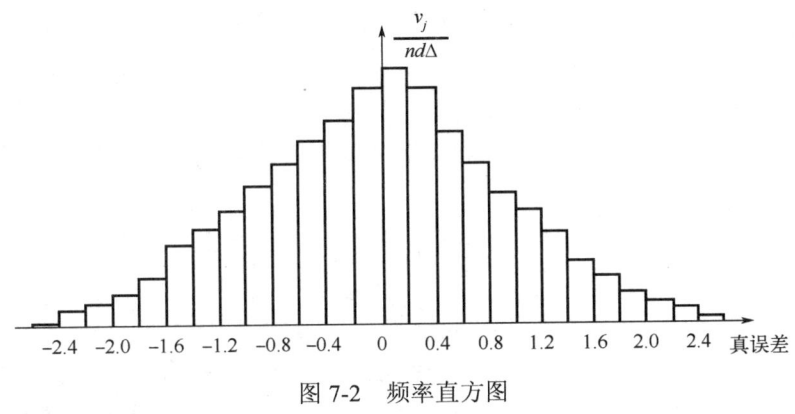

图 7-2 频率直方图

对比图 7-1 可见,虽然同样符合偶然误差的统计规律,但由于观测条件不同,两个直方图图形有明显不同:图 7-2 中直方图矩形条在横轴上分布更广,在纵轴方向上却更低,即误差分布较分散。

针对偶然误差进行统计,观测数 n 越大,偶然误差出现在各小区间的频率值越稳定,随着 $n \to \infty$,各区间的频率值变化越来越小,最后稳定在某一常数附近,即理论频率——概率。如果将 $n \to \infty$ 时,偶然误差在各小区间内已经趋于稳定的频率分布称为误差分布。误差分布是由观测条件决定的,即一定的观测条件对应一种确定的误差分布。

当 $n \to \infty$,且 $d\Delta \to 0$ 时,图 7-1、7-2 中矩形条顶边所形成的折线将分别变成两条光滑曲线,如图 7-3 所示。这种曲线称为偶然误差的概率分布曲线,或称为误差分布曲线。由于其随机性,可以认为偶然误差是一随机变量。根据概率论有关理论,只含偶然误差的测量误差服从标准正态分布 $N(0,\sigma^2)$。因此,图 7-3 中的误差分布曲线即正态分布曲线,可用下列函数表示:

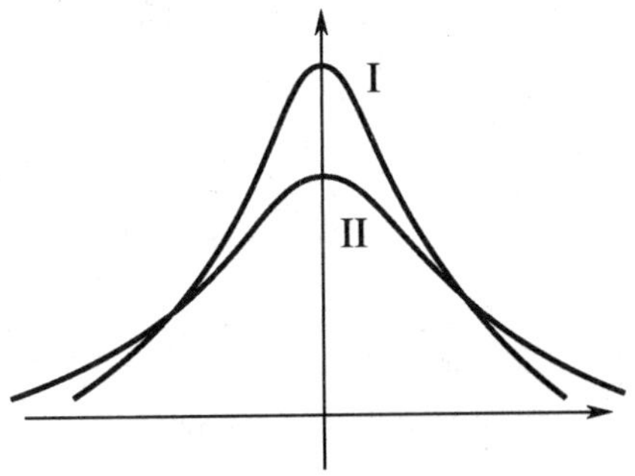

$$f(\Delta) = \dfrac{1}{\sqrt{2\pi}\sigma} e^{-\dfrac{\Delta^2}{2\sigma^2}} \tag{7-3}$$

图 7-3 误差分布曲线

即正态分布概率密度函数,其中 $f(\Delta)$ 为观测误差出现的概率,Δ 为观测误差,σ^2 是观测误差的方差。

7.3 评定精度的标准

为了衡量观测值的精度高低，可以按前述的 3 种方法，把一组相同条件下得到的误差用误差分布表、直方图或误差分布曲线的方法来比较。但在实际工作中，这样做只能定性地反映观测结果的好坏，无法定量表示精度的高低。因此需要寻找衡量精度的定量标准，即评定精度的指标，该指标能够反映误差分布离散程度的大小，且易于得到。评定精度的指标有多种，下面介绍几种常用的精度指标。

7.3.1 中误差

前面提到了观测误差的标准差 σ，其定义为

$$\sigma = \lim_{n \to \infty} \sqrt{\frac{[\Delta\Delta]}{n}} \tag{7-4}$$

用式（7-4）求 σ 值要求观测数 n 趋近无穷大，而在实际测量工作中，观测数是有限的，一般采用下述公式：

$$m = \pm\sqrt{\frac{[\Delta\Delta]}{n}} \tag{7-5}$$

式中：m 为中误差；$[\Delta\Delta]$ 为一组同精度观测误差平方的总和；n 为观测数。

比较式（7-4）与式（7-5）可以看出，标准差 σ 与中误差 m 的不同在于观测个数的区别，标准差 σ 为理论上的观测精度指标，而中误差 m 则是观测数 n 有限时的观测精度指标。所以，中误差实际上是标准差的近似值，统计学上又称估值，随着 n 的增加，中误差 m 将趋近标准差 σ。

【例题 7-1】设有两组观测值，其真误差分别为

第一组　$-3''$、$+3''$、$-1''$、$-3''$、$+4''$、$+2''$、$-1''$、$-4''$；
第二组　$+1''$、$-5''$、$-1''$、$+6''$、$-4''$、$0''$、$+3''$、$-1''$。
试求这两组观测值的中误差。

解：$m_1 = \pm\sqrt{\dfrac{(-3)^2+(+3)^2+(-1)^2+(-3)^2+(+4)^2+(+2)^2+(-1)^2+(-4)^2}{8}} = \pm 2.9''$

$m_2 = \pm\sqrt{\dfrac{(+1)^2+(-5)^2+(-1)^2+(+6)^2+(-4)^2+(0)^2+(+3)^2+(-1)^2}{8}} = \pm 3.3''$

由于 $m_1 < m_2$，所以第一组观测值的精度要高于第二组。

必须指出，在相同的观测条件下所进行的一组观测，对应着同一种误差分布，是一组等精度观测值，用一个中误差 m 表示其精度，但等精度观测值不代表各观测值真误差彼此相等。

7.3.2 极限误差

中误差反映误差分布的密集或离散程度，它代表一组观测值的精度高低，不代表个别观测值的质量。因此，要衡量某一观测值的质量，决定是否取用，还需要一个新的精度衡量标准——允许误差。允许误差又称为极限误差，简称限差。由偶然误差的特性可知，在一定条件下，误差的绝对值不会超过一定的界限。根据误差理论可知，在等精度观测的一组误差中，

误差落在区间($-\sigma$,$+\sigma$)、(-2σ,-2σ)、(-3σ,$+3\sigma$)的概率分别为

$$\begin{cases} P(-\sigma < \Delta < +\sigma) \approx 68.3\% \\ P(-2\sigma < \Delta < +2\sigma) \approx 95.4\% \\ P(-3\sigma < \Delta < +3\sigma) \approx 99.7\% \end{cases} \quad (7\text{-}6)$$

式（7-6）说明，绝对值大于 2 倍中误差的误差出现的概率为 4.6%，绝对值大于 3 倍中误差的误差出现的概率仅为 0.3%，属于小概率事件。因此在测量规范中，为确保观测成果的质量，通常规定 3 倍或 2 倍中误差为偶然误差的允许误差或限差，即

$$\Delta_{允} = 2m \quad \text{或} \quad \Delta_{允} = 3m \quad (7\text{-}7)$$

超过上述限差的观测值被认为是错误的，应舍去，或返工重测。

7.3.3 相对误差

对于某些观测量（如距离），仅利用中误差不能反映出观测值的精度。例如，分别丈量 100m 和 200m 两段距离，中误差都是±0.02m，虽然中误差相同，但两者观测精度并不相同，后者高于前者。因此，为了客观反映实际精度，采用相对误差方法表示精度高低。

相对误差是观测值中误差 m 与观测值 D 之比，比值越小，精度越高。对应的真误差、中误差、极限误差等均属于绝对误差。相对误差没有单位，通常用分子为 1 的分数形式表示，即：

$$K = \frac{|m|}{D} = \frac{1}{\frac{D}{|m|}} \quad (7\text{-}8)$$

上述例中，前者相对中误差为 $\frac{|\pm 0.02|}{100} = \frac{1}{5000}$，后者为 $\frac{|\pm 0.02|}{200} = \frac{1}{10000}$，所以后者精度高于前者。

7.4 误差传播定律

7.4.1 一般观测值的函数

在测量工作中，有些未知量往往不能直接测得，而是由某些直接观测值通过一定的函数关系间接计算得到。例如，在水准测量中，测站高差是由前、后视读数求得的，即 $h=a-b$。式中高差 h 是直接观测值 a、b 的函数；又如三角高程测量中，高差 h 由直接观测值水平距离、竖直角、仪器高、目标高推算得到，函数关系式如下：$h = D\tan\theta + i - v$。水准测量计算高差的函数式为线性函数式，而三角高程测量计算高差的函数式为非线性函数式。两种函数的一般表达式如下：

1. 线性函数

线性函数的一般形式为

$$Z = k_1 x_1 \pm k_2 x_2 \pm \cdots \pm k_n x_n \quad (7\text{-}9)$$

式中：$x_1, x_2, \cdots, x_n$ 为独立观测值，$k_1, k_2, \cdots, k_n$ 为系数项。

2. 非线性函数

非线性函数即一般函数，其形式为

$$Z = f(x_1, x_2, \cdots, x_n) \tag{7-10}$$

对函数取全微分

$$dZ = \frac{\partial f}{\partial x_1} dx_1 + \frac{\partial f}{\partial x_2} dx_2 + \cdots + \frac{\partial f}{\partial x_n} dx_n \tag{7-11}$$

因为真误差很小，可用真误差 Δx_i 代替 dx_i，得真误差关系式：

$$\Delta Z = \frac{\partial f}{\partial x_1} \Delta x_1 + \frac{\partial f}{\partial x_2} \Delta x_2 + \cdots + \frac{\partial f}{\partial x_n} \Delta x_n \tag{7-12}$$

式中 $\frac{\partial f}{\partial x_i}$（$i = 1, 2, \cdots, n$）为函数对各自变量的偏导数。

7.4.2 一般函数误差传播律

由于直接观测值存在误差，函数也受其影响而产生误差。描述观测值中误差与函数中误差关系及其规律函数，称为误差传播定律。下面按线性函数与非线性函数两种情况分别进行讨论。

1. 线性函数的中误差

线性函数的一般形式

$$Z = k_1 x_1 \pm k_2 x_2 \pm \cdots \pm k_n x_n$$

其真误差关系式为

$$\Delta Z = k_1 \Delta x_1 \pm k_2 \Delta x_2 \pm \cdots \pm k_n \Delta x_n$$

若对 $x_1, x_2, \cdots, x_n$ 均观测 n 次，则可得

$$\Delta Z_1 = k_1 \Delta x_{11} + k_2 \Delta x_{21} + \cdots + k_n \Delta x_{n1}$$
$$\Delta Z_2 = k_1 \Delta x_{12} + k_2 \Delta x_{22} + \cdots + k_n \Delta x_{n2}$$
$$\vdots$$
$$\Delta Z_n = k_1 \Delta x_{1n} + k_2 \Delta x_{2n} + \cdots + k_n \Delta x_{nn}$$

将上面式子平方后求和，再除以 n，则得

$$\frac{[\Delta x^2]}{n} = \frac{k_1^2 [\Delta x_1^2]}{n} + \frac{k_2^2 [\Delta x_2^2]}{n} + \cdots + \frac{k_n^2 [\Delta x_n^2]}{n} + 2\frac{k_1 k_2 [\Delta x_1 \Delta x_2]}{n} + \cdots + 2\frac{k_{i-1} k_i [\Delta x_{i-1} \Delta x_i]}{n}$$

由于 $\Delta x_1, \Delta x_2, \cdots, \Delta x_n$ 均为独立观测值的偶然误差，所以其乘积 $\Delta x_i \Delta x_{i+1}$ 也必然呈现偶然性。

设函数 Z 的中误差为 m_z，根据偶然误差特性和中误差的定义，可得

$$m_Z = \pm \sqrt{k_1^2 m_1^2 + k_2^2 m_2^2 + \cdots + k_n^2 m_n^2} \tag{7-13}$$

式中：$m_1, m_2, \cdots, m_n$ 分别为各观测量的中误差。

2. 非线性函数的中误差

非线性函数 $Z = f(x_1, x_2, \cdots, x_n)$ 的真误差关系式为

$$\Delta Z = \frac{\partial f}{\partial x_1}\Delta x_1 + \frac{\partial f}{\partial x_2}\Delta x_2 + \cdots + \frac{\partial f}{\partial x_n}\Delta x_n$$

其中偏导数 $\frac{\partial f}{\partial x_i}(i=1,2,\cdots,n)$ 为系数项，因此，仿照式（7-13），得函数 Z 的中误差为

$$m_Z = \pm\sqrt{\left(\frac{\partial f}{\partial x_1}\right)^2 m_1^2 + \left(\frac{\partial f}{\partial x_2}\right)^2 m_2^2 + \cdots + \left(\frac{\partial f}{\partial x_n}\right)^2 m_n^2} \tag{7-14}$$

可将线性函数看成非线性函数的一种特例，写出线性函数的全微分式，其系数 k 不变。

3. 误差传播定律的应用

（1）距离测量的中误差

【例题 7-2】 设钢尺长度为 L，用此钢尺丈量 A、B 两点间的距离 D，共测 n 个尺段。观测条件相同，每个尺段测量中误差都是 m，求 AB 间距离 D 的中误差。

解：根据钢尺量距的方法可写出总距离 D 与各尺段测量值 L_i 之间的函数式：

$$D = L_1 + L_2 + \cdots + L_n$$

由于各尺段中误差相同，可直接用式（7-13）得：

$$m_D = m\sqrt{n} \tag{7-15}$$

即距离丈量结果的中误差与所测尺段数的平方根成正比。

（2）水准测量高差的中误差

设经过 n 站等精度独立观测，测得 AB 两点间的高差 $h_{AB} = h_1 + h_2 + \cdots + h_n$。每站高差中误差为 $m_{站}$，应用协方差传播律得：

$$m_{AB} = \sqrt{n}\,m_{站} \tag{7-16}$$

若设每站距离大致相等为 l 千米，而 AB 间距离为是 S 千米，则 AB 间测站数 $n = \frac{S}{l}$。代入到式（7-16）得 $m_{AB} = \sqrt{\frac{S}{l}}\,m_{站}$，令 m_{km} 为距离为 1 千米的高差观测中误差，有 $m_{km} = \sqrt{\frac{1}{l}}\,m_{站}$，则：

$$m_{AB} = \sqrt{S}\,m_{km} \tag{7-17}$$

由此可见：水准测量高差的中误差在每站观测精度相同时与测站数的平方根成正比，在每千米观测精度相同时与两点间路线长度的平方根成正比。

（3）算术平均值的中误差

设在相同的观测条件下对某未知量 X 进行了 n 次等精度观测，观测值为 L_i（$i=1$, 2, $\cdots$, n），真误差为 Δ_i（$i=1, 2, \cdots, n$）。由式（7-1）可知：

$$\Delta_i = X - L_i \quad (i=1, 2, \cdots, n)$$

对所有真误差求和，得：$\sum_{i=1}^{n}\Delta_i = nX - (L_1 + L_2 + \cdots + L_n)$，即 $[\Delta] = nX - [L]$。

所以有：

$$X = \frac{[L]}{n} + \frac{[\Delta]}{n} \quad (7\text{-}18)$$

若观测值中仅有偶然误差时，根据偶然误差的特性知道，当 $n \to \infty$ 时，$\frac{[\Delta]}{n} \to 0$，观测值的算术平均值趋向于真值。由此可得出结论，对一个未知量在同等观测条件下进行多次观测求取算术平均值可作为该未知量的最优估值。

若以 x 表示式（7-18）中右边第一项的观测值的算术平均值，即：

$$x = \frac{[L]}{n} = \frac{1}{n} L_1 + \frac{1}{n} L_2 + \cdots + \frac{1}{n} L_n \quad (7\text{-}19)$$

由于观测条件相同，各观测值中误差相同，假设每次观测中误差为 m，应用误差传播率可得：

$$m_x = \frac{m}{\sqrt{n}} \quad (7\text{-}20)$$

由此可见，算术平均值的中误差与观测次数的平方根成反比。算术平均值的精度高于单次观测，所以测量工作中普遍采用多次观测求平均值方法来提高成果精度。但同时也要看到，观测次数与算术平均值中误差并不是线性比例关系，当观测次数 n 达到一定数量后，即使再增加观测次数，精度却提高得很少。因此，不能仅通过无限增加观测次数方法提高精度，还应选用适当的观测仪器和观测方法，才能更有效地提高成果质量。

7.5 权与单位权中误差

在测量中，观测值往往不是等精度的。例如，在水准网中，各测段的路线长度不同，根据式（7-17）可知，各测段的中误差也不同；平面边角网中有方向与距离两种观测值，也不是等精度的。对一组不等精度的观测值，利用误差理论进行处理，消除不符值时，就需要将各不等精度的观测值区别对待。为了消除不符值，观测值都要进行一定改正，其基本原则是：精度高的观测值改正量小，精度低的观测值改正量大。

前述章节已经说明，中误差是表征精度高低的绝对指标。但在实际工作中，中误差在平差前都是不可知的。所以，需要一个能表示各观测值精度之间比例关系且能在平差前根据一定条件确定的数字指标，来决定不符值的分配比例，这一数字指标即为"权"。权原本是衡量轻重的意思，在测量平差中，它是衡量一组观测值之间相对重要程度的量。

显然对精度较高的观测值，在计算最优估值时应具有较大的权，反之，精度较低的具有较小的权。如果说中误差是衡量精度的绝对指标，则权是衡量精度的相对指标，在测量平差中起着极其重要的作用。

7.5.1 权的定义

在测量中，以中误差计算权的公式为

$$P_i = \frac{m_0^2}{m_i^2} \quad (7\text{-}21)$$

式中，P_i 表示观测量 L_i 的权，m_i 为观测量 L_i 的中误差，m_0 是任意给定的非 0 常数。从定义式可以看出：

（1）观测值的权与中误差的平方成反比，精度高的观测值权较大，反之权较小；
（2）同一问题下，权的比例关系式为：

$$P_1 : P_2 : \cdots : P_n = \frac{m_0^2}{m_1^2} : \frac{m_0^2}{m_2^2} : \cdots : \frac{m_0^2}{m_n^2} = \frac{1}{m_1^2} : \frac{1}{m_2^2} : \cdots : \frac{1}{m_n^2} \quad (7\text{-}22)$$

可见，常数 m_0 不同，各观测值权的大小不同，即权是不唯一的。但同一问题的中各观测值的权之比是唯一的，与常数 m_0 无关。

综上所述，权可以作为衡量观测值重要性的指标，以便在平差过程中对不同精度的观测值区别对待。需要注意的是，对于一组观测值，常数 m_0 只能有一个。

7.5.2 单位权中误差

在权的定义式（7-21）中，m_0 是任意给定的非 0 常数。在实际工作中，通常选取某一实际存在的观测值的中误差为 m_0，此时该观测值的权为 1，称该观测值为单位权观测值。反过来说，权等于 1 的观测值，其中误差必然等于权定义式中的常数 m_0，称 m_0 为单位权中误差。

由于 m_0 是可以任意给定的数值，所以实际上可能并不存在一个观测值的中误差等于 m_0，但它在平差过程中具有极其重要的作用，仍称 m_0 为单位权中误差。

由权的定义式可知，权是一个比值，通常没有单位。但当一个问题中存在有两种类型的观测值时，如导线网中有方向与距离两种观测值，通常选择方向观测值的中误差为单位权中误差 m_0。此时，角度观测值的权无单位，距离观测值的权有单位，如 s^2/cm^2。

7.5.3 典型观测值权的确定方法

观测值的中误差事先并不能确定，而权可以在已知一定条件下在平差前确定下来，下面介绍几种典型观测值权的确定方法。

1. 水准测量高差的权

设水准测量中每测站观测高差中误差相同，为 $m_{站}$。已知某水准网各测段高差观测值分别为 h_1、h_2、$\cdots$、h_n，各测段的测站数分别是 n_1、n_2、$\cdots$、n_n。根据式（7-16），可计算各测段高差观测值的中误差 $m_i = \sqrt{n_i} m_{站}$。若取测站数为 C 的测段高差中误差为 m_0，则 $m_0 = \sqrt{C} m_{站}$，其中 C 可以是实际存在的高差观测值的测站数，也可以是不存在的高差观测值测站数。由权的定义式（7-21），可得高差观测值 h_i 的权为：

$$P_i = \frac{m_0^2}{m_i^2} = \frac{C m_{站}^2}{n_i m_{站}^2} = \frac{C}{n_i} \quad (7\text{-}23)$$

即水准测量高差的权，与水准测量路线测站数成反比。

若水准测量中每千米观测高差中误差相同，为 m_{km}。已知某水准网各测段高差观测值分别为 h_1、h_2、$\cdots$、h_n，各测段的路线长度分别是 S_1、S_2、$\cdots$、S_n。根据式（7-17），可计算各测段高差观测值的中误差 $m_i = \sqrt{S_i} m_{km}$。若取路线长度为 C 千米的观测高差中误差为 m_0，则 $m_0 = \sqrt{C} m_{km}$。由权的定义式（7-21），可得高差观测值 h_i 的权为：

$$P_i = \frac{C}{S_i} \quad (7\text{-}24)$$

即水准测量高差的权，与水准测量路线长度成反比。

式（7-23）和式（7-24）为水准测量根据测站数和路线长度定权的公式。

2. 光电测距观测值的权

在平面控制网中常常有两类不同性质的观测值，分别是角度（方向）观测值和边长观测值。由于角度（方向）观测值的精度与角度大小、距离远近无直接联系，所以可将所有角度（方向）观测值视为等精度观测值，根据仪器的标称精度、观测条件和实践经验，确定其中误差。若令角度（方向）观测值中误差为权定义式中的常数 m_0，则所有角度（方向）观测值的权均为 1。

而边长观测值的权，一般先根据测距仪的标称精度确定观测中误差，如某边长观测值为 S_i，单位为 km，则其中误差为 $m_i = A + B \times 10^{-6} \times S_i$，式中 A 为固定误差，与所测距离无关；B 为比例误差，与距离成正比，A、B 为仪器的标称精度，单位为 mm。然后按权定义式（7-21）确定边长的权。此时，由于 m_0 和 m_i 为不同类型观测量的中误差，单位不同，所以边长的权是有单位的。对本例来说，单位通常为 s^2/mm^2。

3. 同精度观测值算术平均值的权

设对某量以同精度独立观测了 N 次，观测值分别是 L_1、L_2、…、L_n，每次观测中误差为 m，算术平均值以 x 表示。由算术平均值中误差计算式（7-24）可知 $m_x = \frac{m}{\sqrt{N}}$。若设对该量进行 C 次同精度独立观测的算术平均值中误差为 m_0，则有 $m_0 = \frac{m}{\sqrt{C}}$。根据权的定义式可得出算术平均值的权为

$$P_i = \frac{N}{C} \quad (7\text{-}25)$$

即算术平均值的权与观测次数成正比。

4. 加权平均值的权

设对某量 X 以在不同观测条件下独立观测了 n 次，观测值分别是 L_1、L_2、…、L_n，其观测中误差为分别为 m_1、m_2、…、m_n，权分别为 P_1、P_2、…、P_n。若令 x 为 X 的最优估值，则 x 为观测值的加权平均值：

$$x = \frac{P_1 L_1 + P_2 L_2 + \cdots + P_n L_n}{[P]} \quad (7\text{-}26)$$

对上述函数应用误差传播率，并顾及权的定义式，得：

$$m_x = \frac{P_1^2 m_1^2 + P_2^2 m_2^2 + \cdots + P_n^2 m_n^2}{[P]^2} \Rightarrow \frac{m_0^2}{P_x} = \frac{P_1^2 \frac{m_0^2}{P_1} + P_2^2 \frac{m_0^2}{P_2} + \cdots + P_n^2 \frac{m_0^2}{P_n}}{[P]^2}$$

从而，得：

$$\frac{1}{P_x} = \frac{P_1 + P_2 + \cdots + P_n}{[P]^2} = \frac{1}{[P]}, \quad P_x = [P] \tag{7-27}$$

所以加权平方值的权是各观测值权之和。

特殊地，如果观测在相同条件下进行，观测值为等精度观测值时，上述各观测值的权都相等，假设 $P_1 = P_2 = \cdots = P_n = P$，式（7-26）即变为算术平均值，式（7-27）变为：

$$P_x = nP \tag{7-28}$$

可见，算术平均值是加权平均值的一个特例。

7.5.4 权倒数传播定律

设有观测值 L_1、L_2、…、L_n 的线性函数：

$$y = a_1 L_1 + a_2 L_2 + \cdots + a_n L_n + a_0$$

各观测值的权为 P_1、P_2、…、P_n，根据误差传播定律及权的定义式，可得出：

$$\frac{1}{P_y} = a_1^2 \frac{1}{P_1} + a_2^2 \frac{1}{P_2} + \cdots + a_n^2 \frac{1}{P_n} \tag{7-29}$$

该公式表达了独立观测值线性函数的权 P_y 与各观测值权 P_1、P_2、…、P_n 之间的关系，由于公式中权以倒数形式呈现，所以称为权倒数传播定律，本质上是误差传播定律的一种特殊表现形式。

思 考 题

1．测量误差如何分类？它们各有什么特点？测量中对它们的主要处理原则是什么？
2．产生测量误差的原因有哪些？
3．什么是偶然误差？偶然误差的特性有哪些？
4．什么是系统误差？系统误差如何消除？
5．衡量测量精度的指标有哪些？分别是如何定义的？
6．测量观测条件主要包括哪几方面？
7．什么是误差传播定律？
8．对某边观测进行 6 次重复测量，观测结果为 114.207m、114.214m、114.240m、114.232m、114.226m、114.224m，试求其观测值中误差、算术平均值中误差和相对中误差。
9．测得某长方形建筑长 $a = 32.20$m，测量精度为 $m_a = 0.02$m，宽 $b = 15.10$m，测量精度为 $m_b = 0.01$m，求建筑面积及精度。
10．测得某圆的半径 $r = 100.01$m，观测中误差为 $m_r = 0.02$m，求周长及其中误差。
11．在一个平面三角形中，观测其中两个水平角（内角）α 和 β，其测角中误差均为 $m = \pm 20''$，根据角 α 和角 β 可以计算第三个水平角 γ，试计算 γ 角的中误差 m_γ。

第8章 控制测量

 **内容提要**

本章介绍平面控制和高程控制的基本概念、方法和作用。有关平面控制，本章详细阐述了导线测量的概念、外业工作以及内业计算方法；简单介绍交会法。有关高程控制，本章详细阐述三、四等水准测量、三角高程测量和 GNSS 高程测量三种高程控制测量方法。重点掌握导线测量外业工作以及内业计算方法。难点在于导线测量的内业计算。

8.1 控制测量概述

在进行测量时必须遵循"从整体到局部""先控制后碎部"的原则。其中，"整体"主要是指控制测量，这是各种测量工作的基础。在测区内先建立若干有控制意义的控制点，把这些点按照一定的规律和要求组成一定的几何图形，即测量控制网，用比较精密的仪器和严密的方法测定控制网中控制点的精确位置，包括点的平面坐标(x,y)和高程（H），这样的测量工作称为控制测量。所谓"局部"，一般是指细部测量（碎部测量），是在控制测量的基础上，为了测绘地形图而测定大量地物点和地形点的位置；或为了地籍测量而测定大量界址点的位置；或为了建筑工程的施工放样而进行大量设计点位的现场测设。细部测量可以在全面的控制测量的基础上分别进行或分期进行，但仍能保证其整体性和必要的精度。

控制测量分为平面控制测量和高程控制测量。测定控制点平面位置(x,y)的工作，称为平面控制测量；测定控制点高程（H）的工作称为高程控制测量。由于受测量仪器、测绘技术的限制，在传统的测量工作中，平面控制网和高程控制网通常分别布设，点的平面位置和高程分别测定。随着测绘科技的发展和进步，目前控制点的平面位置和高程也可以同时测定。

8.1.1 控制测量作用及原则

1. 控制测量作用

（1）提供统一基准：控制测量通过建立高精度的控制点和控制网，为整个测区提供统一的坐标系统和高程基准。这使得不同时间、不同地点、不同测量人员所获取的测量数据能够相互拼接、比较和使用，保证了测量成果的连续性和一致性，从而控制测量起到控制全局及骨架作用。在测量工作中进行总体布置，然后分阶段、分期、分区域实施，这样能保证控制网的整体性和必要的精度，又能增加作业面，加快测量速度。

（2）限制误差累积：在测量过程中，误差是不可避免的。控制测量通过布设一定数量的控制点，并对其进行高精度的测量，可以有效地限制测量误差的累积和传递，保证整个测区有统一的测量精度，是进行各种细部测量的基准。即使在后续的碎部测量中出现一定的误差，也不会对整个测量成果造成过大的影响。

(3) 保证测量精度：控制测量采用高精度的测量仪器和方法，对控制点进行精确测定。这些控制点作为后续测量的起算基准，可以保证整个测量工作的精度和可靠性。

2. 控制测量的原则

(1) 从整体到局部：控制测量应遵循从整体到局部的原则，即先布设高级别的控制网，再逐级加密布设低级别的控制网。这样可以确保整个测区的控制精度和可靠性。

(2) 遵循规范：控制测量应严格遵循国家相关的测量规范和标准，确保测量成果的合法性和有效性。同时，还应加强质量控制和成果验收工作，确保测量成果的准确性和可靠性。

(3) 精度匹配：控制测量的精度应与测量任务的需求相匹配。不同的测量任务对精度的要求不同，因此应根据实际情况选择合适的控制测量方法和精度等级。

(4) 经济合理：在保证测量精度的前提下，应尽可能降低控制测量的成本。这包括选择合适的测量仪器、优化测量方案、提高测量效率等方面。

(5) 便于使用：控制测量成果应便于后续测量工作的使用。这包括控制点的布设应合理、易于寻找和保存；控制网的图形应简单明了、易于计算和处理。

8.1.2 国家控制网

为了统一全国各地区的测量工作，必须进行全国性的控制测量，建立国家控制网，以供整个国民经济规划和国防建设等使用。国家控制网是在全国范围内用精密测量仪器和方法依照施测精度分为不同等级逐级控制建立起来的。国家控制网分为国家平面控制网和国家高程控制网。

国家平面控制网是全国各种比例尺地形图和工程建设的基本控制，提供全国性的、统一的空间坐标基准，同时可为空间科学研究、国防建设、军事提供精确的点位坐标、距离、方位等数据资料，也能为地球形状和大小的研究、地壳运动监测等提供重要依据。传统平面控制测量主要是采用三角测量方法建立的，即在全国范围内将控制点组成一系列的三角形，通过测定所有三角形的内角，推算出各控制点的坐标。按照"由高级到低级、由整体到局部"的原则布设，国家平面控制网按其精度可以分为一、二、三、四等四个等级，一、二等国家控制网属于国家基本控制网，三、四等国家控制网属于加密控制网。随着卫星导航定位的技术发展，利用卫星导航定位进行平面控制测量逐渐成熟和普及。

国家高程控制网是以青岛验潮站测出的"黄海平均海水面"作为高程起算面，并以青岛观象山上的水准原点为高程起算点，用精密水准测量方法建立起来的，所以也称为国家水准网。国家高程控制网的建立，也是按照"由高级到低级、由整体到局部"的原则进行的。国家水准测量分为一、二、三、四等，精度依次逐级降低。一等水准测量精度最高，故而由它建立起来的一等水准网是国家高程控制网的骨干。二等水准网在一等水准环内布设，是国家高程控制网的全面基础。国家一、二等水准网沿铁路、公路、河岸等布设成闭合附合水准路线。三、四等水准网是国家高程控制点的进一步加密，在一、二等水准网的基础上加密，主要为测绘地形图、各种工程建设或施工放样提供高程起算数据。三、四等水准测量路线应附合于高级水准点之间，并尽可能交叉，构成闭合环，三、四等水准网按各地区的测绘需要而布设。

8.1.3 平面控制测量方法简介

平面控制测量是指测定控制点平面坐标(x,y)所进行的测量工作。平面控制测量方法有三角测量、三边测量、边角测量、导线测量和卫星导航与定位方法等。传统控制测量建立的控制网主要为三角网、边角网和导线网。三角网是将控制点组成连续的三角形，观测所有三角形的水平内角以及至少一条三角边的长度（该边称为基线），其余各边的长度均从基线开始按边角关系进行推算，然后计算各点的坐标，这种方法称为三角测量；测定各三角形的边长，再根据起始点坐标和起始方位角来推求各顶点平面位置的测量方法称为三边测量；同时观测三角形内角和全部或若干边长来推求各顶点平面位置的测量方法称为边角测量，此时控制网称为边角网。导线则是测定相邻控制点间边长，由此连成连续的折线，并测定相邻折线间水平角，以计算控制点坐标，众多导线组成网状则称为导线网。

我国原有的国家平面控制网首先是一等天文大地锁网，在全国范围内大致沿经线和纬线方向布设，形成间距约 200km 的格网，三角形的平均边长约 20km，如图 8-1 所示。三角锁就是由三角形相连成的带状图形结构，观测每一个三角形的三个内角，但需要在五角星的地方和画双线这些边分别观测天文方位角和用高精度的距离测量方式测量边长（基线边）。一等三角锁网就是由这种纵横交错的三角锁构成三角锁网，每一个三角形的顶点就是国家一等控制点，一等三角网的作用是作为下级的骨干网，同时它可以用于研究地球的形状和大小。在一等三角锁包围的每一个格网中用平均边长约 13km 的二等三角网填充，如图 8-2 所示。同样需要加测一定的天文方位角和基线边，并以一等控制点的数据作为起算数据，通过测量三角形的三个内角推算每个三角形顶点的坐标，就得到二等控制网的各个控制点的平面坐标。一、二等三角网构成全国的平面控制网。

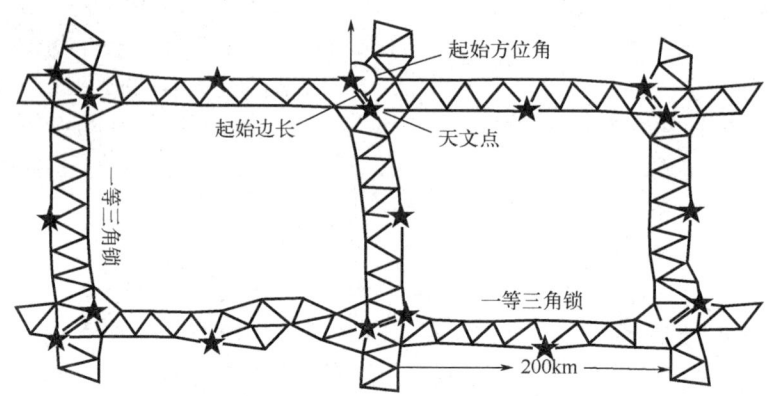

图 8-1　国家一等三角锁网

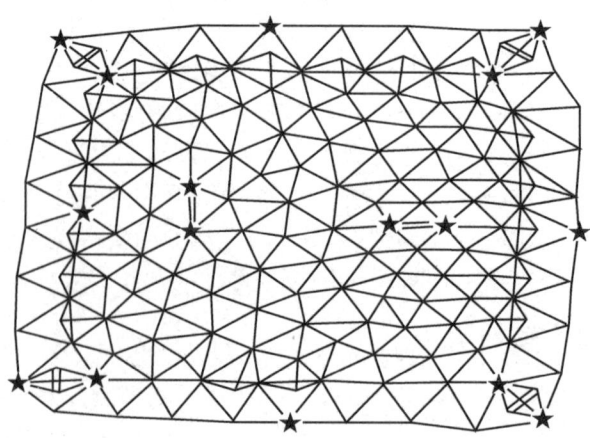

图 8-2　国家二等全面三角网

在国家一、二等平面控制网基础之上,用平均边长约为 8km 的三等网和边长为 2～7km 的四等网逐步加密,就得到了三、四等控制网,主要是为满足测绘全国性的 1∶10 000～1∶5 000 地形图的需要。对于三、四等控制网可以通过插网和插点两种方式进行加密,如图 8-3 所示。三、四等的控制网并没有在全国范围展开,而是在需要的地方进行布设。

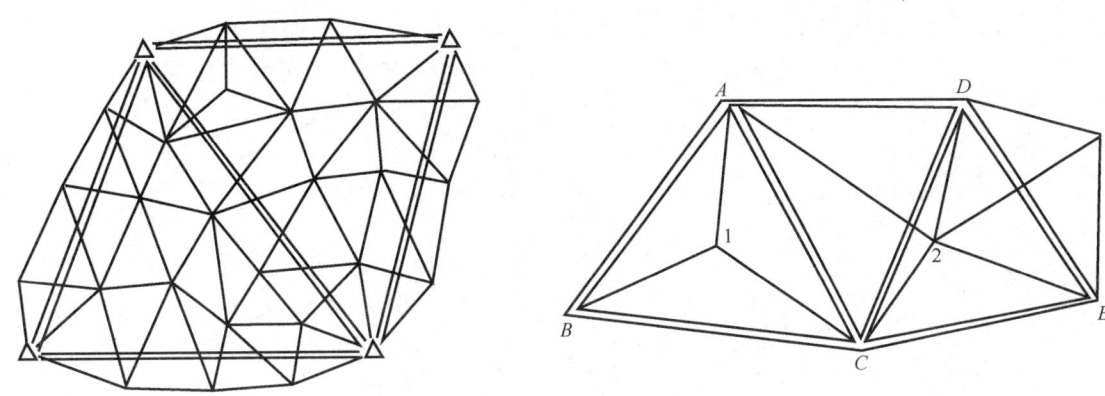

图 8-3 三、四等控制网

为了测绘 1∶2 000～1∶500 大比例尺地形图或者为了工程施工放样和变形观测等,需要布设密度更高的平面控制网。以国家控制网为基础,城市平面控制网采用边角测量或者导线测量的方法布设。布设的边角网或者导线网分为二、三、四等(按城市面积的大小,从其中某一等开始)和一、二、三级,以便直接用于地形图测绘的图根控制,其一般布设形式如图 8-4 所示。

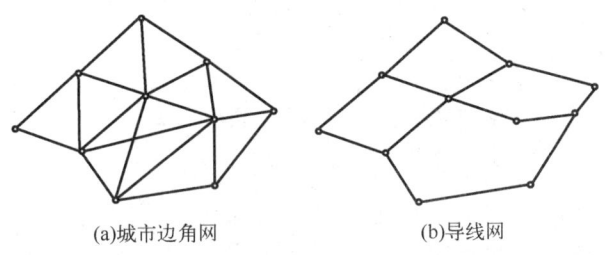

(a)城市边角网   (b)导线网

图 8-4 城市边角网和导线网

随着 GNSS 技术的应用和普及,三角测量这一传统定位技术逐渐被 GNSS 技术代替。利用 GNSS 技术可以建立控制网,这样的控制网被称为 GNSS 控制网。目前 GNSS 控制网逐步代替了国家等级的平面控制网和城市各级平面控制网,其构网形式基本上仍为三角形网或多边形格网(闭合环或附合线路),如图 8-5 所示。我国国家级 GNSS 控制网按其控制范围和精度分为 A、B、C、D、E 共五个等级,其中 A、B 两级属于国家 GNSS 控制网。

8.1.4 高程控制测量方法简介

在测区布设一批高程控制点,即水准点,用精确的方法测定其高程的测量工作,称为高程控制测量,这些高程控制点构成的网称为高程控制网。建立高程控制测量网的方法主要采用水准测量、三角高程测量、GNSS 高程测量这三种方法。

水准测量又称为"几何水准测量",是用水准仪和水准尺测定地面上两点间高差,从而根据已知点高程去确定待定点高程的方法。高程控制网的建立主要采用水准测量方法,比如国家高程控制网采用精密水准测量方法和仪器建立，因此也称为水准网。三角高程测量主要用于地形起伏较大、直接水准测量有困难的地区，为地形测图提供高程控制。GNSS 高程测量可以精确地测定控制点的大地高，可通过高程异常（大地水准面差距）模型将大地高转化为正常高（正高），一般用于地形比较平缓的地区。在一些特殊的情况下，低等级水准测量也可以用电磁波测距三角高程测量和 GNSS 高程测量代替。

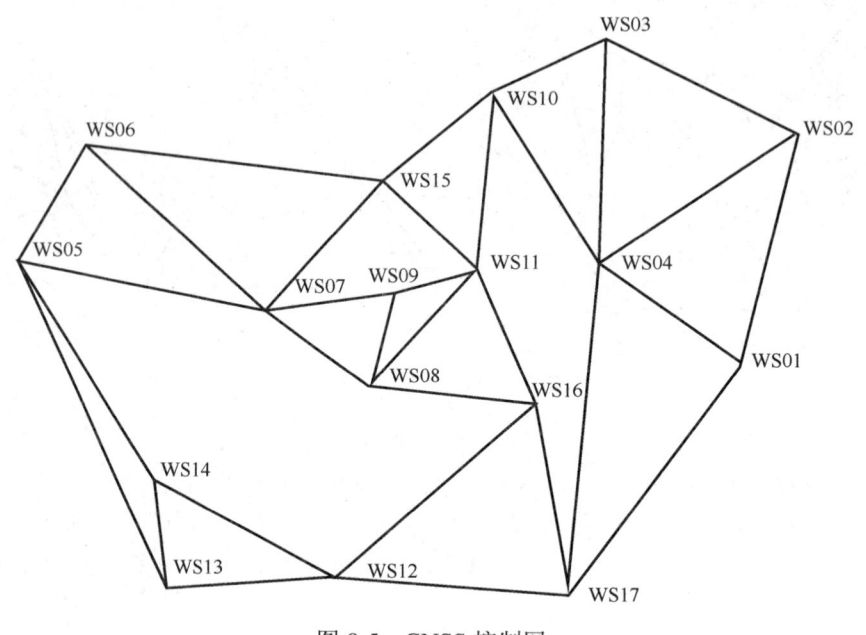

图 8-5　GNSS 控制网

8.2　导线测量

导线测量因其布设灵活、要求通视方向少、边长可以直接测量、工作效率高，是平面控制测量中的一种常用方法，在建筑物密集、视野不太开阔的地方或者是地形复杂的山区特别适合用来做控制测量。特别是随着电磁波测距技术的成熟，导线精度和自动化程度均有所提高，从而使得导线测量得到更加广泛的应用，成为中小城市、厂矿等地区图根控制测量的常用方法。图根导线测量的主要技术指标如表 8-1 所示。

表 8-1　图根导线测量的主要技术指标

导线长度/m	相对闭合差	边长	测角中误差（"）		DJ6 测回数	方位角闭合差（"）	
			首级控制	加密控制		首级控制	加密控制
≤1.0	≤1/2000	≤1.5 测图最大视距	20	30	1	$40\sqrt{n}$	$60\sqrt{n}$

8.2.1　导线测量概述

导线测量是指将一系列测点按照相邻次序连成连续的折线形式，并测定各折线边的边长和转折角，再根据起始数据推算各测点平面坐标的技术与方法。这些连续的折线称为导线，这些控制点称为导线点。

根据测区的条件和测量需要，导线通常布设成以下几种形式。

1. 闭合导线

闭合导线是从一个已知的控制点和已知方向出发，经过一系列的导线点，最后又闭合回到这个已知的控制点，从而形成一个闭合的多边形。如图 8-6 所示，闭合导线从已知高级控制点 A 和已知方向 BA 出发，经过若干导线点 1、2、3、4，最后回到起始点 A 点，形成一个封闭的多边形。在无高级控制点地区，A 点也可为同级导线点。导线中已知方向与导线边的夹角称为连接角（在图 8-6 中，β_A 为连接角），在角度观测中，转折角通常观测多边形内角，除观测各转折角外，还应观测连接角，否则无法进行方位角的推算。

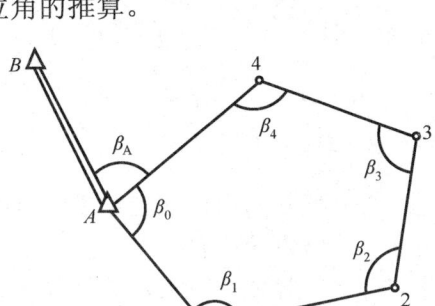

2. 附合导线

附合导线是起止于两个已知高级控制点间的单一导线。如图 8-7 所示，导线从已知高级控制点 B 点和已知方向 AB 出发，经过若干导线点 1、2、3 点，最后附合到另外一个已知高级控制点 C 点上。两端都有已知方向的称为双定向附合导线，简称附合导线（图 8-7 中 β_B、β_C 为连接角）。若只有一端有已知方向，则称为单定向附合导线。若两端均无已知方向，则称为无定向附合导线。单定向附合导线和无定向附合导线在实际生产中应用较少。

图 8-6 闭合导线示意图

3. 支导线

如图 8-8 所示，导线由一已知点和一已知方向出发，既不附合到另外的已知点上，又不回到原有已知点上的导线，称为支导线（图 8-8 中 β_A 为连接角）。当导线点的数目不能满足局部测图需要时，常采用支导线的形式增加支点。由于支导线缺乏检核条件，不易发现错误，因此其点数不超过两个，仅用于图根导线测量。

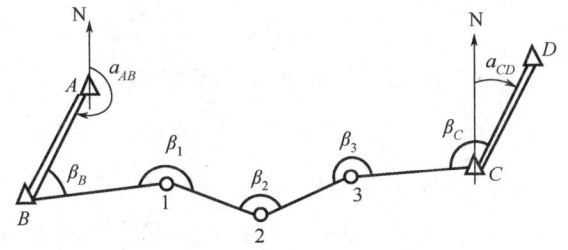

图 8-7 附合导线示意图

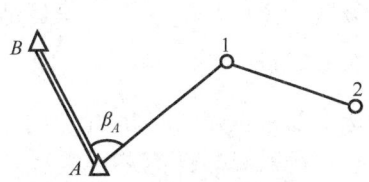

图 8-8 支导线示意图

以上闭合导线、附合导线和支导线统称为单一导线。

4. 单结点导线

如图 8-9 所示，从 3 个或 3 个以上的已知点出发，布设 3 条或 3 条以上的导线，且这些导线汇合于一未知点上，该点称为结点。只有一个结点的导线称为单结点导线。结点导线的起始点一般应有已知方向。

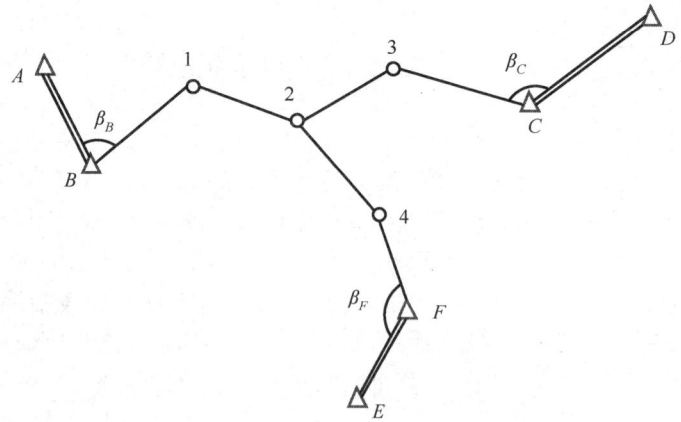

图 8-9　单结点导线示意图

5．导线网

导线网是指由已知点和未知点连接成一系列折线并构成网状的平面控制图形，如图 8-10 所示。导线网至少包含一个结点或两个以上闭合环。单结点导线是最简单的导线网。导线网未知点多，控制范围大，计算复杂，具有较多的检核条件。

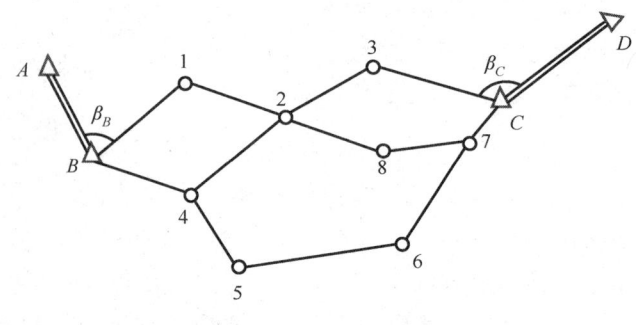

图 8-10　导线网示意图

8.2.2　导线测量的外业

导线测量的外业工作主要包括：踏勘选点、建立标志、边长测量和角度测量。

1．踏勘选点

选点前，应尽可能地调查收集测区有关资料，如地形图、影像图、已有控制点成果等。然后利用已有资料研究测区情况，如地形地貌、交通情况、通视情况，确定勘察测区的重点，实地查看已知点是否完好，因为已知点是决定导线布设方案设计的关键，再在地形图上大致拟订导线的走向和布设形式，定出初步方案。最后到测区现场进行实地踏勘、核对、修改和落实点位。当需要分级布设时，应先确定首级导线。

在实地确定导线点的位置时，选取的导线点时应满足下列要求：

（1）导线点应选在土质坚实，便于保存和安置仪器的地方；

（2）相邻导线点间应相互通视良好，便于测角；

（3）导线点应选在视野开阔的地方，便于以后的碎部测量，发挥最大的控制作用；

（4）导线边长应大致相等，其边长应符合表 8-2 的要求；

（5）导线点应有足够的密度且分布均匀，便于控制整个测区。

表 8-2 图根导线边长测量技术指标

测图比例尺	附合导线长度/m	平均边长/m	导线全长相对闭合差	测回数	方位角闭合差/(″)
1∶500	900	80	≤1/2000	1	$40\sqrt{n}$
1∶1000	1800	150			
1∶2000	3000	250			

2．建立标志

导线点选定后，应在点位上建立标志，并沿导线走向顺序编号，绘制导线略图。导线点的位置根据现场条件，用木桩、混凝土标石或者大铁钉等来标志。如果是土质地面，通常在点位上钉一个木桩，在桩顶钉一小钉作为点的标志，如图 8-11 所示。如果是沥青路面，可用顶面刻有十字纹的测钉作为点的标志。对于等级导线点，需要长期保留时，要埋设永久性标志混凝土桩，如图 8-12 所示。对于导线编号，闭合导线一般按逆时针方向编号，附合导线和支导线按前进方向编号。为了便于以后寻找，应量出图根导线点到附近 3 个明显地物点间的距离，并在明显地物点上用红油漆标明导线点的位置。为便于以后使用，应绘制草图，图上注明导线点的编号、与周围明显地物点间的距离等信息，该图称为点之记，如图 8-13 所示。

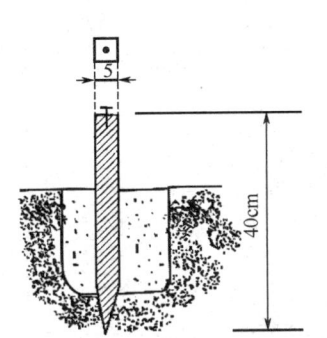

图 8-11 导线点临时标志示意图

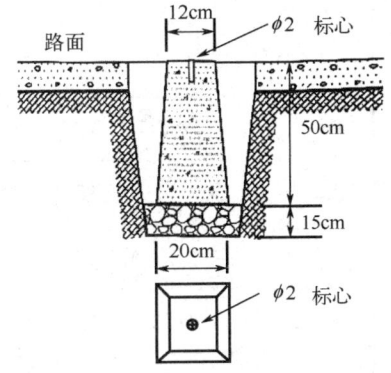

图 8-12 导线点永久性标志示意图

3．边长测量

各级导线边长一般采用全站仪、电磁波测距仪观测，同时测定竖直角和斜距，并换算为水平距离。

4．角度测量

角度测量要测量导线的连接角和转折角。导线的转折角是在导线点上由相邻两导线边构成的水平角，有左角、右角之分。位于导线前进方向左侧的称为左角，反之称为右角。附合导线应统一测量左角或右角。支导线左右角都应观测，闭合导线一般测内角。角度测量一般采用测回法观测。当导线边长较短时，要特别注意仪器对中与目标照准，以减少这两项误差对测角精度的影响。

娄邵铁路 D级点 点之记

点 号	GCPⅡ031	类 级	D级	网 段	娄邵段
概略位置	$B=27°39'45''$ $L=111°57'05''$ $H=100.077$			点位略图	
所在地	该点位于娄底市万宝镇村江村昕屋组黄小元家西边60米碎石路边。				
通视情况	CPI005	线路里程	DK11+303.5 右侧84.4米	交通路线图	
地 类	三类	土 质	粘土		
交通情况	由娄底市出发至万宝镇村江村昕屋组即到。			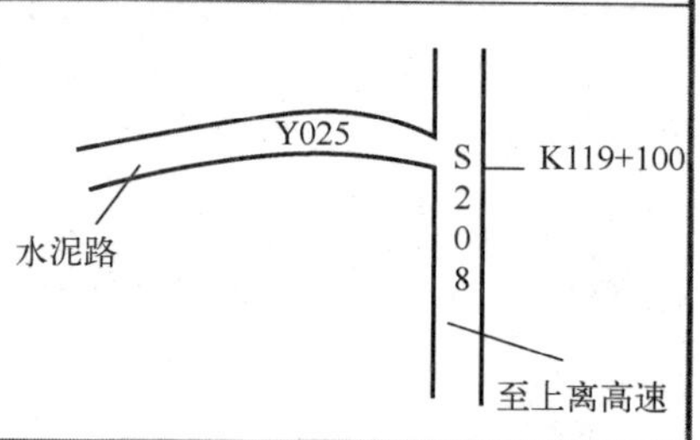	
选点情况				标石断面图	
单 位	铁四院工勘院十一队			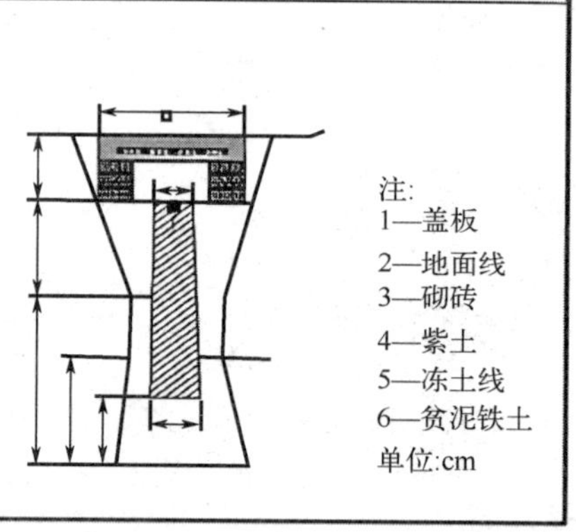	
选点员	钱俊	日 期	2009-10-7		
埋石情况					
单 位	铁四院工勘院十一队				
埋石员	彭昕良	日 期	2009-10-7		
备 注					

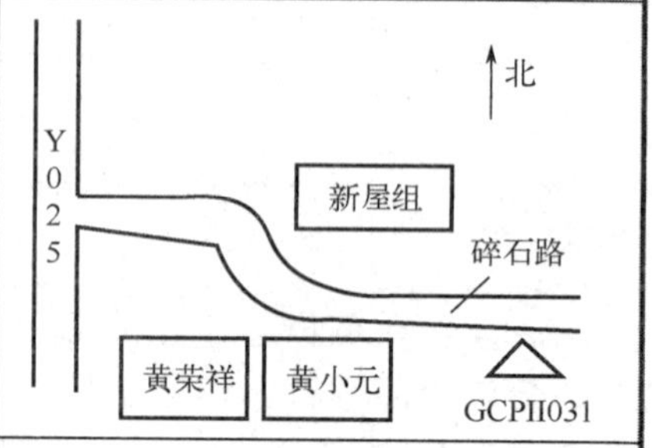

注:
1—盖板
2—地面线
3—砌砖
4—紫土
5—冻土线
6—贫泥铁土
单位:cm

图 8-13 点之记

导线连接角的测量称为导线定向,目的是使导线点的坐标纳入国家坐标系统或该地区的统一坐标系中。对于与高级控制点连接的导线,如图 8-7 所示,要测出连接角 β_B、β_C;对于独立导线(没有联测高等级控制点的导线),需要用罗盘仪或其他方法测定起始方位角。

8.2.3 导线测量的内业计算

导线测量的内业计算的主要目的是计算各个导线点的平面坐标 (x, y)。在内业计算之前,要全面检查抄录的起算数据是否正确、导线外业观测数据(包括水平角、垂直角、距离测量记录等)有无遗漏,记录、计算是否有误,测量成果是否符合限差要求。为防止计算过程中出现错误，在导线计算前，要根据外业成果绘制计算略图，将起算数据和观测值标注在略图相应位置上。

1. 闭合导线的计算

1）角度闭合差的计算与调整

闭合导线为多边形，一般测内角。对于 n 边形，其内角和的理论值为

$$\sum \beta_{理} = (n-2) \times 180° \tag{8-1}$$

由于角度观测过程中存在误差，观测的内角之和与理论值不等，其差值称为角度闭合差，用 f_β 表示，则

$$f_\beta = \sum \beta_{测} - \sum \beta_{理} = \sum \beta_{测} - (n-2) \times 180° \tag{8-2}$$

角度闭合差的大小在一定程度上标志着测角的精度。导线作为图根控制时，角度闭合差的容许值为

$$f_{\beta 容} = \pm 40'' \sqrt{n} \tag{8-3}$$

式中：n 为闭合导线内角的个数。

当角度闭合差大于其容许值时，应重新检测角度。当角度闭合差不大于其容许值时，要进行角度闭合差的调整，消除测角误差。具体地，各角度属于等精度观测，故可将角度闭合差按相反符号平均分配给各观测角，每个角度的改正数用 V_β 表示，则

$$V_\beta = -\frac{f_\beta}{n} \tag{8-4}$$

式中：f_β 为角度闭合差，单位为秒；n 为闭合导线内角的个数。

注意：如果 f_β 的值不能被导线内角数整除而有余数时，可将余数调整到角度值大的内角上，使调整后的内角和等于 $\sum \beta_{理}$。

设导线的角度观测值为 $\beta_{测}$，改正后的角度值为 $\hat{\beta}$，调整后的角度值计算如下：

$$\hat{\beta} = \beta_{测} + V_\beta \tag{8-5}$$

2）导线各边坐标方位角的推算

根据起算边坐标方位角和改正后的转折角，推算各边坐标方位角。推算坐标方位角的公式如下：

$$\alpha_{前} = \alpha_{后} \pm 180° \pm \beta \tag{8-6}$$

3）坐标增量的计算与闭合差的调整

各边的坐标增量分别按照式（8-7）计算。

$$\begin{cases} \Delta x_i = D_i \cos \alpha_i \\ \Delta y_i = D_i \sin \alpha_i \end{cases} \tag{8-7}$$

对于闭合导线，各边 x 坐标增量总和与 y 坐标增量总和的理论值应等于 0，即

$$\begin{cases} \sum \Delta x_{理} = 0 \\ \sum \Delta y_{理} = 0 \end{cases} \tag{8-8}$$

由于观测值不可避免地包含误差，角度观测值虽然经过角度闭合差的调整，但仍有残余误差，另外导线边长观测值也存在误差，所以计算出的坐标增量也具有误差，坐标增量总和一般不等于0，该数值称为纵、横坐标增量闭合差，分别用 f_x、f_y 表示，即

$$\begin{cases} f_x = \sum \Delta x_{测} - \sum \Delta x_{理} = \sum \Delta x_{测} \\ f_y = \sum \Delta y_{测} - \sum \Delta y_{理} = \sum \Delta y_{测} \end{cases} \quad (8-9)$$

从起点出发，根据各边坐标计算值算出各点的坐标后，若不能闭合于起点，造成错开现象，错开的距离长度称为导线全长绝对闭合差，用 f_D 表示，如图 8-14 所示。

f_x 为 f_D 在 x 轴上的投影，f_y 为 f_D 在 y 轴上的投影，则

$$f_D = \sqrt{f_x^2 + f_y^2} \quad (8-10)$$

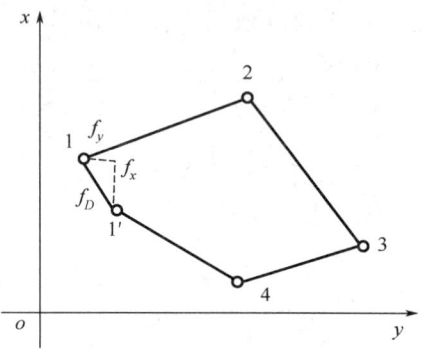

图 8-14　导线全长闭合差

导线越长，导线测角和量距中的误差积累也越多，因此 f_D 数值的大小和导线全长有关。因此在衡量导线测量精度时，应将 f_D 除以导线全长（各导线边长之和 $\sum D$），并以分子为 1 的分式表示，称为导线全长相对闭合差，其计算公式如下：

$$K = \frac{f_D}{\sum D} = \frac{1}{\frac{\sum D}{f_D}} \quad (8-11)$$

K 值越小，表示导线测量的精度越高。图根导线的允许导线相对闭合差为 $K_{容} = \dfrac{1}{2000}$。当 $K < K_{容}$ 时，导线测量的精度符合要求，可以进行坐标增量闭合差的调整，否则需要进行外业检查，必要时重新进行外业测量。

对于坐标增量闭合差的调整，由于坐标增量闭合差主要由于边长误差影响而产生，而边长误差大小与边长的长短有关，因此，坐标增量闭合差的调整方法是将增量闭合差 f_x、f_y 反号，按与边长成正比分配于各个坐标增量之中，使改正后的坐标增量之和 $\sum \Delta x$、$\sum \Delta y$ 均等于 0。设第 i 边边长为 D_i，其纵横坐标增量改正数分别用 $V_{\Delta x_i}$、$V_{\Delta y_i}$ 表示，则

$$\begin{cases} V_{\Delta x_i} = -\dfrac{f_x}{\sum D} \cdot D_i \\ V_{\Delta y_i} = -\dfrac{f_y}{\sum D} \cdot D_i \end{cases} \quad (8-12)$$

式中：$\sum D$ 为导线边长总和；D_i 为第 i 边的边长。

改正后的坐标增量计算公式为

$$\begin{cases} \Delta \hat{x} = \Delta x + V_{\Delta x_i} \\ \Delta \hat{y} = \Delta y + V_{\Delta y_i} \end{cases} \quad (8-13)$$

注意：改正数一般取至毫米，坐标增量改正数的总和应等于坐标增量闭合差的相反数，用此进行检核。如果有余数时，可将余数调整到长边的坐标增量的改正数上。

4）导线点坐标的计算

根据起算点坐标和调整后的坐标增量，按照坐标正算公式逐点计算各导线点的坐标，其计算公式为

$$\begin{cases} x_{i+1} = x_i + \Delta \hat{x}_{i,i+1} \\ y_{i+1} = y_i + \Delta \hat{y}_{i,i+1} \end{cases} \quad (8\text{-}14)$$

【例题 8-1】如图 8-15 所示，已知 1-2 边的方位角为 132°12′36″，测得图根闭合导线各转折角、边长的值均标注于图上，其计算见表 8-3。

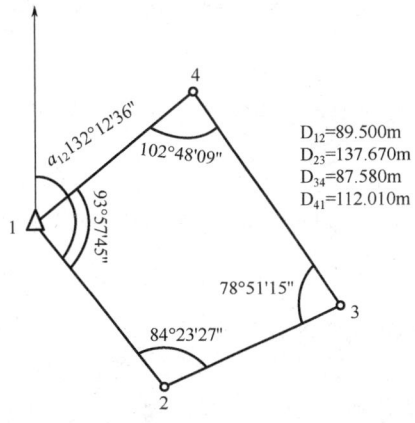

图 8-15 闭合导线坐标计算略图

表 8-3 闭合导线坐标计算表

点号	角度观测值 ° ′ ″	角度改正数 ″	改正后角度 ° ′ ″	坐标方位角 ° ′ ″	边长/m	ΔX 坐标增量/m	ΔX 改正数/m	ΔX 改正后坐标增量/m	ΔY 坐标增量/m	ΔY 改正数/m	ΔY 改正后坐标增量/m	X 坐标/m	Y 坐标/m
1				132 12 36	89.500	−60.131	−0.014	−60.145	+66.292	+0.012	+66.304	200.000	500.00
2	84 23 27	−9	84 23 18									139.855	566.304
				36 35 54	137.670	+110.526	−0.022	+110.504	+82.079	+0.018	+82.097		
3	78 51 15	−9	78 51 06									250.359	648.401
				295 27 00	87.580	+37.635	−0.014	+37.621	−79.081	+0.011	−79.070		
4	102 48 09	−9	102 48 00									287.980	569.331
				218 15 00	112.010	−87.963	−0.017	−87.980	−69.345	+0.014	−69.331		
1	93 57 45	−9	93 57 36									200.000	500.000
				132 12 36									
2													
Σ	360 00 36	−36	360 00 00		426.760	+0.067	−0.067	0	−0.055	+0.055	0		
辅助计算	$\sum \beta_{测} = 360°00′36″$ $\sum \beta_{理} = 360°00′00″$ $f_\beta = \sum \beta_{测} - \sum \beta_{理} = +36″$ $f_{\beta容} = \pm 40″\sqrt{n} = \pm 80″$			$f_x = \sum \Delta x = +0.067\text{m}$ $f_y = \sum \Delta y = -0.055\text{m}$ $f_D = \sqrt{f_x^2 + f_y^2} = 0.087\text{m}$ $K = \dfrac{1}{\sum D / f} = \dfrac{1}{4095}$ $K_容 = 1/2000$								导线外业观测成果草图：	

2. 附合导线的计算

附合导线的计算与闭合导线的计算基本相同，只是在角度闭合差和坐标增量闭合差的计算方面存在差异。

1）附合导线角度闭合差的计算与调整

如图 8-7 所示，根据起始边 AB 的坐标方位角及各转折角 β_i（左角），可以推算出 CD 边的坐标方位角 α'_{CD}，α'_{CD} 应与 CD 边的已知方位角 α_{CD} 相等。但是由于测角有误差，所以 α'_{CD}

与 α_{CD} 一般不相等，其差值即为附合导线的角度闭合差 f_β，即

$$f_\beta = \alpha'_{CD} - \alpha_{CD} \tag{8-15}$$

用附合导线的左角来计算方位角，其公式为

$$\alpha'_{CD} = \alpha_{AB} + \sum \beta_{左} - n \times 180° \tag{8-16}$$

用附合导线的右角来计算方位角，其公式为

$$\alpha'_{CD} = \alpha_{AB} - \sum \beta_{右} + n \times 180° \tag{8-17}$$

式中：n 为转折角的个数（包括连接角）。

若角度闭合差在容许范围内，则将闭合差按相反符号平均分配给各左角，若观测的是右角，则将闭合差按相同符号平均分配给各右角。

2）坐标增量闭合差的计算

根据各边的观测边长和推算得到的方位角计算坐标增量。由于导线两端点为已知点，所以附合导线纵、横坐标增量的代数和理论上应等于起、终两已知点间的坐标差。但由于导线边长和角度观测中存在误差，各导线边纵、横坐标增量代数和不等于起、终两已知点的坐标差，其差值就是附合导线坐标增量闭合差，计算公式如下：

$$\begin{cases} f_x = \sum \Delta x_{测} - \sum \Delta x_{理} = \sum \Delta x_{测} - (x_{终} - x_{始}) \\ f_y = \sum \Delta y_{测} - \sum \Delta y_{理} = \sum \Delta y_{测} - (y_{终} - y_{始}) \end{cases} \tag{8-18}$$

式中：$x_{始}$、$y_{始}$ 为附合导线起始已知点的纵、横坐标，$x_{终}$、$y_{终}$ 为附合导线终点的纵、横坐标。

附合导线坐标增量闭合差的调整方法以及导线精度的衡量均与闭合导线相同。根据起始点的坐标和改正后的坐标增量，依次计算各点的坐标，最后算得的附合导线终点的坐标等于终点的已知坐标，否则计算有误。

【例8-2】图8-16是附合导线的计算略图，A、B 和 C、D 点是已知的高级控制点，α_{AB}、α_{CD} 及 $B(x_B, y_B)$、$C(x_C, y_C)$ 为起算数据，β_i 和 D_i 分别为角度和边长的观测值，试计算1、2、3、4点的坐标。计算过程见表8-4。

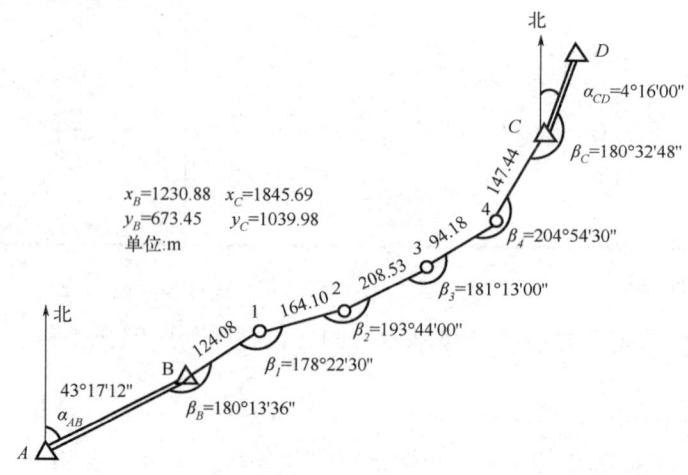

图 8-16 附合导线计算略图

表 8-4 附合导线坐标计算表

点号	角度观测值 ° ′ ″	角度改正数 ″	改正后角度 ° ′ ″	坐标方位角 ° ′ ″	边长/m	ΔX 坐标增量/m	ΔX 改正数/m	ΔX 改正后坐标增量/m	ΔY 坐标增量/m	ΔY 改正数/m	ΔY 改正后坐标增量/m	X 坐标/m	Y 坐标/m
A				43 17 12									
B	180 13 36	+8	180 13 44									1230.88	673.45
				43 03 28	124.08	+90.66	−0.02	+90.64	+84.71	+0.02	+84.73		
1	178 22 30	+8	178 22 38									1321.52	758.18
				44 40 50	164.10	+116.68	−0.02	+116.66	+115.39	+0.03	+115.42		
2	193 44 00	+8	193 44 08									1438.18	873.60
				30 56 42	208.53	+178.85	−0.02	+178.83	+107.23	+0.03	+107.26		
3	181 13 00	+8	181 13 08									1617.01	980.86
				29 43 34	94.18	+81.79	−0.01	+81.78	+46.70	+0.02	+46.72		
4	204 54 30	+8	204 54 38									1698.79	1027.58
				4 48 56	147.44	+146.92	−0.02	+146.90	+12.38	+0.02	+12.40		
C	180 32 48	+8	180 32 56									1845.69	1039.98
				4 16 00									
D													
Σ	1119 00 24	+48	1119 01 12		738.33	+614.90	−0.09	+614.81	+366.41	+0.12	+366.53		
辅助计算	$\sum \beta_{测} = 1119°00'24''$ $\sum \beta_{理} = 1119°01'12''$ $f_\beta = -48''$ $f_{\beta容} = \pm 40''\sqrt{n} = \pm 97''$			$f_x = \sum \Delta x = +0.09\text{m}$ $f_y = \sum \Delta y = -0.12\text{m}$ $f_D = \sqrt{f_x^2 + f_y^2} = 0.15\text{m}$ $K = \dfrac{1}{\sum D/f} \approx \dfrac{1}{4900}$ $K_容 = 1/2000$										

3. 支导线的坐标计算

由于支导线没有检核条件，进行坐标计算时，不必进行角度闭合差和坐标增量闭合差的计算与调整，直接由各边的边长和方位角计算坐标增量，最后依次求出各点坐标，具体步骤如下：

（1）根据已知边坐标方位角和观测的转折角推算各边的坐标方位角；

（2）根据各边坐标方位角和边长计算坐标增量；

（3）根据已知点的坐标和各边坐标增量推算各点的坐标。

8.3 交 会 法

小地区平面控制网的布设可用 8.2 节中的导线测量方法。局部个别控制点的加密可采用交会法，交会法按照观测量可分为测角交会、测边交会和边角交会。测角交会按照测角位置的不同又可分为测角前方交会、测角侧方交会和测角后方交会。

8.3.1 测角前方交会

在相邻两个已知点 A、B 设站观测水平角 α、β，求定待定点 P 的坐标，称为测角前方交会，如图 8-17 所示。计算待定点 P 坐标的方法如下。

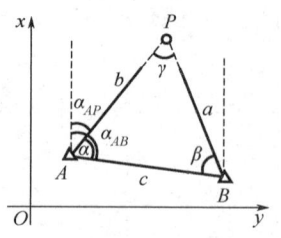

图 8-17 测角前方交会

1. 分步计算法

（1）已知点坐标反算

根据两个已知点 A、B 的坐标，用坐标反算公式计算 A、B 两点间的边长和象限角，

$$D_{AB} = \sqrt{(x_B - x_A)^2 + (y_B - y_A)^2} \tag{8-19}$$

$$R_{AB} = \arctan\left|\frac{\Delta y_{AB}}{\Delta x_{AB}}\right| \tag{8-20}$$

然后利用象限角 R_{AB} 计算坐标方位角 α_{AB}。

（2）待定边边长和方位角计算

按三角正弦定律计算已知点至待定点的边长，即

$$D_{BP} = \frac{D_{AB} \sin\alpha}{\sin\gamma}$$

$$D_{AP} = \frac{D_{AB} \sin\beta}{\sin\gamma} \tag{8-21}$$

式中 $\gamma = 180° - (\alpha + \beta)$。

按下式计算待定边的方位角，即

$$\begin{cases} \alpha_{AP} = \alpha_{AB} - \alpha \\ \alpha_{BP} = \alpha_{BA} + \beta \end{cases} \tag{8-22}$$

（3）待定点坐标计算

根据已知点至待定点的边长和方位角，按坐标正算公式，分别从已知点 A、B 计算待定点 P 的坐标，两次算得的坐标应相等，作为计算的检核。即

$$\begin{cases} x_P = x_A + D_{AP} \cos\alpha_{AP} \\ y_P = y_A + D_{AP} \sin\alpha_{AP} \end{cases} \tag{8-23}$$

$$\begin{cases} x_P = x_B + D_{BP} \cos\alpha_{BP} \\ y_P = y_B + D_{BP} \sin\alpha_{BP} \end{cases} \tag{8-24}$$

两组坐标之差若在限差之内，可取其平均值作为最后的结果。

2. 直接计算待定点坐标的公式

将以上按测角交会法计算待定点坐标的一系列公式，经过化算可得到直接计算待定点坐标的公式（正切公式）为

$$\begin{cases} x_p = \dfrac{x_A \cot\beta + x_B \cot\alpha + (y_B - y_A)}{\cot\alpha + \cot\beta} \\ y_p = \dfrac{y_A \cot\beta + y_B \cot\alpha + (x_A - x_B)}{\cot\alpha + \cot\beta} \end{cases} \quad (8-25)$$

应用式（8-25）计算 P 点的坐标时，要注意 A、B、P 的点号必须按逆时针次序排列，如图 8-17 所示。P 点位置的精度与 α、β 有关，此外还与 γ 的大小有关。当 γ 接近 $60°$ 时，P 点坐标精度最高，在不利的条件下，γ 也不应小于 $30°$ 或者大于 $120°$。

8.3.2 测角侧方交会

如图 8-18 所示，在相邻两个已知点 A、C 设站观测水平角 α、γ，求定待定点 P 的坐标，称为测角侧方交会。测角侧方交会常用于某些已知点不易到达、不便设站的情况。在计算时，可先依据三角形内角和定理，计算 $\beta = 180° - \alpha - \gamma$，然后按照测角前方交会公式计算待定点 P 坐标。

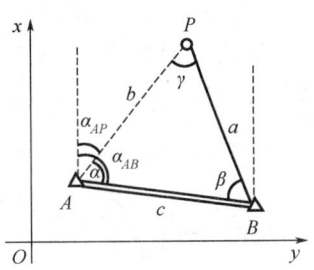

图 8-18 测角侧方交会

8.3.3 测角后方交会

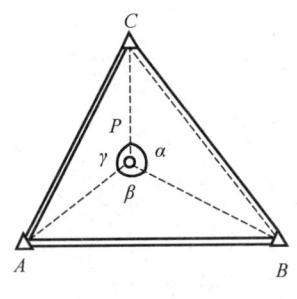

图 8-19 测角后方交会

设有已知点 A、B、C 所构成的三角形的三个内角分别为 A、B、C，如图 8-19 所示。在某一待定点 P 设站观测三个水平角 α、β、γ，以此计算待定点 P 的坐标，称为测角后方交会。待定点可以在已知点所组成的三角形之内，也可以在其外。测角后方交会的优点是不必在多个已知点上设站观测，野外工作量少，故当已知点不易到达时，可采用测角后方交会确定待定点。

设待定点的坐标值为 (x_P, y_P)，分别为三个已知点的坐标值的加权平均值，测角后方交会计算待定点坐标的公式有许多种，其中一种称为测角后方交会的重心公式，其公式如下：

$$\begin{cases} x_p = \dfrac{P_A x_A + P_B x_B + P_C x_C}{P_A + P_B + P_C} \\ y_p = \dfrac{P_A y_A + P_B y_B + P_C y_C}{P_A + P_B + P_C} \end{cases} \quad (8-26)$$

P_A、P_B、P_C 为三个已知点的坐标值的权，并规定已知点坐标值的权按下式计算：

$$\begin{cases} P_A = \dfrac{1}{\cot\angle A - \cot\alpha} = \dfrac{\tan\alpha \tan\angle A}{\tan\alpha - \tan\angle A} \\ P_B = \dfrac{1}{\cot\angle B - \cot\beta} = \dfrac{\tan\beta \tan\angle B}{\tan\beta - \tan\angle B} \\ P_C = \dfrac{1}{\cot\angle C - \cot\gamma} = \dfrac{\tan\gamma \tan\angle C}{\tan\gamma - \tan\angle C} \end{cases} \quad (8-27)$$

当 A、B、C、P 处于四点共圆的位置时（如图 8-20 所示），就不能用测角后方交会测定待定点的位置（坐标），因此，该四点共圆称为测角后方交会的危险圆。在测角后方交会中，当 P 点落在此危险圆圆周附近时，求得的 P 点的坐标精度很低，因此需要注意危险圆问题，应该避免。

具体地，选取 P 点时应注意：P 点位置最好在三个已知点连成的三角形的重心附近；P 点距离危险圆的距离不得小于危险圆半径的 1/5；从 A、B、C 三点到 P 点的距离，其最长边与最短边之比不得超过 3：1。

8.3.4 测边交会

从待定点 P 向两个已知点 A、B 测量边长 AP 和 BP，以计算 P 点的坐标，称为测边交会（又称为距离交会），如图 8-21 所示。可以将测边交会化为测角交会，计算待定点坐标的方法如下。

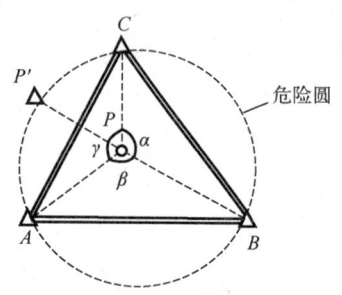

图 8-20 测角后方交会的危险圆

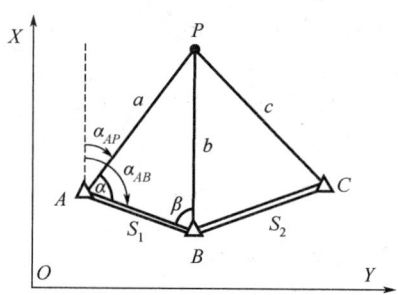

图 8-21 测边交会

根据△ABP 的三边长度 a、b、S_1，用三角余弦定律计算三角形的两个内角 α 和 β 为

$$\begin{cases} \alpha = \arccos\left(\dfrac{S_1^2 + a^2 - b^2}{2S_1 a}\right) \\ \beta = \arccos\left(\dfrac{S_1^2 + b^2 - a^2}{2S_1 b}\right) \end{cases} \tag{8-28}$$

按已知点 A、B 两点的坐标和 α、β，用测角交会式（8-19）至式（8-24）或者式（8-25）计算待定点 P 的坐标。当附近还有另一已知点 C 时，可利用 B、C 点再一次进行距离交会，两次距离交会求定的坐标值之差若在限差之内，可取其平均值作为最终交会结果。

8.3.5 边角交会

从待定点 P 向两个已知点 A、B 测量边长 AP 和 BP，并观测水平角 γ，以计算 P 点的坐标，称为边角交会，如图 8-22 所示，边角交会有一个多余观测，可以检核边角观测值。计算待定点坐标的方法如下。

（1）角度闭合差调整和待定点坐标计算

在△ABP 中，边长 c 可以根据 A、B 两点的坐标反算，边长 a、b 为观测值，根据三角形三边的长度，用余弦定律计算水平角 α 和 β 为

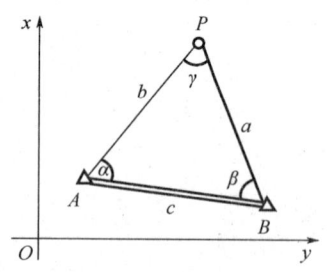

图 8-22 边角交会

$$\begin{cases} \alpha = \arccos\left(\dfrac{c^2 + b^2 - a^2}{2bc}\right) \\ \beta = \arccos\left(\dfrac{a^2 + c^2 - b^2}{2ac}\right) \end{cases} \quad (8\text{-}29)$$

据此算得三角形的另一水平角为

$$\gamma' = 180° - \alpha - \beta \quad (8\text{-}30)$$

γ 的计算值和观测值之差为角度闭合差：

$$f_\beta = \gamma' - \gamma \quad (8\text{-}31)$$

角度闭合差如果在容许范围以内，以 2/3 的角度闭合差反其符号改正 α 和 β，然后按测角交会式（8-19）至式（8-24）或者式（8-25）计算待定点 P 的坐标。

8.4 高程控制测量

国家高程控制网的建立采用三、四等水准测量加密。但三、四等水准测量还常用作小地区的首级高程控制，以及工程建设地区内工程测量和变形观测的高程控制。三、四等水准网应从附近的国家高一等级水准点引测高程。在一些地形起伏较大、直接水准测量有困难的地区，可采用三角高程测量为地形测图提供高程控制。在一些特殊的情况下，四等水准测量也可以用 GNSS 高程测量代替。本节介绍三、四等水准测量、三角高程测量、GNSS 高程测量。

8.4.1 三、四等水准测量

三、四等水准测量的路线一般沿道路布设，避开土质松软地段，水准点间的间距可根据实际需要决定，在城市建筑区为 1～2km，在郊区为 2～4km。在加密国家控制点时，三、四等水准路线多布设成附合水准路线、结点网的形式；在独立测区作为首级控制时，应布设成闭合水准路线形式；而在山区、带状工程测区，可布设成附合水准路线、支水准路线形式。水准点应埋设在地基稳固、能长久保存和便于观测的地方，建立普通水准标石或临时水准点标志，也可利用埋石的平面控制点作为水准点。三、四等水准测量的主要技术指标如表 8-5 所示。

表 8-5 三、四等水准测量的主要技术指标

等级	每千米高差中误差/mm	水准仪级别	测段往返测高差、附合路线或环线闭合差/mm	
			平地	山区
三等	±6	DS3	±12$\sqrt{L}$	±4$\sqrt{n}$
四等	±10	DS3	±20$\sqrt{L}$	±6$\sqrt{n}$
图根	±20	DS3	±40$\sqrt{L}$	±12$\sqrt{n}$

注：表中 L 为环线或附合线路长度，以 km 为单位，n 为测站数。

三、四等水准测量一般采用双面尺法或者两次仪器高法观测，三、四等水准测量测站技术要求见表 8-6。三、四等水准测量的观测应在通视良好、成像清晰稳定的情况下进行。下面以一个测段为例，介绍三、四等水准测量双面尺法观测的程序，其记录与计算参见表 8-7。

表 8-6　三、四等水准测量测站技术要求

等级	标准视线长度/m	前后视距差/m	前后视距累积差/m	黑红面读数差/mm	黑红面所测高差之差/mm
三等	≤75	≤3.0	≤5.0	≤2.0	≤3
四等	≤100	≤5.0	≤10.0	≤3.0	≤5

1．测站观测程序

1）在至前、后水准尺视距大致相等（目估或步测）处安置水准仪，三等水准测量每测站照准标尺分划顺序如下：

（1）后视标尺黑面，精平，读取上、下、中丝读数，记为（1）、（2）、（3）；

（2）前视标尺黑面，精平，读取上、下、中丝读数，记为（4）、（5）、（6）；

（3）前视标尺红面，精平，读取中丝读数，记为（7）；

（4）后视标尺红面，精平，读取中丝读数，记为（8）。

三等水准测量每测站观测顺序简称为："后—前—前—后"（或黑—黑—红—红），其优点是可消除或减弱仪器和尺垫下沉误差的影响。

2）在至前、后水准尺视距大致相等（目估或步测）处安置水准仪，四等水准测量每测站照准标尺分划可以和三等一样采用"后—前—前—后"，也可以采用"后—后—前—前"（或黑—红—黑—红）。四等水准测量每测站"后—后—前—前"（或黑—红—黑—红）顺序如下：

（1）后视标尺黑面，精平，读取上、下、中丝读数，记为（1）、（2）、（3）；

（2）后视标尺红面，精平，读取中丝读数，记为（8）；

（3）前视标尺黑面，精平，读取上、下、中丝读数，记为（4）、（5）、（6）；

（4）前视标尺红面，精平，读取中丝读数，记为（7）。

2．测站计算与校核

（1）视距计算（以 m 为单位）。

后视距离：（9）=[（1）-（2）]×100（原始观测数据以 mm 为单位时，要除以 10）

前视距离：（10）=[（4）-（5）]×100

前、后视距差：（11）=（9）-（10）

前、后视距累积差：本站（12）= 本站（11）+上站（12）

三等水准测量前后视距差不得超过±3 m，四等水准测量不得超过±5 m；前后视距累积差三等不得超过±5 m，四等不得超过±10 m。

（2）同一水准尺黑、红面中丝读数差值校核

前尺：（13）=（6）+K_1-（7）（以 mm 为单位）

后尺：（14）= （3）+K_2-（8）（以 mm 为单位）

三等水准测量同一水准尺黑红面中丝读数差值不得超过±3 mm，四等不得超过±5 mm。

（3）高差计算及校核。

黑面高差：（15）=（3）-（6）

红面高差：（16）=（8）-（7）

第 8 章 控制测量

校核计算：黑、红面高差之差（17）=（15）–[（16）±100]

三等水准测量黑红面高差差值不得超过±3 mm，四等不得超过±5 mm。

高差中数：（18）=[（15）+（16）±100]/2

每一测站中，当后尺红面起点为 4687mm，前尺红面起点为 4787mm 时，取+100；反之，取–100。

3．计算校核

（1）高差部分。表 8-7 中后视红、黑面读数总和与前视红、黑面读数总和之差，应等于红、黑面高差之和，还应等于平均高差总和的两倍。

表 8-7　三（四）等水准测量观测手簿

测自 A 至 B　　日期 2024 年 10 月 10 日　　仪器：DS3 水准仪　　天气 晴、微风

成像 清晰、稳定　　观测者：李 明　　记录者：肖 钢

测站编号	点号	上丝 下丝 后视视距（m） 前后视距差（m）	上丝 下丝 前视视距（m） 累积差（m）	方向及尺号	中丝读数		K+黑–红（mm）	高差中数（mm）	备注
					黑面（mm）	红面（mm）			
		（1）	（4）	后	（3）	（8）	（14）		K_1=4687 K_2=4787
		（2）	（5）	前	（6）	（7）	（13）	（18）	
		（9）	（10）	后—前	（15）	（16）	（17）		
		（11）	（12）						
1	A ～ ZD1	1587 1213 37.4 –0.2	0755 0379 37.6 –0.2	后 前 后—前	1400 0567 +0833	6187 5255 +0932	0 –1 +1	+0832.5	
2	ZD1 ～ ZD2	2111 1737 37.4 –0.1	2186 1811 37.5 –0.3	后 前 后—前	1924 1998 –0074	6611 6786 –0175	0 –1 +1	–0074.5	
3	ZD2 ～ ZD3	1916 1541 37.5 –0.2	2057 1680 37.7 –0.5	后 前 后—前	1728 1868 –0140	6515 6556 –0041	0 –1 +1	–0140.5	
4	ZD3 ～ ZD4	1945 1680 26.5 –0.2	2121 1854 26.7 –0.7	后 前 后—前	1812 1987 –0175	6499 6.773 –0274	0 +1 –1	–0174.5	
5	ZD4 ～ B	0675 0237 43.8 +0.2	2902 2466 43.6 –0.5	后 前 后—前	0466 2684 –2218	5254 7371 –2117	–1 0 –1	–2217.5	

对于测站数为偶数的：

$$\sum[（3）+（8）]-[（6）+（7）]=\sum[（15）+（16）]=2\sum（18）$$

对于测站数为奇数的：

$$\sum[（3）+（8）]-[（6）+（7）]=\sum[（15）+（16）]=2\sum（18）\pm100$$

（2）视距部分

末站视距累积差值：末站（12）=∑（9）–∑（10）

$$总视距=\sum（9）+\sum（10）$$

每个测站计算无误，并且各项数值都在相应的限差范围之内时，根据每个测站的平均高差，利用已知点的高程，推算出各未知水准点的高程，其计算方法与高差闭合差的调整方法，在第三章水准测量中已经讲述，在此不再赘述。

当测区范围较大时，要布设多条水准路线。为了使各水准点高程精度均匀，必须把各线段联在一起，构成统一的水准网。水准网一般采用最小二乘原理进行平差，从而求解出各水准点的高程，具体计算方法请参考误差理论与测量平差基础相关资料。

8.4.2 三角高程测量

在地形起伏较大的山区或高层建筑物上进行高程测量时，水准测量比较困难，而且速度慢，可采用三角高程测量的方法测定两点间的高差，进而求取高程。该法较水准测量精度低，常用作山区各种比例尺测图的高程控制。

1. 三角高程测量的原理

三角高程测量是根据两点间所测的水平距离、竖直角以及仪器高、目标高计算两点的高差，求出待求点的高程。如图 8-23 所示，在 A 点安置全站仪，用望远镜中丝瞄准 B 点觇标的顶点，测得竖直角 θ，并量取仪器高 i 和目标高 v，测出 A、B 两点间的斜距 S，则可求得 A、B 两点间的高差，即

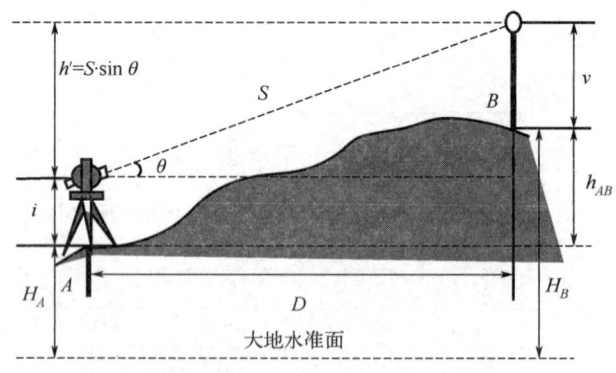

图 8-23 三角高程测量原理

$$h_{AB}=H_B-H_A=S\cdot\sin\theta+i-v \tag{8-32}$$

B 点的高程为

$$H_B = H_A + h_{AB} = H_A + S \cdot \sin\theta + i - v \tag{8-33}$$

三角高程测量一般应采用对向观测法，如图 8-24 所示，由 A 向 B 观测称为直觇，由 B 向 A 观测称为反觇，直觇和反觇合称为对向观测。采用对向观测取平均的方法可以消除地球曲率、削弱大气折光的影响。当对向观测所求得的高差较差，即 $f_h = h_往 + h_返$ 满足要求时，则取对向观测的高差中数为最后结果，即

$$h_中 = \frac{1}{2}(h_{AB} - h_{BA}) \tag{8-34}$$

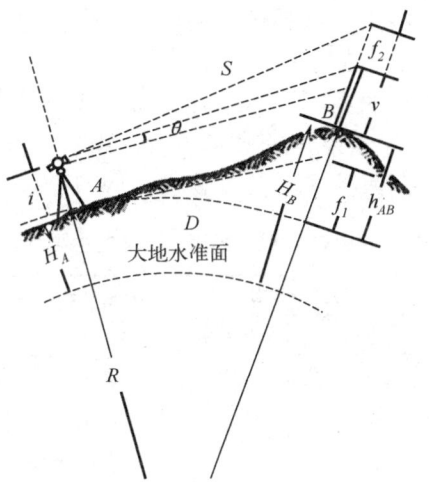

图 8-24 地球曲率与大气折光对三角高程的影响

2. 地球曲率和大气折光对高差的影响

式（8-32）适用于 A、B 两点距离较近（小于 300m）的三角高程测量，此时水准面可近似看成平面，视线视为直线。

当距离超过 300m 时，就要考虑地球曲率及大气折光对观测视线的影响，如图 8-24 所示。需要进行地球曲率改正，也称为球差改正；同时，观测视线受大气垂直折光的影响而成为一条向上凸起的弧线，必须进行大气垂直折光差改正，称为气差改正，这样两点间高差表达式为

$$h_{AB} = S \cdot \sin\theta + i - v + f_1 + f_2 \tag{8-35}$$

式中：f_1 为地球曲率差改正；f_2 为大气折光差。

大气折光受地形条件、天气、观测时间等多种因素的影响。根据研究，因大气垂直折光而产生的视线变曲的曲率半径约为地球曲率半径的 7 倍，地球曲率改正和大气折光的近似计算公式如下：

$$\begin{cases} f_1 = +\dfrac{D^2}{2R} \\ f_2 = -\dfrac{D^2}{14R} \end{cases} \tag{8-36}$$

式中，D 为两点间的水平距离，以 km 为单位，R 为地球半径。

将球差改正和气差改正两项改正合称为球气差改正，具体表达式为

$$f = f_1 + f_2 = \frac{D^2}{2R} - \frac{D^2}{14R} \approx 0.43 \frac{D^2}{R}(m) = 6.7 \times D^2 (\text{cm}) \tag{8-37}$$

这里采用的大气折光系数只是一个经验数值，供一般计算使用。三角高程测量采用对向观测时，取对向观测所得高差绝对值的平均数可抵消球气差的影响。

3．三角高程测量的主要技术要求

三角高程测量的主要技术要求针对竖直角测量，一般分为两个等级（四等、五等），可作为测区的首级控制，具体布设要求如下：

（1）三角高程控制，宜在平面控制点的基础上布设成三角高程网或高程导线；

（2）四等应起讫于不低于三等水准的高程点上，五等应起讫于不低于四等的高程点上；

（3）电磁波测距三角高程测量的主要技术要求，应符合表 8-8 的规定。

表 8-8　电磁波测距三角高程测量的主要技术要求

等级	仪器/ (″)	测距边测回数	竖直角测回数		指标差较差/ (″)	竖直角较差/ (″)	对向观测高差较差/mm	附合或环线闭合差/mm
			三丝法	中丝法				
四	2	往返各一次		3	≤7	≤7	$40\sqrt{D}$	$20\sqrt{\sum D}$
五	2	往一次	1	2	≤10	≤10	$60\sqrt{D}$	$30\sqrt{\sum D}$
图根	6	往一次		2	≤25	≤25	$80\sqrt{D}$	$40\sqrt{\sum D}$

4．三角高程测量的观测与计算

三角高程测量的观测与计算按以下步骤进行。

（1）安置全站仪于测站上，量出仪器高，觇标立于目标点上，量出觇牌高 v（也称目标高）。仪器和觇牌的高度应在观测前后各量测一次，并精确到 mm，取其平均值作为最终高度。

（2）采用测回法观测竖直角 θ，取其平均值为最后观测成果，同时观测两点的水平距离。

（3）采用对向观测，其方法同（1）和（2）。

（4）用式（8-31）分别计算往测高差与返测高差，并比较其差值，满足要求的情况下计算高差平均值，并推算目标点高程。

具体计算见表 8-9。

表 8-9　三角高程测量记录计算表

已知高程点		A	
待测高程点		B	
往测/返测		往测	返测
水平距离 D（m）	盘左	380.523	380.528
	盘右	380.525	380.524
平均水平距离 D（m）		380.524	380.526
竖盘读数	盘左	86°17′32″	93°24′36″
	盘右	86°17′40″	93°24′32″

续表

已知高程点		A	
待测高程点		B	
竖直角	盘左	3°42'28"	−3°24'36"
	盘右	3°42'20"	−3°24'32"
一测回竖直角		3°42'24"	−3°24'34"
$S\sin\theta$ 或者 $D\tan\theta$ (m)		24.651	−22.671
仪器高 i (m)		1.460	0.562
目标高 v (m)		2.000	2.000
两差改正 f (m)		+0.010	+0.010
高差较差 (m)		0.000	
高差较差容许值 (m)		0.08m*D=0.038m （D 以 km 为单位）	
平均高差 (m)		24.111	
高程 (m)		100	124.111

8.4.3 GNSS 高程测量

尽管水准测量方法是高程控制网中应用广泛、精度最高、测量成果最为可靠的测量观测方法，但该方法存在外业观测作业劳动强度大、作业时间长、作业效率低、易受地形影响大的缺点。随着测绘技术的不断发展及各地区似大地水准面的建立，利用 GNSS 获取地面点的大地高，经过高程拟合直接求解高精度的正高已经成为一种趋势，这种方法不断成熟，逐渐可以取代如三角高程和低等级水准测量等传统高程测量方法，极大地减轻了外业工作量，大幅提高了工作效率。

GNSS 高程测量即 GNSS 结合似大地水准面模型（或高程异常拟合模型）测定海拔高方法。下面具体以高程异常拟合为例介绍 GNSS 高程测量。

在面积不大的测区，用 GNSS 建立大地控制网时，除了观测得到地面控制点的平面坐标，还需测出大地高 H。然后在测区内利用选取一定的 GNSS 点同时联测几何水准测量，求出这些点的正常高 h，于是在这些点上可求得高程异常 ζ，高程异常 ζ、大地高 H、正常高 h 的关系为

$$\zeta = H - h \tag{8-38}$$

由式（8-38）可知，如果能够计算出某一点的高程异常，那么就可以利用大地高求出该点的正常高。对于点的高程异常可以采用拟合的方法求得。计算出测区内选取的既测大地高又测正常高的公共点上的高程异常 ζ，将这些公共点上的 ζ 代入下面的数学拟合方程中：

$$\zeta = a_0 + a_1 x + a_2 y \tag{8-39}$$

或

$$\zeta = a_0 + a_1 x + a_2 y + a_3 xy \tag{8-40}$$

或

$$\zeta = a_0 + a_1 x + a_2 y + a_3 xy + a_4 x^2 + a_5 y^2 \tag{8-41}$$

利用最小二乘方法求出上式中各系数 $a_i(i=0,1,\cdots,5)$，这样就可以利用相应的拟合方程算出其他点的高程异常，从而确定局部范围内的似大地水准面。

但无论采用哪种数学拟合模型，这种集合方法都是采用一定的数学模型对实际的大地水准面的一种逼近，逼近程度的优劣取决于公共点的分布和密度。由于似大地水准面是一个不规则曲面，用这种几何的规则的平面或者曲面逼近它，不可避免地存在模型误差，这种误差与地区地形的复杂程度有关。地形平坦地区高程异常变化平稳，地势起伏较大区域，高程异常变化剧烈，因此在使用几何拟合法时，应该在拟合前先计算局部地形对高程异常的影响，从高程异常 ζ 中剔除局部地形的影响，用"纯净"的高程异常 $\bar{\zeta}$ 进行高程异常拟合方程系数的计算。纯净的高程异常 $\bar{\zeta}$ 可表示为

$$\bar{\zeta}(\lambda,\varphi) = \zeta(\lambda,\varphi) + d_\zeta \tag{8-42}$$

式中：$\bar{\zeta}(\lambda,\varphi)$ 表示进行地形改正后的高程异常；$\zeta(\lambda,\varphi)$ 表示利用重力场模型计算的高程异常；d_ζ 表示利用地形模型计算的高程异常改正数；λ 表示地心经度；φ 表示地心纬度。

拟合法测量高程的等级普遍能达到五等，有的能达到四等，但拟合法属于间接法，必须联测一定数量高一等级的已知点，并且拟合方法很多。所以在实际工程测量中难以开展，并且这种方法适用于范围不大的平坦地区或者缺乏重力资料的山区或高山区。

思 考 题

1. 控制测量在工程测量中起什么作用？
2. 国家控制网是如何布局的？其主要目的是什么？
3. 平面控制测量和高程控制测量分别有哪些常用的方法？
4. 导线布设有几种形式？
5. 在导线测量中，如何区分导线转折角的左右角？
6. 请简述在进行四等水准测量时，一测站的观测程序。
7. 在什么情况下采用三角高程测量？为什么要采用对向观测？
8. 导线测量的外业工作包括哪些内容？
9. 导线测量的内业计算步骤包括哪几项？
10. 测角前方交会、测边交会、边角交会和测角后方交会各有什么特点？
11. 交会法的测量误差主要有哪些？如何减小这些误差？
12. 三、四等水准测量与三角高程测量相比，有哪些异同点？
13. GNSS 水准测量法相比传统水准测量法有哪些优势？
14. 已知 A 点高程为 258.26m，在 A 点观测 B 点：A、B 两点间斜距为 816.542m，$\alpha = +1°28'18''$，$i=1.402$m，$v=1.600$m，在 B 点观测 A 点：A、B 两点间斜距为 816.550m，$\alpha = -1°27'17''$，$i=1.445$m，$v=1.620$m，求 B 点高程。
15. 已知 $\alpha_{12} = 96°58'18''$，1 点的坐标为（1000.000，500.000），角度观测值及边长观测值如表所示，导线点号为逆时针编号。试计算闭合导线各点的坐标。

点号	角度观测值（左角）°′″	角度改正数 ″	改正后角度 °′″	坐标方位角 °′″	边长/m	ΔX		ΔY		X	Y
						坐标增量/m	改正后坐标增量/m	坐标增量/m	改正后坐标增量/m	坐标/m	
1										1000.000	500.000
				96 52 18	100.290						
2	82 46 29										
					78.960						
3	91 08 23										
					137.220						
4	60 14 02										
					78.670						
1	125 52 04										
2											
Σ											

16. 图 8-17 附合导线观测数据及已知数据如下表所示，计算附合导线各点的坐标值。

点号	角度观测值（右角）°′″	角度改正数 ″	改正后角度 °′″	坐标方位角 °′″	边长/m	ΔX		ΔY		X	Y
						坐标增量/m	改正后坐标增量/m	坐标增量/m	改正后坐标增量/m	坐标/m	
A				237 59 30							
B	99 01 00									2607.687	1315.631
					225.852						
1	167 45 36										
					139.031						
2	123 11 24										
					172.572						
3	189 20 36										
					100.073						
4	179 59 18										
					102.482						
C	129 27 24									2266.721	1857.292
D				46 45 30							
Σ											

第 9 章 地形图的基本知识

内容提要

本章详细阐述了地形图的基本概念、分类、图式符号、分幅编号以及识读方法。比例尺是地形图的数学基础，地形图图式符号包括地物符号、地貌符号及注记，这些符号是地形图语言。重点了解和熟悉地形图图式符号，并利用图式符号进行地形图识读。难点在于地物符号的定位、地形图的分幅、编号及识读。地形图通常采用梯形或正方形、矩形分幅，每种分幅方式都有相应的编号规则。地形图的识读需要综合运用比例尺、经纬度、坐标格网、三北方向线等工具，结合地形图图式和等高距等信息，理解地形图所表达的地物、地貌。

9.1 地形图概念

地形图是将地面上的地物和地貌按正射投影的方法沿铅垂线方向投影到水平面上，用规定的图式和符号表示地物、地貌，并按一定的比例尺缩绘而成的图纸。地形图能反映地面上地物的分布和地貌起伏变化形态，详细表示地面上居民地、道路、水系、境界、土质、植被等基本地理要素，并用等高线表示地面起伏，是一种按统一规范生产的普通地图，如图 9-1 所示。作为一种重要的地理信息载体，地形图在国民经济建设、国防建设和科学研究中有着广泛应用，在城市规划、交通规划、土地管理、环境保护及各种工程建设的设计、施工及管理等多个领域都发挥着重要的作用。

9.1.1 地形图的比例尺

1. 地形图比例尺

地形图比例尺是指地形图上某一线段的长度与地面上相应线段的水平距离的比值。比例尺有两种表示方法：数字比例尺、图示比例尺。

① 数字比例尺

通常数字比例尺用分母为整数，分子为 1 的分数表示。设图上任意两点距离为 d，地面上相应的水平距离为 D，则其比例尺为

$$\frac{1}{M} = \frac{d}{D} = \frac{1}{D/d} \tag{9-1}$$

式中，M 越大，则比例尺就越小。反之，M 越小，比例尺越大。一般写成 $1:M$ 的形式，如 1:500，1:1 000，1:2 000 等。

② 图示比例尺

在地形图上绘制的表示实地长度的分划尺称为图示比例尺。如图 9-2 所示为 1:500 的图示比例尺，取 2cm（实地为 10m）长度为基本单位。从图示比例尺上直接可读得基本单位的 1/10，可估读到 1/100。图示比例尺印刷于图纸的下方，便于用分规（两脚规）直

接在图上量取直线段或两点间的水平距离,并且可以大部分抵消在图上测量长度时图纸伸缩的影响。

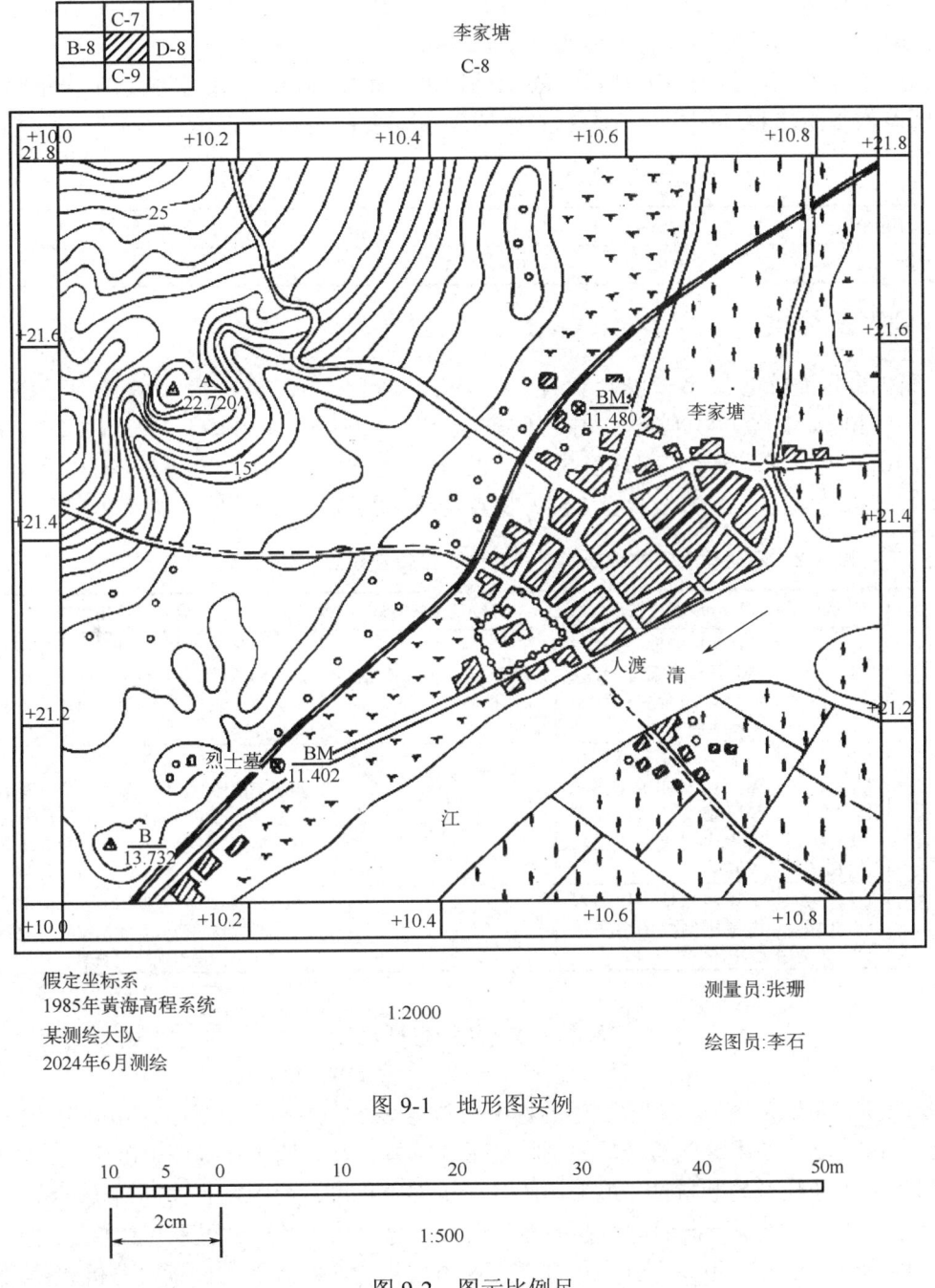

图 9-1　地形图实例

图 9-2　图示比例尺

2. 比例尺精度

通常人的肉眼在图上能分辨出的最小距离为 0.1mm。把图纸上 0.1mm 长度所代表的实际水平距离称为比例尺精度。显然,比例尺大小不同,其比例尺精度也不同,见表 9-1。地形图比例尺精度对测图和工程用图有着重要的意义。例如要测绘 1∶1 000 的地形图,其比例尺精度为 0.1m,根据比例尺精度的定义可知,实际测图时,距离精度只要达到 0.1m 就足够了。因为若测距精度更高,地形图上也是表示不出来的。又如工程设计中,为了能反映地面上 0.1m 的精度,所选地形图的比例尺就不能小于 1∶1 000。

比例尺精度越高,其表示的地形地貌就越详细,精度亦越高,但其测绘工作量会成倍地增加。所以,采用何种比例尺,应根据实际的工程需要而定。

表 9-1 地形图比例尺精度

比例尺	1∶500	1∶1 000	1∶2 000	1∶5 000	1∶10 000
比例尺精度(m)	0.05	0.1	0.2	0.5	1.0

9.1.2 地形图分类

地形图的分类标志较多,按比例尺的大小不同可分为三类:大比例尺地形图,包括 1∶500、1∶1 000、1∶2 000 地形图;中比例尺地形图,包括 1∶5 000、1∶1 万、1∶2.5 万、1∶5 万、1∶10 万地形图;小比例尺地形图,1∶25 万、1∶50 万、1∶100 万地形图。不同比例尺的地形图,其成图方法、分幅及投影方法、特点及应用领域均有所不同,如表 9-2 所示。

表 9-2 不同比例尺的地形图成图方法、分幅及投影方法、特点及应用领域

地形图类型	比例尺	成图方法	分幅及投影方法	特点及应用领域
大比例尺	1∶500 1∶1 000 1∶2 000	地面实地测量、摄影测量立体模型成图、无人机摄影测量实景三维模型成图	梯形分幅或矩形分幅、高斯投影	测区面积小,地形表示详细,精度要求高,能清晰展示地物、地貌的细节特征;主要用于城市详细规划、工程项目的施工设计、地质勘探等
中比例尺	1∶5 000 1∶1 万 1∶2.5 万 1∶5 万 1∶10 万	摄影测量立体模型成图、无人机摄影测量实景三维模型成图及有更大比例尺缩小编绘成图	采用梯形分幅,1∶5000、1∶1 万地形图采用 3°带高斯投影;其他采用 6°带高斯投影	表示范围适中,内容较为详细,既不过于琐碎也不过于概括;广泛应用于城乡建设规划、林业与地籍调查、区域发展研究等领域
小比例尺	1∶25 万 1∶50 万 1∶100 万	小比例尺地形图一般由中比例尺图缩小编绘成图	采用梯形分幅,采用 6°带高斯投影	表示范围大,内容概括性强;主要用于宏观层面的规划和研究,如国家战略规划、资源开发利用、自然地理调查等

9.2 地形图图式

地形图图式是地形图测绘和编制中的标准化符号系统,规定了表示地物和地貌的符号、注记和颜色标准,以及使用这些符号的原则、要求和基本方法,用于在地图上准确、清晰地表示各种自然和人工地物及地貌特征。地形图图式属于国家标准,由国家有关部门统一编制、颁布实施,确保了不同地区、不同时间测绘的地形图在符号使用上的一致性和可比性。地形图图式不仅关注地图的美观性,更注重其实用性,能够方便用户进行地图的阅读、分析和使用。

大比例尺地形图图式是由国家质量监督检验检疫总局与国家标准化管理委员会发布、2018 年 5 月 1 日实施的《国家基本比例尺地图图式第 1 部分:1∶500,1∶1 000,1∶2 000 地形图图式》(GB/T 20257.1—2017),以下简称《图式》。《图式》标准适用于国民经济建设各部门,是测绘、规划、设计、施工、管理、科研和教育等部门使用地形图的重要依据。地形图图式包括地物符号、地貌符号和注记符号三大类。

9.2.1 地物符号

1. 地物符号的分类

地物符号依据地物的大小及描绘方法的不同分为比例符号、非比例符号和半比例符号等。图式中除特殊标注外，一般实线表示建筑物、构筑物的外轮廓与地面的交线（除桥梁、坝、水闸、架空管线外），虚线表示地下部分或架空部分在地面上的投影，点线表示地类范围线、地物分界线。

（1）比例符号：地物依比例尺缩小后，其长度和宽度能依比例尺表示的地物符号。这类符号一般用实线、虚线或点线准确地表示出地物的轮廓特征和实际大小，如房屋、湖泊、农田等。

（2）半比例符号：地物依比例尺缩小后，其长度能依比例尺而宽度不能依比例尺表示的地物符号。这类符号的长度按比例表示，但宽度不按比例，一般表示地物的中心位置或中心线，如小路、通信线路、管道等。半比例符号的中心线即为实际地物的中心线。

（3）非比例符号：地物依比例尺缩小后，其长度和宽度不能依比例尺表示。当地物轮廓较小，无法将其形状和大小按测图比例尺缩绘到图纸上时，但这些地物又很重要，必须在图上表示出来，采用统一规格、概括形象特征的象征性符号来表示，只表示地物的中心位置，不考虑其实际大小，如三角点、水准点、独立树、消火栓等。

表 9-3 为常见的大比例尺地形图图式符号。

表 9-3　1∶500、1∶1000、1∶2000 地形图图式样例

编号	图示	注记	编号	图示	注记
(1)	△ 龙山/554.621	三角点	(18)	文	学校
(2)	⊙ 116/84.46	导线点	(19)	⊕	医院
(3)	⊗ II02/508.506	水准点	(20)		路灯
(4)	✡ 12/275.46	图根点	(21)	混1	一般房屋
(5)	△ G016/404.984	GPS 点	(22)	混3-2	有地下室的房屋
(6)		加油站	(23)	简	简易房屋
(7)		变电室	(24)	建	建设中房屋
(8)		独立坟	(25)	破	破坏房屋
(9)		避雷针	(26)		棚房
(10)	✚	医疗点	(27)		过街天桥
(11)		消防栓	(28)	厕	厕所
(12)	♯	水井	(29)	砼2	剧院、电影院
(13)		泉	(30)		独立树（阔叶）
(14)		电信入孔	(31)		独立树（针叶）
(15)		探井	(32)	煤气	液气、储存设备
(16)		山洞	(33)	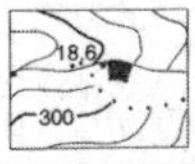	陡崖、陡坎（土质）
(17)		石堆	(34)	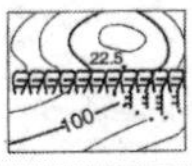	陡崖、陡坎（石质）

表 9-3　1∶500、1∶1000、1∶2000 地形图图式样例（续表）

编号	图示	注记	编号	图示	注记
(35)		铁路	(52)		水塔
(36)		里程碑	(53)	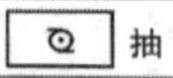	抽水站
(37)		公路	(54)		时令河
(38)	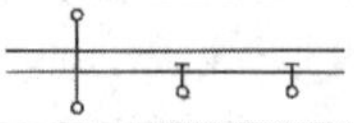	电车轨道	(55)	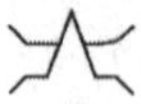	水闸（不通车）
(39)		小路	(56)	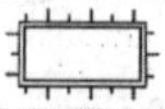	储水池
(40)		地铁	(57)		停车场
(41)	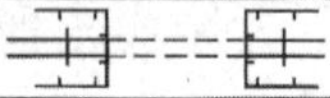	隧道	(58)		公路桥
(42)		通讯线	(59)	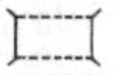	依比例涵洞
(43)		输电线	(60)	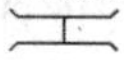	人行桥
(44)		配电线	(61)		花圃、花坛
(45)		温室大棚	(62)		果树林
(46)		围墙	(63)	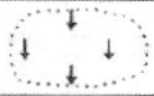	水稻田
(47)	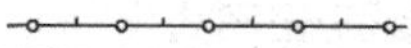	栅栏篱笆栏杆	(64)	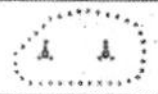	灌木林
(48)	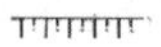	加固的斜坡	(65)		林地
(49)	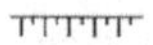	未加固斜坡	(66)	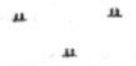	旱地
(50)		加固陡坎	(67)		盐碱地
(51)		未加固陡坎	(68)	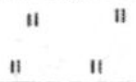	草地

2．地物符号的定位

地物符号的定位是指为了准确地在地形图上表示地面上的各种自然和人工构筑物的位置和特征，所采用的地物符号在图面上的具体位置与实地地物的对应关系，它是地图制作和使用过程中的关键环节，确保地图的准确性和可读性。

① 符号图形中有一个点的，该点为地物的实地中心位置。
② 圆形、正方形、长方形等符号，定位点在其几何图形中心。
③ 宽底符号（蒙古包、烟囱、水塔等）定位点在其底线中心。
④ 底部为直角的符号（风车、路标、独立树等）定位点在其直角的顶点。
⑤ 几种图形组成的符号（敖包、教堂、气象站等）定位点在其下方图形的中心点或交叉点。
⑥ 下方没有底线的符号（窑、亭、山洞等）定位点在其下方两端点连线的中心点。
⑦ 不依比例尺表示的其他符号（桥、水闸、拦水坝、岩溶漏斗等）定位点在其符号的中心点。
⑧ 线状符号（道路、河流等）定位线在其符号的中轴线；依比例尺表示时，在两侧线的中轴线。
⑨ 符号除简要说明中规定按真实方向表示者外，均垂直于南图廓线。

9.2.2 地貌符号

地貌是指地面高低起伏的形态,通常用等高线、高程注记点、水域等值线、水下注记点及特殊地貌符号来表示。等高线是用来表示地面起伏变化的最常用的地貌符号。

1. 等高线表示地貌的原理

等高线是地面上高程相等的各相邻点所连成的闭合曲线。设想一座湖中小岛,湖水表面静止时,其与小岛的交线是一条高程相同的闭合曲线。如图 9-3 所示,开始时湖水水面高程为 95m,则湖水水面与小岛交线即为 95m 的等高线;湖水水位下降 5m 后,得到 90m 交线的等高线;然后水位继续下降 5m,得到 85m 交线的等高线;这样,水位每下降 5m,就得到一条湖面与小岛相交的等高线,从而得到了一组高差为 5m 的等高线。把这一组实地上的等高线沿铅垂线方向投影到水平面上,并按规定的比例尺缩小绘制在图纸上,就得到用等高线表示该小岛地貌的等高线图。

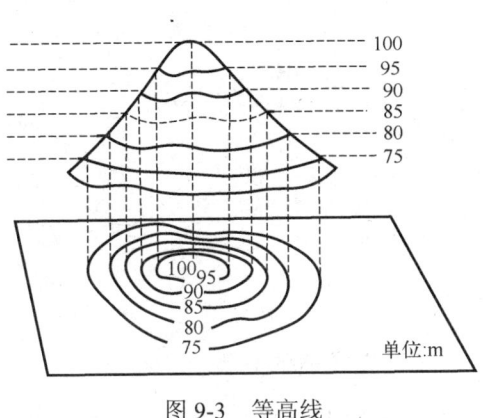

图 9-3 等高线

显然,地面的高低起伏状态决定了图上的等高线形态。因此,可以从地形图的等高线形态判断实地的地貌形态。

2. 等高距和等高线平距

基本等高距是指地形图上相邻等高线之间的高差,是地形图表示地形起伏变化的重要参数,直接影响地形图的精度和可读性。地形图比例尺越大,地形图缩小的程度越小,能够表示的地形细节越多,因此基本等高距可以相应减小。地面坡度大,相对高差大,地形图上等高线越密集,但可能影响图面的清晰度;相反,地面坡度小,相对高差小,地形图上等高线越稀疏,图面清晰度高,但地貌表示可能过于简略。因此,需要地貌表示的详细度与图面清晰度二者之间进行平衡。依据地面坡度 θ 的大小确定地形类别,地形类别一般可划分平坦地($\theta < 2°$)、丘陵地($2° \leqslant \theta < 6°$)、山地($6° \leqslant \theta < 25°$)、高山地($\theta \geqslant 25°$)等类型。地形图基本等高距是依据测图比例尺和测区的地形类别进行选择的,如表 9-4 所示。绘制地形图时,要求同一幅地形图上等高距应相同。

表 9-4 大比例尺地形图基本等高距的选取(单位:m)

比例尺	地形类别			
	平坦地	丘陵地	山地	高山地
1:500	0.5	0.5	1	1
1:1000	0.5	1	1	2
1:2000	1	2	2	2
1:5000	2	5	5	5

两条相邻等高线间的水平距离称为等高线平距,用 d 表示,等高距用 h 表示;h 与 d 的比值就是坡度,通常用 i 来表示,即:

$$i = \frac{h}{d} \tag{9-2}$$

等高线平距则随地面坡度的变化而改变，坡度越大则等高线平距就越小，等高线越密；坡度越平缓则等高线平距就越大，等高线越稀疏，见图9-4。

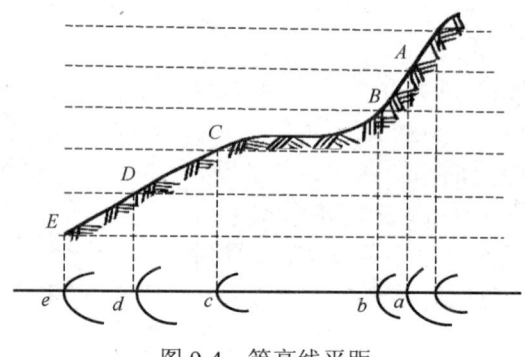

图9-4 等高线平距

3. 等高线的分类

等高线分为首曲线、计曲线、间曲线、助曲线等几种类型。首曲线是按基本等高距测绘的等高线，又称基本等高线。计曲线是每隔四条首曲线加粗一条的等高线，在计曲线上注记高程。对于坡度较缓的地方，基本等高线不足以表示出其局部地貌特征时，按二分之一或四分之一基本等高距加密绘制，按二分之一基本等高距绘制的等高线称为间曲线，间曲线用长虚线在图上绘出；按四分之一基本等高距绘制的等高线为助曲线，助曲线用短虚线在图上绘出。间曲线、助曲线表示时可不闭合。

4. 典型地貌及其等高线

地貌的形态虽然复杂多样，但主要是由山头、洼地、山脊、山谷、鞍部、陡崖、悬崖及冲沟等几种典型的地貌组合而成的。

（1）山头与洼地（盆地）：地表隆起并高于四周的高地称为山地，其中高处为山头。山头的侧面为山坡，山地与平地相连处为山脚。洼地是四周较高中间凹下的低地，较大的洼地称为盆地。山头和洼地的等高线都是一组闭合曲线。在地形图上可采用高程注记区分山头或洼地，内圈等高线的高程注记大于外圈者为山头，反之为洼地。也可以用示坡线表示山头或洼地。示坡线是垂直于等高线的短线，用以指示坡度下降的方向。示坡线从内圈指向外圈，说明中间高，四周低，故为山头；示坡线从外圈指向内圈，说明中间低，四周高，故为洼地。

（2）山脊与山谷：山地上线状延伸的高地为山脊，山脊的棱线称山脊线，又称分水线。山脊等高线的特征表现为一组凸向低处的曲线。而两山脊之间的凹地为山谷，山谷最低点的连线称山谷线，又称集水线。山谷等高线的特征表现为一组凸向高处的曲线。

（3）鞍部：在两山峰之间呈马鞍形的低凹部位，又称垭口，是两个山脊与两个山谷的会合处，鞍部等高线是对称的两组山脊线和两组山谷线。

（4）陡崖与悬崖：坡度在70°以上的山坡称为陡崖，陡崖处等高线非常密集甚至重叠，用陡崖符号来代替等高线。悬崖是上部突出，下部凹进的陡崖。悬崖的等高线投影到地形图上会出现相交情况，上部的等高线投影到水平面时，与下部的等高线相交，下部凹进的等高线用虚线表示。上述典型地貌及其等高线如图9-5所示。

图 9-5 典型地貌及其等高线

5. 等高线的特性

① 同一条等高线上各点的高程都相等。

② 等高线为闭合曲线,若不在本幅图内闭合,也会在相邻图幅内闭合。只有在遇到用符号表示的陡崖和悬崖时,等高线才能断开。

③ 除了陡崖和悬崖处,不同高程的等高线不能相交或重合。

④ 山脊线与山谷线与等高线正交。

⑤ 同一幅地形图上等高距相同。等高线平距越小,等高线越密,则地面坡度越陡;等高线平距越大,等高线越稀疏,则地面坡度越平缓。

⑥ 等高线不能在图内中断,但遇道路、房屋、河流等地物符号和注记处可以局部中断。

9.2.3 注记

有些地物除了用相应的符号表示,对于地物的性质、名称等在图上还需要用文字和数字加以注记,如房屋的结构和层数、地名、路名、单位名、等高线高程、散点高程以及河流的水深、流速等文字说明,称为地形图注记。注记是地形图的重要内容之一,是判读和使用地形图的直接依据。注记包括地理名称注记、说明注记和各种数字注记等。注记属性包括注记字大、注记字列和注记的字隔。注记字大以毫米为单位,字级级差为 0.25mm;数字字大在 2.0mm 以下者其级差为 0.2mm。注记字列分水平字列、垂直字列、雁行字列和屈曲字列。注记字隔是一列注记各字间的间隔。名称的注记必须使用国务院公布的简化汉字,各种注记的字义、字体、字大、字向、字序、字位应根据地形图图式的规定,准确无误。字间隔应均匀,宜根据所指地物的面积和长度妥善配置。

1. 注记的排列形式

(1) 水平字列:各字中心连线应平行于南、北图廓,由左向右排列;

(2) 垂直字列:各字中心连线应垂直于南、北图廓,由上而下排列;

(3) 雁行字列:各字中心的连线斜交于南图廓,与被注地物走向平行,但字向垂直于南图廓,如山脉名称、河流名称等。当地物延伸方向与南图廓成 45°和 45°以下倾斜时,由左至右注记;成 45°以上倾斜时,由上至下注记。

(4) 屈曲字列:各字字边应垂直或平行于线状地物,且依线状地物的弯曲形状而排列,如街道名称注记、说明注记等。

2. 注记的字向

注记的字向一般为正向,即字头朝向北图廓。对于雁行字列,如果字中心连线与南、北图廓的交角小于 45°,则字向垂直于连线;如果交角大于 45°,则字向平行于连线,称为雁行字列注字的"光线法则"。道路名、弄堂和门牌号等应按光线法则进行注记。注记方向如图 9-6 所示。

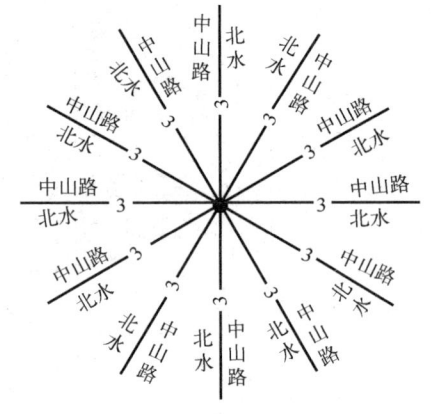

图 9-6 注记方向

3. 名称注记

城市、集镇、村宅、街道、里弄、新村、公寓等居民地名称和政府机构、企业单位等名称,均应查明注记;一般应采用水平字列,根据图形的特殊情况,也可采用垂直字列或雁行字列。

4. 说明注记

建筑物的结构、层次,道路等级、路面材料,管线的用途、属性,土地的土质和植被种类等,凡属用图形线条和图式符号不能充分说明的地物,需加说明注记。说明注记用的字符应尽可能简单,例如对于房屋结构和层次,说明用"砼 5"(混凝土结构 5 层),"混 3"(混合结构 3 层)、"钢 10"(钢结构 10 层)等。注记的位置应在地物内部适中的位置,不偏于一隅,并以不妨碍地物线条绘制为原则。

5. 数字注记

(1) 数字注记包括控制点的点号和高程、等高线和高程点的高程值、沿街房屋的门牌号、公路等级代码和编号及其他数字注记等;各种数字注记应选用地形图图式规定的字大。

(2) 门牌注记宜全部逐号注记,毗邻房屋过密的,可分段注以起迄号。

（3）对于高程注记数字以米为单位，重要地物高程注记至厘米，例如桥、闸、坝、铁路、公路、市政道路、防洪墙等，其余高程点可注至分米，注记字头一律向北。

（4）等高线高程的注记对每一条计曲线应注明高程值；在地势平缓、等高线较稀时。每一条等高线都应注明高程值，数字的排列方向应与等高线平列，字头应向高处。

9.3 地形图的分幅编号

为了方便地形图的管理、检索和使用，需要对地形图进行统一的分幅与编号。为适应计算机管理和检索，2012 年国家技术监督局发布了《国家基本比例尺地形图分幅和编号》（GB/T 13989—2012）国家标准，自 2012 年 10 月 1 日起实施。地形图的分幅分两类：按经纬线划分的梯形分幅法和按正方形、矩形分幅法。1∶100 万~1∶5 000 地形图按经纬线划分的梯形分幅法，1∶2 000、1∶1000、1∶500 地形图宜按经纬度分幅，也可以按正方形、矩形分幅。

9.3.1 地形图的分幅

地形图的国际分幅由国际统一规定的经线为图的东、西边界，统一规定的纬线为图的南、北边界。由于各条经线（子午线）向南、北极收敛，因此，整个图幅呈梯形。

1. 1∶100 万地形图的分幅

1∶100 万地形图的分幅采用国际地图分幅标准。每幅 1∶100 万地形图范围是经差 6°、纬差 4°，见图 9-7；纬度 60°~76°之间为经差 12°、纬差 4°；纬度 76°~88°之间为经差 24°、纬差 4°（在我国范围内没有纬度 60°以上的需要合幅的图幅）。

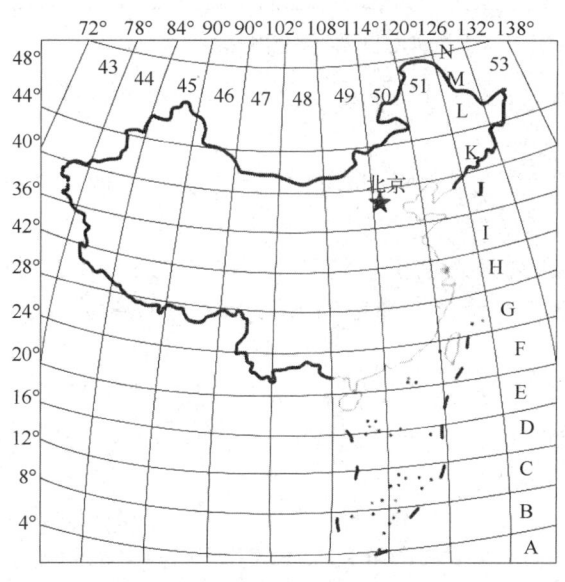

图 9-7 我国 1∶100 万地形图分幅与编号（示意图）

2. 1∶50 万~1∶5 000 地形图的分幅

1∶50 万~1∶5 000 地形图均以 1∶100 万地形图为基础，按规定的经差和纬差划分图幅。每幅 1∶100 万地形图划分为 2 行 2 列，共 4 幅 1∶50 万地形图，每幅 1∶50 万地形图的范围是经差 3°、纬差 2°。

每幅 1∶100 万地形图划分为 4 行 4 列，共 16 幅 1∶25 万地形图，每幅 1∶25 万地形图的范围是经差 1°30'、纬差 1°。

每幅 1∶100 万地形图划分为 12 行 12 列，共 144 幅 1∶10 万地形图，每幅 1∶10 万地形图的范围是经差 30'、纬差 20'。

每幅 1∶100 万地形图划分为 24 行 24 列，共 576 幅 1∶5 万地形图，每幅 1∶5 万地形图的范围是经差 15'、纬差 10'。

每幅 1∶100 万地形图划分为 48 行 48 列，共 2304 幅 1∶2.5 万地形图，每幅 1∶2.5 万地形图的范围是经差 7'30"、纬差 5'。

每幅 1∶100 万地形图划分为 96 行 96 列，共 9216 幅 1∶1 万地形图，每幅 1∶1 万地形图的范围是经差 3'45"、纬差 2'30"。

每幅 1∶100 万地形图划分为 192 行 192 列，共 36864 幅 1∶5 000 地形图，每幅 1∶5 000 地形图的范围是经差 1'52.5"、纬差 1'15"。

1∶100 万～1∶5 000 地形图的图幅范围、行列数量和图幅数量关系见表 9-5。

表 9-5 国家基本比例尺地形图分幅关系表

比例尺		1∶100 万	1∶50 万	1∶25 万	1∶10 万	1∶5 万	1∶2.5 万	1∶1 万	1∶5000
图幅范围	经差	6°	3°	1°30'	30'	15'	7'30"	3'45"	1'52.5"
	纬差	4°	2°	1°	20'	10'	5'	2'30"	1'15"
行列数量	行数	1	2	4	12	24	48	96	192
	列数	1	2	4	12	24	48	96	192

3. 1∶2 000、1∶1000、1∶500 地形图的分幅

1∶2 000、1∶1000、1∶500 地形图宜按经纬度分幅，也可以按正方形、矩形分幅。

① 经纬度分幅

1∶2 000、1∶1000、1∶500 地形图宜以 1∶100 万地形图为基础按规定的经差和纬差划分图幅。

每幅 1∶100 万地形图划分为 576 行 576 列，共 331 776 幅 1∶2 000 地形图，每幅 1∶2000 地形图的范围是经差 37.5"、纬差 25"，即每幅 1∶5 000 地形图划分为 3 行 3 列共 9 幅 1∶2 000 地形图。

每幅 1∶100 万地形图划分为 1 152 行 1 152 列，共 1 327 104 幅 1∶1000 地形图，每幅 1∶1 000 地形图的范围是经差 18.75"、纬差 12.5"，即每幅 1∶2 000 地形图划分为 2 行 2 列共 4 幅 1∶1 000 地形图。

每幅 1∶100 万地形图划分为 2 304 行 2 304 列，共 5 308 416 幅 1∶500 地形图，每幅 1∶500 地形图的范围是经差 9.375"、纬差 6.25"，即每幅 1∶1 000 地形图划分为 2 行 2 列共 4 幅 1∶500 地形图。

② 正方形分幅、矩形分幅

1∶2 000、1∶1000、1∶500 地形图亦可根据需要采用 50cm×50cm 正方形分幅和 40cm×50cm 矩形分幅。

9.3.2 地形图梯形图幅编号

1. 1∶100 万地形图的图幅编号

1∶100 万地形图的编号采用国际 1∶100 万地图编号标准。从赤道起算，每纬差 4°为一行，至南、北纬 88°各分为 22 行，依次用大写拉丁字母（字符码）A、B、C、……、V 表示其相应行号；从 180°经线起算，自西向东每经差 6°为一列，全球分为 60 列，依次用阿拉伯数字（数字码）1、2、3、……、60 表示其相应列号。由经线和纬线所围成的每一个梯形小格（见图 9-7）为一幅 1∶100 万地形图，它们的编号由该图所在的行号与列号组合而成。同时，国际 1∶100 万地图编号第一位表示南、北半球，用"N"表示北半球，用"S"表示南半球。我国范围全部位于赤道以北，我国范围内 1∶100 万地形图的编号省略字母代码 N。

我国首都"北京"（见图 9-7 中标注"★"的位置）所在的 1∶100 万地形图的图幅编号为 J50，其中 J 为"北京"所在的 1∶100 万地形图图幅行号（字符码），50 为"北京"所在的 1∶100 万地形图图幅列号（数字码）。

我国地处东半球赤道以北，图幅范围在经度 72°～138°，纬度°～56°内，包括行号为 A、B、C、……、N 的 14 行，列号为 43、44、……、53 的 11 列。

2. 比例尺代码

1∶50 万～1∶500 各比例尺地形图分别采用不同的字符作为其比例尺的代码（见表 9-6）。

表 9-6 1∶50 万～1∶500 地形图比例尺代码

比例尺	1∶50 万	1∶25 万	1∶10 万	1∶5 万	1∶2.5 万	1∶1 万	1∶5000	1∶2000	1∶1000	1∶500
代码	B	C	D	E	F	G	H	I	J	K

1∶50 万～1∶5 000 地形图的编号均以 1∶100 万地形图编号为基础，采用行列编号方法。1∶50 万～1∶5 000 地形图均由其所在 1∶100 万地形图的图号、比例尺代码和各图幅的行列号共十位码组成。1∶50 万～1∶5 000 地形图经纬度分幅编号组成如图 9-8 所示。

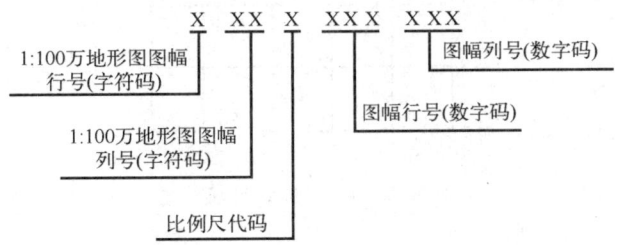

图 9-8 1∶50 万～1∶5 000 地形图经纬度分幅编号组成

3. 行、列编号

1∶50 万～1∶5 000 地形图的行、列编号是将 1∶100 万地形图按所含各比例尺地形图的经差和纬差划分成若干行和列，横行从上到下、纵列从左到右按顺序分别用三位阿拉伯数字（数字码），不足三位者前面补零，取行号在前、列号在后的排列形式标记。

1∶2000 地形图经、纬度分幅的图幅编号方法宜与 1∶50 万～1∶5 000 地形图的图幅编号方法相同，也可根据需要以 1∶5 000 地形图编号分别加短线，再加 1、2、3、4、5、6、7、

8、9 表示，例如某图幅编号为 H49H192097-5。

1∶1000、1∶500 地形图经、纬度分幅的图幅编号由其所在 1∶100 万地形图的图号、比例尺代码和各图幅的行列号共十二位码组成，1∶1000、1∶500 地形图经、纬度分幅的编号组成见图 9-9。不足四位者前面补零，取行号在前、列号在后的排列形式标记。

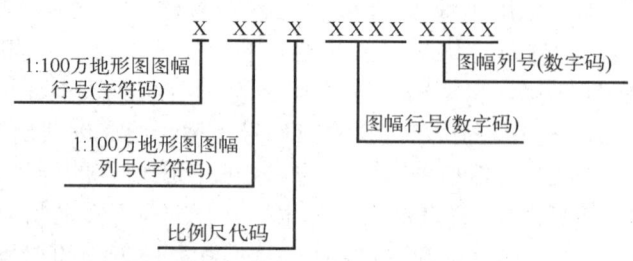

图 9-9　1∶1000、1∶500 地形图经纬度分幅编号组成

9.3.3　地形图正方形、矩形图幅编号

采用正方形和矩形分幅的 1∶2000、1∶1000、1∶500 地形图，其图幅编号一般采用图廓西南角坐标编号法，也可选用行列编号法和流水编号法。

1. 坐标编号法

采用图廓西南角坐标公里数编号时，x 坐标公里数在前，y 坐标公里数在后。1∶2000、1∶1000 地形图取至 0.1km（如 63.0—15.0），如图 9-10 所示；1∶500 地形图取至 0.01km（如 10.40—27.75）。

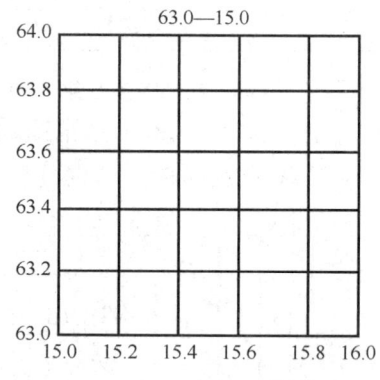

图 9-10　坐标编号法

2. 流水编号法

带状测区或小面积测区可按测区统一顺序编号，一般从左到右、从上到下用阿拉伯数字 1、2、3、4……编定。例如，图 9-11 中灰色区域所示图幅编号为××-4（××为测区代号）。

3. 行列编号法

行列编号法一般采用以字母（如 A、B、C、D……）为代号的横行从上到下排列，以阿拉伯数字为代号的纵列从左到右排列来编定，先行后列。例如，图 9-12 中灰色区域所示图幅编号为 A-4。

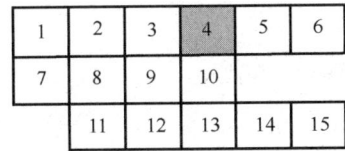

图 9-11 流水编号法

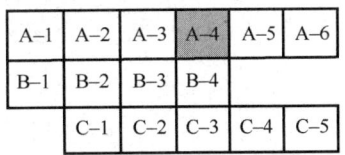

图 9-12 行列编号法

9.3.4 地形图图幅编号计算

已知图幅内某点的经、纬度或图幅西南图廓点的经、纬度，计算其编号。

1. 1∶100 万地形图图幅编号的计算

计算公式为

$$a = [\varphi / 4°] + 1 \qquad (9\text{-}3)$$

$$b = [\lambda / 6°] + 31 \qquad (9\text{-}4)$$

式中：

[ ]：表示商取整；

a：1∶100 万地形图图幅所在纬度带所对应的数字码；

b：1∶100 万地形图图幅所在经度带所对应的数字码；

φ：图幅内某点的经度或图幅西南图廓点的经度；

λ：图幅内某点的纬度或图幅西南图廓点的纬度。

【例题 9-1】某点经度为 114°33'45"，纬度为 39°22'30"，计算其所在 1∶100 万地形图所在图幅的编号。

解：$a = [39°22'30'' / 4°] + 1 = 10$ （字符码为 J）

$b = [114°33'45'' / 6°] + 31 = 50$

该点所在 1∶100 万地形图图幅编号为 J50。

2. 1∶50 万～1∶500 地形图图幅编号的计算

计算公式为：

$$c = 4° / \Delta\varphi - [(\varphi / 4°) / \Delta\varphi] \qquad (9\text{-}5)$$

$$d = [(\lambda / 6°) / \Delta\lambda] + 1 \qquad (9\text{-}6)$$

式中：

[ ]：表示商取整；

c：所求比例尺地形图在 1∶100 万地形图图号后的行号；

d：所求比例尺地形图在 1∶100 万地形图图号后的列号；

$\Delta\varphi$：所求比例尺地形图分幅的纬差；

$\Delta\lambda$：所求比例尺地形图分幅的经差。

【例题 9-2】某点经度为 114°33'45"，纬度为 39°22'30"，计算其所在 1∶50 万地形图所在图幅的编号。

解：某点所在 1∶100 万地形图所在图幅的编号为 J50，1∶50 万地形图比例尺代码为 B，

1:50万地形图纬差 $\Delta\varphi = 2°$，经差 $\Delta\lambda = 3°$。

$$c = 4°/2° - [(39°2230''/4°)/2°] = 1 = 001$$

$$d = [(114°3345''/6°)/3°] + 1 = 1 = 001$$

该点所在1:500万地形图图幅编号为J50B001001。

9.4 地形图的识读

通常在地形图图廓线外进行图廓注记，提供有关图名、图号、接图表、比例尺等基本信息，以及测图年月、测图方法、地形图采用的平面高程系统及图式的版本等成图详细信息，为用户提供全面、准确的地形图信息。如图9-13所示为1:10000比例尺的地形图图廓样式。

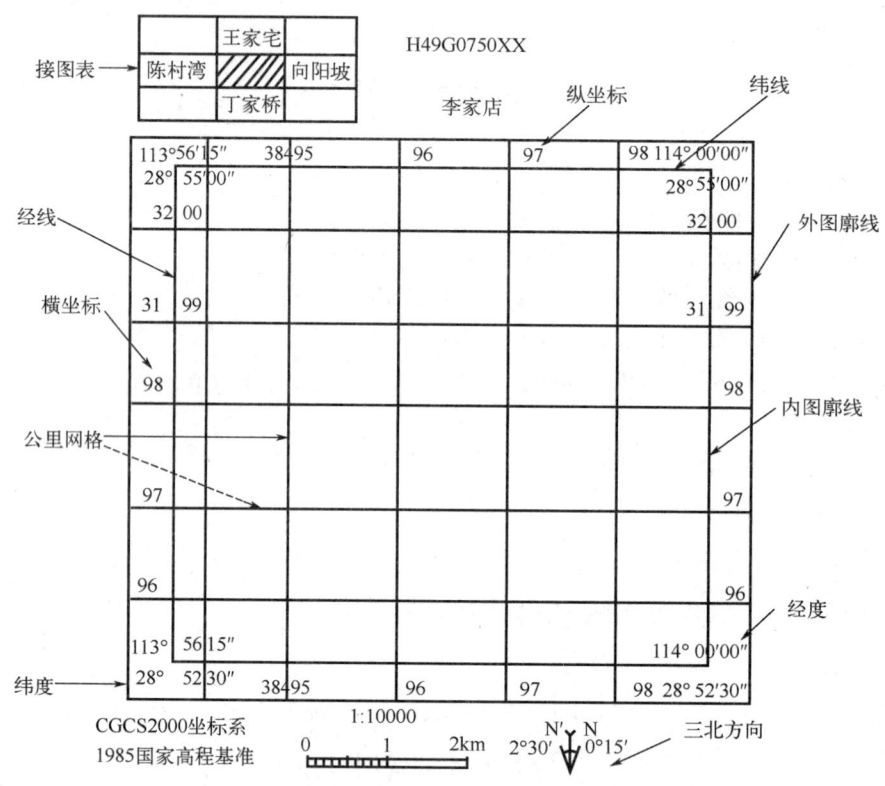

图9-13　1:10000比例尺的地形图图廓样式

1. 图号、图名

为了区别各幅地形图所在的位置和拼接关系，每一幅地形图上都编有图号，图号是根据统一的分幅进行编号的，是地图的编号或代号，用于地图的存储、检索和使用。除图号以外，还要注明图名，图名是以本图幅内最著名的地名、最大的村庄、突出的地物、地貌等的名称来命名的，以确保图名的代表性和辨识度。图名注记在图廓线外，通常位于上图廓线的上方中央位置。图号是地形图按照一定的编码系统进行编号，图号在图名下方进行注记，以便快速检索和识别不同的地形图。图号、图名注记在北图廓上方的中央。如图9-14的图廓上方所示，"孚石"为本幅图的图名，"H49G075096"为图号。

第 9 章 地形图的基本知识

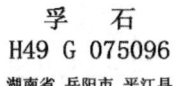

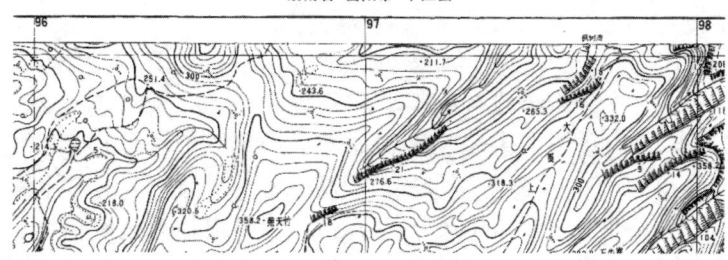

图 9-14　地形图图名、图号

2. 接图表

接图表通常位于图名的左边，由九个矩形格组成，如图 9-15 所示。中央填绘斜线的格代表本图幅，四周的格表示上下左右相邻的图幅，每个格中都注有相应图幅的图名。接图表方便用户在需要时查找相邻的图幅。

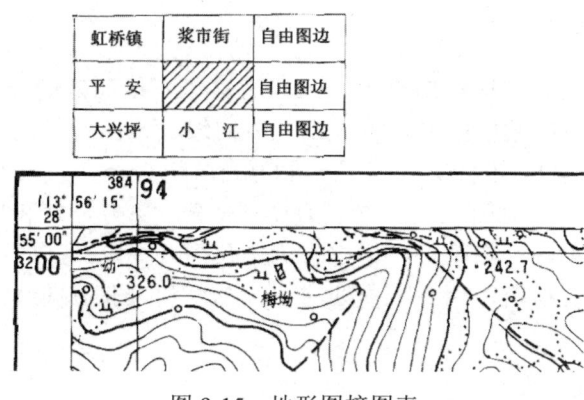

图 9-15　地形图接图表

3. 比例尺

地形图的比例尺是表示图上距离与实际地面距离的比例关系，是地形图的重要数据基础，决定了地图内容的详略程度、精度和细节呈现水平，影响着地图的测绘工作量和成本。在每幅图的南图框外的中央均注有测图的数字比例尺，并在数字比例尺下方绘出直线比例尺。利用直线比例尺，可以用图解法进行图上的距离测量，或将实地距离换算成图上长度。如图 9-16 的下方所示的"1∶10000"和下面的直线比例尺图形。

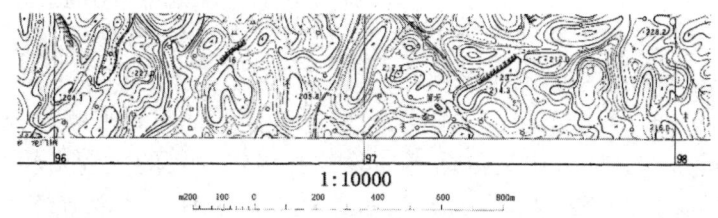

图 9-16　地形图比例尺

4．经纬度及坐标格网

按梯形分幅的地形图的图廓由上、下两条纬线和左、右两条经线构成。对于 1∶10000 地形图的图幅范围，其经差为 3'45"，纬差为 2'30"。在图 9-13 中，本图幅位于东经 113°56'15"—114°00'00"、北纬 28°52'30"—28°55'00"所包括的范围。图廓四周标有黑、白分格，横分格为经线分数尺，纵分格为纬线分数尺，每格表示经差（或纬差）为 1'，如果用直线连接相应的同名分数尺，即构成由子午线和平行圈构成的梯形经纬线格网。

图 9-13 中部的方格网为平面直角坐标格网，纵横轴线分别平行于以投影带的中央子午线为 x 轴和以赤道为 y 轴的轴线，其间隔通常是 1km，所以也称为公里格网。

按照高斯平面直角坐标系的规定，横坐标值位于中央子午线以西为负，为了避免横坐标 y 出现负值，特将每一带的纵坐标轴西移 500km。同时在点的横坐标值前直接标明所属投影带的号。在图 9-13 中，第一条坐标纵线 y 为 38494km，其中，38 为带号，其通用横坐标值为 494km，实际坐标值为（494km–500km）= –6km，即位于中央子午线以西 6km 处。图中南边第一条坐标横线为 3196km，则表示位于赤道以北 3196km 处。

经纬线格网可以用来确定图上各点的地理坐标—经纬度，而公里格网可以用来确定图上各点的平面直角坐标及推算任一直线的坐标方位角。

5．三北方向线关系图

在中、小比例尺图的南图廓线右下方，还绘有真子午线北方向 N、磁子午线北方向 N' 和纵坐标轴北方向这三者的角度关系，称为三北方向线关系图（见图 9-13 右下角）。该图幅中，磁偏角为 2°45'（西偏）；坐标纵线偏于真子午线以西 0°15'，而磁子午线偏于坐标纵线以西 2°30'。利用该关系图，可对图上任一方向的真方位角、磁方位角和坐标方位角三者间进行相互换算。大比例尺地形图的图廓外注记比小比例尺图要简单一些。大比例尺地形图不需要经纬线格网，只需要坐标格网，因此不需要注记经纬度和三北方向线；一般也不画直线比例尺，仅注明数字比例尺。

6．测图日期和测图方法

地形图反映的是测绘当时的地形情况，因此，需要了解测图的具体日期，以便了解地形图的现势性和时效性。对于测图后的地面变化情况，应根据需要予以修测或补测。图 9-17 为 1998 年 10 月航空摄影测量成图，简要说明了地形图的测绘方法和技术手段。

7．地形图的平面系统和高程系统

我国国家基本比例尺地形图通常是采用国家统一的高斯平面直角坐标系，如图 9-17 所示。城市地形图可采用以通过城市中心地区的某一子午线为中央子午线的高斯平面直角坐标系，称为城市独立坐标系。当工程建设范围比城市更小时，也可采用把测区作为平面看待的工程独立坐标系，建筑工程中往往采用以建筑轴线为坐标轴的建筑坐标系，例如在建筑物施工测量时，以及测绘建筑总平面图时采用。

对于高程系统，自 1956 年起，我国统一规定以黄海平均海水面作为高程起算面，建立"1956 黄海高程系"。后来，又根据青岛验潮站历年积累的验潮资料，建立"1985 国家高程基准"。大部分地形图都属于上述高程系统，但也有一些地方性的高程系统，如上海及其邻近地区即采用"吴淞高程系"，在地形图应用时，必须加以注意。通常，地形图

采用的高程系在图框外的左下方用文字说明。各高程系统之间只需加减一个常数即可进行换算。

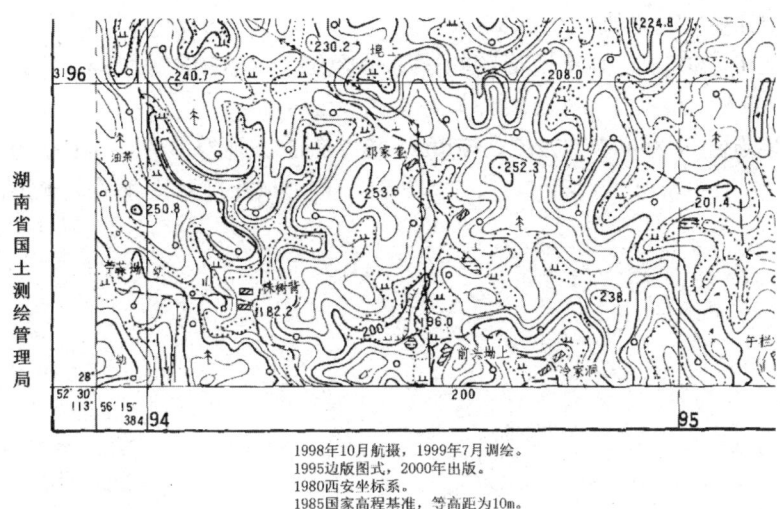

图 9-17　地形图测图时间、坐标系统等信息

8．地形图图式和等高距

应用地形图应该了解地形图所使用的地形图图式，熟悉一些常用的地物符号和地貌符号，了解图上文字注记和数字注记的确切含义，有助于用户理解和使用地形图。我国现行采用的大比例尺地形图图式是由国家质量监督检验检疫总局与国家标准化管理委员会发布，2018年5月1日实施的《国家基本比例尺地图图式第1部分：1∶500　1∶1000　1∶2000 地形图图式》(GB/T20257.1—2017)，它是读识地形图的重要依据。另外还应该了解基本等高距及等高线的特性，要能根据等高线判读出山头、山脊、山谷、鞍部、山脊线、山谷线等各种典型地貌。

9．测图、绘图者的姓名

通常在比例尺的右边进行注记，体现地形图的制作人员信息。

10．测绘单位名称

左图廓外下部通常会标注测绘单位的名称，为地形图的制作提供权威性和可信度。

思　考　题

1．什么是地形图比例尺？什么是比例尺精度？
2．什么是比例符号、非比例符号和半比例符号？
3．地形图根据比例尺的大小分为哪几类？不同类型的地形图在用途上有何区别？
4．地貌符号是如何表示地形起伏的？等高线和等高距在地貌表示中扮演什么角色？
5．什么是等高线？等高线有哪些特性？山脊线、山谷线有什么特性？
6．什么是等高距、等高线平距和地面坡度？它们三者之间的关系如何？

7. 地形图中的注记包括哪些内容？注记在地形图中的作用是什么？

8. 地形图为什么要进行分幅？分幅的原则和方法是什么？

9. 梯形图幅编号的规则是什么？

10. 已知某 1∶5000 比例尺地形图的国际分幅编号为 J50H092084，试计算其西南图廓的经度和纬度。

11. 已知某点经度为 112°57′20″，纬度为 38°16′45″，计算其在 1∶100 万、1∶50 万、1∶25 万、1∶10 万、1∶5 万、1∶2.5 万、1∶1 万、1∶5000 地形图所在图幅的编号。

第 10 章 大比例尺地形图测绘

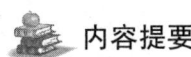 内容提要

本章系统阐述了地形图数字化测绘的常用方法，包括地面测量数字化测图、地物与地貌测绘、注记方法，以及摄影测量测图和机载激光雷达地形测绘。全站仪和 GNSS 差分定位技术作为地面数据采集的主要手段，用于精确获取和表达地面信息。地物测绘部分包括地物分类、测绘原则以及地物的准确测绘与绘制。地貌测绘部分涉及高程特征点的采集、等高线的绘制、基本等高距的确定、等高线插值等内容，用于表达地形起伏形态。摄影测量测图部分介绍了航空摄影测量原理、基本要求、外业与内业工作内容，以及无人机摄影测量测图技术。机载激光雷达地形测绘部分包括激光雷达的分类、系统构成及测绘方法。

10.1 地形图测绘方法

10.1.1 地形图测绘方法简介

地形图（Topographic Map）是表示地表居民地、道路网、水系、境界、土质与植被等基本地理要素且用等高线等表示地面起伏的普通地图。数字地形图（Digital Topographic Map）是以数字形式表示的地形图。

大比例尺地形图由于比例尺较大，精度高，能够详细表示地貌、地物分布特征，可提供精确的地理空间信息，广泛应用于城市详细规划、土地管理、工程建设设计、环境保护等多个领域。

地形图测绘是指利用测量仪器和测绘技术手段，对测区内的地物和地貌进行详细的测量，并按照一定的比例尺和地形图符号系统，将测量结果缩绘成纸质或数字地形图的过程。地形图测绘技术的发展经历了模拟测图法、航空摄影测量成图、地面测量数字化地形图测绘、无人机摄影测量成图、三维激光扫描地形图测绘等阶段。

模拟测图法：此阶段主要依赖经纬仪、水准仪、皮尺、钢尺等传统测绘工具，结合平板仪进行测绘，通过人工观测、记录、计算，并通过图解法人工成图。这种方法工作量大，耗时较长，作业效率低，精度受人为因素影响较大，尤其是在山区和复杂地形更为明显。随着全站仪、卫星导航定位技术的出现，该方法已经被全站仪、卫星定位等数字化测绘方法所取代。

航空摄影测量成图：主要利用航空飞机作为平台，搭载航摄仪器对地面进行摄影获取有一定重叠度的影像，从而构建立体模型，并结合地面控制测量、立体测绘和调绘等步骤，绘制出地形图。由于技术和设备的限制，最初航空摄影测量只应用于中小比例尺地形图（1∶1万、1∶2.5万、1∶5万、1∶10万）的测绘，难以满足大比例尺地形图的精度要求。由于硬件设备和测绘技术的进步，目前航空摄影测量可以满足大比例尺地形图的精度要求。航空摄影测量成图经历了模拟摄影测量、解析摄影测量和数字摄影测量三个发展阶段。

地面测量数字化地形图测绘：主要利用全站仪和 RTK 采集的碎部点数据在计算机上用专业软件实现数字化成图。20 世纪 80 年代，随着全站仪出现，由于全站仪能够同时测量角度和距离，

并自动计算和存储三维坐标,实现了数据的自动化采集和处理;结合计算机和成图软件实现了从野外数据采集到内业制图的全过程数字化。20 世纪 90 年代开始,随着美国 GPS 技术问世,利用卫星定位的单基站差分、网络实时差分定位(Real-Time Kinematic,RTK)技术,通过卫星接收机同时导航卫星信号和差分信号,实时解算出待测点的三维坐标,定位精度达到厘米级,已全面应用于大比例尺地形图测绘,结合计算机和成图软件从而实现数字化地形图测绘。地形图测绘方法优缺点比较分析见表 10-1。

表 10-1 地形图测绘方法优缺点比较分析

测绘方法	年代及作业成果	适用范围	优点	缺点
模拟测图法	1. 20 世纪 80 年代前; 2. 作业成果为纸质地形图	1. 小范围、低精度要求; 2. 平坦地区,不适合山区和复杂地形	1. 直观性强; 2. 图解法测绘,易于理解	1. 工作量大,费时费力; 2. 作业效率低; 3. 精度受人为因素影响较大; 4. 成图周期长,已经被数字化成图技术替代
地面测量数字化地形图测绘	1. 全站仪数字化地形图测绘:开始于 20 世纪 80 年代,至今仍在应用,测绘成果主要为 DLG	1. 适合平坦、丘陵地区; 2. 可大范围、大区域作业,但周期较长	1. 精准度高; 2. 对于山区、丘陵、城市建筑密集区等复杂地形条件也可作业	1. 测站与棱镜需要通视;作业人员需要到达测点;需要进行控制测量,存在误差累积; 2. 外业工作强度较大,需要至少 2 人配合作业,作业效率中等; 3. 受恶劣天气、地形条件影响较大
	2. GNSS 差分定位数字化地形图测绘:开始于 20 世纪 90 年代,至今仍在应用,主要采用单基站差分、网络差分 CORS 两种模式,测绘成果主要为 DLG	1. 适合平坦、丘陵地区; 2. 可大范围、大区域作业,但周期较长	1. 精准度高,精度较均匀,不存在误差累积; 2. 不需要进行控制测量; 3. 外业工作强度一般,可 1 人单独作业; 4. 对于山区、丘陵、城市建筑密集区等复杂地形条件也可作业	1. 需要有卫星信号、差分信号;作业人员需要到达测点; 2. 外业工作强度一般,需要至少 2 人配合作业,作业效率中等; 3. 受恶劣天气、地形条件影响
航空摄影测量成图	1. 模拟摄影测量:20 世纪 60 年代前,成果为纸质地形图; 2. 解析摄影测量:20 世纪 50—80 年代,成果为纸质地形图或数字地形图; 3. 数字摄影测量:20 世纪 90 年代至今,成果为 4D 产品	1. 适合大范围、大区域; 2. 适合平坦地区,不适合山区和复杂地形	1. 具有大范围覆盖能力; 2. 具有三维信息获取能力; 3. 可获取影像数据; 4. 成图精度较均匀	1. 设备较为昂贵; 2. 数据处理流程相对复杂; 3. 大风、雨雪、雾霾等恶劣的天气影响飞行安全和数据采集质量; 4. 内业绘图工作量大; 5. 法律法规有一定限制,需遵守国家、地方有关飞行空域的相关规定
无人机摄影测量成图	21 世纪初至今,成果主要为三维立体模型或实景三维模型、4D 产品	1. 各种地形均适合,在城市建筑密集区更有优势; 2. 高差变化较大区域可能需要分区航飞	1. 精准度高,成图精度较均匀; 2. 作业效率高,只需要少量外业; 3. 灵活性高; 4. 成本低,安全性好; 5. 可获取立体模型或实景三维模型; 6. 可生产 4D 产品,具有清晰纹理特征	1. 数据量大,数据处理相对复杂,对算力要求较高; 2. 大风、雨雪、雾霾等恶劣的天气影响飞机的飞行安全和数据采集质量; 3. 内业绘图工作量大; 4. 法律法规有一定限制,需遵守国家、地方有关飞行空域的相关规定
三维激光扫描地形图测绘	21 世纪初至今,测绘成果主要为三维立体模型、DLG	1. 适合各种地形; 2. 适合小范围、小区域作业	1. 精准度高; 2. 高效率,可快速获取地形的三维立体信息; 3. 高采样率,海量点云数据; 4. 可进行实时动态监测; 5. 高安全性,对于危险分布的区域,可开展地形测量任务; 6. 复杂地形测绘具有优势	1. 设备成本高; 2. 数据处理复杂,需要专业的软件和算法支持; 3. 海量点云数据,数据量大; 4. 遮挡物、光线条件可能导致点云数据存在漏洞; 5. 不适合大范围、大面积测绘

三维激光扫描地形图测绘：21世纪初，三维激光扫描技术日益成熟。应用激光技术进行三维空间进行扫描，快速获取地物、地形表面的海量三维点云数据，经过滤波、分类等数据处理，构建三维数字模型，实现数字化地形图测绘。

地形图测绘经历了从模拟测图向数字化测图、自动化测图的发展阶段。总体上，模拟测图法、模拟摄影测量成图属于模拟测图，而地面测量数字化地形图测绘、数字摄影测量成图、无人机摄影测量成图、三维激光扫描地形图测绘属于数字化测绘。

10.1.2 数字化地形图测绘

数字化地形图测绘是利用现代测绘技术、计算机图形处理技术，通过对地面地形特征及其属性信息进行数据采集、处理、编辑修改、成图显示，以4D产品、三维立体模型等数字化的形式进行精确表达地面地形特征及其属性信息。数据采集、数据编辑、成果输出及表达整个完整流程实现数字化。现阶段数字化地形图测绘方法主要有地面测量数字化地形图测绘、数字航空摄影测量成图、无人机摄影测量成图、三维激光扫描地形图测绘等。

数字化地形图测绘系统主要由地形及属性信息采集、数据处理与成图系统、图形输出设备三部分组成，如图10-1所示。

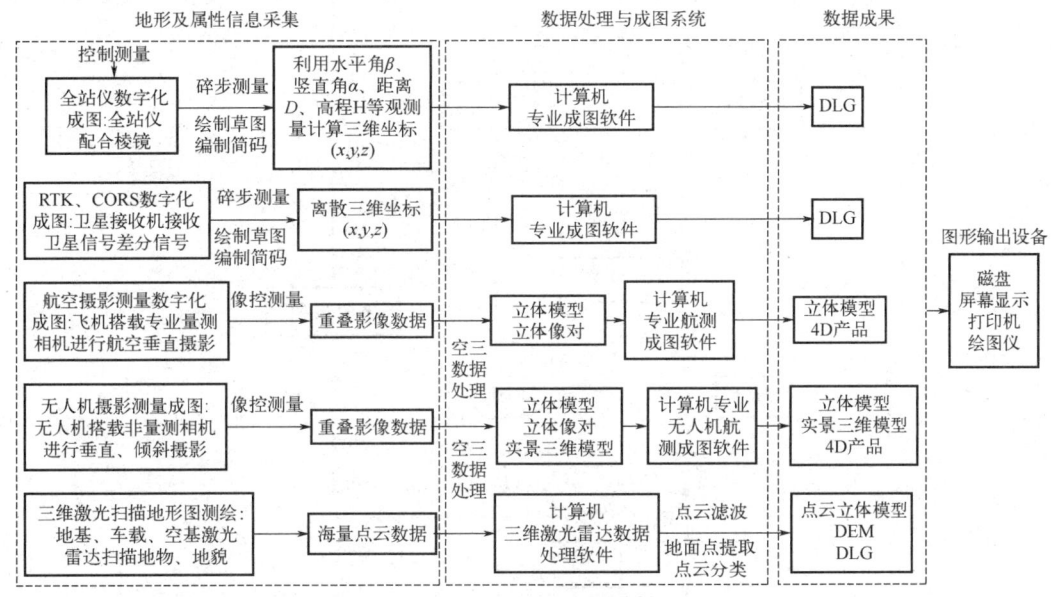

图10-1 数字化测绘系统

1. 地形及属性信息采集

地形及属性信息采集是利用获取定位信息的设备获取空间信息，并通过地面调查、影像数据或实景三维模型获取属性信息。目前地面测量数字化地形图测绘主要设备是全站仪、动态GNSS接收机；数字航空摄影测量成图主要设备是飞机和专业量测相机；无人机摄影测量成图主要设备是无人机和数码相机，无人机分为固定翼无人机、旋翼无人机、固定翼混合旋翼无人机；三维激光雷达扫描地形图测绘主要设备是地基激光雷达、车载激光雷达和机载激光雷达，车载激光的平台为专用的汽车，机载激光雷达的平台为无人机、载人飞机。

2. 数据处理与成图系统

数据处理与成图系统是指对野外直接采集到的点位信息、影像、点云等数据和属性信息进行编辑处理，生成地形图、三维模型等数字化成果的软件系统。电子计算机是进行数据输入、存储、编辑处理、成图输出的基本设备，而成图软件则是整个系统的核心。

3. 图形输出设备

图形输出设备指数据存储设备、打印机、绘图仪、图形显示器、投影仪等数字化成果的存储、显示、打印输出设备。

10.2 地面测量数字化测图

地面测量数字化测图是指通过地面上的实地测量工作采集地物、地貌的空间信息及其属性信息，然后利用这些信息绘制成地形图等数字化成果。主要方法有：全站仪数字化地形图测绘和 GNSS 差分定位数字化地形图测绘。其作业流程如图 10-2 所示。

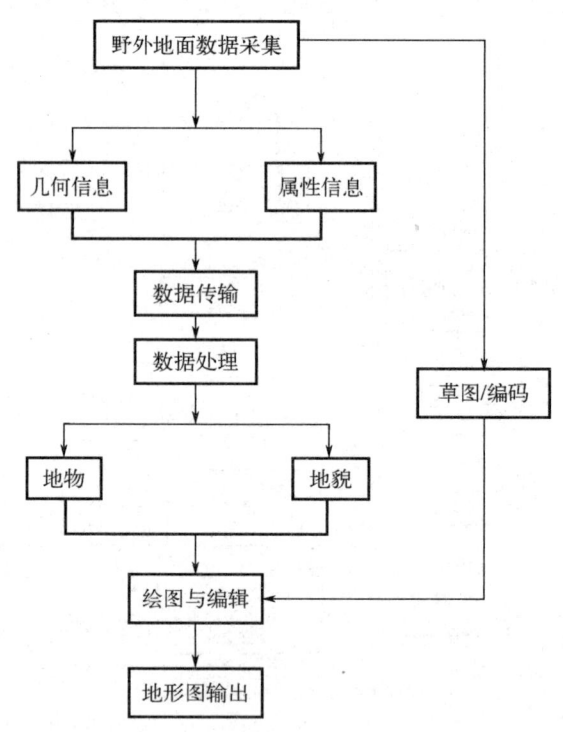

图 10-2 地面测量数字化测图作业流程

10.2.1 地面测量数字化测绘作业模式

数字测图时根据记录测点几何信息和属性信息的不同方法，地面测量数字化测绘作业模式可分为草图法和简码法。

（1）草图法，又称为"无码法"，是在数字化地形图测绘中，外业作业人员通过全站仪或 GNSS 接收机将测点的坐标数据测存在全站仪或 GNSS 手簿的内存中，同时现场实时绘制草图来描述测点的连接关系和所测地物的类别及属性信息，在内业绘图时，根据草图记录的测点的连接关系、地物的类别及属性信息，结合坐标展点数据，利用成图软件经人机交互编辑绘制成地形图（见图10-3）。优点是用示意图记录点的属性信息及与其他点的邻接关系，形象、直观，无须记忆编码规则，外业作业速度快，劳动强度低，并且一旦出现错误时，根据草图也便于分析、查找原因。缺点是内业编图工作量较大，花费时间长。

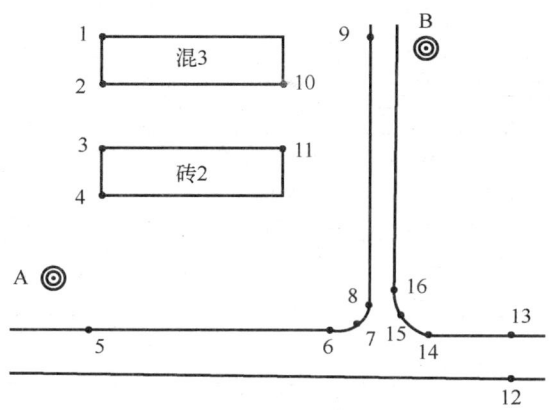

图 10-3　外业草图示例

（2）简码法：又称为"编码法"，根据一定的编码规则，用约定的英文字母和数字等简码描述测点的地物类别和属性信息及测点的连接关系，野外测量时，将对应的简码人工输入全站仪，连同测点坐标数据一并存入仪器内存，将简码和坐标数据同时导入成图软件，利用成图软件依据简码进行地物绘制，生成数字地形图。如果测站观测人员观测经验丰富，能熟练地使用相应数字化成图系统的编码方法，采用有码作业的方式成图更为方便。但该方法需要操作者记忆编码并输入编码，对作业人员素质要求较高，作业难度较大，成图过程也不够直观，特别是出现错误时，难以发现与纠正。在测区地形复杂、通视不好，地貌、地物测量不连贯时，绘图处理较为困难。因此对于地形复杂的区域，需绘制简易工作草图用于图形编辑时参考和内业处理后的图形检查。

目前国内并没有统一的编码规则和编码方法，在实际应用中，主要关注的是编码如何有效地表示地物属性和连接关系，以便计算机能够自动识别和绘制地形图。不同的作业人员可以根据自己的喜好设计各自的编码，编码规则遵循简洁、易记、不重复的原则，确保在数据录入和识别过程中能够快速准确地识别各类要素。通常对于点的描述需提供点号、三维坐标和属性（点的分类信息和连线信息）三类信息，以便编辑成图。

例如，野外操作码由描述实体属性的野外地物码和一些描述连接关系的野外连接码组成。野外作业时每个测点都要求输入简单的提示性编码，简编码一般由1位字母和1~2位数字组成，如类别码由1~3位字符组成，如表10-2所示。

综合而言，草图法和简码法测图各有优点。一般而言，作业人员技术熟练、测区地物简单、通视较好时，适合采用简码法；作业人员作业经验较少，在测区地形、地物复杂时，宜采用草图法。实际作业时，应根据作业人员的技术素质及测区情况进行选择。

表 10-2 地物类别码编码规则及定义

类型	符号及含义
坎类（曲）	K（U）+数（0-陡坎 1-加固陡坎 2-斜坡 3-加固斜坡 4-垄 5-陡崖 6-干沟）
线类（曲）	X（Q）+数（0-实线 1-内部道路 2-小路 3-大车路 4-建筑公路 5-地类界 6-乡、镇界 7-县、县级市界 8-地区、地级市界 9-省界线）
垣栅类	W+数（0、1-宽为 0.5m 的围墙 2-栅栏 3-铁丝网 4-篱笆 5-活树篱笆 6-不依比例围墙不拟合 7-不依比例围墙拟合）
铁路类	T+数（0-标准铁路（大比例尺）1-标（小）2-窄轨铁路（大）3-窄（小）4-轻轨铁路（大）5-轻（小）6-缆车道（大）7-缆车道（小）8-架空索道 9-过河电缆
电力线类	D+数（0-电线塔 1-高压线 2-低压线 3-通信线）
房屋类	F+数（0-坚固防 1-普通房 2-一般房屋 3-建筑中房 4-破坏房 5-棚房 6-简易房
管线类	G+数（0-架空（大）1-架空（小）2-地面上的 3-地下的 4-有管堤的）
植被土质	B+数（0-旱地 1-水稻 2-菜地 3-天然草地 4-有林地 5-行树 6-狭长灌木林 7-盐碱地 8-沙地 9-花圃）：为拟合边界；H+数（同上）：为不拟合边界
圆形物	Y+数（0-半径 1-直径两端点 2-圆周三点）
平行体	P+[X（0-9）Q（0-9）K（0-6）U（0-6）]…
控制点	C+数（0-图根点 1-埋石图根点 2-导线点 3-小三角点 4-三角点 5-土堆上的三角点 6-土堆上的小三角点 7-天文点 8-水准点 9-界址点

10.2.2 全站仪数字化地形图测绘

1. 全站仪数字化地形图测绘原理

利用高精度控制点坐标作为已知坐标，测定测站周围地物、地貌的特征点三维坐标，并绘制草图或记录简码，利用草图或简码，通过绘图软件绘制成地形图。

例如，$A(x_A,y_A,H_A)$、$B(x_B,y_B,H_B)$为由控制测量测定已知点，要测定坐标 $P(x_P,y_P,H_P)$。

（1）架设全站仪：以 A 点为测站架设全站仪，对中整平，对中误差不超过 2mm，整平管水准气泡偏离量不超过 1 格；

（2）定向：以 B 点作为后视点定向，并进行定向检查，定向误差小于 5mm，定向检查符合要求可以开始进行碎步测量；

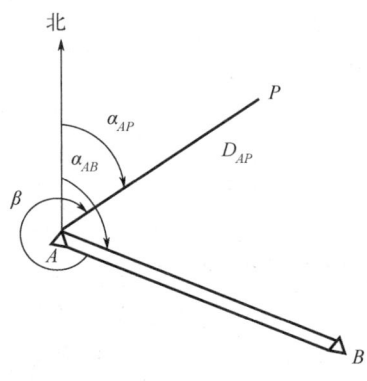

图 10-4 极坐标法测设平面点位

（3）碎步点测量：跑尺员将棱镜竖直放置于待测点 P 正上方，观测员瞄准 P 点棱镜中心，测量水平角 β、竖直角 θ、斜距 S，全站仪自动按式（10-1）计算坐标 $P(x_P,y_P,H_P)$。

（4）依步骤（3）依次测定碎步点坐标，并绘制草图或记录并输入简码。

$$\begin{cases} x_p = x_A + S_{AP}\cos\theta_{AP}\cos(\alpha_{AB}+\beta) \\ y_p = y_A + S_{AP}\cos\theta_{AP}\cos(\alpha_{AB}+\beta) \\ H_p = H_A + S_{AP}\sin\theta_{AP} + i - v_p \end{cases} \quad (10\text{-}1)$$

其中，(x_A,y_A,H_A)为已知点 A 的坐标，S_{AP}为全站仪测得 AP 的斜距，α_{AB}为利用 A、B 两个已知点计算出的 AB 边的坐标方位角，β为全站仪测得的 AB 与 AP 间的水平角，θ为竖直角，i为全站仪仪器高，即望远镜横轴中心至地面点的垂直距离，v_p为棱镜高，即 P 点棱镜中心至地面点垂直距离，(x_P, y_P, H_P)为未知点 P 的坐标。

（5）将坐标数据文件按照成图软件要求格式导入成图软件中，利用草图或简码绘制地形图。

全站仪数字化采集每测站均需要两个以上已知测量控制点的坐标、高程，控制点在地面有明确标记，且两个控制点互相通视。碎步测量时，测站点需保持与碎步点通视。

全站仪数字化地形图测绘精度高、自动化程度高的特点，使得地形图的测绘、更新变得更加便捷。但全站仪测绘作业受环境影响大，如天气条件（大风、雨雪等）、地形条件（遮挡物多、地形复杂等）等都增加测绘难度，并可能降低测量精度。

2. 全站仪数据采集作业流程

不同品牌型号的全站仪碎步测量的流程大同小异，下面以中纬 ZT15 PRO 全站仪为例，讲述全站仪碎步测量一个测站作业流程。

（1）在测站 A 安置全站仪对中整平，在常规测量界面按 MENU，选择 F1[数据采集]，首先会显示程序准备界面（见图 10-5）。

```
数据采集
F1:输入测站点        (1)
F2:输入后视点        (2)
F3:开始              (3)
F4:选择作业          (4)

[F1] [F2] [F3] [F4]
```

图 10-5　全站仪数据采集界面

（2）选择作业：全部数据都存储在作业里，作业包含不同类型的数据（例如测量数据、编码、已知点、测站等），可以单独管理，可以分别读出、编辑或删除。按 F4[选择作业]，进入设置作业界面，可以选择一个已经存在的作业，也可以新建一个新的作业。

（3）设置测站：在程序准备界面按 F1[输入测站点]，进入设置测站界面。在设置测站过程中，测站坐标 $A(x_A, y_A, H_A)$ 可以人工输入，也可以先将已知点坐标数据文件导入仪器内存中，然后调取。量取并输入仪器高。

（4）定向：按 F2[输入后视点]，进入输入后视点坐标界面。以 B 点作为后视点，可以手工方式输入已知边方位角 α_{AB}，也可手工方式输入 $B(x_B, y_B, H_B)$，或从内存中调取 B 点的坐标，全站仪自动反算出方位角 α_{AB}。屏幕显示由测站点、定向点坐标反算的方位角，输入棱镜高，精确瞄准后视定向点 B，按 F3[设定]完成定向。按 F1[测距]测量距离，将定向点 B 作为未知点进行测量，B 点的测量坐标与已知坐标差值在规范规定范围内，用于定向检查，也可用周围第三个已知点进行定向检查，全站仪坐标定向见图 10-6。

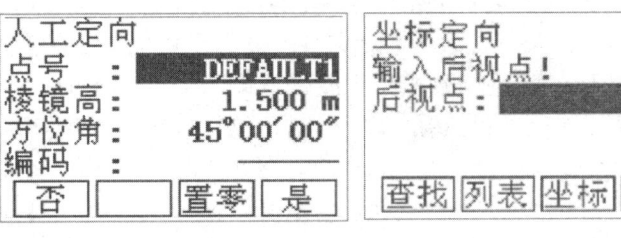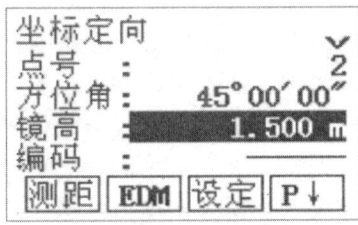

图 10-6　全站仪坐标定向

（5）数据采集：按 F3[开始]，进入数据采集界面。按向下导航键，选择要输入的数据，包括点号、镜高和编码，其中点号必须输入。照准目标后，简码法作业时输入测点号对应的简码，按 F2 测量，测量目标点坐标并存储。接下来按 F3[开始]测量下一个点，依次重复测量该测站周围所有的点。草图法依据地物实际分布情况，绘图者绘制地物分布草图，重点记录地物类型、点号及点号间相互连接关系。

（6）测站检查：该测站所有地物点测完后，应进行该测站检查，即重新测量定向点坐标，比较测量值与已知值的较差，应小于规范规定，说明在该测站测量过程中操作规范符合要求，未发生仪器碰动、定向错误等问题。

10.2.3 GNSS 差分定位数字化地形图测绘

1. 载波相位实时动态差分定位数字化地形图测绘

GNSS RTK 差分定位是一种基于全球导航卫星系统的载波相位实时动态差分定位技术。其作业模式主要有两种：单基站差分定位和网络差分定位 CORS。

（1）单基站差分定位

单基站差分定位主要通过基准站和流动站之间的实时数据链路和载波相对定位快速解算技术，实现高精度动态相对定位。通常利用两台或多台 GNSS 接收机（一台作为基准站，其余作为移动站）同时接收卫星信号，基准站接收卫星信号并进行精确测量，然后将差分信息发送给移动站，移动站根据接收到的卫星信号和差分信号实时解算出移动站的位置，提供移动站在指定坐标系中的三维高精度定位结果。

（2）网络差分定位 CORS

网络差分定位连续运行参考站系统（Continuous Operational Reference System，CORS）是由分布于不同区域的安装有 GNSS 接收机等设备的参考站、通信系统、数据处理中心等构成的地理空间信息基础设施，可连续跟踪接收卫星信号，汇总原始观测数据，处理得到卫星轨道、钟差、载波相位改正值、伪距改正值等各类数据产品。它是在 RTK 技术的基础上发展而来的，旨在提高定位服务的精度、可靠性和覆盖范围。用户只需接收卫星信号和 CORS 发布的差分信号，即可实现实时精确定位，可以直接测量移动站的精确三维坐标，并存储保存坐标文件，配合草图或简码，将坐标数据导入成图软件中，进行数字地形图的绘制。

两种作业模式均能达到厘米级定位精度，具有高精度、实时定位、经济高效、全球覆盖和自动化程度高等特点，且不存在测点之间通视的问题，通过 RTK、CORS 地形测图、工程放样可以不需要控制测量，极大地提高了测绘外业作业效率，已广泛应用于地形测图、工程放样，彻底改变了传统的测绘作业模式。但也受接收卫星信号和差分信号限制，在山区、建筑物附近、森林茂密区或其他遮挡物较多的区域，接收卫星信号、差分信号可能会受到影响，从而影响定位及定位精度。另外，GNSS 信号容易受到电磁干扰的影响，如太阳磁暴、无线电通信、雷达等设备发出的信号可能会对 GNSS 信号造成干扰，这可能导致定位精度下降或定位失败。大气层中的电离层、对流层等因素会对 GNSS 信号的传播产生影响，导致信号延迟或折射等现象。这可能进一步影响定位精度。虽然差分定位技术可以在一定程度上消除这些影响，但在某些极端条件下仍可能存在较大的误差。

2. GNSS 差分定位碎步测量作业流程

不同品牌型号的卫星定位接收机差分定位碎步测量的流程大同小异，GNSS 差分定位碎步测量作业流程如下。

1. 单基站差分野外数据采集流程

（1）基准站设置

作业前，首先要对基准站进行设置。基准站的点位应便于安置接收设备和操作，视野应开阔，须远离大功率无线电发射源（如电视台、微波站等），并远离高压输电线路。基准站附近不得有强烈干扰接收卫星信号的物体。基准站的间距须考虑 GPS 电台的功率和覆盖能力，应尽量布设在相对较高的位置，以获得最大的数据通信有效半径。基准站可架设在已知点上，也可架设在未知点上。

（2）流动站设置，与基准站参数保持一致。

（3）点校正及测站检查

因为 GPS 测量的原始坐标是 WGS84 坐标，而实际应用时，需要的是地方或国家平面坐标，所以必须进行坐标转换，即点校正。首先在已知平面坐标的三个已知控制点上测得 WGS84 坐标，然后进行点校正。点校正工作结束后进行测站检查，选取其他已知点进行检查无误后就可以进行野外碎部点数据采集，手簿显示的即为测区内的平面坐标和高程。

（4）碎部点数据采集

经过点校正工作，RTK 接收机便可以实时得到地形点在当地坐标系下的三维坐标。测量人员在地形特征点上立测杆，输入点号（只需输入一次，点号自动累加），并同时输入特征编码，保存数据，另一位测量人员画草图，以便内业绘图。

2. 在网络差分定位 CORS 模式下，用户仅需使用一台流动站接收机即可获得较高精度的位置信息，从而进行数字测图作业。其作业过程如下。

（1）启动流动站，进行数据通信设置及手簿连接。

（2）设置网络参数，包括 IP 地址、端口、源列表、CORS 用户名、密码、APN 等参数。

（3）后续的工作与 GNSS RTK 测图的步骤完全一样。与 RTK 作业方法相比，CORS 自身能够提供坐标转换参数，如果测量成果与 CORS 坐标系统一致，则不需进行坐标转换工作，这对于高等级控制点破坏较严重或是难以收集控制点资料的测区尤为方便，避免了资料收集的各种不便和实地找点的困难，既方便、高效，也更经济、实惠。因此，利用 CORS 进行地形测量，是全野外地面数字测图的发展方向。

10.3 地物测绘

10.3.1 地物分类

1. 按地物成因分类

地物是地形图测绘的主要对象，按照地物的形成原因分为自然地物与人工地物。自然地物是指地球表面自然形成的物体，如河流、湖泊、森林、山脉等。这些地物在地图上通常用于表示自然环境特征和地貌形态。人工地物指人类改造自然所建造的物体，如房屋、道路、桥梁、水坝等。这些地物在地图上用于表示人类活动对自然环境的影响和利用情况。

2. 按地物功能和使用目的分类

在地形图测绘时，将地物按地物功能和使用目的分为测量控制点、居民地、交通设施、管线设施、水系设施、地貌、植被土质、境界线等八大类（见表10-3），有助于地形图的精确绘制和有效使用，能够满足不同领域和行业的需求。这些类别的地物都是地形图重点测绘和表达的对象。

表10-3 地物具体类别

地物类别	说明
测量控制点	是测制地形图和工程测量的主要依据，如三角点、导线点、水准点等
居民地	反映人类居住和活动的区域，包括城市、乡村、独立房屋等
交通设施	表示陆地和水运的通行设施，如公路、铁路、桥梁、隧道等
管线设施	表示各种能源和信息的传输线路，如电力线、通信线、管道等
水系设施	表示自然和人工形成的水体，如河流、湖泊、水库等
地貌	表示地球表面的自然起伏形态，主要为等高线、等深线
植被土质	表示地表植被覆盖情况和土壤类型，如森林、果园、草地等
境界线	表示行政或自然边界，是地形图上表示地理空间范围和权属关系的重要依据，如国界、省界、县界等

3. 按照地形图上地物的表示方式分类

按照地形图上的表示方式将地物分为不依比例尺表示地物、半比例尺表示地物和依比例尺表示地物三类，分别对应点状地物、线状地物和面状地物。这种划分方式并不直接对应地物的自然或人工属性，但有助于理解地物在地图上的具体呈现方式。

10.3.2 地物测绘的一般原则

地物在地形图上的表示原则如下。

（1）凡是能依比例尺表示的地物，则按照测图比例尺缩小后将其外围轮廓的几何形状表示在图上，如大面积的森林、湖泊和城镇等。在边界内再加绘相应的地物属性的符号，例如房屋的结构和层数、耕地和树林的种类等符号。

（2）对于半依比例表示地物，通常这类地物的长度方向可以按比例尺缩绘，但宽度方向不按比例尺表示，如铁路、公路、河流、堤坝、栅栏、管线等线状地物，需要准确测定其中心线或轴线，以确定其位置和走向，但宽度则通过符号的特定形式或注记来间接表示。

（3）对于面积较小，不能依比例表示的地物，需要准确测定其定位点，即地物在图上的真实位置。这通常是通过测量地物的中心点或几个具有代表性的特征点来实现的，并在地形图上以相应的不依比例尺符号来表示，如导线点、水准点、界址点、电线杆、消防栓、水井等。

10.3.3 地物测绘介绍

1. 特征点的选择

用矢量数据来表示测绘地理空间信息主要采用点、线、面三种基本元素，由点连成线，由线围成面，点、线、面元素分别对应表达点状地物、线状地物和面状地物。要想准确地描述地物的位置和分布，应准确地确定地物特征点的位置。地物特征点是能够代表地物平面位置，反映地物形状、地物类型和地理分布特征的点。地物特征点在地图上具有准确的地理位置和明确的地理属性及含义。测绘这些特征点对于地图制作、地理信息系统的构建以及地理空间数据库的建立至关重要。点状地物的中心位置即为其特征点。对成直线的线状地物，起止点即为其特征点。如果起止点相距较远,注意选中间点进行校核;对成折线和曲线的线状地物,其特征点除起止点外,还包括转折点和弯曲点,曲线地物要注意隔适当的距离选点,使连成的物体不致失真。轮廓的转折点、交叉点和弯曲等变化处的点即为面状地物的特征点。

测绘地形图时通常把以下地物点作为特征点。

(1) 点状地物的几何中心:如纪念碑、烟囱、石油井等独立地物点是独立存在的地物,其中心点或顶点作为特征点。

(2) 线型要素或面状要素边界线的拐点或折点:通常为地物轮廓线的方向变化处,如河流、公路的拐弯点,湖岸线、海岸线的转折点,房屋的角点等,这些点能够控制线型或面状要素的几何形状和空间特征。

(3) 线状要素及面状要素边线之间的交叉点:如不同行政区的交界点、道路与河流的交叉点等,这些点有助于建立不同地理类型间的拓扑关系。

2. 地物测绘要求和取舍原则

地物测绘主要是将代表地物几何形状的特征点三维坐标测定下来,并记录其地物类型和属性信息,连接相应的特征点,便得到与实际地物相似的图形,用地形图图式规定的地物符号绘制和表示。除测绘地物的形状外,还应记录和表示其属性信息,例如房屋的结构和层数、公路的等级和路面材料等属性。以下具体介绍对于大比例尺地形图测绘各类地物测绘要求和取舍原则。

(1) 居民地

① 建、构筑物宜用其外轮廓表示,房屋外廓以墙角为准,并注明结构和层次。当建、构筑物轮廓凸凹部分在 1∶500 比例尺图上小于 1mm 或在其他比例尺图上小于 0.5mm 时,可用直线连接。

② 居民地内部的主要街道以及较大的空地应区分出来。对散列式的居民地、独立房屋应分别测绘。

③ 房屋附属设施:廊、建筑物下的通道、台阶、室外扶梯、围墙、门墩和支柱等,应按实际测绘。

④ 起境界作用的栅栏、栏杆、篱笆、活树篱笆、铁丝网等按实际测绘。

(2) 交通设施

① 铁路轨道、电车轨道、缆车轨道等应按轨道测绘;测绘铁路时,应测定铁轨中心线上的点,并量取轨距。在曲线部分及道岔部分,测点需适当加密,使能正确表示其实际位置。

② 火车站及附属设施(包括站台、天桥,地道、信号设备等)应分别按实际位置测绘。

③ 高速公路、等级公路、等外公路等应按路面或路肩边线位置测绘,公路的弯道和道路交叉处,测点需适当加密,使能正确表达曲线的线型(如圆曲线、缓和曲线等);并注记公路等级代码和路面材料,国道应注记编号。

④ 其他道路:大车路、乡村路应按其实宽依比例尺测绘;人行小路主要是指居民地之间来往的通道,应实测其中心线位置,图上宽度小于 2mm 的,可用单线实测中线表示;单位或住宅小区的内部道路应按实际形状测绘。

⑤ 道路的附属设施:路堑、路堤、边坡、挡土墙应按实际位置测绘;里程碑应实测其位置,并注记里程;对于立体交叉路,铁路在上时,公路应在铁路路基处中断;反之,公路在上时,铁路应在公路处中断。

⑥ 桥梁及渡口：公路桥、铁路桥的桥台、桥墩和桥梁应按实际测绘，并注记其结构；渡口应区分行人渡口或车辆渡口，分别标注"人渡"或"车渡"，同时绘示航线。

（3）管线设施

① 管线有电力线、通信线以及上水管、下水管、煤气管、暖气管、通风管、石油管等。管线测绘主要指地面上管线的测绘，对地下管线一般只测绘地面部分即井盖的位置。测定电线塔、电线杆、变压器、管线入地口以及各种管道的支柱、支架位置等；电线和管道用规定的符号表示。

② 电力线：高压线应测定其电线杆、铁塔，电线走向在图上用双箭头符号表示；低压线应测定其电线杆；电线走向在图上用单箭头符号表示；电线杆上变压器应实测其位置，用相应符号绘示。

③ 通信线：通信线应测定其电线杆，用符号表示线路走向。

④ 地面管道：地面上的管道应实测其位置，架空的管道应测定其管架位置，注明管径和用途。

⑤ 地下管线检修井：地下管线的检修井应实测井盖的中心位置，并按管线类别用相应符号表示。

（4）水系设施

① 水系包括河流、渠道、湖泊、池塘等，通常均以岸边为界（岸线）进行测绘。如果要求测出水涯线（水面与地面的交线）、洪水位（历史上最高水位的位置）及平水位（常年一般水位的位置）时，应按要求在调查的基础上进行测绘。水系边缘有陡坎时，测绘陡坎上边缘。河流、渠道等流动水域应标注流向；水系名称应用规定字体注记。

② 水闸宽度在图上大于 4mm 的，应按依比例尺的地物测绘；否则可按不依比例尺的地物测绘，以图式符号标示其中心位置和方位。

③ 防洪墙应按实宽测绘，双线绘示；陡岸为人工建筑，应测绘岸线，并根据土质或石质按相应的图式符号表示。

（5）植被

① 根据覆盖地面的植物种类（植被）区分土地的类别，测定地类的界线（称为地类界），并在每个地块中用图式中规定的植被符号表示。土地的类别有：耕地（应区分稻田、旱田、菜地）、园地（注明农作物名称）、林地（应区分树林、竹林、苗木，并注明树种）、草地（区分天然草地、人工草地）。

② 铁路、公路、河流旁的行道树应测绘，实测首末位置，中间用符号绘示；独立树应实测中心位置，并注明树种。

③ 同一地段生长有多种植物时，植被符号可配合表示，但不要超过三种（连同土质符号）。如果种类很多，可舍去经济价值不大或数量较少的。符号的配置应与实地植被的主次和稀密情况相适应。

④ 表示植被时，除疏林、稀疏灌木林、迹地、高草地、草地、半荒草地、荒草地等外，一般均应表示地类界。

⑤ 当地类界与房屋、道路、河流、栅栏等地面明显地物重合时，地类界符号无须绘出；当地类界与架空管线或境界等重合时，地类界符号应移位绘出。

⑥ 配置植被符号时，不要截断或压盖地类界和其他地物符号。植被范围被线状地物分割时，在各个隔开部分内，至少应配置一个符号。

(6) 土质

地块的特殊土质有沙泥地、沙砾地、石块地、盐碱地、小草丘地、龟裂地、沼泽地、盐田、盐场等，应按图式绘示。

3. 地物高程点的测定

在地势较为平坦的区域，绘制的地物符号表达的是地物平面位置及分布，但地面各处会有一定的高差，因此还需要在平面图上加测一些高程点，并注记高程值。对于地物高程点测定，有以下规定：

（1）高程点的间距：平坦地区高程点的分布，其间距在图上以 5～7cm 为宜，如遇地势起伏变化较大时，应予以适当加密；

（2）居民地高程点：在建成区街坊内部空地及广场内的高程，应设在该地块内能代表一般地面的适中部位；如空地范围较大，应按规定间距测定；

（3）农田高程点：在倾斜起伏的旱地上，应设在高低变化处及制高部位的地面上；在平坦田块上，应选择有代表性的位置测定其高程；

（4）高低显著的地形，如高地、土堆、土坑及高低田坎等，其高差在 0.5m 以上者，均应在高处及低处分别测注高程，并测定其范围。

4. 地物符号的定位点

地物符号的定位点是指地图上用于标识和定位地物符号实际位置的点或中心点，一般规定如下：

（1）符号图形中有一个点的，该点为地物的实地中心位置；

（2）圆形、正方形、长方形等符号，定位点在其几何图形中心；

（3）宽底符号（蒙古包、烟囱、水塔等）定位点在其底线中心；

（4）底部为直角的符号（风车、路标、独立树等）定位点在其直角的顶点；

（5）几种图形组成的符号（敖包、教堂、气象站等）定位点在其下方图形的中心点或交叉点；

（6）下方没有底线的符号（窑、亭、山洞等）定位点在其下方两端点连线的中心点；

（7）不依比例尺表示的其他符号（桥梁、水闸、拦水坝、岩溶漏斗等）定位点在其符号的中心点；

（8）线状符号（道路、河流等）定位线在其符号的中轴线；依比例尺表示时，在两侧线的中轴线。

10.3.4 地物绘制

1. 数字化成图软件

外业采集数据传输到计算机以后，就可以进行内业绘图了。数字化成图软件是数字测图系统的重要组成部分，应具有以下基本功能。

（1）数据采集功能

它可以与全站仪、GNSS、红外测距仪及电子手簿组合，按一定格式编码采集数据，也可以对遥感影像上的地形点进行量测计算，然后把坐标和特征编码一起存放，或者在原有图件上进行数字化采集。

（2）数据输入功能

数据输入是将采集到的数据转换成测图软件所能接受的图形数据文件，即按点、线、面的 x、y 坐标分层次输入计算机，并自动生成各种特征文件。同时，还可以输入属性数据，即按用途要求输入所需的物体特征，如建筑物的类别、注记、说明等有关属性。

（3）编辑处理功能

系统对输入的外业采集和数字化方法得到的数据可以进行存储、检索、提取、复制、合并、删除和生成符合规范要求的地图符号，从而保证数据的正确性和完善性。对地物、地貌特征的再分类，各种特征的归一、分解和合并，曲线光滑、畸变消除、投影变换、直角改正等，以及生成各类专题图等。

（4）数据管理功能

数据管理靠制图数据库等技术来实现。数据库的内容包括：特征码、制图要素的坐标串、制图要素的属性，以及要素间的相互关系等。其功能主要有数据的添加、修改与删除功能；汉字的输入与输出功能；进行分类统计等数据处理功能；显示和打印统计报表的功能；绘制地形图和专题图的功能；具有分层检索的功能。

（5）整饰功能

整饰功能是指具有图幅间的拼接、绘制图廓、方格网、图名、图廓坐标、比例尺、测量单位和日期等功能。其特点是用户界面良好，操作简便，只要使用常规的几种命令就能达到上述要求，方便灵活，且易于掌握。

（6）数据的输出功能

数据输出包括数据打印、数据分析和图形输出等方面的功能。图形输出是将存储于计算机系统中的用数字表示的图转换成可视图形，通过图形显示器和数控绘图机来实现，并具有将图形按比例放大和缩小的功能。

目前，在国内市场上有许多数字化成图软件，其中较为成熟，且应用较广泛的主要有广东南方数码科技股份有限公司的南方 CASS 地形地籍成图软件、武汉瑞得公司的 RDMS 数字测图系统、北京清华山维的 EPSW 电子平板测图系统等。这几种数字测图系统均可用于地形图和地籍图的测绘，并能按要求生成相应的图表和交换数据文件等。

南方 CASS 地形地籍成图软件基于 CAD 平台技术研发，具有完全知识产权的 GIS 前端数据处理系统，广泛应用于地形成图、地籍成图、工程测量应用、空间数据建库和更新、市政监管等领域。

CASS11.0 相对于以前各版本除平台、基本绘图功能上做了进一步升级之外，还增加裸眼 3D 采集、点云立采、立面采集，二三维一体化数据采集等相关功能。本书以 CASS11.0 为例介绍成图软件操作界面、功能、地形图绘制方法。

CASS11.0 的操作界面主要包括顶部菜单面板、右侧屏幕菜单和工具条、属性面板，如图 10-7 所示。每个菜单项均以对话框或命令行提示的方式与用户交互应答，操作灵活方便。

（1）新建文件及打开已有图形文件

新建文件：选择菜单【文件】→【新建图形文件】，打开选择样板对话框，如图 10-8 所示。使用样板可避免每次重复基本设置和绘图，快速得到一个标准的图层、线型等绘图环境，提高工作效率。acadiso.dwt 即为 CASS11.1 的样板文件，调用后便可将 CASS11.1 所需的图块、图层、线型等载入。

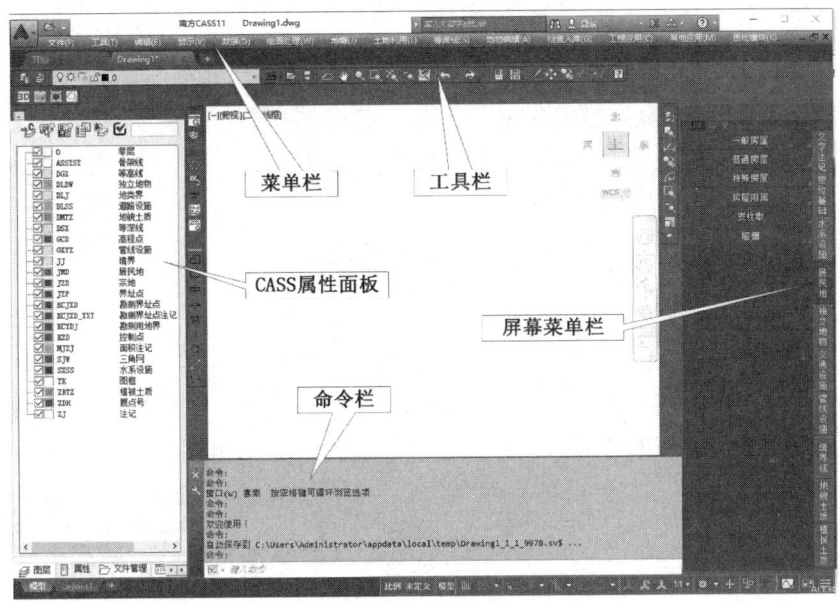

图 10-7　CASS11.0 界面

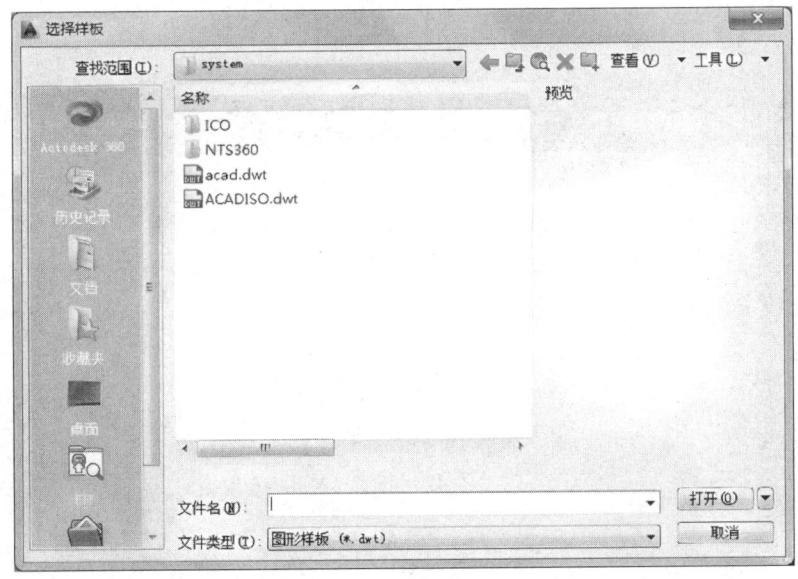

图 10-8　选择图形样板

打开已有图形文件：选择菜单【文件】→【打开已有图形文件】，会弹出一对话框，选择已有文件路径及文件名，然后单击【打开】按钮即可，可打开的文件类型有"dwg""dxf""dwt"等。

（2）设置当前图形比例尺

选择菜单【绘图处理】→【改变当前图形比例尺】。在命令栏提示输入新比例尺的分母后回车。软件根据输入的比例尺调整图形实体，修改符号和文字的大小、线型的比例，并且会根据骨架线重构复杂实体。

（3）展点

展点就是将外业观测数据调入软件，外业观测数据文件扩展名为"dat"，格式如表10-4所示。CASS坐标数据文件内每一行代表一个点；顺序依次为：点号，编码，Y（东）坐标，X（北）坐标，高程，分隔符为英文逗号","。每个点 Y（东）坐标、X（北）坐标、高程的单位均是"米"；编码内不能含有逗号，编码可以为空，但其后的逗号不能省略。

表 10-4 坐标数据格式

1,	F23,	316157.521,	4527502.951,	149.925
2,	D2,	316160.557,	4527508.831,	152.934
3,	C2,	316165.104,	4527532.759,	157.963
4,	B3,	316166.722,	4527537.860,	150.744
5,	G2,	316163.517,	4527538.398,	148.031

根据绘图方法不同，展点分为展高程点、展野外测点点号、展野外测点代码、展野外测点点位等，分别显示测点高程、点号、代码、点位等。展测点高程用于绘制三角网及等高线，展测点点号用于依据点号绘制地物，展测点代码用于简码法绘制地物。

下面以展野外测点点号为例，说明操作步骤。具体操作如下：选择菜单【绘图处理】→【展野外测点点号】，弹出一个对话框，如图10-9所示，选择已有文件路径及文件名后单击【打开】按钮即可。

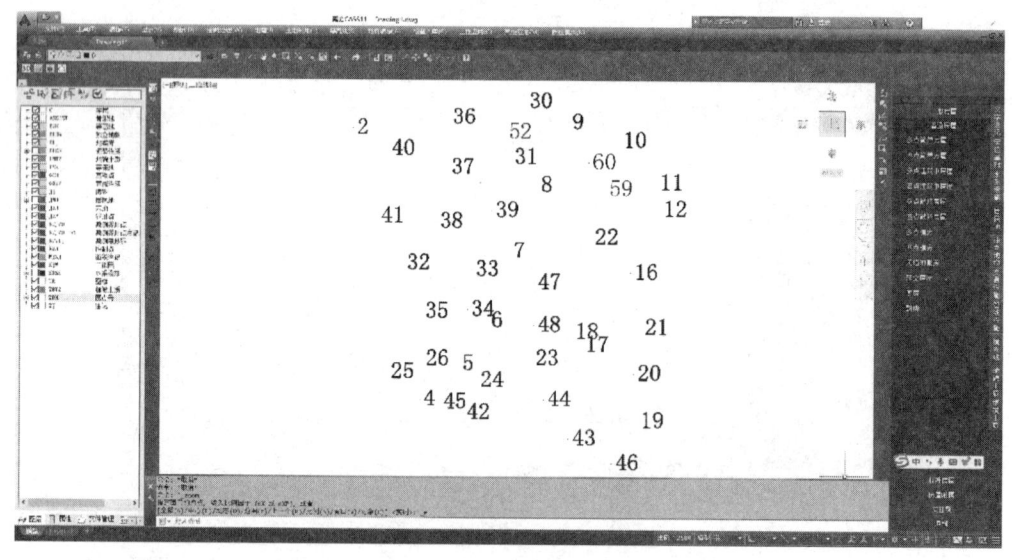

图 10-9 展野外测点点号

（4）地物绘制

下面以居民地绘制为例说明地物绘制方法。地物绘图前设置对象捕捉功能，确保节点对象捕捉功能开启，如图10-10所示。

展野外测点点号后，先在屏幕菜单栏选择【居民地】→【普通房屋】→【四点简单房屋】，按照命令栏提示，依据草图记录的房屋结构类型选择房屋类型，按照草图记录的测点号间相互关系进行地物绘制。绘制完一个地物后，再选择相应地物菜单进行另一个地物绘制，如图10-11所示。

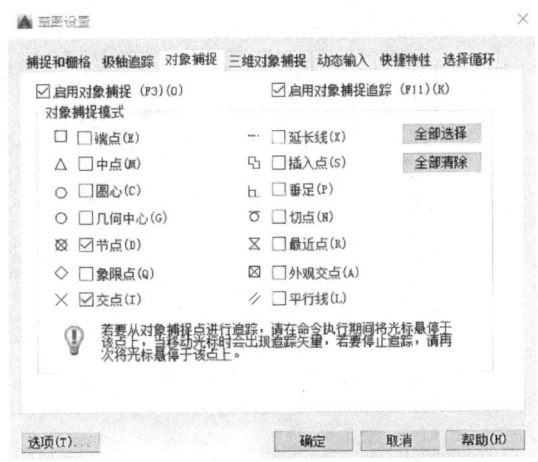

图 10-10 对象捕捉功能设置

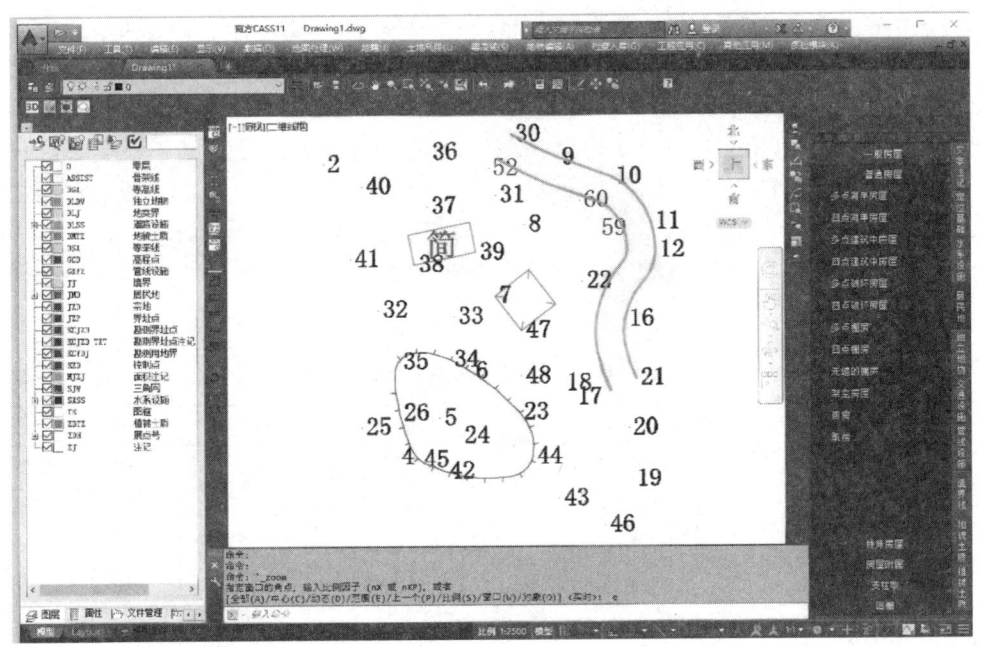

图 10-11 地物绘制

10.4 地 貌 测 绘

10.4.1 等高线插值

现实世界的地貌复杂多样,要准确地描绘地貌形态和特征,需要测绘地貌的特征点。地貌特征点是指能够反映地貌的基本形态和特征的具有显著性和代表性的点。具体而言,地貌特征点包括山顶点(山的最高点)、鞍部中心(两山之间的低洼地带)、地面坡度变化点、地形的突变点(如山坡与山谷的交界处)、地性线(如山脊线、山谷线、坡脚线、变坡线)上的起点、终点和关键点等,见图 10-12。测定了地貌的特征点,就能准确描绘地貌的基本形态和特征。

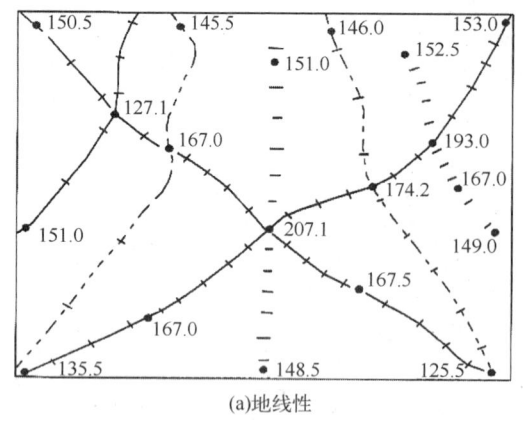 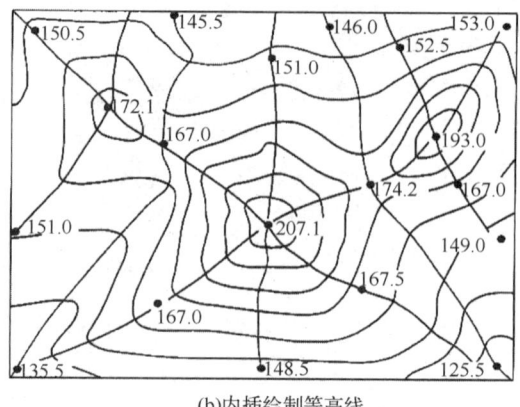

(a)地线性　　　　　　　　　　(b)内插绘制等高线

图 10-12　地性线及等高线内插

在实际测绘工作中，由于时间、成本、人力等各种条件的限制，只能对有限数量的地貌特征点进行测量。这些测量点在地形图上往往呈离散分布，无法直接形成连续、完整的等高线。而地形表面复杂多变，仅仅依靠少量的实测高程点，无法全面、准确地描述地形的复杂性和多样性。另外，由于等高线的高程为基本等高距的整数倍，而测定的地貌特征点的高程是任意值，不一定在等高线上。因此，地貌测绘就是测定地貌特征点的三维坐标，通过高程插值来生成光滑、连续的等高线图，以更直观地展示地形的基本形态和特征。常用的插值算法有最邻近插值、双线性插值和三次样条插值等，其比较如表 10-5 所示。

对于不能用等高线表示的地貌，例如悬崖、峭壁、土坎、土堆、冲沟等，应按图式所规定的符号表示。

表 10-5　高程点插值方法比较

插值算法	原理	优点	缺点
最邻近插值	选择距离未知点最近的已知点的高程值作为未知点的高程值	计算简单，速度快	容易产生"锯齿状"的等高线，精度较低
双线性插值	在两个方向上进行线性插值，先在一个方向上插值得到中间点的高程值，再在另一个方向上对中间点进行插值得到未知点的高程值	相对于最邻近插值，双线性插值生成的等高线更加平滑	在复杂地形中，可能无法准确反映地形的细微变化
三次样条插值	通过已知点构建一系列三次多项式，使得这些多项式在相邻点处具有连续的一阶和二阶导数，从而确保插值曲线的平滑性	能够生成非常平滑的等高线，适用于复杂地形的插值	计算量相对较大，需要更多的计算资源

10.4.2　等高线绘制

以 CASS11.0 绘制等高线为例，其主要操作步骤包括展高程点、建立三角网、绘制等高线和等高线注记等步骤。

1. 展高程点

展高程点：在菜单栏选择【绘图处理】→【展高程点】，打开"输入坐标数据文件"对话框，找到需要展开高程点的坐标数据文件，单击【打开】按钮，在命令行中显示"注记高程点的距离"，输入注记距离后，按回车键进行确定，展绘高程点，如图 10-13 所示。

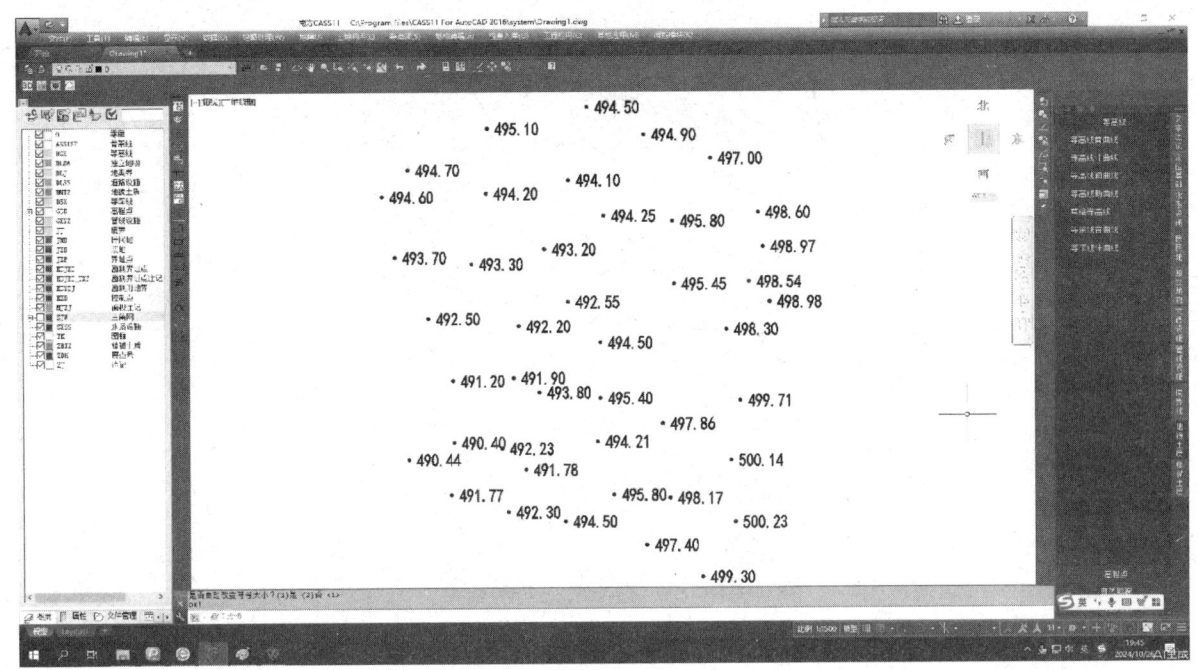

图 10-13 展高程点

2．建立三角网

在菜单栏选择【等高线】→【建立三角网】，打开建立三角网对话框，如图 10-14 所示。首先选择建立 DTM 的方式，分为两种方式：由数据文件生成和由图面高程点生成。如果选择由数据文件生成，则在坐标数据文件名中选择坐标数据文件；如果选择由图面高程点生成，则在绘图区选择参加建立 DTM 的高程点。然后选择结果显示，分为三种：显示建三角网结果、显示建三角网过程和不显示三角网。最后选择在建立 DTM 的过程中是否考虑陡坎和地性线。建立的三角网结果如图 10-15 所示。

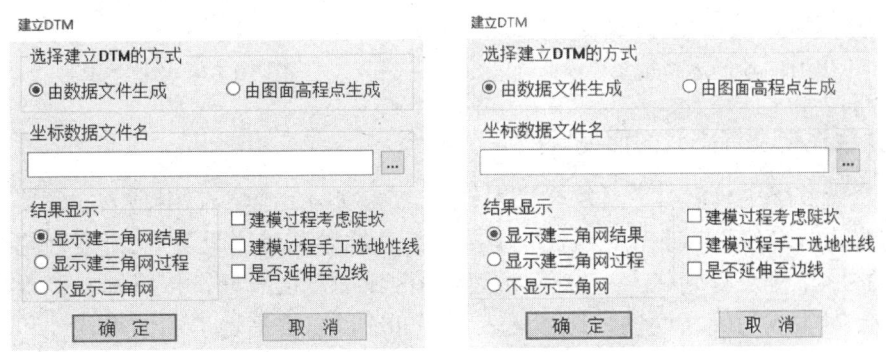

图 10-14 建立三角网参数设置

3．绘制等高线

在菜单栏选择【等高线】→【绘制等高线】，打开绘制等值线对话框，如图 10-16 所示。设置等高距和等高线的插值拟合方式，然后按【确定】按钮进行确定，完成等高线绘制，如图 10-17 所示。

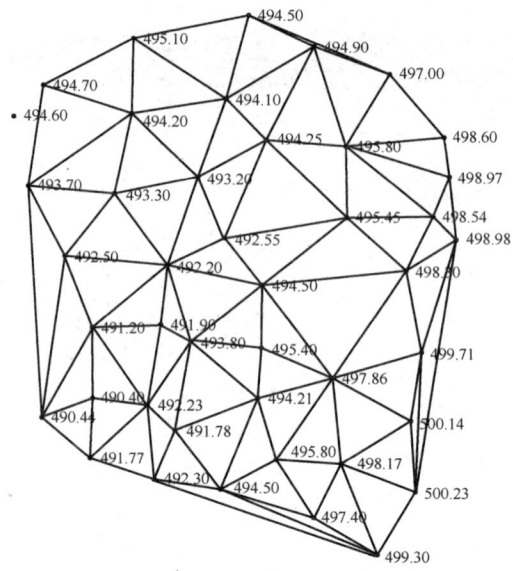

图 10-15　建立的三角网结果

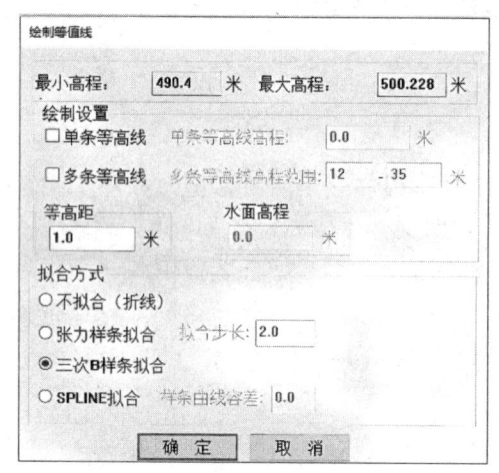

图 10-16　绘制等高线参数设置

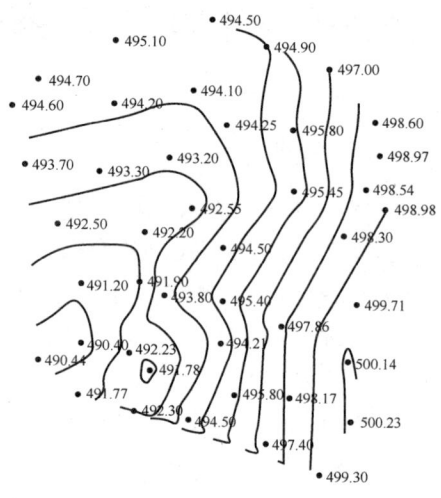

图 10-17　绘制等高线

4．计曲线注记及等高线图面编辑

在菜单栏选择【工具】→【画复合线】，在等高线处从山脚沿着山顶方向画复合线，然后在菜单栏选择【等高线】→【等高线注记】→【沿直线等高线注记】，在命令行选择"只处理计曲线"，按回车键进行确认，鼠标移动到绘图区域的复合线处，按鼠标左键确认，注记好计曲线高程。对生成的等高线进行符号化表达和标注，以提高地形图的可读性和准确性。常见的符号化方法包括使用不同线型、线宽和线色来表示不同的高程等高线。

10.5　摄影测量测图

摄影测量是通过摄影获取物体的影像，并对影像进行量测实现对物体的测量，获取被摄物体的形状、大小、位置及特性。摄影测量的主要任务是测绘各种比例尺的地形图，为各种地理信息应用提供基础数据。摄影测量经历模拟摄影测量、解析摄影测量和数字摄影测量发展阶段。从 20 世纪 90 年代开始摄影测量逐渐摆脱了模拟、解析摄影测量的"专用设备"，逐步实现了影像数据获取、处理及摄影测量成果的全面数字化。当代的摄影测量已经与计算机视觉、人工智能等学科深度融合，正向智能化、自动化方向快速发展，其应用领域也不断扩大。

10.5.1 摄影测量原理

将相机搭载在飞机平台上，对地面进行摄影，获取影像数据。由于光线沿直线传播，像片上像点、摄影中心、地面上对应的物点三点应在共一条直线上，即三点共线，如图 10-18 所示。

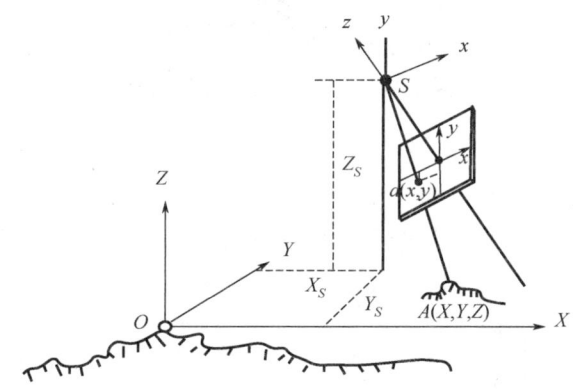

图 10-18 像点、摄影中心、物点三点共线

基于此，像点、摄影中心、物点应满足共线条件方程，即中心投影的构像方程。

$$\begin{cases} x - x_0 = -f \dfrac{a_1(X-X_S) + b_1(Y-Y_S) + c_1(Z-Z_S)}{a_3(X-X_S) + b_3(Y-Y_S) + c_3(Z-Z_S)} \\ y - y_0 = -f \dfrac{a_2(X-X_S) + b_2(Y-Y_S) + c_2(Z-Z_S)}{a_3(X-X_S) + b_3(Y-Y_S) + c_3(Z-Z_S)} \end{cases} \quad (10\text{-}2)$$

其中，x、y 为像平面坐标中像点坐标；f 为像机的主距，(x_0, y_0) 为内方位元素；X_S、Y_S、Z_S 为物方坐标系中摄影中心 S 的坐标，即外方位元素中的线元素；a_1、a_2、a_3、b_1、b_2、b_3、c_1、c_2、c_3 为由像片姿态角 $(\varphi, \omega, \kappa)$ 决定的 9 个方向余弦，像片姿态角 $(\varphi, \omega, \kappa)$，即外方位元素中的角元素；$X$、$Y$、$Z$ 为物方坐标系中物点坐标。

式（10-2）为用物点坐标表示像点坐标的共线条件方程，其逆运算式为用像点坐标表示物点坐标的共线条件方程，即式（10-3）。

$$\begin{cases} X - X_S = (Z - Z_S) \dfrac{a_1(x-x_0) + a_2(y-y_0)y - a_3 f}{c_1(x-x_0) + c_2(y-y_0) - c_3 f} \\ Y - Y_S = (Z - Z_S) \dfrac{b_1(x-x_0) + b_2(x-x_0) - b_3 f}{c_1(x-x_0) + c_2(y-y_0) - c_3 f} \end{cases} \quad (10\text{-}3)$$

由上述共线条件方程可以看出，假设内、外方位元素已知，简单地拍摄一张像片，量测像点的二维坐标，利用二个共线方程求解物点的三维坐标，这是不可解的。因为二个方程无法解算三个未知数。究其原因是在拍摄像片的过程中丢失了景深信息。摄影测量的解决办法是，在两个或两个以上不同的位置对同一个地方拍摄两张或两张以上的像片，这样对于同一个物点而言，可以列立四个或者更多的共线条件方程。利用四个或者更多的共线方程就可以求解物点的三维坐标了，如图 10-19 所示，摄影测量原理的本质是空间交会法。

图 10-19 摄影测量空间交会

共线条件方程是单片后方交会、立体模型的空间前方交会、光束法平差、空中三角测量等基本数学模型，在摄影测量学中发挥着重要作用。

摄影测量就是利用共线条件方程等基本数学模型，构建地面立体模型，基于地面立体模型量测地物、地貌三维坐标。

10.5.2 航空摄影基本要求

1. 摄影比例尺与相对航高

航空摄影测量是将像机安放在飞机底部，沿预先设定的航线对地面拍摄影像，对获取的影像进行处理，获取地面的三维位置信息及属性信息。摄影时，需要保持一定的相对航高，以满足摄影比例尺的要求。摄影比例尺表示为 $\frac{1}{M}=\frac{l}{L}=\frac{f}{H}$，其中 f 为摄影机主距，H 为摄影相对航高，即摄影机的物镜中心至摄区内平均高程面的距离，如图 10-20 所示。由于航空摄影时航摄像片不能严格保持水平，再加上地形起伏，所以航摄像片上的摄影比例尺处处均不相等。通常所说的摄影比例尺是指平均比例尺。

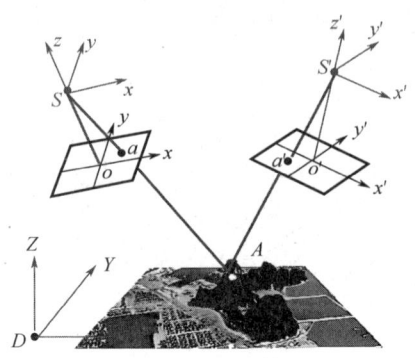

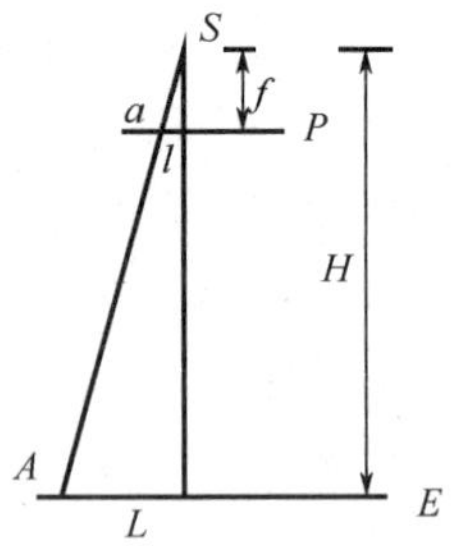

图 10-20 摄影比例尺

对于航空数字影像而言，影像的地面分辨率是指影像上一个像素所代表的地面的大小，也可以称为地面采样间隔（Gound Sample Distance，GSD），单位为米/像素。摄影比例尺越大，像片地面的分辨率越高，有利于影像的解译与提高成图精度，但摄影比例尺过大，增加工作量及费用。摄影比例尺要根据测绘地形图的精度要求与获取地面信息的需要来确定。已知影像的地面分辨率，摄影比例尺可以按式（10-4）计算得到：

$$\frac{1}{M}=\frac{a}{\text{GSD}} \tag{10-4}$$

式中，M 为摄影比例尺分母，GSD 为影像的地面分辨率，a 为像元大小，即相机传感器 CCD 或 CMOS 单个感光元件的物理尺寸，f 为摄影机主距，H 为相对航高。从而依据摄影比例尺、摄影机主距确定相对航高。摄影比例尺与地面分辨率、成图比例尺的关系如表 10-6 所示。

表 10-6 摄影比例尺与地面分辨率、成图比例尺的关系

比例尺类型	地面分辨率（m）	航摄比例尺	成图比例尺
大比例尺	优于 0.1	1∶2000～1∶3000	1∶500
	优于 0.1	1∶4000～1∶6000	1∶1000
	优于 0.2	1∶8000～1∶12000	1∶2000
中比例尺	优于 0.5	1∶15000～1∶20000 （23×23）	1∶5000
	优于 0.5 优于 1.0	1∶10000～1∶25000 1∶25000～1∶35000 （像片 23cm×23cm）	1∶10000
小比例尺	优于 2.5	1∶20000～1∶30000	1∶25000
	优于 5.0	1∶35000～1∶55000	1∶50000

2．影像重叠度

航摄飞机按设计的航高、航向呈直线飞行并保持各航线间的相互平行，一片接一片、一条航线接一条航线顺次进行摄影，如图 10-21 所示。

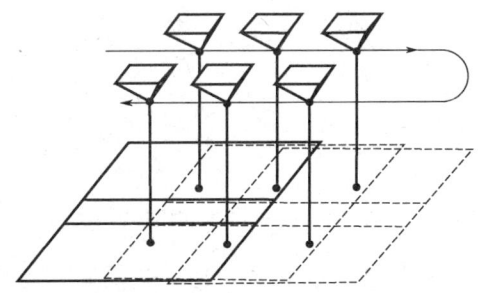

图 10-21 航空摄影航线略图

为了满足测图的需要，在同一条航线上，相邻两像片应有一定范围的影像重叠，称为航向重叠；相邻航线也应有足够的重叠，称为旁向重叠，如图 10-22 所示。重叠率用航摄片上的重叠影像占像幅尺寸的百分比表示，航空摄影测量航向重叠一般要求为 $p=\dfrac{p_x}{L_x}=60\%\sim 65\%$，最小不得小于 53%；旁向重叠要求为 $q=\dfrac{p_y}{L_y}=30\%\sim 40\%$，最小不得小于 15%。

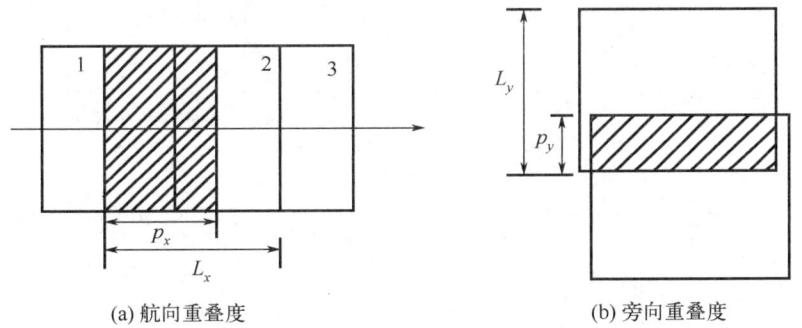

(a) 航向重叠度　　(b) 旁向重叠度

图 10-22 航向重叠与旁向重叠

3. 像片倾角

在摄影瞬间摄影机轴发生了倾斜,摄影机轴与铅垂方向的夹角 α 称为像片的倾角,如图 10-23 所示。当 $\alpha=0$ 时为垂直摄影,是最理想的情形。但飞机受气流的影响,航摄机不可能完全置平,一般要求倾角不大于 2°,最大不超过 3°。

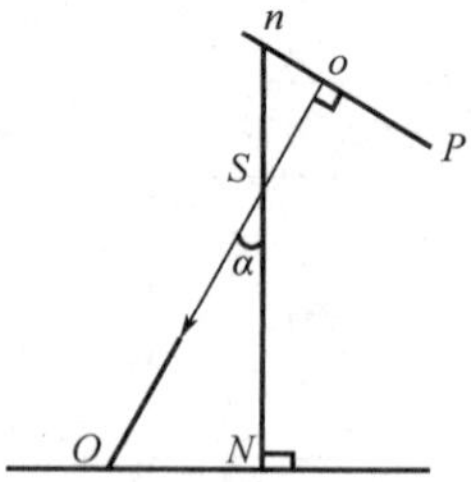

10.5.3 航空像片与地形图的区别

1. 投影方法不同

地形图是地面的垂直投影(正射投影),投影光线相互平行且垂直于投影面,如图 10-24(a)所示;航空像片是中心投影,投影光线会聚于一点,如图 10-24(b)所示。投影光线会聚的点 S 称为投影中心,由中心投影得到的图称为透视图。

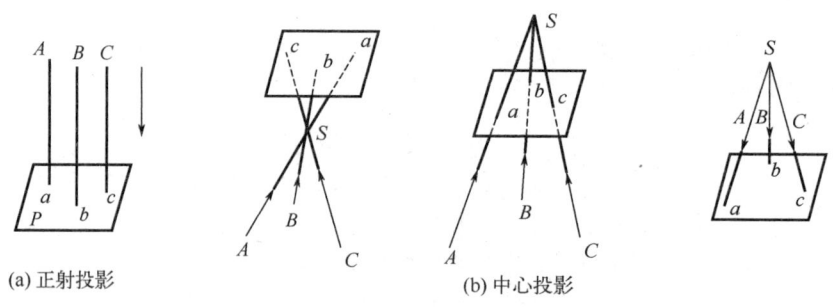

图 10-23 像片倾角

图 10-24 正射投影和中心投影

理想情况下,即像片严格水平、地面也水平时,航摄像片上的摄像比例尺处处相等。由于气流的影响、飞机颠簸,像片很难严格水平。像片倾斜会引起像点位移,如图 10-25 所示;地面也存在高低起伏,地面起伏也会引起像点位移,且地面起伏越大,像点位移越大,如图 10-26 所示。由于像片倾斜和地面起伏引起的像点位移,导致航摄像片上的摄像比例尺处处不相等,利用中心投影的航摄像片直接量算地面的距离、坐标存在较大的误差,因此,需要将中心投影的航摄像片转化为正射投影的地形图,这是摄影测量的核心任务。

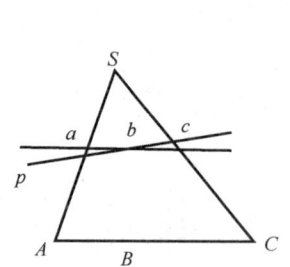

图 10-25 像片倾斜引起的像点位移

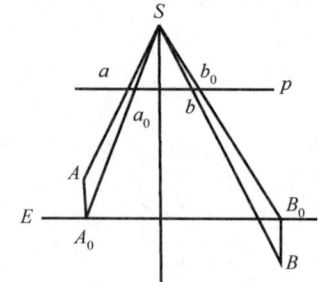

图 10-26 地形起伏引起的像点位移

2. 表示方法和表示内容不同

在表示方法上,地形图是按成图比例尺所规定的地形图符号来表示地物和地貌的,而像片则是反映实地的影像,它是通过影像的大小、形状、色调来反映地物和地貌的。在表示的内容上，地形图上常用文字、数字对地物和地貌符号作补充说明，而这是影像图所不具备的，另外，地形图是经过综合取舍的，而航空像片则是所有地物、地貌按透视成像得到的影像。

10.5.4 摄影测量外业工作内容

1. 航空摄影

按照航空摄影任务和目的，依据摄影测量技术要求，设计航飞路线，采用量测相机通过垂直摄影方式拍摄具有足够重叠度的航空影像。

2. 像控测量

在航摄区域内，利用地面测量方法测定高精度控制点的三维坐标，为航空影像的绝对定向、空中三角测量提供地面控制点数据，是获得高质量的加密点坐标，建立精确的三维模型、获取精确地形地貌三维信息的重要技术手段。目前主要采用 GNSS 差分定位技术进行像控测量。

3. 外业调绘

由于现在影像分辨率较高，纹理比较清晰，大部分地物可直接通过影像进行制图。但对于影像无法反映、或表达不清的地物及其属性需要现场调查，如地名、道路名、建筑物名等地理名称；对建筑物、构筑物等进行性质说明的信息，如用途、结构、高度等；因云影、树木遮盖或其他原因导致内业无法判测的地形地物，以及摄影后新增加的地物，需进行实地补测。外业调绘方法有两种：一种是像片调绘，利用航空像片进行调查、判读和绘制；另一种是纸图调绘，即先内业按模型全要素采集，再在采集的全要素草图的基础上进行野外调绘的方法。

10.5.5 摄影测量内业关键步骤

摄影测量内业数据处理作业流程如图 10-27 所示。其关键步骤包括内定向、相对定向、绝对定向、空中三角测量等。限于篇幅，本部分只简单介绍其定义，不阐述其原理，有关摄影测量的相关理论请参考专业资料。

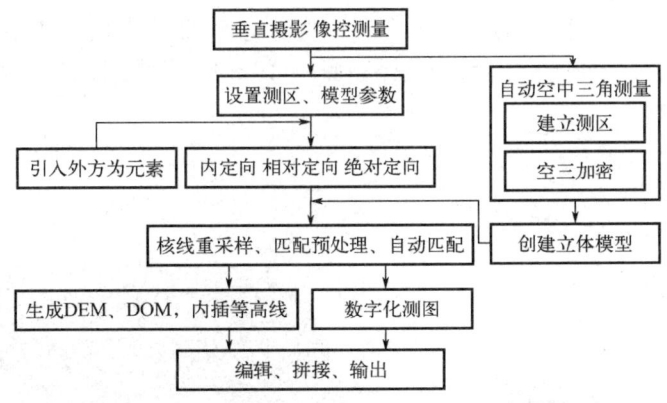

图 10-27 摄影测量内业数据处理作业流程

1. 内定向

数字影像的内定向主要利用框标检校坐标及框标点对应的扫描坐标，计算扫描坐标系与像片坐标系间的变换参数，以恢复影像内方位元素的作业过程。内方位元素包括像主点的坐标(x_0, y_0)、影像的主距（f，即投影中心到像平面的距离）以及影像可能存在的变形参数等。

2. 相对定向

相对定向是指恢复或确定立体像对在摄影时的相对位置关系，实现同名射线对对相交，即解算立体像对相对方位元素，从而构建出与地面相似的几何模型，如图10-2所示。这些相对方位元素描述了立体像对中两张像片的相对位置和姿态关系。

如图10-29所示，S_1a_1和S_2a_2为一对同名射线，其矢量用$\overrightarrow{S_1a_1}$、$\overrightarrow{S_2a_2}$表示，摄影基线矢量用$\vec{B}$表示。同名射线对对相交，表明射线S_1a_1、S_2a_2及摄影基线B位于同一平面内，亦即三矢量$\overrightarrow{S_1a_1}$、$\overrightarrow{S_2a_2}$和$\vec{B}$共面。根据矢量代数，三矢量共面，它们的混合积等于零，即

$$\vec{B} \cdot (\overrightarrow{S_1a_1} \times \overrightarrow{S_2a_2}) = 0 \qquad (10\text{-}5)$$

式（10-5）为共面条件方程，三矢量混合积等于零是完成相对定向的标准。

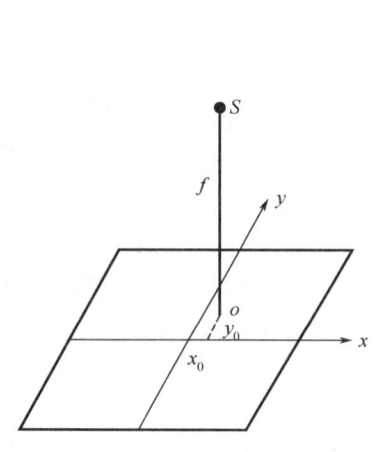

图 10-28　影像内方位元素

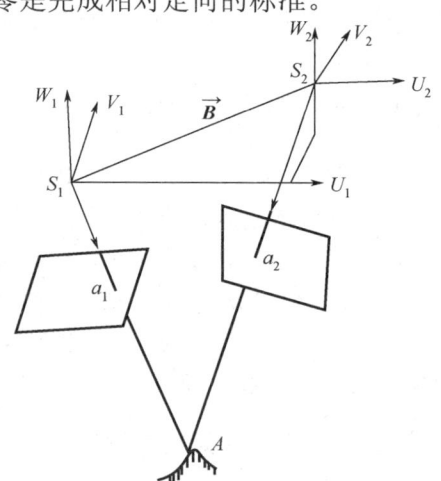

图 10-29　相对定向

3. 绝对定向

绝对定向的主要目的是将相对定向后建立的与地面相似的几何模型纳入地面测量坐标系，从而建立起影像与地面之间的对应关系，见图10-30。通常采用七参数法，如式（10-6）。

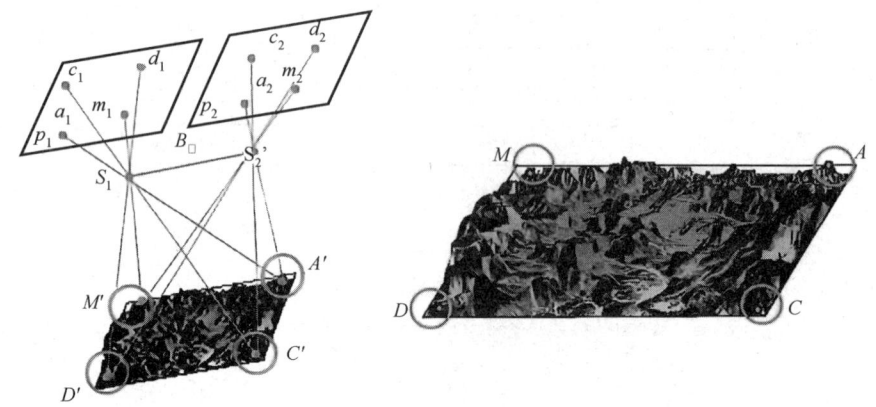

图 10-30　绝对定向

$$\begin{pmatrix} X_{tp} \\ Y_{tp} \\ Z_{tp} \end{pmatrix} = \lambda \begin{pmatrix} a_1 & a_2 & a_3 \\ b_1 & b_2 & b_3 \\ c_1 & c_2 & c_3 \end{pmatrix} \begin{pmatrix} X_p \\ Y_p \\ Z_p \end{pmatrix} + \begin{pmatrix} \Delta X \\ \Delta Y \\ \Delta Z \end{pmatrix} \qquad (10\text{-}6)$$

其中，λ 为模型的比例因子，ΔX、ΔY、ΔZ 为坐标原点平移量，a_i、b_i、$c_i(i=1,2,3)$ 为模型定向参数（旋转角 $\varPhi$、$\varOmega$、K）决定的旋转矩阵方向余弦。X_p、Y_p、Z_p 为模型点坐标，X_{tp}、Y_{tp}、Z_{tp} 地面控制点的坐标。

4．空中三角测量

空中三角测量是立体摄影测量中根据少量的野外控制点进行控制点加密，求得加密点的三维坐标和每张像片的外方元素的方法。其主要目的是为缺少野外控制点的地区测图提供绝对定向的控制点，主要采用基于共线方程的光束法进行求解，如图 10-31 所示。

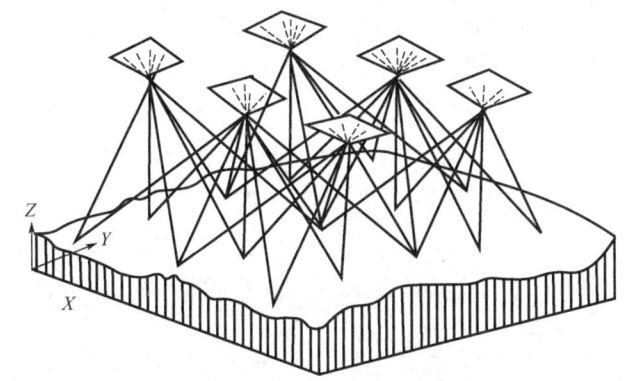

图 10-31　光束法空中三角测量

5．摄影测量成果

通过对航空影像进行内定向、相对定向、绝对定向、影像匹配、人工交互编辑等一系列处理过程得到的数字摄影测量的主要成果为：数字高程模型（DEM）、数字正射影像（DOM）、数字线划图（DLG）等。DEM 是以数字形式表示的地表高低起伏的模型，可以反映地形的三维特征。DOM 是经过几何纠正和投影变换后的正射影像图，具有精确的空间位置和几何形状，可以用于制作各种比例尺的地形图，正射影像与等高线的叠加如图 10-32 所示。DLG 是在数字高程模型和正射影像图的基础上，通过量测地物得到的矢量数据，可以表示地物的形状、大小和位置等信息。这些数据是基础地理信息数据，广泛应用于地形测量、城市规划与设计、灾害预防与应急管理、国土管理等领域。

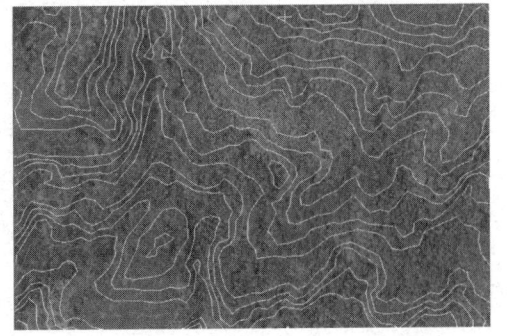

图 10-32　正射影像与等高线的叠加

10.5.6　无人机摄影测量测图

航空摄影测量通常搭载专业量测相机进行摄影，所需的飞机和大型摄影

设备经济成本较高，起降和飞行路线有一定限制。与传统航空摄影测量相比，以无人机作为飞行平台搭载小型非量测相机进行摄影测量具有机动灵活、高效快速、作业成本低等突出优势。最近十年，无人机摄影测量快速发展，已经成为地形图测绘的主要方法。

1. 无人机摄影方式

（1）垂直摄影

对地摄影按像片倾斜角分类可分为垂直摄影和倾斜摄影。倾斜角小于 5°的摄影称垂直摄影。与传统航空摄影测量一样，无人机也可以垂直摄影获取目标物体的顶视影像，但无法获取物体（建筑物）侧面纹理。采用传统航空摄影相类似的原理、理论构建地面立体模型，进行地形图测绘。垂直摄影影像如图 10-33 所示。

（2）倾斜摄影

倾斜角大于 5°的摄影称为倾斜摄影。倾斜摄影一般由一台垂直安置和四台倾斜安置的相机联合组成，分别向下垂直摄影、向前、向后、向左、向右一次性获取共五个方向影像数据，也可以分次分别按五个方向摄影，然后构建地面实景三维模型，再基于实景三维模型进行地形图测绘。由于既获取垂直摄影影像，又获取倾斜摄影影像，多个视角成像，能够提供更多的信息，遮挡更少。因此，实景三维模型能具有地物的顶面和侧面的纹理信息，大大提高内业地物的识别能力，广泛应用于城市三维建模及测绘。倾斜摄影影像如图 10-34 所示。

图 10-33 垂直摄影影像

图 10-34 倾斜摄影影像

（3）贴近摄影

贴近摄影测量（Nap-of-the-Object Photogrammetry）是张祖勋院士团队针对精细化测量需求提出的全新摄影测量技术。贴近摄影的重点不在于"近"，而是"摄影方向"，它的本质是面向"对象"的摄影测量（Object-Oriented Photogrammetry），即根据初始形状信息将复杂目标分割为若干个面元（任意坡度、坡向的空间平面或曲面），将每个面元作为一个处理对象，进行近距离垂直目标表面的摄影测量，以最佳摄影角度、最优化地获取物体的超高分辨率影像，从而进行精细化地理信息提取，如图 10-35 所示。

2. 无人机摄影测量数据处理流程

无人机摄影测量数据处理基本处理步骤包括：影像数据分析整理、像控点数据准备、建立工程、导入相机参数、影像数据、控制点、自由网空中三角测量、DEM 生产、DOM 生产、DLG 生产等，如图 10-36 所示。

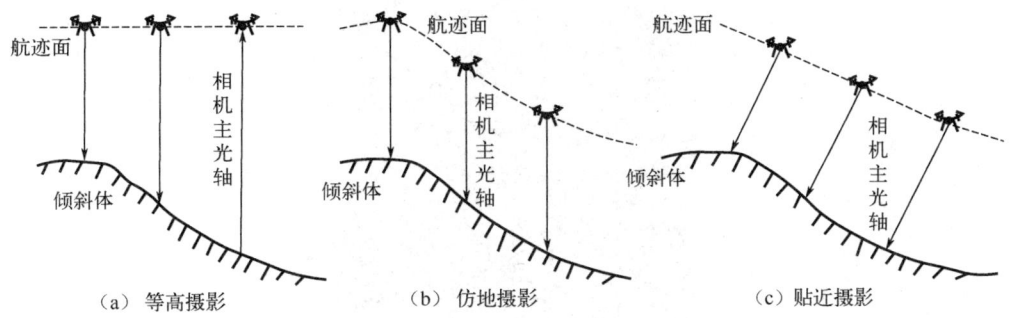

(a) 等高摄影　　　　(b) 仿地摄影　　　　(c) 贴近摄影

图 10-35　贴近摄影、等高摄影、仿地摄影

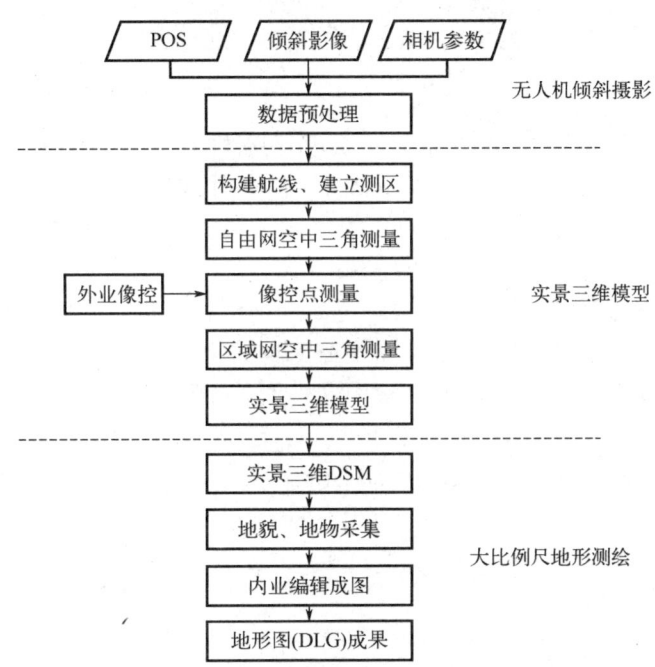

图 10-36　无人机倾斜摄影测量作业流程

相较传统的航测及野外测量工作，倾斜摄影技术正逐步地优化作业程序，缩减艰巨的外业调绘作业时间，提高基础测绘作业效率。

无人机摄影测量内业数据处理均是利用软件完成的，构建实景三维模型的专业软件有：Agisoft Metashape、Pix4D Mapper、RealityCapture、Bentley Context Capture、大疆智图、重建大师、瞰景 Smart3D、DP-Smart、Mirauge3D 等。基于实景三维模型数字地形图测绘的专业软件有：山西迪奥普科技有限公司的 SV360、武汉天际航信息科技股份有限公司的DP-Modeler、北京山维科技股份有限公司的 EPS3D、南方数码科技股份有限公司的南方CASS11.0，它们都可以利用倾斜摄影测量构建实景三维模型进行裸眼 3D 采集、点云立采、立面采集、二三维一体化数据采集等，进行高精度的大比例尺地形数据的矢量采集工作。无须佩戴立体眼镜，可以根据影像所见即所得地定位地物要素的三维信息，同时赋予要素国标编码。

3. 基于 CASS11.0 实景三维模型裸眼立体测图

下面以 CASS_3D 为例，简单介绍基于实景三维模型裸眼 3D 数字化地形图采集。

图 10-37 实景三维模型

CASS_3D 南方三维立体数据采集软件由广东南方数码科技股份有限公司自主研发，是一款挂接式安装至 CASS（南方地形地籍成图软件）的插件式软件。CASS_3D 支持 CASS 环境下倾斜三维模型的加载与浏览，支持三维模型直接采集、补测 DLG 数据。

（1）地形采集模式设置：CASS_3D 的采集模式分为二维绘图模式和三维绘图模式，可通过工具条上的 2D/3D 模式切换键进行切换，可二、三维窗口联动操作。在三维绘图模式下，将视图设为俯视时，与利用 DOM 进行绘图作业流程完全一致。

（2）建立模型索引：当三维模型没有索引文件时，在菜单栏选择【文件】→【3D 模型索引】，选择 xml 格式元数据文件和瓦片数据根目录，建立 3D 模型索引。以后可以直接通过打开 3D 模型索引，打开三维模型，如图 10-38 所示。

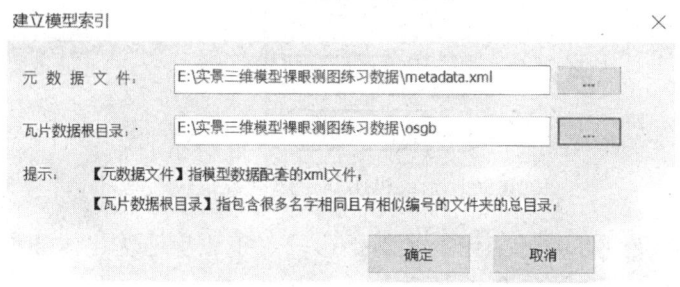

图 10-38 建立 3D 模型索引

（3）加载三维模型

可直接打开 Smart3D 生产的倾斜三维模型（osgb/s3c 索引），也可打开由 DEM 和 DOM 生成 osgb 格式的垂直三维模型。在菜单栏选择【文件】→【打开 3D 窗口】，选择三维模型文件打开三维模型。软件支持三维模型索引文件格式为 osgb、obj、s3c、xml 等，数据文件须为 osgb 格式，如图 10-39 所示。

（4）地物绘制：地物绘制分为两种模式：基于实景三维模型的地物绘制和基于 DOM 的地物绘制。基于 DOM 的地物绘制，绘制方法与传统数字地形图绘制方法一致，将三维模型设置为俯视状态，先在地物菜单栏选择欲绘制的地物类别，依据 DOM 进行描图，然后根据需要适当补充高程点。基于实景三维模型的地物绘制，限于篇幅，请参考相应软件使用说明。

图 10-39　加载三维模型

10.6　机载激光雷达地形测绘

激光雷达（Light Detection And Ranging，LiDAR）是以激光器为发射光源，发射高频率激光脉冲到被测物表面；以光电探测器为接收器件，接收被测物表面返回的回波信息，利用激光（目前多采用 532nm、1064nm、1550nm 波长）为载体进行测距、定向，并可通过位置、径向速度、物体散射等特性来识别地物目标，见图 10-40。激光雷达是主动遥感技术，能快速、直接获取地物三维空间信息；方向性好，角度、距离和速度分辨率高；对电磁干扰不敏感，抗干扰能力强；穿透性强，高频率的激光脉冲可以穿透植被冠层到达林下，获取林下地形信息。激光雷达广泛用于地形测绘、林业调查、电力巡检、建筑物三维建模、无人驾驶、农作物监测、文化遗产保护等领域。

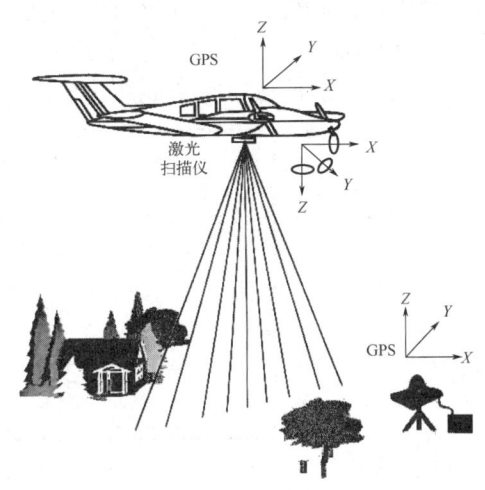

图 10-40　激光雷达系统扫描示意图

10.6.1　激光雷达分类

根据搭载平台、测距模式和探测与记录方式等对激光雷达进行分类。

（1）按搭载平台可分为天基、空基和地基激光雷达三类，如图 10-41 所示。天基激光雷达也称为星载激光雷达，主要以卫星、航天飞机、太空站等为平台（以卫星平台居多），特点是观测范围广，满足大尺度应用；空基激光雷达即通常意义上的机载激光雷达，主要以固定翼飞机、直升机、无人机等航空器为平台，特点是效率高、点密度高；地基激光雷达主要包括地面（三脚架固定）、船载、车载、背包、手持激光扫描仪等，特点是获取目标信息全面。

随着搭载平台的可视范围不断扩大（或搭载平台的不断升高），激光脉冲采样频率从高频向低频过渡，空间分辨率由高到低，观测范围也从小尺度到区域尺度，直至全球尺度。

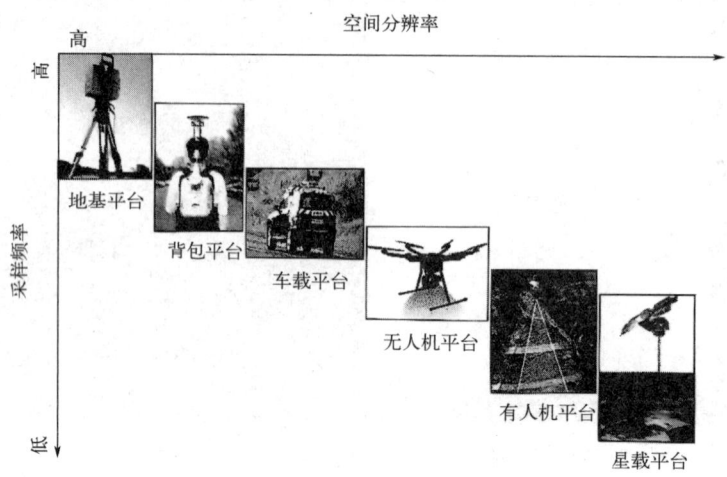

图 10-41　激光雷达搭载平台

（2）按测距模式可分为脉冲式激光雷达和相位式激光雷达。脉冲式激光雷达是利用激光脉冲在发射和接收信号之间往返传播的时间差来进行测量，如图 10-42 所示，特点是直接、测量距离长；相位式激光雷达是利用无线电波段频率对激光光束进行幅度调制，测定调制光往返观测目标一次所产生的相位延迟，然后根据调制光波长计算此相位延迟所代表的距离，如图 10-43 所示，特点是量测距离较短，但精度高。

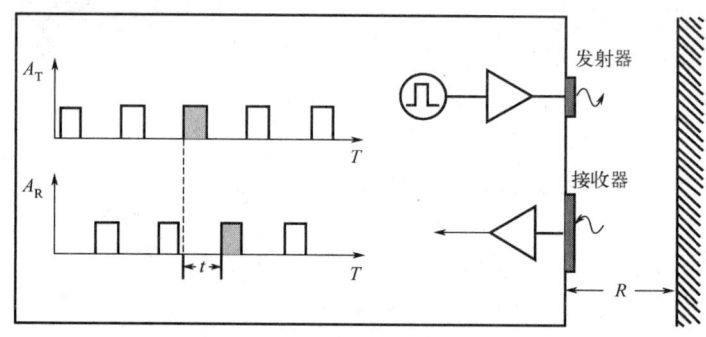

图 10-42　脉冲式激光雷达测距原理

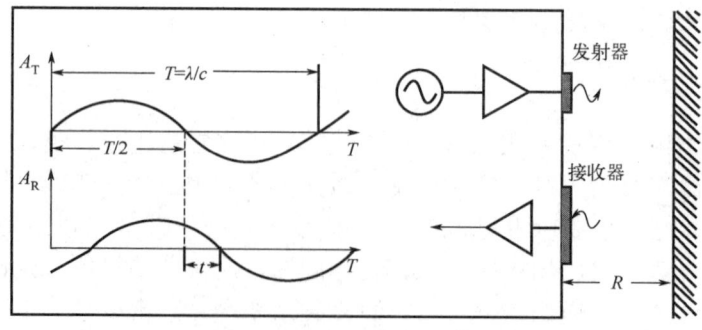

图 10-43　相位式激光雷达测距原理

（3）按探测与记录方式可分为离散点云激光雷达、全波形激光雷达和光子计数激光雷达。离散点云激光雷达最常见，商业化应用也最为广泛，例如，数字城市中建筑物三维重建、无人驾驶高精度地图制作、文化遗产数字化与三维重建等，大多基于激光雷达系统获取的点云数据。全波形激光雷达对回波进行连续采样，记录信息更为精细，能获取完整的目标垂直剖面信息。光子计数激光雷达不同于前两者，它采用高重频、微脉冲激光器和高灵敏度的单光子探测器，将回波信号（单光子级别）计数为光子点，优点是使用较低的激光能量即可获取远距离空间目标信息，其相关比较如图10-44所示。

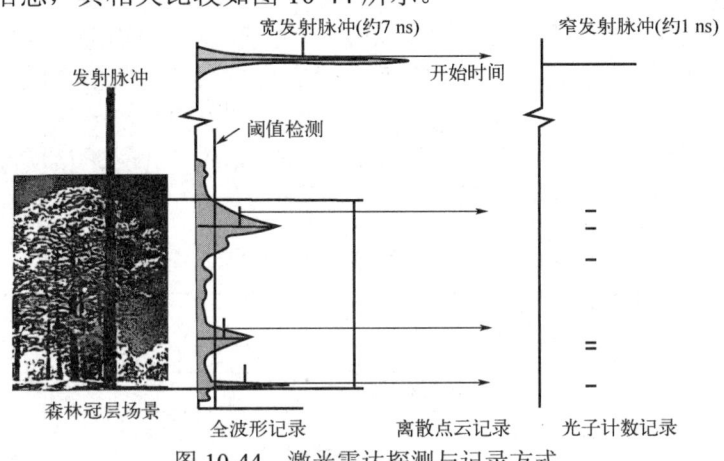

图 10-44　激光雷达探测与记录方式

10.6.2　机载激光雷达系统构成

机载激光雷达系统由激光扫描系统、GNSS、惯性导航系统（INS）以及监视及控制系统等几部分组成，如图10-45所示。激光扫描系统负责激光信号的发射与接收，确定地面目标到激光器的距离、回波数量及激光回波强度信息。INS主要包括惯性测量单元（Inertial Measurement Unit，IMU）和导航处理器。IMU的作用是测量激光发射时刻扫描仪的姿态信息，包括俯仰（pitch）角、侧滚（roll）角和航向（heading）角。IMU与GNSS构成定位定姿系统（Position and Orientation System，POS），提供位置和姿态信息，其精度直接影响激光雷达系统获取的点云数据精度。

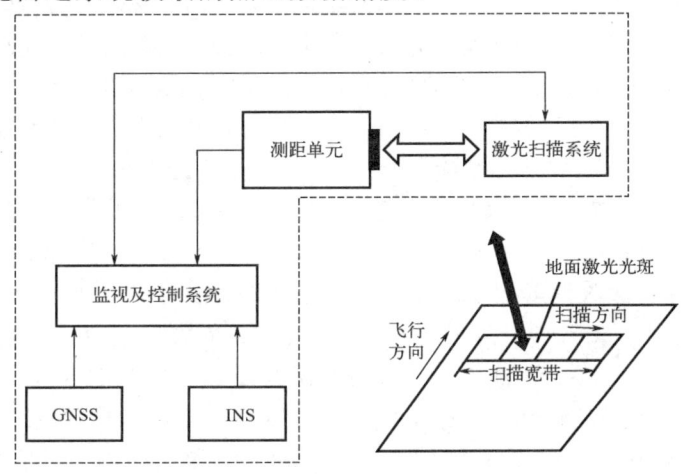

图 10-45　机载激光雷达系统构成

10.6.3 机载激光雷达地形测绘

搭载在飞机平台上机载激光雷达系统垂直向下发射激光，穿透植被冠层到达地面，从而能精确地测绘地形形态，广泛用于地形测绘。激光雷达的最大优势在于可以直接获取高精度的三维空间信息，即点云数据。点云是三维空间点的集合，每个点的位置由一组三维坐标(x,y,z)描述，有些点云数据还可能包含色彩信息（R、G、B）或物体反射面强度（Intensity）信息。

激光雷达点云密度是激光雷达技术中的关键指标，即单位面积上点云中激光点的平均数量，反映了激光脚点空间分布的特点及密集程度，直接反映了地物的空间分布状态和特点。点云密度越大，意味着单位面积上的激光点数量越多，从而能够探测到更微小的目标，提供更丰富的地形和地物信息。规范规定：不同地形比例尺相应的 DEM 格网间距、激光雷达点云密度要求如表 10-7 所示。

表 10-7 机载激光雷达点云密度指标

地形图比例尺	DEM 格网间距（m）	点云密度（个/m^2）
1∶500	0.5	≥16
1∶1 000	1.0	≥4
1∶2 000	2.0	≥1
1∶5 000	2.5	≥1
1∶10 000	5.0	≥0.25

下面介绍机载激光雷达地形测绘流程，如图 10-46 所示。机载激光雷达获取的高密度、高精度点云经配准、去噪、滤波、分类等处理得到地面点云、地物点云，并通过构建不规则三角网（TIN）生成 DEM、DLG 和等高线等基础测绘产品。

点云数据处理主要包括点云配准、点云去噪、点云滤波和点云分类等过程。

（1）点云配准是指将多个点云数据集在相同坐标系下进行对齐的过程，使得它们在空间中具有一致的位置和姿态。

（2）点云去噪是指去除点云数据中的无意义、不规则的点，这些点可能由于传感器的错误测量、环境的干扰等因素造成。去噪的目的是提高数据质量和后续处理效果。

（3）点云滤波是从原始点云数据分离地面点与非地面点的过程。点云滤波通常基于一定的条件规则或者先验知识。例如，在一定区域内非地面点总是高于地面点；地形坡度变化总是在一个范围之内；地物具有特定的几何结构，如建筑物、植被等。经典的点云滤波算法有基于坡度的滤波、基于数学形态学的滤波、多级移动曲面拟合点云滤波和渐进加密三角网点云滤波等。

（4）点云分类是指根据点云的几何形状、颜色、强度等低级属性，在点云滤波的基础上将点云数据中的点或点集归类到不同的类别中。同一个点云集具有相似或相同的属性，例如地面、树木、建筑等。针对地形测绘应用，依据《机载激光雷达数据处理技术规范》及《基础地理信息数字成果 1∶500、1∶1000、1∶2000 数字高程模型规范》等行业标准，机载激光雷达采集的点云可分为三类：地面点云、永久地物点云与临时地物点云。地面点云反映地面的真实起伏，通过插值生成 DEM 及等高线；永久地物点云包括建筑物、植被等，可结合地面点云生成 DSM，见图 10-47；临时地物点云包括静止的和运动的临时地物（如车辆、行人、动物等）。

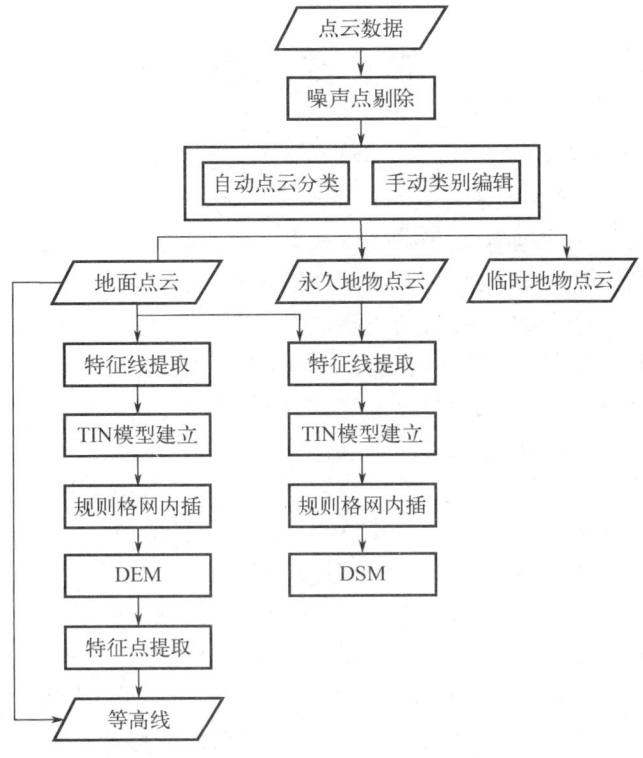

图 10-46 机载激光雷达地形测绘流程

高频率激光脉冲可以穿透森林冠层到达地面，不仅可以获取精细的冠层垂直结构信息，还可以获取林下地形信息，进而反演高精度的森林结构参数，如树高、生物量、冠幅大小、叶面积指数（Leaf Area Index，LAI）等。激光雷达克服了光学影像在反演森林 LAI 时植被指数饱和的难题，大幅提高了反演精度。另外，地基激光雷达可以获取植株胸径、枝下高等，为林业资源调查提供高效、高精度的基础数据支持。

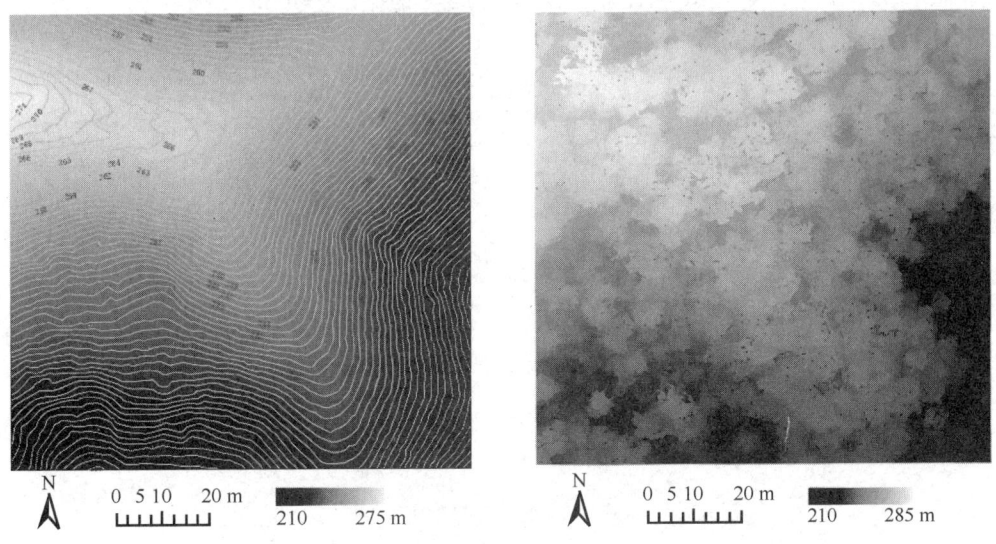

图 10-47 机载 LiDAR 生成的 DEM、等高线及 DSM

思 考 题

1. 什么是数字化地形图测绘？数字化地形图测绘的基本流程是什么？数字化地形图测绘与传统测图方法相比，有何异同之点？
2. 数字地形图的外业数据采集有哪些方式？
3. 地面数字测图需要采集得到哪些数据和信息？
4. 如何应用全站仪进行数字化地形图测绘？
5. 以 CASS11.0 为例，简述地形图内业绘制主要流程。
6. 全站仪数字化测绘与 GNSS 差分定位测绘在技术上有什么区别？
7. 地面测量数字化测绘作业模式有哪些主要环节？
8. 在进行全站仪数字化地形图测绘时，如何确保测量数据的准确性？
9. 地物分类的原则是什么？请列举并说明几类常见的地物。
10. 在进行地物测绘时，应遵循哪些一般原则？
11. 等高线是如何表示地形起伏的？请解释等高距的概念。
12. 等高线插值的方法有哪些？在实际测绘中应如何选择？
13. 注记在地形图中的作用是什么？请列举几种常见的注记内容。
14. 航空摄影测量的基本要求有哪些？这些要求对测绘结果有何影响？
15. 摄影测量外业工作主要包括哪些内容？内业关键步骤是什么？
16. 无人机摄影测量测图相比传统航空摄影测量有哪些优势？
17. 在进行无人机摄影测量测图时，应如何规划飞行路线和拍摄参数？
18. 激光雷达的分类有哪些？它们各自的特点是什么？
19. 在实际的大比例尺地形图测绘项目中，如何选择合适的测绘方法和技术？
20. 在图 10-48 中，小黑点为已测定其平面位置和高程的地形点，高程数值注记于其旁。图中，黑三角表示山顶，虚线表示山谷线、山脊线。根据这些地形点高程及地性线，用内插法绘制等高距为 5m 的等高线。

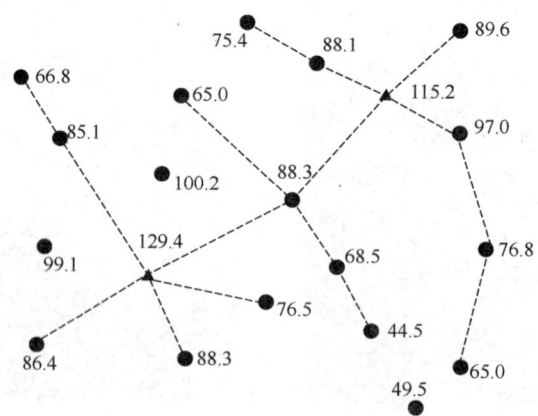

图 10-48 等高线内插

第 11 章　地理空间信息的应用

 内容提要

　　地理空间信息是描述地球表面空间位置、形态、属性及其相互关系的数据集合，应用广泛。本章介绍了地形图的主要用途、精度分析、纸质与数字地形图的应用，以及数字高程模型（DEM）和正射影像的应用。DEM 在地形分析中有重要作用，正射影像在空间测量和地图制作中有独特优势。重点在于纸质地形图、数字地形图的高效应用，难点在于对 DEM 地形分析的深入理解和正射影像的实践应用。

11.1　地理空间信息概述

　　地理空间信息，又称为地理信息（Geographic Information，GI）或空间信息（Spatial Information），是指与地球表面空间位置直接或间接相关的信息，它描述了地球表面（包括大气层）的自然、社会、经济和文化等要素的空间分布、特征、属性及其相互关系。这些信息通常以图形、图像、文字、表格、数字和三维模型等多种形式存在，并通过地理信息系统（GIS）进行采集、存储、管理、分析、显示和应用。地理空间信息不仅包含了地理实体的位置信息（如经纬度、高程等），还涵盖了这些实体的属性信息（如名称、类型、大小、颜色、纹理等）以及它们之间的空间关系（如相邻、包含、相交等）。这些信息是理解地球表面现象、解决地理问题、进行空间分析和决策支持的基础。

　　随着遥感技术、GNSS、GIS 以及互联网技术的快速发展，地理空间信息的获取、处理和应用能力得到了极大提升。现在，地理空间信息已经广泛应用于城市规划、自然资源管理、环境保护、灾害监测与应急响应、农业、林业、交通、物流等众多领域，成为现代社会不可或缺的重要信息资源。总之，地理空间信息是关于地球表面空间位置及其相关属性的信息集合，它为我们提供了认识地球、理解地球表面现象、解决地理问题的重要工具和手段。

　　表 11-1 列举了部分常见的地理空间信息表达形式及其特点和应用领域。随着技术的发展和应用的深入，新的表达形式可能会不断涌现。

表 11-1　部分常见的地理空间信息表达形式及其特点和应用领域

表达形式	特点	应用领域	格式举例
矢量数据	由点、线和多边形等几何元素组成，每个元素都有明确的空间位置和形状。矢量数据能够精确表示地理实体的边界和形状，适合进行空间分析和精确测量	地图制作、城市规划、交通网络分析、地籍管理等	1.CAD 的 dwg、dxf 2.ESRI 开发的 Shapefile（shp）、File Geodatabase（FileGDB） 3.Google 开发的 KML/KMZ 4.OGC 开发的 GeoPackage
栅格数据	将地理空间划分为规则的网格（像元或像素），每个网格单元包含一定的属性值（如温度、湿度、植被类型等）。其中遥感图像数据是通过摄影或遥感技术获取的地理实体图像，包含丰富的空间信息和纹理细节，具有直观、形象的特点。栅格数据易于进行数值计算和空间分析，但精度受分辨率（网格大小）限制	遥感图像处理、生态环境监测、气候建模、资源评估、地质勘探、城市规划、旅游开发等	TIFF、GeoTIFF、JPEG、Img、ASCII Grid、Esri GRID、Esri GRID、BIL、BIP、BSQ

续表

表达形式	特点	应用领域	格式举例
文本数据	以文字形式描述地理实体的名称、属性、关系等信息。文本数据易于阅读和理解，但缺乏直观的空间展示能力	常用于地名数据库、地理志编纂、文化历史研究等	txt、xls、xlsx、doc、docx、Shapefile、GeoJSON、GML、KML/KMZ、GPX、MapInfo TAB、ASCII Grid）、CSV、tab、dat、map、dbf 等
数字数据	坐标值、高程值、面积值等几何数据和实体的属性数据，能够量化地理实体的位置和属性，是地理信息系统中的基础数据	数据处理和分析	txt、xls、xlsx、doc、docx、Shapefile、GeoJSON、GML、KML/KMZ、GPX、MapInfo TAB、ASCII Grid）、CSV、tab、dat、map、dbf 等
音频、视频数据	以音频、视频数据形式记录的地理空间信息，如环境噪声、野生动物叫声。能够提供听觉上的空间感知，但解析和提取信息相对复杂	生态监测、声音景观研究等	音频数据格式有：WAV、MP3、AAC、FLAC、WMA、MIDI、Ogg 等；视频数据格式有：AVI、MP4、WMV、FLV 等
三维模型数据	具有高精度空间位置信息、真实纹理细节丰富，具有三维空间信息表达和三维空间分析能力，通过虚拟漫游实现沉浸式体验	广泛应用于城市规划、环境监测、灾害管理、资源管理和智慧城市建设等领域	OSGB、S3C、OBJ、3MX、S3M、3D Tiles 等、FBX

11.2　地形图的主要用途

国家基本比例尺地形图，简称国家基本图，是依据一定的数学法则，按照统一的测量规范、图式测绘或编绘而成，将地球表面的自然和社会现象有选择地缩绘在平面图纸上的图形，是国家经济建设、国防建设和军队作战的基本用图。国家基本图按比例尺大小分为大、中、小等比例尺地形图类型，以满足不同领域的需求，如城市规划、工程建设、地质勘探、科学研究等。国家基本图分类、成图方法、应用领域如表 11-2 所示。

表 11-2　国家基本图分类、成图方法、应用领域

分类	比例尺	成图方法	特点	应用领域
大比例尺地形图	1∶500、1∶1000	地面测量成图、航空摄影测量成图、无人机摄影测量成图	详细而精确地反映了区域内的地理事物形状、分布、质地类型及数量特征，具有极高的几何精度	初步设计、施工图设计；城镇、工矿总图管理；竣工验收等
	1∶2000	地面测量成图、航空摄影测量成图、无人机摄影测量成图	详细而精确地反映了区域内的地理事物形状、分布、质地类型及数量特征，具有较高的几何精度	可行性研究、初步设计、施工图设计、矿山总图管理、城镇详细规划等
	1∶5000	航空摄影测量、卫星遥感立体成图	在精度上略低于大比例尺地形图，但能够较为详细地表示地形特征	可行性研究、总体规划、厂址选择、初步设计等
中比例尺地形图	1∶1 万、1∶2.5 万、1∶5 万、1∶10 万	航空摄影测量、卫星遥感立体成图	在精度上略低于大比例尺地形图，但能够较为详细地表示地形特征	满足多种国民经济部门的勘察、规划、设计等工作需求
小比例尺地形图	1∶25 万、1∶50 万和 1∶100 万	利用已有中、小比例尺地形图进行地形图缩编而成	综合程度较高，能够概括地表示较大区域内的地理特征	适用于国家、省总体规划和全国性的各种专题图的底图

地形图通过图形、符号和颜色等视觉元素,将地表形态、地物分布、地貌特征等信息直观地展现出来,使得用户能够轻松阅读并获取所需信息。地形图上的信息丰富多样,包括地物(如房屋、道路、河流等)和地貌(如山地、丘陵、平原等)的详细信息,为用户提供了全面的地理空间信息。地形图是按照一定比例尺绘制的,具有严格的数据基础,具有可量测性,可以在地形图上测量距离、方向、面积等地理要素,进行精确的地理空间分析,在规划、设计、施工等领域具有广泛的应用价值。

在地形图上,可以确定点位、点与点之间的距离和直线间的夹角;可以确定直线的方位角,进行实地定向;可以确定点的高程和两点间的高差;可以在图上绘制集水线和分水线,标出洪水位线和淹没线;可以从地形图上计算出土地等的面积和体积,从而确定用地面积、土石方量、蓄水量、矿产量等;可以从图上了解到各种地物、地类、地貌等的分布情况,统计诸如村庄、树林、农田等数据,获得房屋的数量、质量、层次等资料;可以从图上确定各设计对象的施工数据;可以从图上截取断面,绘制断面图。利用地形图作底图,可以编绘出一系列专题地图,如地籍图、地质图、水文图、农田水利规划图、土地利用规划图、建筑物总平面图、城市交通图和旅游图等。

11.3 地形图的精度

地形图的精度直接关系到从图上获得的地形信息的可靠程度。对于传统的纸质地形图,根据我国《城市测量规范》的规定:城市大比例尺地形图上,地物点平面位置精度为地物点相对于邻近图根点的点位中误差在图上不得超过 0.5mm;邻近地物点间距中误差在图上不得超过 0.4mm。山地、高山地和设站施测困难的旧街坊内部,其精度要求按上述规定适当放宽,分别为 0.75mm 和 0.6mm。对于高程精度,该规范规定:城市建筑区和基本等高距为 0.5m 的平坦地区,其高程注记点相对于邻近图根点的高程中误差不得超过 0.15m;在对于有等高线的地形图,根据相邻等高线内插求得地面点相对于邻近图根点的高程中误差,在平坦地区不得超过 1/3 等高距,在丘陵地区不得超过 1/2 等高距,在山地不得超过 2/3 等高距,在高山地不得超过 1 个等高距。

对于数字地形图:地物点相对于邻近图根点的点位中误差不得大于±10cm,施测困难的不得大于±15cm;相邻地物点间距中误差不得大于±10cm,施测困难的不得大于±15cm;地面高程注记点相对于邻近图根点的高程中误差在稳固坚实地面不得大于±5cm,其他地面不得大于±10cm;在地形图上那些没有明确固定形状或边界的、难以精确定位的点的点位中误差不得大于±20cm,高程中误差不得大于±10cm。对于从事地形图测绘者和地形图使用者来说,应该了解以上这些有关地形图的精度指标。

11.4 纸质地形图

11.4.1 纸质地形图的应用

纸质地形图是将地形信息直接用符号、注记及等高线表示,按一定比例尺缩绘在纸质或聚酯薄膜上的正射投影图。它是地形和地物位置实际情况的反映。纸质地形图具有直观性、便携性和可直接量测等优势,广泛应用于国土管理、土木工程、环境与生态、林业调查、军事等领域。可直接在纸质地形图上量算点位坐标、水平距离、高程及坡度等有关几何参数。

1. 点位坐标的确定

根据地形图的图廓坐标格网的坐标值，可用内插法确定图上任一点的坐标；同样地，根据地形图四周经纬度，可以内插图内任意点的经纬度。如图 11-1 所示，欲从图上求 A 点的坐标，首先要根据 A 点在图上的位置，确定 A 点所在的坐标方格 abcd，再通过 A 点作坐标格网的平行线 ef 和 gh，量出 ag 和 ae 的长度，则

$$x_A = x_a + ag \cdot M \tag{11-1}$$

$$y_A = y_a + ae \cdot M \tag{11-2}$$

式中：x_a、y_a 为 A 点所在方格网西南角坐标；M 为地形图比例尺分母。

【例题 11-1】如图 11-1 所示，地形图比例尺为 1：500，其西南角坐标为：x=24250m，y=30500m，格网间距为 10cm，已知 ag=7.5cm，ae=3.6cm。试求 A 点的坐标。

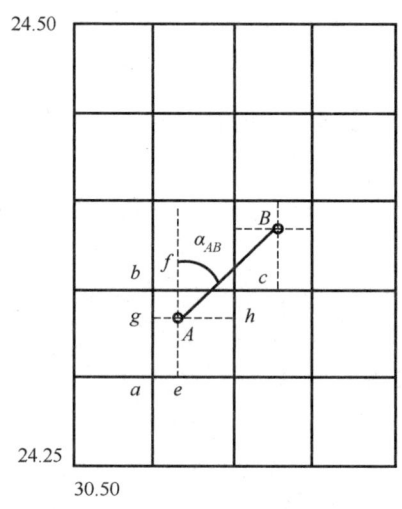

图 11-1　点位的坐标量测

解：根据地形图比例尺和格网间距可以求出 A 点所在格网的西南角坐标，x_a=24300m，y_a=30550m。则

$$x_A = x_a + ag \cdot M = 24300 + 0.075 \times 500 = 24337.5(\text{m})$$

$$y_A = y_a + ae \cdot M = 30550 + 0.036 \times 500 = 30568(\text{m})$$

2. 点位高程的确定

根据地形图上等高线和高程注记可确定点位的高程。在等高线地形图上，如果所求点恰好位于某一条等高线上，则该点的高程就等于该等高线的高程。如果所求点位位于两条等高线之间时，则可以用内插的方法，按照比例关系求得其高程。如图 11-2 所示，A 点的高程正好位于高程为 42m 的等高线上，因此 A 点的高程为 42m，B 点位于 44m 与 45m 两条等高线之间，则可通过 B 点作一条直线大致垂直于两条等高线，与两条等高线相交于 P 和 Q 点，从图上量得 PQ=d，$PB=d_1$，点的高程为

$$H_B = H_P + h\frac{d_1}{d} \tag{11-3}$$

式中：h 为该幅地形图的等高距。

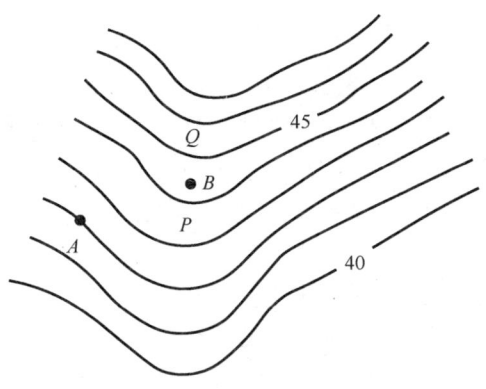

图 11-2　地形图上高程确定

3. 两点之间水平距离的确定

获取地面两点之间的水平距离通常有两种方法。

第一种方法，首先在图上确定两点坐标，根据坐标计算公式计算两点之间的距离。例如 A、B 两点的坐标值分别为 x_A、y_A 和 x_B、y_B，则 A、B 之间的距离为

$$D_{AB} = \sqrt{(x_B - x_A)^2 + (y_B - y_A)^2} \tag{11-4}$$

第二种方法，当量测距离的精度要求不高时，可直接量取两点的图上距离，乘以比例尺的分母，得到两点的实际水平距离。

4. 直线方位角的确定

获取直线方位角的方法通常有两种。

第一种方法为：获取两点坐标，通过坐标反算计算出两点的方位角。如欲求直线 AB 的方位角，可根据获取的 A、B 两点的坐标，用坐标反算公式计算 AB 的方位角，先用式（11-5）计算 AB 的象限角 R_{AB}，再按照表 5-2 根据坐标增量的符号判断其所在象限，并按照表 5-1 方位角与象限角的关系计算其坐标方位角 α_{AB}。

$$R_{AB} = \arctan\left|\frac{\Delta y_{AB}}{\Delta x_{AB}}\right| \tag{11-5}$$

第二种方法为：当精度要求不高时，可以通过 A 点作平行于坐标纵轴的直线然后用量角器直接在图上量取直线 AB 的方位角。

5. 直线坡度的确定

欲测定地面上某直线的坡度 i，可先在图上量算出两点之间的水平距离 d 和高差 h，按照式（11-6）计算两点之间的坡度：

$$i = \frac{h}{d \times M} = \frac{h}{D} \tag{11-6}$$

式中：d 为图上量得的长度；M 为地形图比例尺分母；h 为两端点间的高差；D 为直线实地

水平距离。

坡度有正负号,"+"表示上坡,"−"表示下坡,常用百分率(%)或千分率(‰)表示。

6. 按规定的坡度选定等坡路线

在道路、管道等工程规划中,一般要求按限制坡度选定一条最短路线。如图 11-3 所示,要从山下 A 点到山上 B 点选定一条路线,已知等高线的基本等高距为 2m,比例尺为 1:2000,设计坡度为 5%,具体步骤如下。

(1)根据限制坡度确定线路上两相邻等高线间的最小等高线平距。

$$d = \frac{h}{iM} = \frac{2}{0.05 \times 2000} = 20 \text{(mm)} \tag{11-7}$$

(2)以 A 点为圆心,以 d 为半径,用圆规划弧,交 100m 等高线于 1 点,再以 1 点为圆心,同样以 d 为半径划弧,交 102m 等高线于 2 点,以此类推,直到 B 点。连接相邻点,可得同坡度路线 $A-1-2-3-4-B$。

在选线过程中,有时会遇到两相邻等高线间的最小平距大于 d 的情况,即所作圆弧不能与相邻等高线相交,说明该处的坡度小于指定的坡度,则以最短距离(即垂直距离)定线。

(3)另外,在图上还可以沿另一方向定出第二条线路 $A-1'-2'-3'-4'-B$,可作为方案的比较。

在实际工作中,还需要综合考虑其他因素,如少占或不占耕地、减少工程费用等,最后确定一条最佳路线。

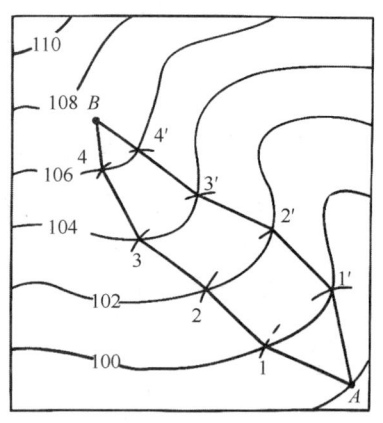

图 11-3 选择等坡度线

7. 绘制已知方向纵断面图

纵断面图是沿线路中心线纵向垂直剖切的立面图,表示线路中心线沿线方向的地面起伏变化形态。通常采用直角坐标系统绘制,其中横坐标通常表示沿线路中心线的里程(或距离),而纵坐标则表示高程(或深度)。纵断面图主要用于线形设计(如道路中心线、铁路轨道线等)、原地面起伏变化形态以及设计线形的起伏变化情况。断面图可使用测量仪器直接测定,也可以根据地形图来绘制。如图 11-4 所示,在已有地形图上欲绘制直线 AB 的纵断面图,具体步骤如下。

(1)首先在地形图上做直线 AB,找出 AB 与各等高线和地性线的交点 $1, 2, 3, \cdots, i$,得到各交点的高程,如图 11-4(a)所示。

(2)在图纸上绘出表示平距的横轴,过 A 点作垂线,作为纵轴,表示高程。平距的比例尺与地形图的比例尺一致;为了明显地表示地面起伏变化情况,高程比例尺往往比平距比例尺放大 10~20 倍。

(3)在地形图上依次量取 A 点到 $1, 2, 3, \cdots, i$ 的距离,并在横轴上标出,得 $1, 2, 3, \cdots, i$ 点。

(4)从各点作横轴的垂线,根据各个交点的高程,并对照纵轴标注的高程确定各点在剖面上的位置。

(5)用光滑的曲线连接各点,即得方向线 $A-B$ 的纵断面图,如图 11-4(b)所示。

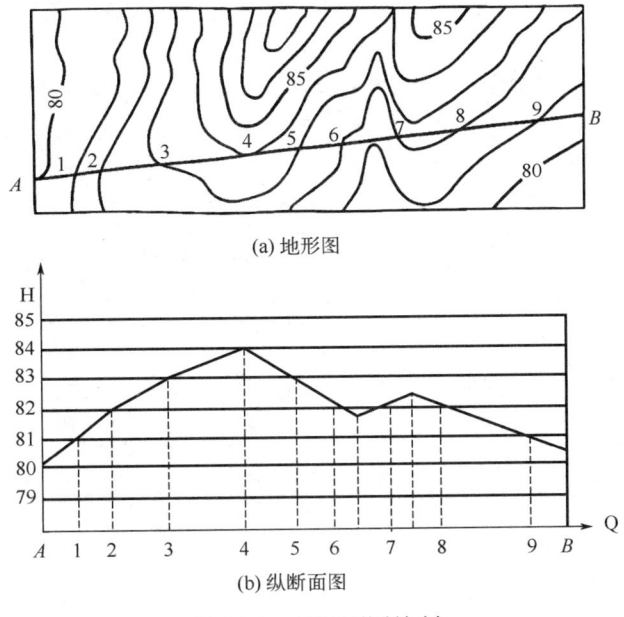

(a) 地形图

(b) 纵断面图

图 11-4　纵断面图绘制

8. 确定汇水面积的边界线

汇水面积是指雨水流向同一山谷地面或集水区的受雨面积。当跨越河流、山谷修筑道路、兴修水库筑坝拦水时，桥梁涵洞孔径的大小、水坝的设计位置与坝高、水库的蓄水量等都要根据这个地区的降水量和汇水面积来确定。

如图 11-5 所示，拟在 A 处建造一个洞以排泄水流，洞孔径的大小应根据流经该处的水量决定，而水量又和山谷的汇水面积大小有关。从图 11-5 可以看出，由山脊线 AB、BC、CD、DE、DF、FG、GH、HA 和道路所围成的面积，就是汇水面积。

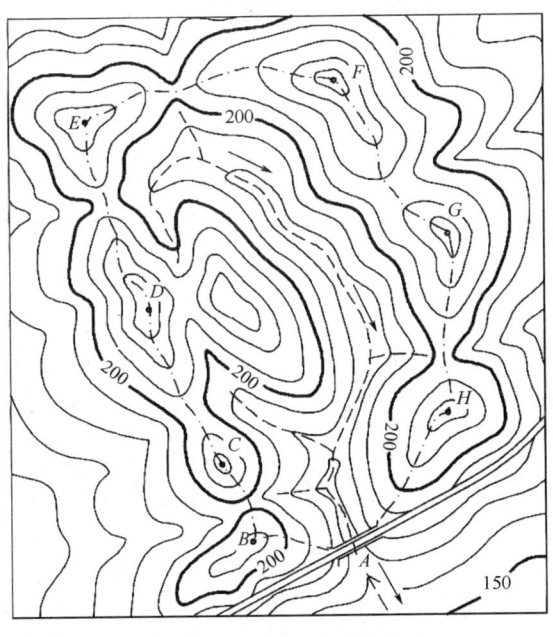

图 11-5　汇水边界线的确定

9. 土方量计算

在工程建设中，将施工场地的自然地表按要求整理成设计高程的水平地面或一定设计坡度的倾斜地面的工作，称为场地平整。场地平整常要确定填、挖土石方量。土方量计算的方法主要有方格网法、等高线法、断面法等，其中方格网法是最常用的一种。下面以整理成水平面为例介绍该方法。

如图 11-6 所示为一块待平整的场地，其比例尺为 1:1000，等高距为 1m，在划定的范围内，按照填、挖平衡的要求，将其平整为某一设计高程的平地。计算土方量的步骤如下。

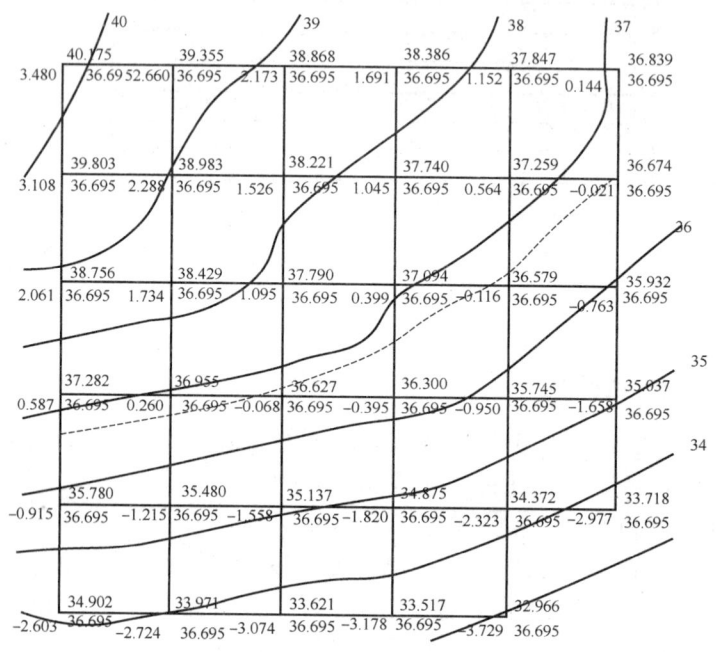

图 11-6 方格网法估算土方量

（1）绘制方格网

方格网大小可根据地形复杂程度、比例尺的大小和土方估算精度要求而定，本例中格网边长为 20m。

（2）求各方格角点的高程

根据等高线内插法确定方格角点的地面高程，并注记在方格角点右上方。

（3）计算设计高程

① 若由设计单位给出，则无须计算。

② 若设计单位未给出，则根据场地填、挖方量平衡原则计算设计高程。把每一方格 4 个顶点的高程加起来除以 4，得到每一个方格的平均高程。再把每一个方格的平均高程加起来除以方格数，即得到设计高程：

$$H_x = \frac{H_1 + H_2 + H_3 + \cdots + H_n}{n} \tag{11-8}$$

式中：H_i 为每一方格的平均高程；n 为方格总数。

从设计高程的计算中可以看出，角点的高程在计算中只用过一次，边点的高程在计算中使用过两次，拐点的高程在计算中使用过 3 次，中点的高程在计算中使用过 4 次，为计算方

便,可将设计高程的计算公式写成

$$H_{i2} = \frac{\sum H_{角} \times 1 + \sum H_{边} \times 2 + \sum H_{拐} \times 3 + \sum H_{中} \times 4}{4n} \quad (11\text{-}9)$$

式中:n 为方格总数;$\sum H_{角}$、$\sum H_{边}$、$\sum H_{拐}$、$\sum H_{中}$ 分别表示角点、边点、拐点和中点高程的和。

用式(11-8)计算出的设计高程为 36.695m,在图 11-6 中用虚线描出 36.695m 的等高线,称为填挖分界线或零线。

(4)计算各方格网点的填挖高度

根据设计高程和各方格顶点的地面高程,计算各方格顶点的挖、填高度:

$$h = H_{地} - H_{设} \quad (11\text{-}10)$$

式中:h 为填挖高度,正数为挖方,负数为填方;$H_{地}$ 为地面高程;$H_{设}$ 为设计高程。

填挖高度计算结果如图 11-6 所示,标注在格网的左上角。

(5)计算填挖土方量

$$\begin{cases} 角点土方量 = 填(挖)方高度 \times \dfrac{1}{4} 方格面积 \\ 边点土方量 = 填(挖)方高度 \times \dfrac{2}{4} 方格面积 \\ 拐点土方量 = 填(挖)方高度 \times \dfrac{3}{4} 方格面积 \\ 中点土方量 = 填(挖)方高度 \times \dfrac{4}{4} 方格面积 \end{cases} \quad (11\text{-}11)$$

11.4.2 纸质地形图的数字化

尽管纸质地形图广泛应用于实际工作,但也存在更新与维护困难、存储与携带不太方便、存在一定程度的变形、易受损与耐久性差、信息共享与传输困难等缺点。因此,在现代测绘和地理信息领域,数字地形图已经逐渐取代纸质地形图,成为主流的应用方式。但为了充分利用已有纸质地图资料,需要将纸质地形图转换为数字地形图,即进行纸质地形图数字化。纸质地形图数字化是指将纸质地形图上的地物、地貌信息转换成计算机能够存储、识别和处理的数字地形图的过程。这个过程涉及将纸质地图上的地形、地貌、道路、水系、房屋等要素转换成数字格式,以便在计算机上进行进一步的编辑、分析和应用。

纸质地形图数字化的方法主要有以下两种。

1. 手扶跟踪数字化

这种方法需要作业人员使用数字化仪,逐点、逐线地在数字化板上采集纸质地图上的数据。虽然这种方法能够较为准确地采集数据,但劳动强度大,工作效率相对较低。

2. 地图扫描屏幕数字化

这种方法首先通过扫描仪将纸质地图扫描成数字图像,然后在计算机屏幕上进行逐点采集或半自动跟踪。专业的数字化软件可在一定程度上对地图要素进行自动识别与提取,作业速度快、精度高、工作效率高,且所需劳动力少。由于 CASS 是专业数字化成图软件,下面以 CASS11.0 为例讲述纸质地形图屏幕数字化作业流程。

（1）图纸扫描：使用扫描仪将纸质地形图扫描为光栅图像（通常为.jpg、.tif、.png 格式）。注意扫描时的分辨率，以确保图像的清晰度。必要时进行图像预处理，去除噪点、调整对比度，保证图像清晰度。

（2）图像导入：在 CASS11.0 菜单栏选择【工具】→【光栅图像】→【插入图像】，在弹出【附着对象】对话框中选择【附着图像】，如图 11-7 所示，选择要数字化的地形图栅格影像，将影像导入 CASS11.0 中。

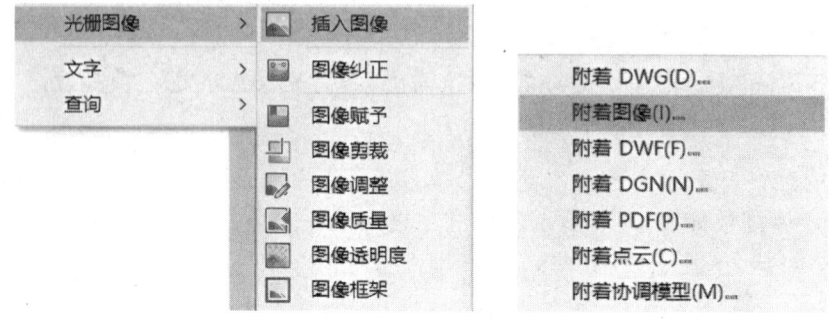

图 11-7　导入图像

（3）图像纠正

纸质地形图扫描生成的光栅图存在旋转、位移和畸变等误差，必须通过对扫描图进行几何纠正才能让光栅图上的图形位置和形状与原图一致，同时将扫描坐标转换为地理坐标。在 CASS11.0 菜单栏选择【工具】→【光栅图像】→【图像纠正插入图像】，选择已插入的图像后，弹出【图像纠正】对话框，如图 11-8 所示，选择合适的纠正方法进行纠正。不同纠正方法需用不同个数的控制点。可选的纠正方法有赫尔默特法（henmert 法，不少于 3 个控制点）；仿射变换法（affine 法，不少于 4 个控制点）；线性变换法（linear 法，不少于 5 个控制点），二次变换法（quadratic 法，不少于 7 个控制点）；三次变换法（cubic 法，不少于 11 个控制点），见表 11-3。

表 11-3　图像纠正数学模型

纠正方法	数学模型	参数个数	最少控制点个数
赫尔默特法	$\begin{cases} X = a_0 + a_1 * x - a_2 y \\ Y = b_0 + a_2 * x + a_1 y \end{cases}$	4	3
仿射变换法	$\begin{cases} X = a_0 + a_1 * x + a_2 y \\ Y = b_0 + b_1 * x + b_2 y \end{cases}$	6	4
线性变换法	$\begin{cases} X = a_0 + a_1 x + a_2 y + a_3 xy \\ Y = b_0 + b_1 x + b_2 y + b_3 xy \end{cases}$	8	5
二次变换法	$\begin{cases} X = a_0 + a_1 x + a_2 y + a_3 x^2 + a_4 y^2 + a_5 xy \\ Y = b_0 + b_1 x + b_2 y + b_3 x^2 + b_4 y^2 + b_5 xy \end{cases}$	12	7
三次变换法	$\begin{cases} X = a_0 + a_1 x + a_2 y + a_3 x^2 + a_4 y^2 + a_5 xy + a_6 x^3 + a_7 y^3 + a_8 x^2 y + a_9 xy^2 \\ Y = b_0 + b_1 x + b_2 y + b_3 x^2 + b_4 y^2 + b_5 xy + b_6 x^3 + b_7 y^3 + b_8 x^2 y + b_9 xy^2 \end{cases}$	20	11

一个控制点可以列立两个方程，当可列方程数大于纠正模型参数个数时，按最小二乘平差求解。例如，线性变换法纠正时选取了 5 个控制点，则可列立 10 个方程，就可求解线性变

换模型的 8 个参数。依次选取地形图公里格网点作为控制点，当控制点数量足够时单击【误差】按钮，进行误差计算，满足精度要求后，单击【纠正】按钮进行图像纠正，这时就将图像像素坐标转换为地理坐标，并进行了几何变形纠正，如图 11-8 所示。

（4）地物地貌数字化

先在屏幕菜单栏选择相应地物、地貌类型，然后开始依据影像进行跟踪绘图。例如等高线的数字化：先在屏幕菜单栏选择【地貌土质】→【等高线】→【等高线首曲线】，按照命令栏提示，选择逐点绘制，输入等高线高程（如 100.000m），找到影像上高程为 100m 的首曲线，开始跟踪绘制。

图 11-8　图像纠正

11.5　数字地形图的应用

数字地形图是将地物、地貌等地形信息按一定的规则和方法采用计算机生成和计算机数据格式存储的地形图。地物则可以通过点状符号、线状符号、面状符号等来表示。地形的高程信息通常用规则格网模型（GRID）、不规则三角网模型（TIN）或等高线来表示。数字地形图按照生产的软件不同，其具体的数据格式也不同。

CAD 是数字地形图最常见的生产、编辑平台。CASS 是基于 CAD 平台技术研发的数字测图系统软件，下面以 CASS11.0 为例讲述数字地形图的应用。

CASS 的工程应用菜单具有基本几何要素的查询、面积量算、断面图绘制和土石方量计算等多种功能，详见图 11-9。下面从这些方面简单介绍数字地形图在工程建设中的应用。

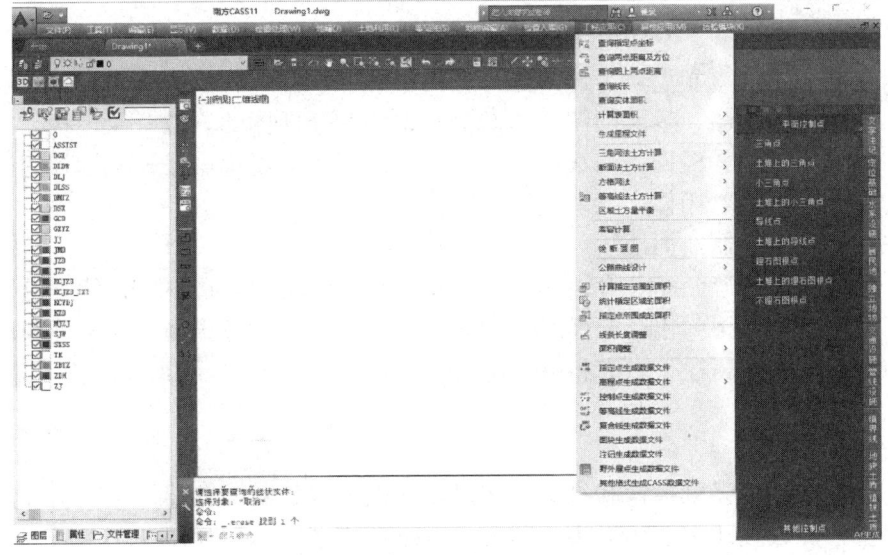

图 11-9　CAS11.0 工程应用菜单

1. 基本几何要素的查询

(1) 查询指定点坐标

由于数字地形图具有严格的坐标系统（目前我国采用 CGCS2000 坐标系统，1985 年国家高程基准），图内任何一点的坐标都可以获得。在菜单栏选择【工程应用】→【查询指定点坐标】，见图 11-10，用鼠标点取所要查询的点，命令栏显示要查询点的坐标。例如，显示结果示例为测量坐标：X=261822.997 米，Y=3941615.809 米　H=100.157 米，（不是高程点时，H=0.000 米）。该坐标是笛卡儿坐标系中的坐标，与测量坐标系的 X 和 Y 的顺序相反。

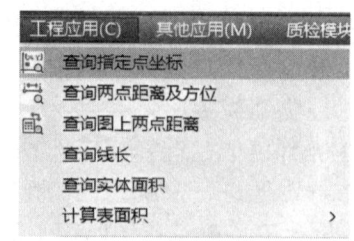

图 11-10　工程应用基本几何要素查询菜单

(2) 查询两点距离及方位角

在菜单栏选择【工程应用】→【查询两点距离及方位】，用鼠标分别点取所要查询的两点即可。命令栏显示两个指定点之间的实际水平距离和坐标方位角。结果示例：两点间距离=123.456 米，方位角=123 度 45 分 56 秒。该结果为利用查询的两点的平面坐标经坐标反算得出。

(3) 查询线长

在菜单栏选择【工程应用】→【查询线长】，用鼠标选取要查询的线状实体即可。命令栏显示线状实体总长度。结果示例：实体总长度为 123.456 米。该结果为由构成的线状实体的节点平面坐标计算而来，先计算相邻两节点之间的水平距离，然后将各线段长度累加起来。

(4) 查询实体面积

在菜单栏选择【工程应用】→【查询实体面积】，在命令行出现两个选项：①选取实体边线；②点取实体内部点。如果选择第一个选项，用鼠标单击实体的边线，即可获得实体面积；如果选择第二个选项，用鼠标单击实体的内部，根据提示操作即可获得实体面积。该结果利用构成面状实体的节点平面坐标按面积解析法计算而来。

2. 断面图绘制

在道路、管线工程规划设计中，为进行工程量的概预算和合理地确定线路的坡度，需要利用地形图绘制横断面图、纵断面图。在 CASS 中绘制断面图的方法有 4 种：①根据已知坐标；②根据里程文件；③根据等高线；④根据三角网。下面以根据已知坐标为例讲解，其他几种方法的操作步骤基本相似。

(1) 先用复合线绘制断面线。

(2) 在菜单栏选择【工程应用】→【绘断面图】→【根据坐标文件】。然后用鼠标选取上一步所绘断面线，屏幕上弹出"断面线上取值"对话框，有三种选择已知坐标获取方式，由数据文件生成、由图面高程点生成和由三角网文件生成，如图 11-11 所示。输入采样点间距，系统的默认值为 20m。

(3) 绘制纵断面图

如图 11-12 所示，设置横向和纵向比例尺，在图上选择断面图绘制点位坐标，设置断面宽度和起始里程，设置注记字体大小，即可生成纵断面图，示例如图 11-13 所示。为了使断面图形状与实际地形相似，横向、纵向比例尺可设置相同。

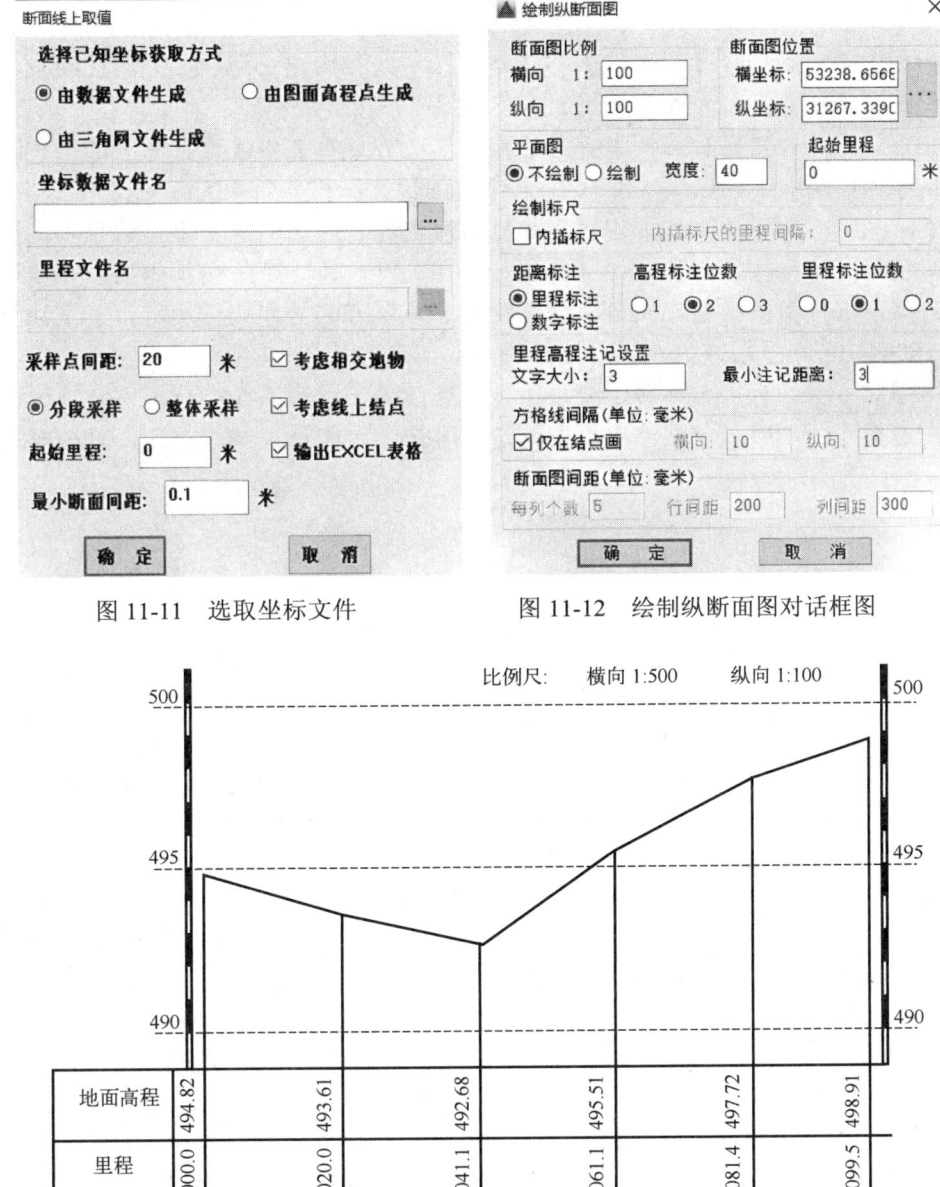

图 11-11 选取坐标文件　　　图 11-12 绘制纵断面图对话框图

图 11-13 断面图示例

3．土方量计算

CASS 中土方量计算有三角网法、断面法、方格网法和等高线法。下面三角网法土方计算为例讲述操作过程。

由三角网法计算土方量是根据实地测定的地面点坐标(X,Y,Z)和设计高程，通过生成三角网来计算每一个三棱锥的填挖方量，最后累计得到指定范围内填方和挖方的土方量，并绘出填挖方分界线。由三角网法土方量计算共有 3 种方法：①根据坐标数据文件计算；②根据图上高程点进行计算；③根据图上的三角网进行计算。前两种算法包含重新建立三角网的过程，第 3 种方法直接采用图上已有的三角形，不再重建三角网。根据图上的三角网进行土方量计算的操作过程如下。

(1) 先利用菜单栏选择【等高线】→【建立三角网】构建三角网,并对已经生成的三角网进行必要的添加和删除,使结果更接近实际地形。

(2) 在菜单栏选择【工程应用】→【三角网法土方计算】→【根据图上的三角网】;

(3) 在提示行输入平场标高(米):输入平整的目标高程,如485m;在图上选取三角网:在图上选取三角形,可以逐个选取也可以拉框批量选取。回车后屏幕上显示总填、挖方的提示框,同时在每一个高程点处显示设计高程、填挖高度,每一个三角形内显示三角形面积、挖方、填方数量,并在图上绘出所分析的三角网、填挖方的分界线。示例土方量计算结果:总挖方为16084.1m³,总填方为0m³,见图11-14。

注意:用此方法计算土方量时不要求给定区域边界,因为系统会分析所有被选取的三角形,因此在选择三角形时一定要注意不要漏选或多选,否则计算结果有误,且很难检查出问题所在。

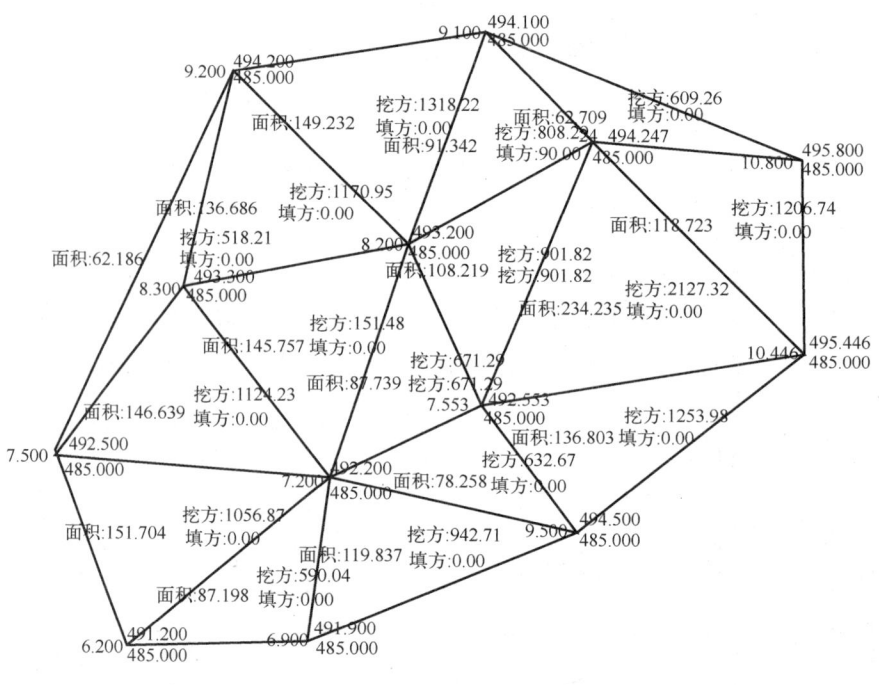

图 11-14 三角网法土方量计算结果

11.6 数字高程模型的应用

11.6.1 数字高程模型

数字高程模型(DEM)是对地面地形的数字化模拟,即用一组有序数值阵列表示地面高程的一种实体地面模型。DEM 表达形式主要包括规则矩形格网、不规则三角网。DEM 是一种重要的地理数据类型,DEM 有很多应用,如 DEM 内插生成等高线、正射纠正、地形坡度计算、土方计算等。

1. 矩形格网 DEM

矩形格网 DEM 是将地面划分为等间隔$(\Delta X, \Delta Y)$的矩形格网（一般为正方形），然后取每个格网点的地面高程 Z 值，构成一个高程阵列 Z，如图 11-15 所示就是矩形格网 DEM。

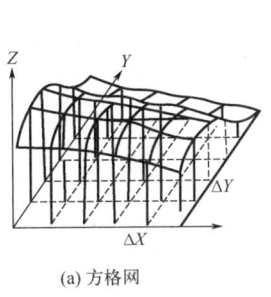
(a) 方格网

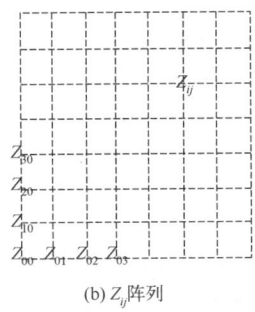
(b) Z_{ij} 阵列

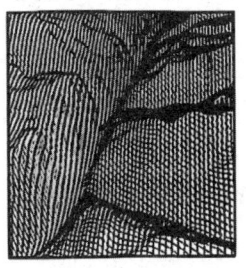
(c) 实际的DEM

图 11-15　矩形格网 DEM

矩形格网 DEM 通常用一个矩阵表示，即

$$\boldsymbol{g} = \begin{pmatrix} g_{0,0} & g_{0,1} & \cdots & g_{0,j} & \cdots & g_{0,n-1} \\ g_{1,0} & g_{1,1} & \cdots & g_{1,j} & \cdots & g_{1,n-1} \\ \vdots & \vdots & \vdots & \vdots & \vdots & \vdots \\ g_{i,0} & g_{i,1} & \cdots & g_{i,j} & \cdots & g_{i,n-1} \\ \vdots & \vdots & \vdots & \vdots & \vdots & \vdots \\ g_{m-1,0} & g_{m-1,0} & \cdots & g_{m-1,j} & \cdots & g_{m-1,n-1} \end{pmatrix} \quad (11\text{-}12)$$

矩阵的每个元素 $g_{i,j}$ 是一个高程值，对应着实体的一个微小区域，即间隔为$(\Delta X, \Delta Y)$的矩形格网。为了减少数据的存储量及便于使用管理，其任意一个点 P_{ij} 的平面坐标可根据该点在 DEM 中的行列号(i,j)及存放在该文件头部的基本信息推算出来。这些基本信息应包括 DEM 起始点（一般为左下角）坐标(X_0, Y_0)，DEM 格网在 X 轴方向与 Y 轴方向的间隔$(\Delta X, \Delta Y)$及 DEM 的行列数 N_Y、N_X 等。点 P 的平面坐标(X,Y)为

$$\begin{cases} X_i = X_0 + i * \Delta X & (i = 0,1,\cdots,N_X - 1) \\ Y_j = Y_0 + j * \Delta Y & (j = 0,1,\cdots,N_Y - 1) \end{cases} \quad (11\text{-}13)$$

用图像表示 DEM，DEM 灰度显示如图 11-16 所示，矩阵的每个元素 $g_{i,j}$ 就是一个灰度值，对应着图像的一个微小区域，即像元素（Picture Element）或像素（Pixel）。各像元素的灰度值 $g_{i,j}$ 代表像元对于区域高程经采样与量化了的灰度级。

图 11-16　DEM 灰度显示

规范规定，DEM 格网间距的选取及格网点高程中误差如表 11-4 所示。

表 11-4 DEM 格网间距的选取及格网点高程中误差（m）

比例尺	格网间距	格网点高程中误差			
		平坦地	丘陵地	山地	高山地
1∶500	0.5	0.2	0.4	0.5	0.7
1∶1000	1.0	0.2	0.5	0.7	1.5
1∶2000	2.0	0.4	0.5	1.2	1.5
1∶5000	5.0	0.7	1.5	2.5	4.0

2. 不规则三角网 DEM

DEM 也可以用不规则三角网（TIN）形式表达（如图 11-17 所示）。TIN 是通过将一系列无重复点的离散点集按 Delaunay 原则进行三角剖分，形成连续但不重叠的不规则三角面片网，以此来描述地面地形。这些三角面的形状和大小取决于不规则分布的离散点的密度和位置，能够避免地形平坦时的数据冗余，又能按地形特征（如山脊性、山谷线、坡度变化线等）表示数字高程特征，如图 11-18 所示。相对于矩形格网而言，TIN 能够减少数据冗余，存储空间小；在表示复杂地形表面时，其精度通常比矩形格网更高；TIN 能够随地形起伏变化的复杂性而改变采样点的密度和决定采样点的位置，具有更好的灵活性，不规则三角网 DEM 广泛应用于需要高精度和灵活性的地形建模和分析，但其数据结构相对复杂。

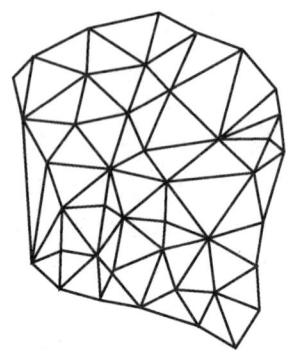

图 11-17 不规则三角网 DEM

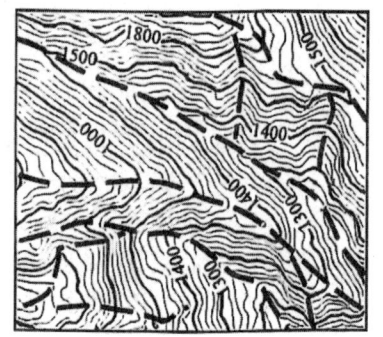

图 11-18 等高线及地形特征线

11.6.2 利用 DEM 进行地形分析

利用 DEM 进行地形分析本质上利用 DEM 的高程及平面位置通过有关数学计算和分析衍生的结果，主要包括基本地形信息计算和复杂地形信息计算两类。这些地形信息提取均可以利用 Arcgis、ENVI 等地理信息、遥感软件完成，限于篇幅不列出详细计算方法及公式，请查阅相关资料。

1. 基本地形信息

（1）坡度：表示地形表面的陡峭程度，通常以度数或百分比表示，见图 11-19。坡度分析可用于评估土地适宜性、土壤侵蚀风险、滑坡监测、基础设施建设选址等。

（2）坡向：指坡面的朝向，即地表每一点的坡度线的方向，通常以 0°～360°表示（0°为正北方向），见图 11-20。坡向分析在气候研究、农业规划（如光照条件）、森林管理、风力发电选址等方面有广泛应用。

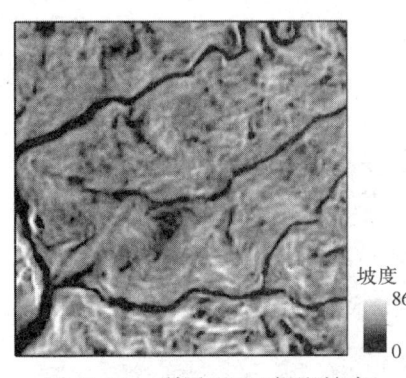
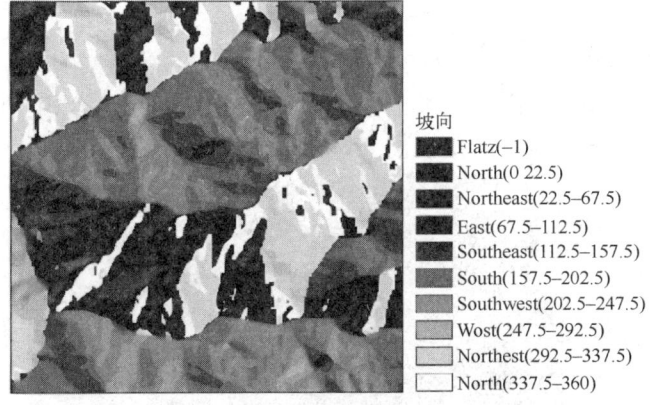

图 11-19 利用 DEM 提取坡度　　　　图 11-20 利用 DEM 提取坡向

（3）地表粗糙度：反映地表的起伏和不平整程度。

（4）地形起伏度：分析计算特定区域内高程变化的程度，用于量化地形的复杂性。在生态学、地质灾害分析、军事地形研究、景观美学评价等领域有应用。

（5）剖面曲率和平面曲率：剖面曲率沿坡度方向，平面曲率垂直于坡度方向。它们用于分析地形特征，预测水流路径、土壤湿度分布、侵蚀与沉积区等。

2．复杂地形信息：

（1）可视区域分析：基于 DEM 计算，确定从一个或多个观测点出发，可以看到的地表区域。在电力、通信线选址、景观规划、军事防御、监控系统布局等方面有重要应用。

（2）地形特征提取：基于 DEM 数据提取地形中的特定特征，如山峰、山谷、山脊线、沟谷线等，见图 11-22。

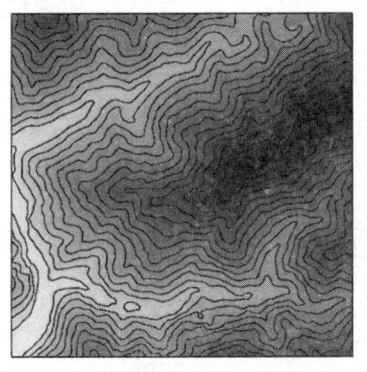
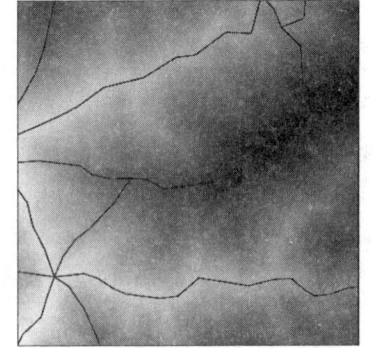

图 11-21 利用 DEM 生成等高线　　　　图 11-22 利用 DEM 提取山脊线、山谷线

（3）水系特征分析：包括集水区分析、流向分析、流速分析等。集水区分析用于划定水流从高处汇集到某个点的流域范围，识别地形中的排水路径、河流网络等。流向分析确定每个单元格的水流动方向，流速分析则累积流向相同的单元格数量，反映潜在的水流动量。这些分析在水资源管理、洪水风险评估、河流生态系统保护、土壤侵蚀模型等方面非常重要。

11.7　正射影像的应用

正射影像（Digital Orthographic Model，DOM）是一种经过投影变换的影像，影像具有正射投影（或称垂直投影）的特性，即影像上的每个像素都严格对应于地表的一个实际点，且这些点都与一个共同的投影面（通常是水平面或参考椭球面）保持垂直关系，原始影像如图 11-23 所示，其 DOM 如图 11-24 所示。这种纠正过程消除了由于传感器视角、地形起伏和地球曲率等因素引起的影像畸变，整个影像具有相同的比例尺和无透视失真的特点，能够真实、准确地反映地表的实际形状和位置。

图 11-23　原始影像　　　　　　　　图 11-24　DOM

DOM 地面分辨率是 DOM 的关键指标，指 DOM 采样间隔，一般应与原始影像的空间分辨率一致，通常用影像中一个像元点所对应的实际地块的大小表示，它反映了影像对地表（或目标）细节的捕捉能力。规范规定，数字正射影像图地面分辨率应符合表 11-5 要求。数字正射影像图地物点的平面位置中误差，对于平坦地、丘陵地不应大于图上 0.6mm，对于山地、高山地不应大于图上 0.8mm。

表 11-5　数字正射影像图地面分辨率（m）

比例尺	1∶500	1∶1000	1∶2000	1∶5000
影像地面分辨率	0.05	0.1	0.2	0.5

相对于原始影像，DOM 具有较高的几何精度，能够准确地反映地表地物的形态、大小、位置等特征，从而具有很好的量测性，可直接在 DOM 产品中获取点的平面坐标、线段水平距离、面积量测、量测方位角等。同时 DOM 具有丰富的纹理信息，影像信息直观逼真，易于识别和解读，见表 11-6。

表 11-6　原始影像与 DOM 影像相同点及区别

		原始影像	DOM
相同点	数据组织单元	像元，像元大小影响影像分辨率	像元，像元大小影响影像分辨率
	纹理	有丰富纹理信息	有丰富纹理信息
不同点	投影方式	中心投影或其他投影方式，存在透视变形	正射投影，无透视变形
	坐标系统	像素坐标(i,j)，头文件中一般无坐标系统信息	地理或投影坐标，头文件中一般有坐标系统信息或附带有同名坐标系统参数文件，可直接读取地理或投影坐标
	量测性	量测性差，量测坐标、水平距离、面积、方位角存在具有较大误差；量测结果为像元	量测性好，量测坐标、水平距离、面积、方位角误差小，仅受影像分辨率影响；量测结果为地理或投影坐标

DOM 作为一种高精度、高真实性的数字产品，在城市规划、环境监测、灾害预警、农业监测等多个领域有着广泛的应用。

1. 城市规划

DOM 可以作为背景图直接应用于城市地理信息系统，提供精确的地形信息。利用 DOM 可以制作三维景观，为城市规划的成功决策提供最基本、最直观的技术支持。可直接利用 DOM 生产数字线划图平面，也可以用于更新数字线划图（DLG）数据，提高数据的现势性，加快地形图的更新速度。

2. 环境监测

通过对 DOM 的分析，可以了解地表的变化情况，如土地利用变化、水体污染等，为环境保护提供科学依据。DOM 数据具有时间特征，可以用于洪水监测、河流变迁、旱情监测等。

3. 灾害预警

DOM 可以实时反映地表的变化情况，对于地震、洪水等自然灾害的预警具有重要作用。在灾害发生后，DOM 还可以用于评估灾害损失，为灾后重建提供数据支持。

4. 农业监测

DOM 可以帮助农业专家了解农田的具体情况，如土壤状况、作物生长情况等，为农业生产提供科学依据。DOM 还可以用于农业估产（精准农业），提高农业生产的效率和质量。

5. 土地管理与地籍测量

DOM 可以作为数据源，用于土地覆盖与土地利用的动态监测。在农村土地发证中，DOM 可以指认宗地界线并数字化其点位坐标，用于土地利用调查、地籍测量等。

6. 其他应用

DOM 可以与线划图、文字注记进行叠加，形成影像地图，丰富地图的形式，增加地图的信息量。

思 考 题

1. 图 11-25 为等高距为 1m 的矩形分幅 1∶2000 地形图的一部分，试完成以下作业：
（1）根据等高线按内插法求出 A、B、C 点的高程。
（2）用图解法求 A、B 两点的坐标。
（3）图上量算 A、B 两点间的水平距离。
（4）图上量算 AB 连线的坐标方位角。
（5）图上量算 A 点至 C 点的平均坡度
（6）绘制出 AB 方向线的断面图。

2. 图 11-26 为 1∶1000 比例地形图，方格网边长为实地 20m，现要求在图示方格范围内平整为水平场地，试完成以下内容。
（1）根据填挖平衡原则计算该场地设计高程。
（2）在图中绘出挖填分界线。
（3）计算填挖土方量。

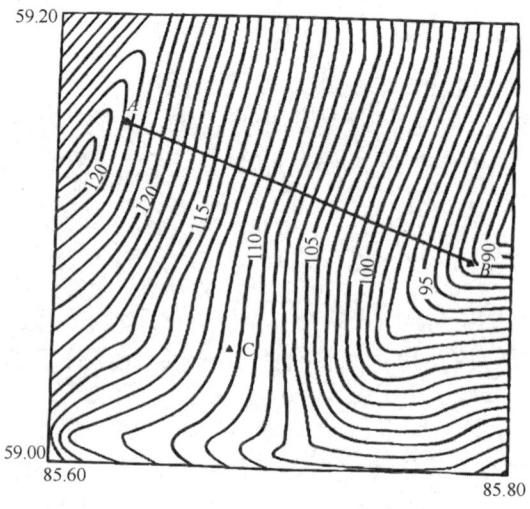

图 11-25 地形图

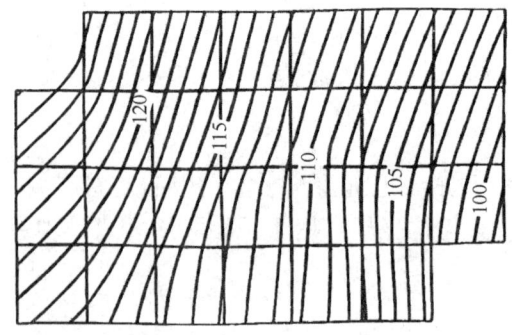

图 11-26 方格网法土石方计算

3. 什么是地理空间信息？它包含哪些主要内容？
4. 地理空间信息在现代社会中有哪些重要的应用价值？
5. 地形图在哪些领域有广泛应用？请举例说明。
6. 如何根据地形图判断某地的地形起伏和地势高低？
7. 纸质地形图在哪些场合下仍然具有不可替代的作用？
8. 纸质地形图如何进行数字化处理？这一过程中需要注意哪些事项？
9. 数字化后的地形图与纸质地形图相比有哪些优势和劣势？
10. 纸质地形图数字化的主要步骤是什么？
11. 数字化后的地形图数据如何存储和管理？
12. 基于 CASS，数字地形图在哪些领域有具体应用？
13. 什么是 DEM？它有哪些主要类型？
14. 如何利用 DEM 进行地形分析？请举例说明。
15. DEM 在哪些领域有重要应用？
16. 正射影像是什么？它与原始影像有何不同？
17. 正射影像在哪些领域有广泛应用？请举例说明。
18. 如何利用正射影像进行空间测量和地图制作？

第 12 章　建筑工程测量

内容提要

介绍了工程测量的概念、测设的基本内容和方法、建筑施工坐标系、建筑施工控制测量、建筑施工详细测设以及变形监测等工程测量的基础知识。详细介绍了水平角测设、水平距离测设、平面点位测设和高程测设等测设的基本内容和方法。重点掌握建筑施工控制测量的建立方法，建筑施工详细测设中测设方法的正确选择和实施。难点在于建筑施工详细测设中涉及多个专业领域的交叉，需要测量人员具备全面的专业知识和实践经验；变形监测中数据的处理和分析也是一项技术难度较高的工作，需要采用专业的软件和算法进行处理。

12.1　工程测量概述

工程建设要经历总体规划、勘察设计、施工建设、竣工验收以及运营管理等几个阶段，在整个工程建设过程中，每个阶段都需要进行各种不同目的、不同要求的测量工作，这些工作统称为工程测量。

总体规划阶段的测量工作主要测绘工程现场的各种比例尺地形图，为后续的工程设计和施工提供基础资料。

勘察设计阶段的测量工作主要围绕工程地质勘查和水文勘查展开，主要任务为查明地层土壤岩性、地质构造、水文条件等自然地质、水文条件提供必要的测量服务，为建设项目的选址、工程设计和施工提供科学依据。

施工建设阶段的测量工作称为施工测量，主要包括：施工控制测量、工程建筑物施工放样、沉降观测等，具体工作内容包括：平面、高程控制点的复测、加密；施工控制网的建立；根据设计图纸，将建筑物的平面位置和高程以一定的精度测设到地面上，作为施工的依据；对于高层建筑、大型厂房或其他重要建筑物，监测建筑物在施工过程中的沉降、变形情况，确保建筑物的稳定性和安全性。

竣工验收阶段的测量工作主要包括竣工测量和变形监测。竣工测量主要测绘工程建设完成后的地形图，反映建设后的地物分布情况；检查和评估建筑物的施工质量，建筑物施工是否与设计一致。竣工测量的成果是验收和评价工程是否按图施工的依据，作为工程交付使用后进行管理、维修的依据，以及后续工程改建和扩建的依据。

运营管理阶段的测量工作主要对工程进行定期或不定期的沉降、变形监测，以监测其运营状态，确保建筑物的稳定性和安全性。

建筑工程测量主要指建筑工程在勘测设计、施工和运营管理阶段所进行的各种测量工作，工程测量的一个分支。具体内容包括：建筑工程施工测量准备工作、平面控制测量、高程控制测量、建筑物定位放线、基础施工测量、基坑监测、结构施工测量、变形监测和竣工测量等。

施工测量是设计与施工之间的桥梁，贯穿于整个施工过程，是施工的重要组成部分。它既是施工的先导，又贯穿于整个施工过程。从场地平整、建筑物定位、基础施工，到墙体施

工、建筑物构件安装等工序，都需要进行施工测量，才能使建筑物各部分的尺寸、位置符合设计要求。施工测量对于保证工程质量、提高施工效率具有重要意义。

12.2 测设的基本内容和方法

测设，又称施工放样，是通过一定的测量方法，按照要求的精度，将设计图纸上规划设计好的建筑物的平面位置和高程在地面上标定出来，作为施工的依据。它是建筑施工过程中的关键步骤，用于确定建筑物的具体位置、形状和尺寸。

测设的基本内容包括：水平角测设、水平距离测设、平面点位测设、高程测设等。

12.2.1 水平角测设

水平角测设的目的是在地表标定一个方向与已知方向的水平夹角等于设计的水平角度。通常地面上应有一个已知的方向，一般为两个固定点。测设时，以需要测设水平角度的点为测站点，另一点为"定向点"，或称为"后视点"。测设水平角随着精度要求的不同，有以下几种方法。

1. 盘左盘右分中法

当测设精度要求不高时，可以使用盘左盘右分中法进行水平角的测设。如图 12-1 所示，设已知 AB 方向，需在地面上确定一点 C，使得水平角 $\angle BAC$ 为设计的角度 β。

（1）首先在 A 点安置全站仪，对中整平；

（2）盘左瞄准后视点 B，将水平度盘读数置零，顺时针转动照准部使水平度盘读数为 β，固定全站仪照准部，根据全站仪望远镜视准轴方向在地面上标定出点 C'；

（3）盘右位置后视点 B，将水平度盘读数置零，顺时针转动照准部使水平度盘读数为 β，根据全站仪望远镜视准轴方向在地面上标定出点 C''；若 C' 和 C'' 点不重合，则取 C' 和 C'' 连线的中点 C，作为测设的点。为检核水平角测设的可靠性，采用测回法测量 $\angle BAC$，若 $\angle BAC$ 与 β 之差符合限差要求，则 $\angle BAC$ 即为测设的水平角 β。

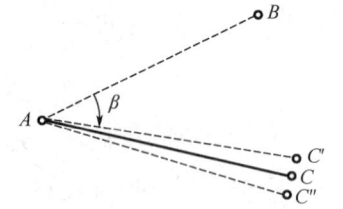

图 12-1 盘左盘右分中法测设水平角

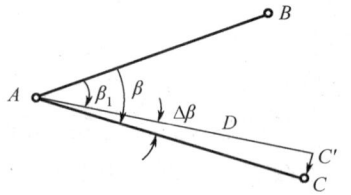

图 12-2 多测回修正法测设水平角

2. 多测回修正法

多测回修正法，又称归化法。当测设水平角的精度要求较高时，如测设建筑物的纵横主轴线间的水平角度可采用此方法，如图 12-2 所示。

（1）首先在 A 点安置全站仪，对中整平；

（2）先用盘左盘右分中法测设水平角 β，在地面上定出点 C'；

（3）再用多次测回法观测水平角 $\angle BAC'$，取各测回平均值为 β_1，计算设计角度与平均值 β_1 的差值：

$$\Delta\beta = \beta - \beta_1 \tag{12-1}$$

测得 AC' 的水平距离 D，则可进一步计算 C' 点处的改正垂距 l：

$$l = D \cdot \tan\Delta\beta \approx D\frac{\Delta\beta}{\rho''} \tag{12-2}$$

根据 $\Delta\beta$ 的符号确定 l 改正的方向，当 $\Delta\beta$ 为正时，向右改正；当 $\Delta\beta$ 为负时，向左改正，修正 C' 的点位，得到准确的待放样点 C。

12.2.2 水平距离测设

水平距离测设是根据地面上给定的直线起点，沿给定的方向，定出直线上另外一点，使得两点间的水平距离等于设计水平距离。通常地面上应有测设距离的起始点和一个已知的方向。测设水平距离随着精度要求的不同，有以下几种方法。

1．钢尺量距测设法

如图 12-3 所示，设 A 为地面上已知点，D 为设计的水平距离，要在地面上沿给定 AB 方向上确定另一端点 B，使得 AB 的水平距离为设计值 D。

（1）从 A 点开始，沿 AB 方向用钢尺边定线边丈量，按设计长度 D 在地面上定出 B' 点的位置，并进行标记。若建筑场地不是水平的，丈量时应将钢尺一端抬高，使钢尺保持水平，用吊垂球的方法来投点。

（2）往返丈量 AB' 的距离，若相对误差在限差以内，取其平均值 D'，并将端点 B' 加以修正，确定 B 点的最后位置。改正数 $\Delta D = D - D'$。当 ΔD 为正时，向外改正；当 ΔD 为负时，向内改正。

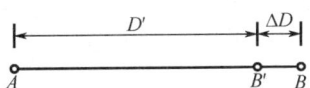

图 12-3　钢尺测设水平距离

2．全站仪测距测设法

用全站仪测设水平距离时，由于可以直接测得水平距离，适合距离较长、地面不平坦的情况。全站仪距离测设步骤为：

（1）在直线的起点 A（或控制点）上安置仪器，对中、整平；

（2）照准另一控制点，在地面上标定出将要测设的长度的直线方向，固定全站仪照准部。

（3）将放样距离 D 输入仪器中，然后在此直线方向上，竖立反光镜，测定仪器到反光镜的水平距离 D'，仪器自动计算出放样距离差值 $\Delta D = D - D'$，仪器观测者根据放样距离差值 ΔD 指挥立镜者在直线方向上前后移动反光镜，当放样距离差值 ΔD 等于零时，即可确定待放样水平距离的 B 的位置，在相应位置进行标记。

12.2.3 平面点位测设

平面点位测设是根据已知控制点，在地面上标定出指定点的平面位置，使这些点的坐标为给定的设计坐标。例如，在工程建设中，要将建筑物的平面位置标定在实地上，其实质是将建筑物的轴线交叉点、拐角点、中心点在实地标定出来。平面点位测设的方法有直角坐标法、极坐标法、交会法和直接坐标法等。一般按照平面控制点的分布、现场地形条件、仪器设备和测设点位的精度要求等选择合适的测设方法。

1. 直角坐标法测设平面点位

当设计的建筑物轴线为矩形格网时,为方便施工往往建立与建筑物轴线平行或垂直的矩形施工控制网。待测设的建筑物轴线与矩形施工控制网边线距离较近,且场地平坦易于量距时,常用直角坐标法测设点位。

如图 12-4（a）所示,A、B、C、D 点是施工控制网格网顶点,其坐标值已知,1、2、3、4 为拟测设建筑的四个角点,在设计图纸上已给定四个角点的坐标,现用直角坐标法测设该建筑的四个角点桩。测设步骤如下：

（1）首先根据施工控制网格网顶点和建筑角点坐标,计算测设数据,如图 12-4（b）所示。

（2）在 A 点安置全站仪,瞄准 B 点,在 AB 方向上以 A 点为起点分别测设水平距离 $AE=20.00$m,$EF=60.00$m,定出 E、F 点。

（3）将全站仪安置于 E 点,以 B 点为后视点,盘左盘右测设 90°角,定出 $E4$ 方向线,在 $E4$ 方向线上由 E 点测设水平距离 $E1=32.00$m,水平距离 $14=36$m,定出 1、4 点。

（4）将全站仪安置于 F 点,以 A 点为后视点,同法定出点 2、3。这样,四个角点位置便确定了,最后检查水平距离 12、34 是否为设计距离 60.00m,角 3 和 4 是否为 90°,误差是否在允许范围内。

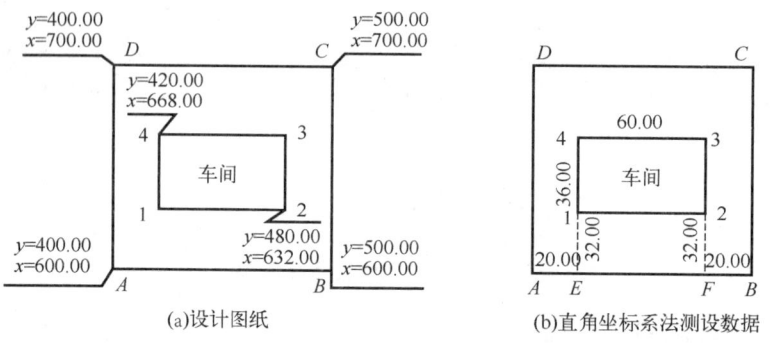

图 12-4　直角坐标法测设平面点位

2. 极坐标法测设平面点位

（1）极坐标法测设原理

极坐标法测设是在控制点上测设一个水平角度和一段水平距离来确定点的平面位置。如图 12-5 所示,$A(x_A,y_A)$、$B(x_B,y_B)$ 为控制点,坐标已知；$P(x_P,y_P)$ 为设计点,其坐标可在设计图上获取。通过坐标反算计算测设数据水平角 β 和水平距离 D_{AP},依据测设数据水平角 β 和水平距离 D_{AP} 测设 P 点的平面位置。

$$\beta = \alpha_{AP} - \alpha_{AB} \tag{12-3}$$

$$D_{AP} = \sqrt{(x_P - x_A)^2 + (y_P - y_A)^2} \tag{12-4}$$

全站仪测设平面点位就是按上述原理进行的,全站仪具有自动计算测设数据的功能,不需人工计算测设数据。将全站仪安置在 A 点,按提示分别输入测站点 A、后视点 B 及待测设

点 P 的坐标后,以 B 点为后视点定向,仪器自动计算测设数据水平角 β 及水平距离 D,并计算准放样点 P' 与设计点 P 之间的水平角差 $\Delta\beta$ 及水平距离差 ΔD。先水平转动全站仪照准部至水平角差 $\Delta\beta$ 为 $0°00'00''$,此时视线方向即为测设点所在的方向。在此视线方向上指挥棱镜前后移动,直到水平距离差 ΔD 为 0.000m,则棱镜所在位置即为 P 点。

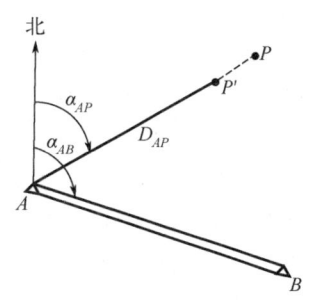

图 12-5 极坐标法测设平面坐标

(2) 中纬 ZT15 PRO 全站仪坐标测设作业步骤

① 在测站安置全站仪对中整平,在常规测量界面按 MENU,选择 F2[测量程序](见图 12-6),进入程序列表(见图 12-7),按 F3[放样程序],进入放样程序(见图 12-8)。

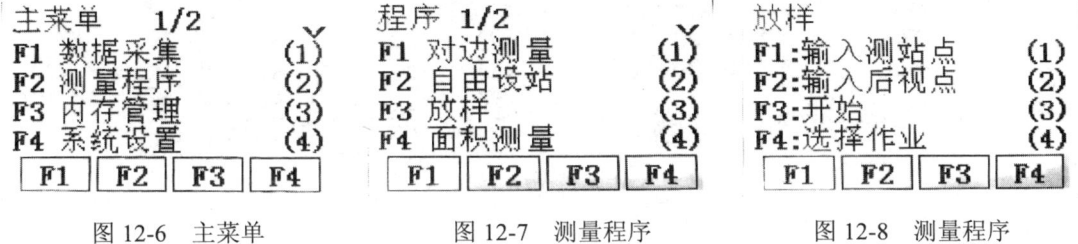

图 12-6 主菜单　　　　图 12-7 测量程序　　　　图 12-8 测量程序

② 进行全站仪选择作业、设置测站(见图 12-9)、后视定向(见图 12-10)、定向检查等设置操作,操作步骤与坐标测量操作步骤完全一致。

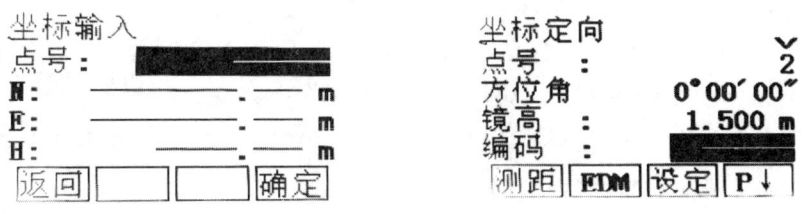

图 12-9 输入已知点、定向点坐标　　　　图 12-10 定向

③ 坐标放样:按 F3[开始],进入坐标放样界面。输入待放样点的点号及坐标,放样点坐标可以人工输入,也可以从仪器内存中读取。全站仪自动计算放样参数。HR 为测站点至待放样点连线的方位角计算值。HD 为测站点至待放样点的水平距离计算值。接下来有两种测设模式:一种是极坐标法(见图 12-11(a)),另一种是正交法(见图 12-11(b))。

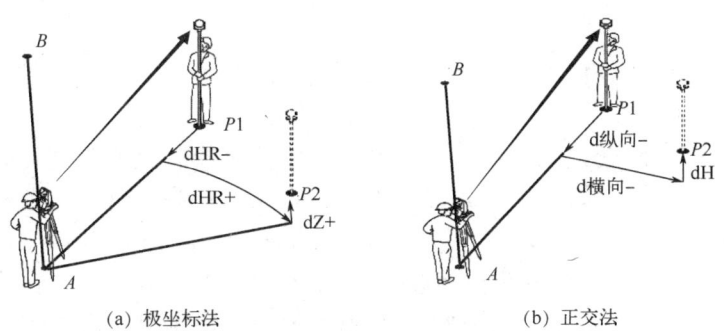

(a) 极坐标法　　　　　　(b) 正交法

图 12-11 全站仪极坐标法测设

（a）极坐标法

按 F4[继续]，屏幕显示极坐标法放样的角度测量部分。转动照准部，当 dHR 接近 0°00′00″时，可锁住水平制动螺旋，使用水平微动螺旋调节水平角，使 dHR 为 0°00′00″，即表明放样方向正确，待放样点在望远镜视线方向上，见图 12-12。

按 F1[距离]，进行距离测量。HD 为计算平距，dHD 为测量点与待放样点的水平距离，dZ 为测量点与待放样点的垂直距离。指挥立棱镜者沿视线方向前后移动，当 dHD 为"+"时后退，当 dHD 为"−"时前进，直至 dHD 接近于"0"，见图 12-13，在误差容许范围内时，测量点即为待放样点平面位置；"dZ"接近为"0"，在误差容许范围内时，测量点高程即为待放样的点高程。

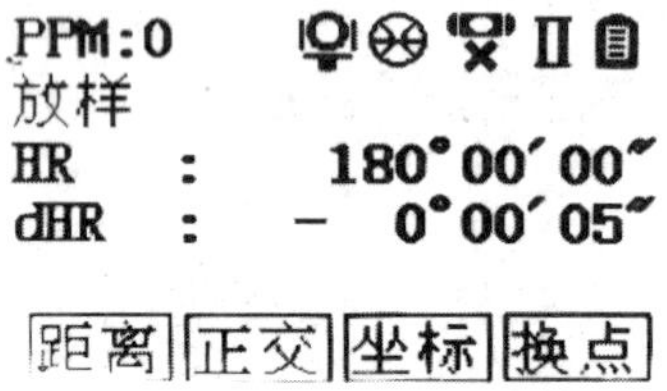

图 12-12　放样方向 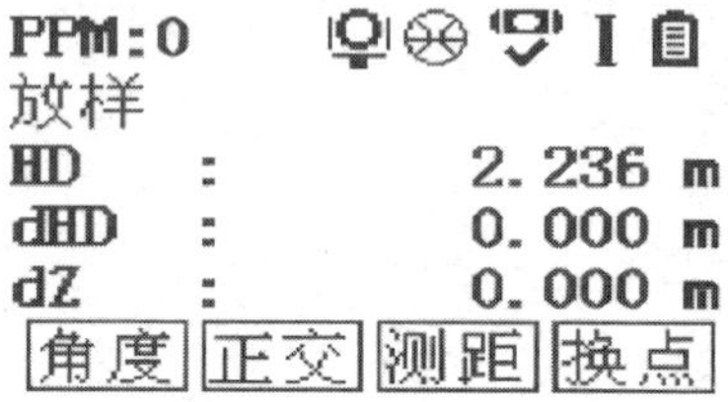　　　　图 12-13　放样距离

（b）正交法

按 F2[正交]，使用正交法，进入如图 12-14 所示的界面。"d 纵向"为视线方向的距离偏离值，"d 横向"为视线方向的正交方向的距离偏差值，"dH"为垂直方向的距离偏差值；当"d 纵向"和"d 横向"接近为"0"，在误差容许范围内时，测量点即为待放样的点平面位置；"dH"接近为"0"，在误差容许范围内时，测量点高程即为待放样的点高程。

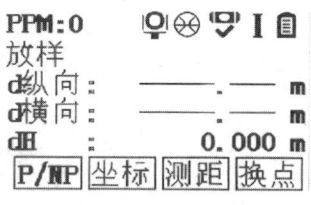

图 12-14　正交法放样

3. 直接坐标法测设平面点位

直接坐标法就是利用 GNSS 差分定位技术直接测定的三维坐标进行坐标放样。随着高精度 GNSS 差分定位技术的日益成熟，GNSS RTK、CORS 定位技术能够实时地提供在任意坐标系中的三维坐标数据，已广泛应用于快速精确定位中。其原理是将 GNSS RTK、CORS 实测三维坐标与设计坐标进行比较，逐渐趋近，其差值接近于"0"，在误差范围内，即测点就是待放样点。

4. 交会法测设平面点位

交会法测设平面点位包括角度交会法、距离交会法。

（1）角度交会法

角度交会法又称方向交会法。当需要测设的点位远离控制点或不便于量距而又缺少测距仪时，可以用角度交会法，如图 12-15（a）所示。A、B、C 为已有的三个控制点，其坐标为已知，需放样点 P 的坐标也已知。先根据控制点 A、B、C 的坐标和 P 点设计坐标，通过坐标反算计算出测设数据 β_1、β_2、β_4。测设时，在 A、B、C 点各安置一台测角仪器，分别测设 β_1、β_2、β_4 定出三个方向，其交点即为 P 点的位置。由于测设有误差，往往三个方向不交于一点，而形成一个误差三角形，如图 12-15（b）所示，如果此三角形最长边在误差控制范围内，则取三角形的重心作为 P 点的最终位置。

（2）距离交会法

如图 12-16 所示，先根据控制点 A、B 的坐标和待测设点 P 的设计坐标计算出测设数据水平距离 D_{AP} 和 D_{BP}；从控制点 A 和 B 同时用钢尺测设这两段水平距离，其相交处即为待测设的 P 点。距离交会法适用于场地平坦、便于用钢尺量距且测设距离不大的场合。

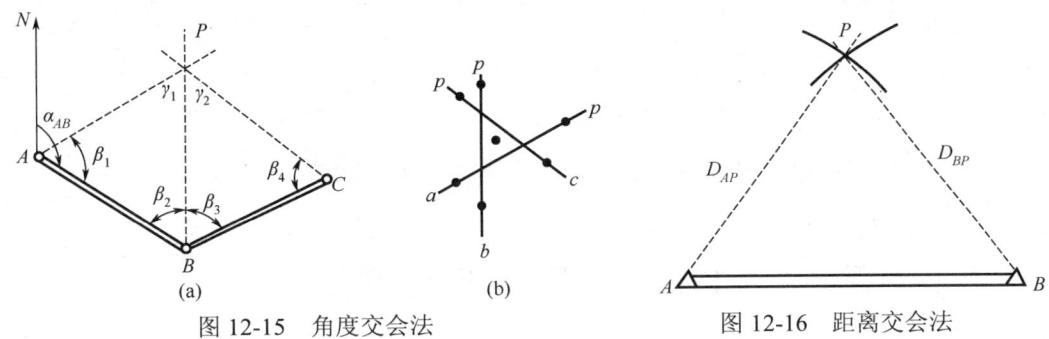

图 12-15　角度交会法　　　　　　　　　图 12-16　距离交会法

12.2.4　高程测设

高程测设是利用已知高程点，在给定的位置上标定出设计高程的所在位置。例如，平整场地、基础开挖、地坪标高位置确定等，都要测设设计高程的位置。

1. 视线高法

如图 12-17 所示，设水准点 A 的高程为 H_A，需要测设 B 桩的高程为 H_B；在 A、B 两点间安置水准仪，先在 A 点立水准尺，读得尺上读数为 a，由此得到水准仪的视线高程：

$$H_i = H_A + a \tag{12-5}$$

根据 B 桩待测设的高程 H_B，可以计算前视读数 $b = H_A + a - H_B$ 的位置；上下移动水准尺，使水准仪的读数为 b 时，在桩侧面沿尺底部画线，此线即标志出所测设的高程 H_B。

【例题 12-1】 A 为水准点，H_A=18.670m，B 为建筑物室内地坪±0.000 待测点，设计高程 H_B=18.420m，以 A 为后视点，利用水准仪视线高法进行高程测设，后视读数 a=1.050m，试求 B 点水准尺读数 b 为多少时，尺底就是设计高程 H_B。

解：根据视线高法可得：

$$H_i = H_A + a = H_B + b$$

则：
$$b = H_i - H_B = H_A + a - H_B = 18.670 + 1.050 - 18.420 = 1.300\text{m}$$

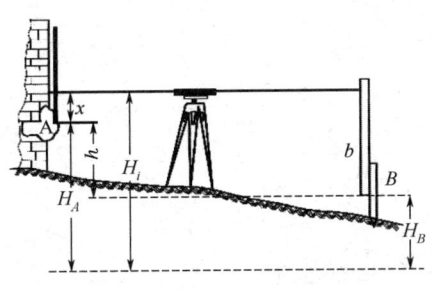 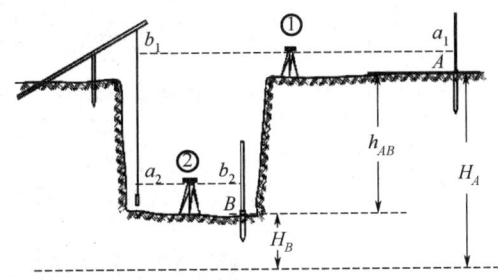

图 12-17　视线高法高程测设　　　　　　图 12-18　高程传递法高程测设

2. 高程传递法

当需要测设点高程与水准点的高差很大时，可以用垂直悬挂的钢卷尺代替水准尺，尺子下端悬挂重锤。如图 12-18 所示为在深基坑内测设高程 H_B，起始高程点 H_A。先于地面安置水准仪，后视立于水准点 A（高程为 H_A）的水准尺，读数为 a_1，前视悬挂的钢卷尺（尺的零点在下），读数为 b_1；移置水准仪于基坑内，后视悬挂的钢卷尺读数为 a_2，按下式计算前视读数 b_2：

$$H_B - H_A = (a_1 - b_1) + (a_2 - b_2) = h_{AB} \tag{12-6}$$

$$b_2 = a_2 + (a_1 - b_1) - h_{AB} \tag{12-7}$$

上下移动水准尺，使水准仪的读数为 b_2，在桩侧面沿尺底部画线，此线即标志出所测设的高程 H_B。

12.3　建筑施工坐标系

由于建筑设计是在总体规划下进行的，因此建筑物的轴线往往不能与测图坐标系轴线相平行或垂直。为了方便施工、放样，通常建立施工坐标系，施工坐标系坐标轴与建筑物的主轴线相平行或垂直。因此，需要进行施工坐标系与测图坐标系联测，实现坐标转换。如图 12-19 所示，施工坐标系为 $x'o'y'$ 坐标系，测图坐标系为 xoy 坐标系，两坐标系轴线的夹角为 α，施工坐标系原点 o' 在测图坐标系 xoy 中坐标为 $(x_{o'}, y_{o'})$，点 p 的施工坐标系坐标为 (x'_p, y'_p)，点 p 的测图坐标系坐标为 (x_p, y_p)。

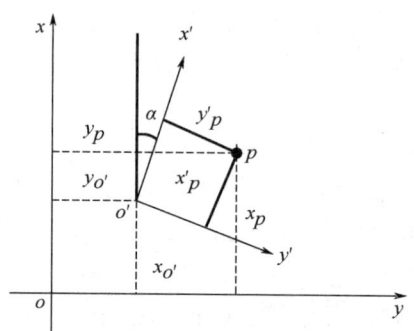

图 12-19　测图坐标系与施工坐标系的转换

将 p 点的施工坐标换算成测图坐标，其计算公式为

$$\begin{pmatrix} x_p \\ y_p \end{pmatrix} = \begin{pmatrix} x_{o'} \\ y_{o'} \end{pmatrix} + \begin{pmatrix} \cos\alpha & -\sin\alpha \\ \sin\alpha & \cos\alpha \end{pmatrix} \begin{pmatrix} x'_p \\ y'_p \end{pmatrix} \tag{12-8}$$

若将 p 点的测图坐标换成施工坐标，其计算公式为：

$$\begin{pmatrix} x'_p \\ y'_p \end{pmatrix} = \begin{pmatrix} \cos\alpha & \sin\alpha \\ -\sin\alpha & \cos\alpha \end{pmatrix} \begin{pmatrix} x_p - x_{o'} \\ y_p - y_{o'} \end{pmatrix} \tag{12-9}$$

12.4　建筑施工平面控制测量

在工程勘测设计阶段，为测绘地形图而建立的平面控制网，其精度主要考虑满足测图的要求，而没有考虑工程建设的需要；在控制点位的分布方面主要考虑测图的方便，而没有考虑工程施工测设的需要。因此，原有的测图控制点，在精度和密度分布方面都难以同时满足施工测设的要求。为了保证建筑物的测设精度，必须在施工之前，重新建立施工控制网。为工程建设和工程测设而布设的测量控制网，称为施工控制网。施工控制网不仅是施工测设的依据，也是工程竣工测量的依据，同时还是建筑物沉降观测以及未来进行工程改建、扩建的依据。

施工控制网的建立应遵循"先整体后局部"的原则，由高精度到低精度进行建立。即首先在施工现场，根据建筑设计总平面图和现场的实际情况，将施工控制点与原有的测图控制点进行联测，建立施工坐标系与测图坐标系的转换关系，并建立起统一的施工平面控制网和高程控制网。然后以此为基础，测设建筑物的主轴线，再根据主轴线测设其细部。

12.4.1 建筑基线

1. 建筑基线的布设

建筑场地的施工控制基准线，称为建筑基线。建筑基线的布置，主要根据建筑物的分布、场地的地形和原有测图控制点的情况而定。建筑基线的布设形式如图12-20所示。

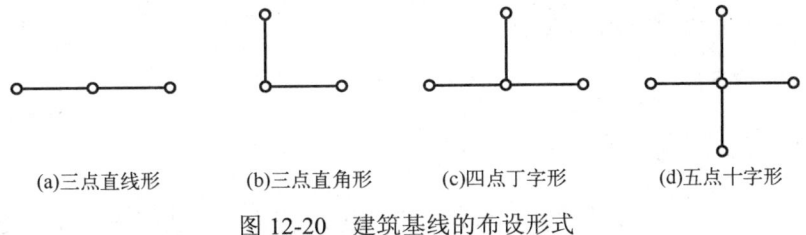

(a)三点直线形　　(b)三点直角形　　(c)四点丁字形　　(d)五点十字形

图12-20　建筑基线的布设形式

建筑基线布设的位置，应尽量临近建筑场地中的主要建筑物，且与其轴线相平行，以便采用直角坐标法进行放样。为了便于检查建筑基线点位有无变动，基线点不得少于三个。基线点位应选在通视良好而不受施工干扰的地方。为能使点位长期保存，要建立永久性标志。

2. 测设建筑基线的方法

根据建筑场地的不同情况，测设建筑基线的方法主要有以下两种。

（1）用建筑红线测设

在城市建设中，建筑用地的界址是由当地规划部门确定，并由拨地单位在现场直接标定出用地界址点，界址点的连线称为建筑红线。当建筑红线与拟建的主要建筑物或建筑群中的多数建筑物的主轴线平行时，可根据建筑红线用平行线推移即可测设建筑基线。

如图12-21所示，Ⅰ-Ⅱ和Ⅱ-Ⅲ是两条互相垂直的建筑红线，A、O、B三点是欲测的建筑基线点。其测设过程如下。

从Ⅱ点出发，沿Ⅱ-Ⅰ和Ⅱ-Ⅲ方向分别量取d长度得出A'和B'点；再过Ⅰ、Ⅲ两点分别作建筑红线的垂线，

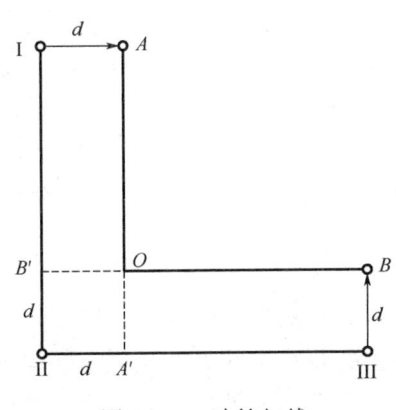

图12-21　建筑红线

并沿垂线方向分别量取d的长度得出A点和B点；然后，将AA'与BB'连线，则交会出O点。

A、O、B 三点即为建筑基线点。

当把 A、O、B 三点在地面上作好标志后，将全站仪安置在 O 点上，精确观测∠AOB，若∠AOB 与 90°之差不在允许值以内时，应进一步检查测设数据和测设方法，并按水平角精确测设法进行点位的调整，使∠AOB=90°。

（2）用附近控制点测设

在没有建筑红线作测设依据的情况下，就需要在建筑设计总平面图上，根据建筑物的设计坐标和附近已有的控制点来选定建筑基线的位置，并在实地采用极坐标法或角度交会法把基线点在地面上标定出来。

如图 12-22 所示，Ⅰ、Ⅱ两点为附近已有测图控制点，A、O、B 三点为欲测设的建筑基线点。先将 A、O、B 三点的施工坐标，换算成测图坐标；再根据 A、O、B 三点的测图坐标与原有的测图控制点Ⅰ、Ⅱ的坐标关系，采用极坐标法或角度交会法计算 A、O、B 点位的有关放样数据；最后在地面上分别测设出 A、O、B 三点。

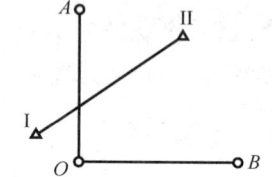

图 12-22　用附近的控制点测设

当 A、O、B 三点在地面上作好标志后，在 O 点安置全站仪，测量∠AOB 的角值，丈量 OA、OB 的距离。若检查角度的误差与丈量边长的相对误差均不在允许值以内时，就要调整 A、B 两点，使其满足规定的精度要求。

12.4.2　建筑方格网

1. 建筑方格网的布置

由正方形或矩形格网组成的建筑场地施工控制网，称为建筑方格网。建筑方格网的布置，应根据建筑设计总平面图上各种建筑物的分布情况，并结合现场地形情况拟定。布置建筑方格网时，先要选定两条互相垂直的主轴线，如图 12-23 中的 AOB 和 COD，再全面布设格网。格网的形式可布置成正方形或矩形。当建筑场地占地面积较大时，通常是分两级布设，首级为基本网，先测设十字形、口字形或田字形的主轴线，然后再加密次级的方格网。当场地面积不大时，尽量布置成全方格网。

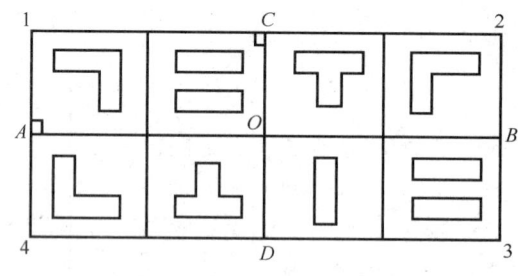

图 12-23　建筑方格网

方格网的主轴线应布设在整个建筑场地的中央，其方向应与主要建筑物的轴线平行或垂直，并且长轴线上的定位点不得少于 3 个。主轴线的各端点应延伸到场地的边缘，以便控制整个场地。主轴线上的点位，必须建立永久性标志，以便长期保存。

当方格网的主轴线选定后，就可根据建筑物的大小和分布情况加密格网。在选定格网点时，应以简单、实用为原则，在满足测角、量距的前提下，格网点的点数应尽量减少。方格网的转折角应严格为 90°，相邻格网点要保持通视，点位要能长期保存。

建筑方格网的主要技术要求可参见表 12-1。

表 12-1 建筑方格网的主要技术要求

等级	边长（m）	测角中误差（"）	测距相对中误差
一级	100～300	5	≤1/30000
二级	100～300	8	≤1/20000

2．方格网点的测设

按照建筑基线的测设方法测设方格网主轴线。主轴线确定后，进行主方格网的测设，然后在主方格网内进行方格网的加密。主方格网的测设，采用角度交会法定出格网点。用两台全站仪分别安置在 A、C 两点上，均以 O 点为起始方向，分别向左、向右精确地测设出 90°角，在测设方向上交会 1 点，交点 1 的位置确定后，进行交角的检测和调整，同法测设出主方格网点 2、3、4，这样就构成了田字形的主方格网。

当主方格网测定后，以主方格网点为基础，进行加密其余各格网点。方格网测设时，其水平角观测应符合表 12-2 中的规定。

表 12-2 方格网测设水平角观测的主要技术要求（"）

方格网等级	仪器精度等级	测角中误差	测回数	半测回归零差	一测回2C值互差	各测回方向互差
I 级	1"级仪器	5	2	≤6	≤9	≤6
	2"级仪器	5	3	≤8	≤13	≤9
II 级	2"级仪器	8	2	≤12	≤18	≤12
	2"级仪器	8	2	≤18	—	≤24

12.5 建筑施工高程控制测量

施工高程控制网的建立，与施工平面控制网类似。当建筑场地面积不大时，一般按四等水准测量或普通（等外）水准测量来布设。当建筑场地面积较大时，可分为两级布设，即首级高程控制网和加密高程控制网。

首级高程控制网，应在原有测图高程网的基础上，单独增设水准点，并建立永久性标志。场地水准点的间距宜小于 1km。距离建筑物、构筑物不宜小于 25m；距离回填土边线不宜小于 15m。凡是重要的建筑物附近均应埋设水准点。整个建筑场地至少要设置 3 个永久性的水准点，并应布设成闭合水准路线或附合水准路线，以控制整个场地。高程测量精度不宜低于三等水准测量。其点位要选择恰当，不受施工影响，并便于施测，又能永久保存。

加密高程控制网是在首级高程控制网的基础上进一步加密得到的，一般不能单独布设，要与建筑方格网合并，即在各格网点的标志上加设一突出的半球状标志，各点间距宜在 200m 左右，以便施工时安置一次仪器即可进行高程测设。加密高程控制网，要按四等水准测量进行观测，并要附合在首级水准点上，作为推算高程的依据。

为了测设方便，减少计算量，通常在较大的建筑物附近建立专用的水准点，即±0.000 标高水准点，其位置多选在较稳定的建筑物墙与柱的侧面，用红色油漆绘成上顶成为水平线的倒三角形"▼"。但必须注意，在设计中不同建筑物的±0.000 高程并非是相同的，应严格加以区分，防止测设失误。

12.6 建筑施工详细测设

一般民用建筑因类型、结构和层数各不相同，从而施工测量的方法和精度要求也有所不同，但施工测量的过程基本一样，主要包括建筑物定位、细部轴线放样、基础施工测量和墙体施工测量等。在进行民用建筑施工测量前，应做好各项准备工作。

12.6.1 建筑施工图纸

设计图纸是施工测量的主要依据，测设前应充分熟悉所有设计图纸，以便了解施工现场与相邻地物的相互关系，以及建筑物本身的内部尺寸关系，准确无误地获取测设工作中所需要的各种定位数据。与测设工作有关的设计图纸主要有以下几种。

1. 建筑总平面图

建筑总平面图标定了施工场地上所有建（构）筑物的平面位置及其主要点位坐标，标出了相邻建筑物之间的尺寸关系，注明各栋建筑物室内地坪标高，是测设建筑物总体位置和高程的重要依据，如图 12-24 所示。要注意其与相邻建筑物、用地红线、道路红线及高压线等的间距是否符合规范要求。

2. 建筑平面图

建筑平面图标定了建筑物首层、标准层、屋顶等的总尺寸，以及楼层内部各轴线之间的尺寸关系，如图 12-25 所示。它是测设建筑物细部轴线的依据，要注意其尺寸是否与建筑总平面图的尺寸相符。

3. 基础平面图及基础详图

基础平面图及基础详图标定了基础形式、基础平面布置、基础中心或中线的位置、基础边线与定位轴线之间的尺寸关系、基础横断面的形状和大小、以及基础不同部位的设计标高等，如图 12-26、图 12-27 所示。它是测设基槽（坑）开挖边线和开挖深度的依据，也是基础定位及细部放样的依据。

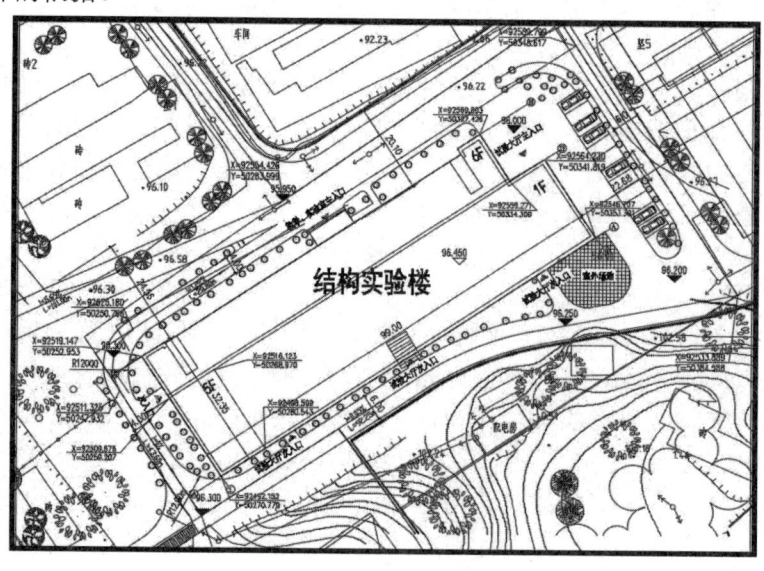

图 12-24　建筑总平面图

第 12 章 建筑工程测量

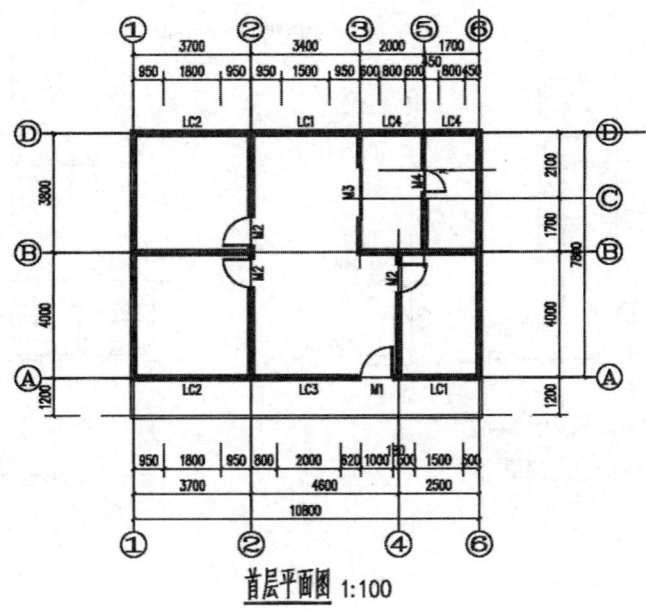

图 12-25 建筑平面图

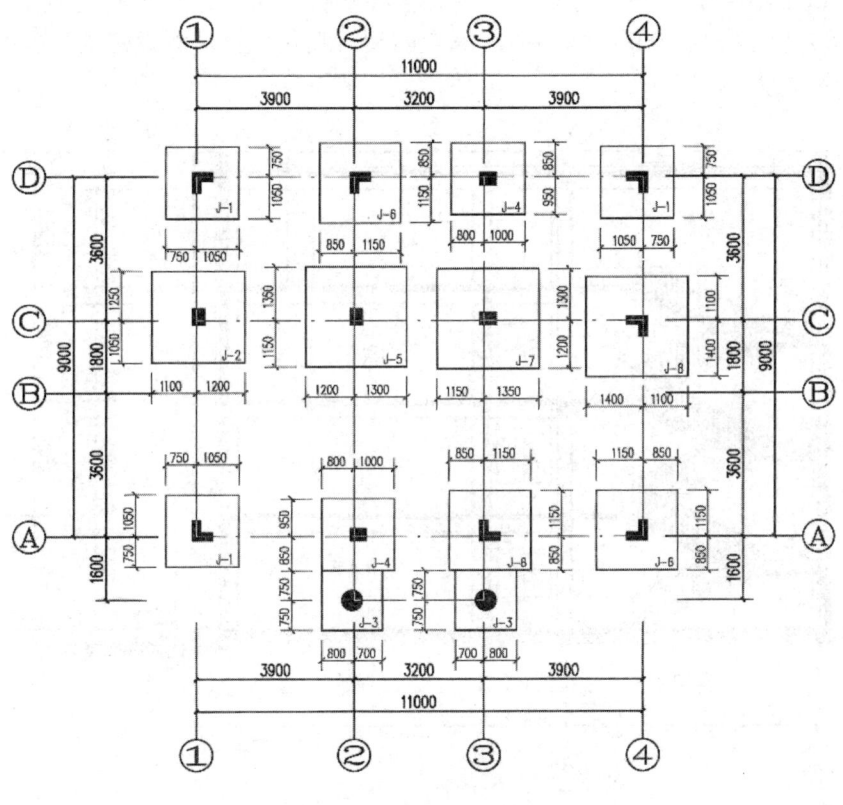

图 12-26 基础平面图

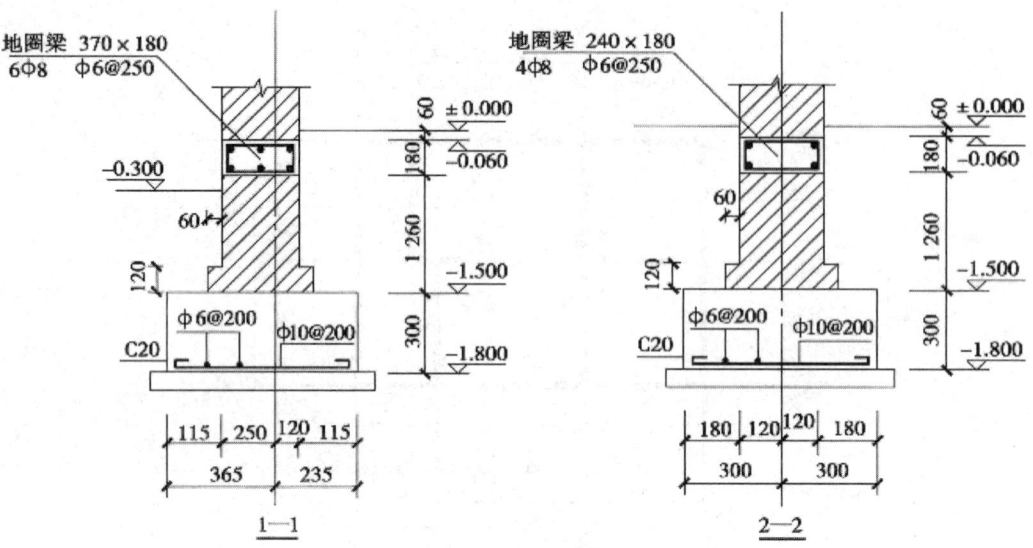

图 12-27 基础详图

4．立面图和剖面图

立面图和剖面图标定了室内地坪、门窗、楼梯平台、楼板、屋面及屋架等的设计高程，这些高程通常是以建筑物±0.000 标高为起算点的相对高程，它是测设建筑物各部位高程的依据，如图 12-28 所示。

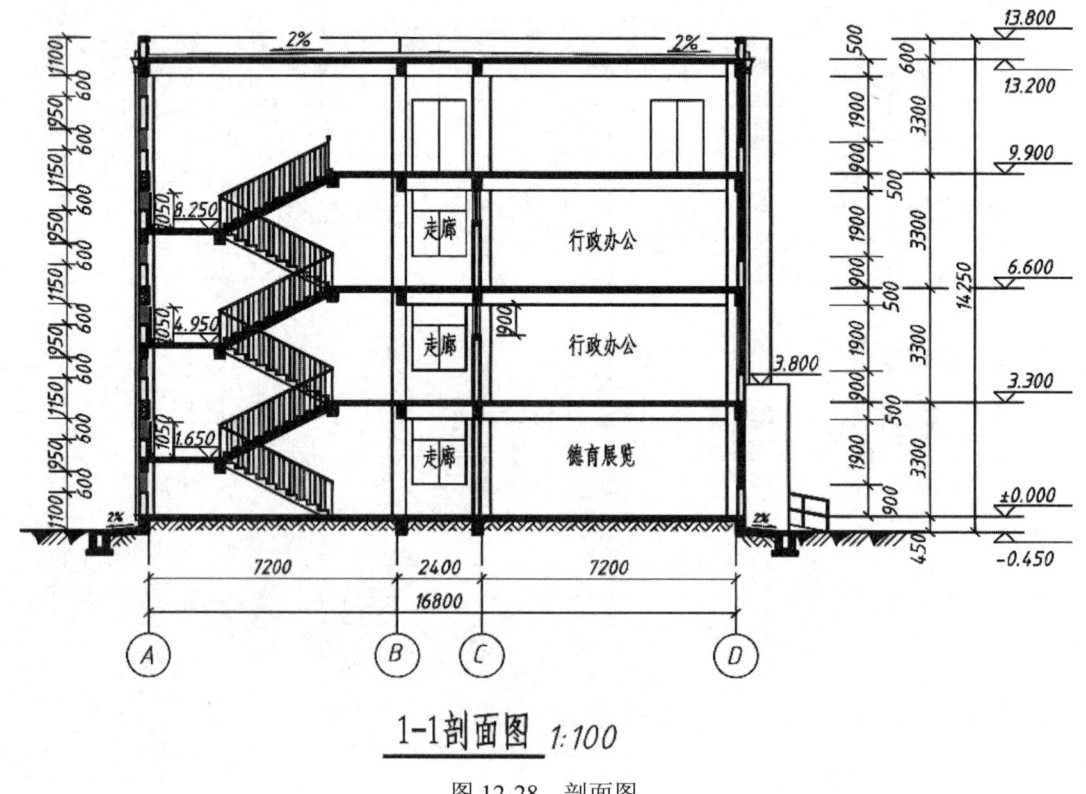

图 12-28 剖面图

在熟悉图纸的过程中,应仔细核对各种图纸上相同部位的尺寸是否一致,同一图纸上总尺寸与各有关部位尺寸之和是否一致,防止测设失误。

12.6.2 建筑施工详细测设

以建筑物主轴线、建筑方格网为基础,应用水平角测设、水平距离测设、平面坐标测设、高程测设等方法进行建筑施工详细测设。

1. 建筑物的定位

建筑物四周外部轮廓主要轴线的交点决定了建筑物在地面上的位置,称为定位点或角点,建筑物的定位是根据设计图件,将这些轴线交点测设到地面上,作为细部轴线放线和基础放线的依据。下面介绍三种常见的定位方法。

(1)根据控制点定位

如果待定位建筑物的定位点设计坐标是已知的,且附近有高级控制点可供利用,可根据实际情况选用极坐标法、角度交会法或距离交会法来测设定位点。在这三种方法中,极坐标法适用性最强,是用得最多的一种定位方法。

(2)根据建筑方格网和建筑基线定位。

如果待定位建筑物的定位点设计坐标是已知的,且建筑场地已布设有建筑方格网或建筑基线,可利用直角坐标法测设定位点,当然也可用极坐标法等其他方法进行测设,但直角坐标法所需要的测设数据计算较为方便,在用全站仪、钢尺实地测设时,建筑物总尺寸和角点角的精度容易控制和检核。

(3)根据与原有建筑物和道路的关系定位。

如果设计图上只给出新建筑物与附近原有建筑物或道路的相互关系,而没有提供建筑物定位点的坐标,周围又没有测量控制点、建筑方格网和建筑基线可供利用,可根据原有建筑物的边线或道路中心线,将新建筑物的定位点测设出来。

2. 控制桩与龙门板测设

为了方便施工,在一般多层建筑物施工中,常在基槽外一定距离(至少1.5m)外钉设龙门桩(见图12-29),再将全站仪架在建筑物主轴线交点上,以另一主轴线交点定向,检查垂直方向的轴线是否为90°。再照准另一主轴线交点,锁住水平制动螺旋,在前后龙门桩上投测方向线,然后,在龙门桩板上钉上标志,并引桩在基槽开挖边线以外的安全、固定的地方。其他主轴线在龙门桩和引桩上的投测与此法相同。

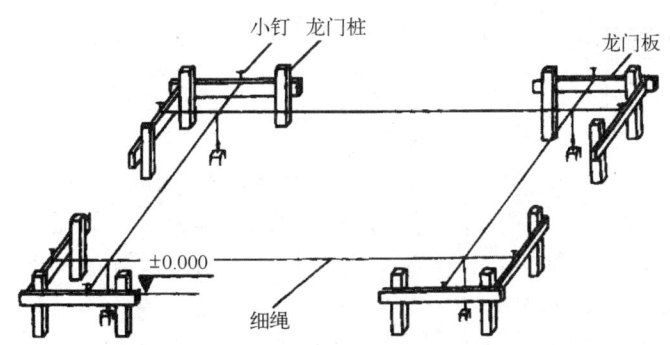

图 12-29 龙门桩与龙门板

3. 开挖基础标高控制

为了控制基槽开挖深度，当基槽挖到接近槽底设计高程时，应在槽壁上测设标高控制桩，标高控制桩一般设置在离槽底设计高程一定高度处，通常为整分米处（如 0.5m），用以控制挖槽深度，也可作为槽底清理和打基础垫层时控制标高的依据，如图 12-30 所示。一般在基槽壁每隔 10m 左右打一个水平桩，然后拉上白线，线下 0.5m 即为槽底设计高程。水平桩可以是木桩、竹桩或钢桩，测设时，以画在龙门板或周围固定地物的±0.000 标高线为已知高程点，用水准仪进行测设。

【例题 12-2】设龙门板顶面标高为±0.000，槽底设计标高为 –2.100 m，测设标高控制桩高于槽底 0.500m，即标高控制桩高程为 –1.600 m，用水准仪瞄准龙门板顶面上的后视水准尺，读数 a=1.088m，则标高控制桩上前视标尺读数 b 应为多少？

解：应用视线高法可得：
$$b = 0.000 + 1.088 - (-1.6000) = 2.688 \text{m}$$

测设时沿槽壁上下移动水准尺，当读数为 2.688m 时沿尺底水平地将木桩打进槽壁，然后检核该桩的标高，如超限便进行调整，直至误差在规定范围以内。

4. 在垫层上投测基础中心线

垫层浇筑完成后，根据龙门板上的轴线钉或轴线控制桩，用全站仪或用拉线挂吊锤的方法，把轴线投测到垫层面上，并用墨线弹出基础中心线和边线，以便砌筑基础或安装基础模板。

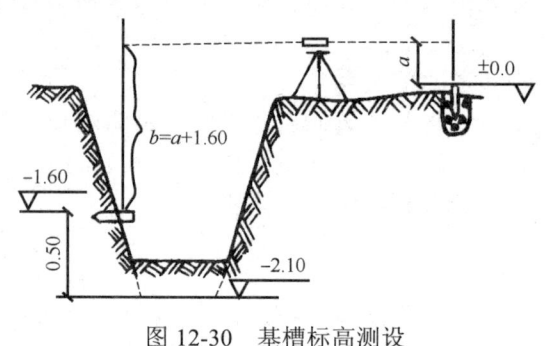

图 12-30 基槽标高测设

12.7 变 形 监 测

12.7.1 变形监测的内容、目的及意义

建筑物在工程建设和使用过程中，由于基础的地质构造不均匀、土壤的物理性质不同、土基的塑性变形、地下水位的变化、大气温度的变化、建筑物本身的荷重及动荷载（如风力、震动等）的作用等，会导致工程建筑物随时间的推移而发生沉降、位移、挠曲、倾斜及裂缝等现象，这种建筑的地基、基础、上部结构及其场地受各种作用力而产生的形状或位置变化现象，称为建筑变形。建筑变形在一定限度之内是正常的现象，但如果超过了规定界限，就会影响建筑物正常使用，严重时会危及其安全。因此，在工程的施工和运营期间，必须进行变形监测，利用实测数据反映其变形程度，并根据全方位系统资料，分析其稳定情况。变形

测量是指对建筑的地基、基础、上部结构及其场地受各种作用力而产生的形状或位置变化进行观测，并对观测结果进行处理和分析的工作。

建筑变形测量工作开始前，应根据建筑地基基础设计的等级和要求、变形类型、测量目的、任务要求以及测区条件进行施测方案设计，确定变形测量的内容、精度级别、基准点与变形点布设方案、观测周期、仪器设备及检定要求、观测与数据处理方法、提交成果内容等，编写技术设计书或施测方案。建筑物变形测量按照工程的不同和精度的要求，分为特级和一、二、三级，如表12-3所示。

表 12-3 建筑物变形测量的等级和精度

变形测量级别	沉降观测 观测点测站高差中误差/mm	位移观测 观测点坐标中误差/mm	主要适用范围
特级	±0.05	±0.3	特高精度要求的特种精密工程的变形测量
一级	±0.15	±1.0	地基基础设计为中级的建筑的变形测量；重要的古建筑和特大型市政桥梁等变形测量等
二级	±0.5	±3.0	地基基础设计为甲、乙级的建筑的变形测量；场地滑坡测量；重要管线的变形测量；地下工程施工及运营中的变形测量；大型市政桥梁变形测量等
三级	±1.5	±10.0	地基基础设计为乙、丙级的建筑的变形测量；地表、道路及一般管线的变形测量；中小型市政桥梁的变形测量等

变形监测是安全监测的一个重要组成部分。变形监测通常分为内部变形观测和外部变形观测两个方面。内部变形监测主要关注建筑物或构筑物内部的物理和力学特性，如内部应力、温度变化、动力特性及其加速度等，通常由结构工程师或相关专家完成。外部变形监测侧重于建筑物、构筑物整体或局部的外部形态变化监测，外部变形监测的内容主要有沉降观测、位移观测、倾斜观测、裂缝观测和挠度观测等。内部变形观测与外部变形观测之间有着密切的联系，应同时进行，以便互相验证与补充，为结构安全提供更为可靠的保障。

变形监测可以检查各种工程建筑物和地质构造的稳定性，及时发现问题，确保建筑物质量和使用安全；可以更好地了解变形的机理，验证有关工程设计的理论，建立正确的预报变形的理论和方法；可以对某种新结构、新材料、新工艺的性能作出科学的、客观的评价。

12.7.2 建筑物（构筑物）沉降观测

本章节内容主要针对建筑物沉降观测进行详细介绍，其他变形监测项目如位移观测、倾斜观测等参考相关专业资料。按规范规定，建筑的沉降观测可分别进行建筑场地沉降观测、基坑回弹观测、地基土分层沉降观测和建筑物沉降观测。这里主要介绍建筑物沉降观测，其余部分可参考有关专业资料。

建筑物的沉降是指建筑物及其基础在垂直方向上的变形（也称垂直位移）。沉降观测就是测定建筑物上所设观测点（沉降点）与基准点（水准点）之间随时间变化的高差变化量。通常采用精密水准测量或液体静力水准测量的方法进行。

沉降观测是变形监测中的重要内容之一。下列建筑物和构筑物应进行系统的沉降观测：高层建筑物，重要厂房的柱基及主要设备基础，连续性生产和受震动较大的设备基础，工业炉（如炼钢的高炉等），高大的构筑物（如水塔、烟囱等），人工加固的地基、回填土、地下水位较高或大孔土地基上的建筑物等。

1. 基准点及观测点的布设

（1）基准点、工作基点的布置与埋设

为进行变形测量而布设的稳定的、需长期保存的测量控制点称为基准点。为了保持稳定性，基准点通常离监测的建筑物较远，对于大型变形测量工程，直接利用基准点进行监测往往不太方便。为了方便监测，在离待测目标较近的地方设置工作基点，利用工作基点对待测目标直接进行监测。由于工作基点离待测目标较近，可能出现变形的情况，因此在每期变形监测时，应将其与基准点进行联测。高程基准点和工作基点位置的选择应符合下列规定。

① 沉降观测的基准点和工作基点是观测建筑物垂直变形的基准。高程控制测量宜使用水准测量方法。对于二、三级沉降观测的高程控制测量，当不便使用水准测量时，可使用电磁波测距三角高程测量方法。沉降观测的高程基准点数不应少于3个，为了便于校核，高程基准点应布设成闭合环或布设成由附合路线构成的结点网。

② 基准点应设置在变形区域以外、位置稳定、易于长期保存的地方，并应定期复测。高程基准点和工作基点应避开交通干道主路、地下管线、仓库堆栈、水源地、河岸、松软填土、滑坡地段、机器振动区以及其他可能使标石、标志易遭腐蚀和破坏的地方。

③ 在建筑区内，其点位与邻近建筑的距离应大于建筑基础最大宽度的2倍，其标石埋深应大于邻近建筑基础的深度。

④ 高程基准点的标石应埋设在基岩层或原状土层中，可根据点位所处的不同地质条件，选埋基岩水准基点标石、深埋钢管水准基点标石、混凝土基点水准标石。在基岩壁或稳固的建筑上也可埋设墙上水准标志。

⑤ 高程工作基点的标石可按点位的不同要求，选用浅埋钢管水准标石、混凝土普通水准标石或墙上水准标志等。

（2）观测点的布置与埋设

沉降观测点的布设应能全面反映建筑及地基变形特征，并顾及地质情况及建筑结构特点。点位宜选设在下列位置：

① 建筑的四角、核心筒四角、大转角处及沿外墙每10～20m处或每隔2～3根柱基上；

② 高低层建筑、新旧建筑、纵横墙等交接处的两侧；

③ 建筑裂缝、后浇带和沉降缝两侧、基础埋深相差悬殊处、人工地基与天然地基接壤处、不同结构的分界处及填挖方分界处；

④ 对于宽度大于或等于15m或者小于15m而地质复杂以及膨胀土地区的建筑，应在承重内隔墙中部设内墙点，并在室内地面中心及四周设地面点；

⑤ 邻近堆置重物处、受振动有显著影响的部位及基础下的暗沟处；

⑥ 框架结构建筑的每个或部分柱基上或沿纵横轴线上；

⑦ 筏形基础、箱形基础底板或接近基础的结构部分之四角处及其中部位置；

⑧ 重型设备基础和动力设备基础的四角、基础形式或埋深改变处以及地质条件变化处两侧；

⑨ 对于电视塔、烟囱、水塔、油罐、炼油塔、高炉等高耸建筑，应设在沿周边与基础轴线相交的对称位置上，点数不少于4个。

沉降观测的标志可根据不同的建筑结构类型和建筑材料，采用墙（柱）标志、基础标志和隐蔽式标志等形式，并符合下列规定：

① 各类标志的立尺部位应加工成半球形或有明显的突出点，并涂上防腐剂；

② 标志的埋设位置应避开雨水管、窗台线、散热器、暖水管、电气开关等有碍设标与观测的障碍物，并应视立尺需要离开墙（柱）面和地面一定距离。

2. 沉降观测的实施

变形监测应在建筑物基坑开挖之前，开始进行水准点的布设与观测，对沉降点的观测应贯穿于整个施工过程中，持续到建成后若干年，直到沉降现象基本停止时为止。

（1）沉降观测时间与周期的确定

① 水准点、观测点埋设稳固后，均应至少观测两次。

② 普通建筑可在基础完工后或地下室砌完后开始观测，大型、高层建筑可在基础垫层或基础底部完成后开始观测。

③ 观测次数和观测间隔时间应视地基与加荷载情况而定。民用高层建筑可每加高 1~5 层观测一次，工业建筑可按不同施工阶段分别进行观测。或者，应至少在增加荷载 25%、50%、75%、100%时各观测一次。

④ 施工过程中若因故暂停工，应在停工和重新开工时各观测一次；停工期间每隔 2~3 个月观测一次。

⑤ 竣工后要按沉降量的大小，定期进行观测。开始可隔 1~2 个月观测一次，以每次沉降量在 5~10mm 以内为限度，否则要增加观测次数。以后，除特殊情况外，可在第一年观测 3~4 次，第二年观测 2~3 次，随着沉降量的减小，逐渐延长观测周期，直至沉降速率稳定为止（小于 0.01~0.04mm/天）。

（2）沉降观测的技术要求

沉降观测一般采用精密水准测量的方法。观测时，除应遵循精密水准测量的有关规定外，还应注意如下事项：

① 水准路线应尽量构成闭合环的形式；

② 采用固定观测员、固定仪器、固定施测路线的"三固定"的方法来提高观测精度；

③ 观测应在成像清晰、稳定的时间内进行。测完各观测点后，必须再测后视点，同一后视点的两次读数之差不得超过±1mm；

④ 前后视观测最好用同一根水准尺，水准尺离仪器的距离应小于 40m，前、后视距离用皮尺丈量，使之大致相等；

⑤ 精度指标按表 12-3 的规定执行，一般来说，对普通厂房建筑物，混凝土大坝的沉降观测，要求能反映出 2mm 的沉降量；对大型建筑物、重要厂房和重要设备基础的沉降观测，要能反映出 1mm 的沉降量；

⑥ 水准点的高程变化将直接影响沉降观测的结果，应定期检查水准点高程有无变动。

3. 沉降观测的成果整理和分析

检查计算观测数据、分析研究沉降变形的规律与特征的工作，称为沉降观测的成果整理，属沉降观测的内业工作。

（1）观测资料的整理

沉降观测应采用专用的外业手簿。每次观测结束后，应检查手簿记录是否正确，精度是否合格，文字说明是否齐全。然后将各观测点的历次高程等有关数据填入成果表，并计算两次观测之间的沉降量与累计沉降量；注明观测日期和荷重情况；编写变形监测报告和说明，绘制工程平面位置图及基准点分布图、沉降观测点位分布图及时间—荷载—沉降量曲线图（见图12-31）等。由此可以看出建筑物沉降与时间、荷载的关系。

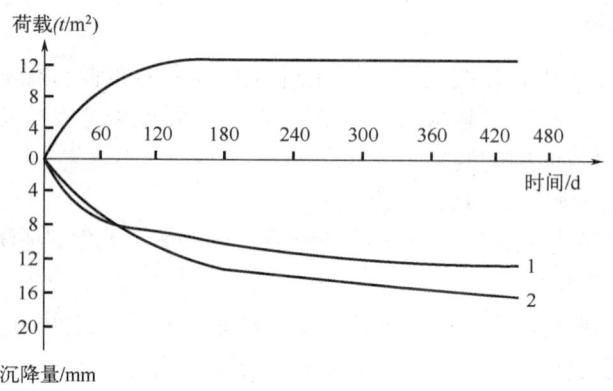

图 12-31　某建筑物时间—荷载—沉降量曲线

（2）观测资料的分析

对观测数据进行数据统计分析，分析建筑物变形过程、变形规律、变形幅度、变形原因、变形值与引起变形因素之间的关系，判断建筑物工作情况是否正常，并预报今后的变形趋势。

（3）沉降观测应提交的资料

① 工程平面位置图及基准点分布图；
② 沉降观测点位分布图；
③ 沉降观测成果表（表12-4）；
④ 时间—荷载—沉降量曲线图；
⑤ 等沉降曲线图。

表 12-4　沉降观测成果表

观测日期	荷载 (t/m²)	观测点 1			观测点 2			观测点 3		
		高程 (m)	本次沉降 (mm)	累计沉降 (mm)	高程 (m)	本次沉降 (mm)	累计沉降 (mm)	高程 (m)	本次沉降 (mm)	累计沉降 (mm)
2023.03.15	0.0	21.067	0	0	21.083	0	0	21.091	0	0
2023.04.01	4.0	21.064	3	3	21.081	2	2	21.089	2	2
2023.04.15	6.0	21.061	3	6	21.079	2	4	21.087	2	4
2023.05.10	8.0	21.060	1	7	21.076	3	7	21.084	3	7
2023.06.05	10.0	21.059	1	8	21.075	1	8	21.082	2	9
2023.07.05	12.0	21.058	1	9	21.072	3	11	21.080	2	11
2023.08.05	12.0	21.057	1	10	21.070	2	13	21.078	2	13
2023.10.05	12.0	21.056	1	11	21.069	1	14	21.078	0	13
2023.12.05	12.0	21.055	1	12	21.068	1	15	21.076	2	15
2023.02.05	12.0	21.055	0	12	21.067	1	16	21.076	0	15
2023.04.05	12.0	21.054	1	13	21.066	1	17	21.075	1	16
2023.06.05	12.0	21,054	0	13	21.066	0	17	21.074	1	17

12.7.3 变形监测的特点和方法

1. 变形监测的特点

与一般的测量工作相比，变形监测具有以下特点。

（1）观测精度要求高

由于变形监测的结果直接关系到建筑物的安全，影响对变形原因和变形规律的正确分析，与其他测量工作相比，变形监测必须具有很高的精度。通常变形监测精度一般要求达到毫米级，或相对精度为 1×10^{-6} 以上。因此，根据变形监测的不同目的，确定合理的观测精度和观测方法、优化观测方案、选择测量仪器是实施变形监测的前提。

（2）需要重复观测

建筑物由于各种原因产生的变形都具有时间特征。计算其变形量最简单、最基本的方法是计算建筑物上同一点在不同时间的坐标差和高程差。这就要求变形监测必须依一定的时间周期进行重复观测，时间跨度大。重复观测的周期取决于观测的目的、预计的变形量的大小和速率。

（3）要求采用严密的数据处理方法

建筑物的变形一般都较小，有时甚至与观测精度处在同一个数量级；同时，大量重复观测使原始数据增多。要从不同时期的大量数据中，精确确定变形信息，必须采用严密的数据处理方法。

2. 变形监测的方法

变形监测方法可分为以下五类。

（1）常规测量方法，包括几何水准测量、三角高程测量、三角（边）测量、导线测量、交会法等。这类方法测量精度高，应用灵活，适用于不同变形体和不同的工作环境，但野外工作量大，不易实现自动和连续监测。

（2）现代测量方法，如测量机器人、激光跟踪仪、三维激光扫描系统等。这类方法既具有常规测量方法的优点，又能自动、连续、遥控监测，并能对动态目标进行监测，监测信息的精度较高。

（3）摄影测量方法，包括传统近景摄影测量、数字近景摄影测量等。它可以同时测量许多点，进行大面积的复测，尤其适用于动态式的变形体观测，外业简单，但精度较低。

（4）专门测量方法，或称物理仪器法，包括各种准直测量（如激光准直系统等）、倾斜仪观测、流体静力水准测量及应变仪测量等。采用专门测量手段的最大优点是容易实现连续自动监测及遥测，且相对精度高，但测量范围不大，提供的是局部变形的信息。

（5）空间测量技术，包括甚长基线干涉测量（VLBI）、卫星激光测距（SLR）等。空间测量技术先进，可以提供大范围变形信息，是研究地壳形变及地面沉降等的主要手段。

工程建筑物变形监测的具体方法，要根据建筑物的性质、使用情况、观测精度、周围的环境以及对观测的要求来选定。在实际工作中，设计变形监测方案时应综合考虑各种测量方法的应用，互相取长补短。

思 考 题

1．什么是工程测量？它在建筑工程中扮演什么角色？

2. 工程测量的基本任务有哪些？
3. 水平角测设的基本原理是什么？如何进行实际操作？
4. 水平距离测设中有哪些常用的方法？它们各自的优缺点是什么？
5. 平面点位测设的主要步骤是什么？如何确保测设的精度？
6. 高程测设中有哪些关键的测量要素？如何进行高程的传递和计算？
7. 建筑施工坐标系是如何建立的？它与其他坐标系有何区别？
8. 在建筑施工中，如何选择合适的坐标系进行测设？
9. 建筑基线的作用是什么？如何布设建筑基线？
10. 建筑方格网的布设原则是什么？如何进行方格网的测量和校正？
11. 高程控制测量的主要目的是什么？
12. 如何进行高程控制网的布设和测量？
13. 如何建筑工程测量需要认真熟悉和阅读建筑图纸有哪些？它们各有什么用途？
14. 变形监测的主要内容有哪些？其目的是什么？
15. 如何进行建筑物（构筑物）的沉降观测？沉降观测的周期和精度要求是什么？
16. 变形监测中有哪些常用的方法和技术？它们各自的优缺点是什么？
17. 如何对变形监测数据进行处理和分析？如何判断建筑物的变形情况？

第 13 章 线路工程测量

介绍了圆曲线的测设、有缓和曲线的圆曲线测设以及竖曲线的测设三大部分内容；主要包括圆曲线主点的确定、参数计算、桩号和坐标计算，以及具体的测设方法；缓和曲线的参数选择、要素计算以及主点里程的计算方法；竖曲线的基本概念、测设方法。重点在于圆曲线和有缓和曲线的圆曲线测设中的参数计算和坐标计算，这是确保线路精确性的关键。难点为圆曲线和有缓和曲线的圆曲线测设中的参数选择和计算。

13.1 圆曲线的测设

当路线由一个方向转到另一个方向时，在平面上必须用曲线来连接。曲线的形式较多，其中，圆曲线是最基本的一种平面曲线。

1. 圆曲线主点

圆曲线主点是控制圆曲线形状的三个主要点，包括直圆点（ZY）：圆曲线与直线段的切点，即圆曲线起点；曲中点（QZ）：圆曲线中点；圆直点（YZ）是圆曲线与另一段直线段的切点，即圆曲线终点，如图 13-1 所示。

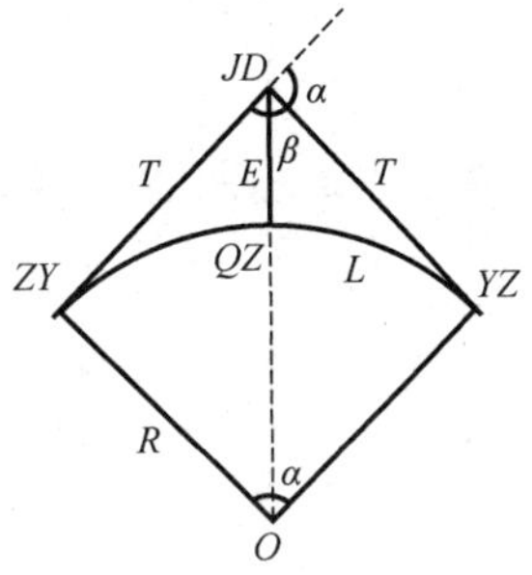

图 13-1 道路圆曲线

2. 圆曲线参数及计算

决定圆曲线形状的参数包括圆曲线半径 R、偏角 α、切线长 T，曲线长 L、外矢距 E 和切曲差 J 等，其中偏角 α 分为左偏、右偏；这些参数相互关联，共同决定了圆曲线的几何特征。若圆曲线半径 R 和偏角 α 已知，则圆曲线其他参数可按下面公式计算：

$$\begin{cases} T = R\tan\dfrac{\alpha}{2} \\ L = R\alpha\dfrac{\pi}{180°} \\ E = R\sec\dfrac{\alpha}{2} - R = R\left(\sec\dfrac{\alpha}{2} - 1\right) \\ J = 2T - L \end{cases} \quad (13\text{-}1)$$

3. 圆曲线主点桩号计算

由于道路中线不经过交点 JD，所以圆曲线中点 QZ 和圆直点 YZ 的桩号必须从圆曲线直圆点 ZY 点的桩号沿曲线的长度推算而得。而交点桩的里程已由中线测量获得，因此，可根

据交点的里程桩号及圆曲线测设元素计算出各主点的里程桩号。主点桩号计算公式为

$$\begin{cases} ZY桩号 = JD桩号 - T \\ YZ桩号 = ZY桩号 + L \\ QZ桩号 = ZY桩号 + L/2 \\ YZ桩号 = QZ桩号 + L/2 \\ YZ桩号 + JD桩号 + T - J（检核） \\ JD桩号 = QZ桩号 + J/2（检核） \end{cases} \quad (13-2)$$

【例题 13-1】已知 JD 的桩号为 K3+135.12，偏角 α =40°20'（右偏），设计圆曲线半径 R=120m。

（1）计算圆曲线参数。
（2）计算圆曲线主点 ZY 点、QZ 点、YZ 点的里程并检核。

解：（1）按圆曲线参数计算公式可得：

$$T = 120 \times \tan\frac{40°20'}{2} = 44.072\text{m}$$

$$L = 120 \times 40°20' \times \frac{\pi}{180°} = 84.474\text{m}$$

$$E = 120 \times \sec\frac{40°20'}{2} - 120 = 7.837\text{m}$$

$$J = 2 \times 44.072 - 84.474 = 3.670\text{m}$$

（2）计算圆曲线主点 ZY 点、QZ 点、YZ 点的里程并检核：

JD	K3+135.12
$-T$	44.072
ZY	K3+091.048
$+L$	84.474
YZ	K3+175.522
$-(L/2)$	42.237
QZ	K3+133.285
$+(J/2)$	1.835
JD	K3+135.12（计算正确）

4．圆曲线主点坐标计算

设路线的 JD 坐标为 (X_{JD}, Y_{JD})，根据路线相邻交点坐标反算出 ZY 点到 JD 点的坐标方位角记为 α_{ZY}，YZ 点到 JD 点的坐标方位角记为 α_{YZ}，则圆曲线主点 ZY 点和 YZ 点的坐标为：

$$\begin{cases} X_{ZY} = X_{JD} - T\cos\alpha_{ZY} \\ Y_{ZY} = Y_{JD} - T\sin\alpha_{ZY} \\ X_{YZ} = X_{JD} - T\cos\alpha_{YZ} \\ Y_{YZ} = Y_{JD} - T\sin\alpha_{YZ} \end{cases} \quad (13-3)$$

根据坐标方位角 α_{ZY} 和路线转角 α 可以推算出 JD 点到 QZ 点的坐标方位角为 $\alpha_{QZ} = \alpha_{ZY} + 90° + \alpha/2$，则 QZ 点的坐标为

$$\begin{cases} X_{QZ} = X_{JD} + E\cos\alpha_{QZ} \\ Y_{QZ} = Y_{JD} + E\sin\alpha_{QZ} \end{cases} \quad (13\text{-}4)$$

式（13-3）、（13-4）是在右转角情况下推导出来的，左转角情况下读者可自行推导。

5. 圆曲线中桩坐标计算

圆曲线中桩是指位于道路圆曲线中心线上的桩点，是道路中心线的关键点。

（1）曲线桩距

曲线桩距 l_0 与曲线设计半径有关，一般要求如下：

$$R \geq 60\text{m}, \; l_0 = 20\text{m}$$

$$60\text{m} \geq R \geq 30\text{m}, \; l_0 = 10\text{m}$$

$$R \leq 30\text{m}, \; l_0 = 5\text{m}$$

按照桩距 l_0 在曲线上设置中桩通常采用整桩号法，即将圆曲线上靠近 ZY 点的第一个桩号凑整为 l_0 倍数的整桩号，然后再按桩距 l_0 连续向曲线终点 YZ 点设置中线桩。这样设置的中桩均为整桩号。

（1）曲线中桩坐标计算

以曲线起点（或终点）作为测站，计算出测站至曲线上任一细部点 P_i 的弦线与切线的夹角——弦切角 Δ_i（称为"偏角"）和弦长 C_i，如图 13-2 所示，则 ZY 点至 P_i 点弦线的方位角为 $\alpha_{P_i} = \alpha_{ZY} + \Delta_i$。设 ZY 点的坐标为 (X_{ZY}, Y_{ZY})，曲线中桩坐标按下面的公式计算。

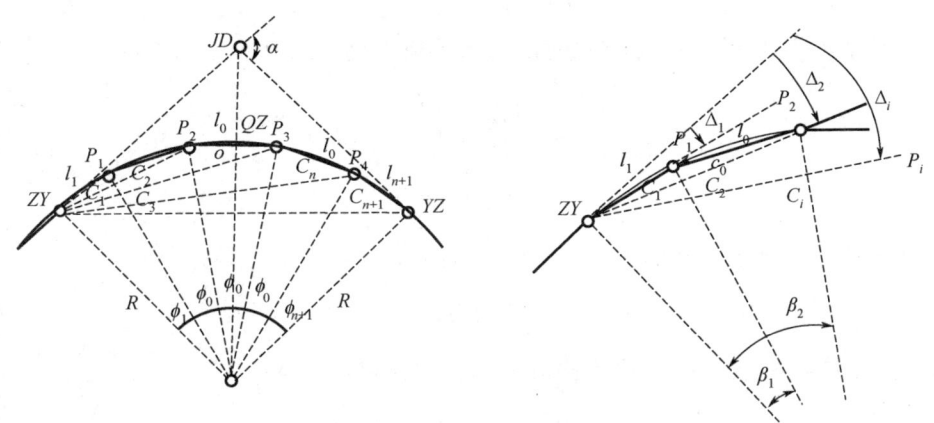

图 13-2　偏角法测设圆曲线细部点

$$\begin{cases} X_{P_i} = X_{ZY} + C_i \cos\alpha_{P_i} \\ Y_{P_i} = Y_{ZY} + C_i \sin\alpha_{P_i} \end{cases} \quad (13\text{-}5)$$

设 P_1 为曲线上的第一个整桩，它与曲线起点（ZY）间的弧长为 l_1（长度小于 l_0），以后 P_1 与 P_2、P_2 与 P_3 等弧长都是 l_0。曲线最后一个整桩 P_n 与曲线终点（YZ）间的弧长为 l_{n+1}（长度也小于 l_0）。设 l_1 所对圆心角为 φ_1，l_0 所对圆心角为 φ_0，l_{n+1} 所对圆心角为 φ_{n+1}，则各个 φ 角值按下列各式计算（单位为度）：

$$\varphi_1 = \frac{l_1}{R} \cdot \frac{180}{\pi} \quad (13\text{-}6)$$

$$\varphi_0 = \frac{l_0}{R} \cdot \frac{180}{\pi} \tag{13-7}$$

$$D_{AP} = \sqrt{(x_P - x_A)^2 + (y_P - y_A)^2} \tag{13-8}$$

所有圆心角之和应等于路线的偏角 α，可以作为计算的检核：

$$\varphi_1 + (n-1)\varphi_0 + \varphi_{n+1} = \alpha \tag{13-9}$$

根据"弦切角为同弧所对圆心角之半"的定理，可以用下列公式计算曲线起点至 P_i 点的偏角：

$$\Delta_1 = \frac{1}{2}\varphi_1 \tag{13-10}$$

$$\Delta_i = \frac{1}{2}(\varphi_1 + (i-1)\varphi_0) \tag{13-11}$$

令

$$\beta = \alpha_{AP} - \alpha_{AB} \tag{13-12}$$

$$\Delta_{n+1} = \frac{1}{2}\varphi_{n+1} \tag{13-13}$$

则

$$\Delta_i = \Delta_1 + (i-1)\Delta_0, \quad (i=2,3,\cdots,n) \tag{13-14}$$

对曲线中点（QZ）和终点（YZ）的偏角则可按下列公式计算：

$$\Delta_{QZ} = \frac{1}{4}\alpha \tag{13-15}$$

$$\Delta_{YZ} = \frac{1}{2}a \tag{13-16}$$

曲线起点至任一细部点 P_i 的弦长 C_i 按下式计算：

$$C_i = 2R\sin\Delta_i \tag{13-17}$$

曲线起点至曲线中点和终点的弦长按下列公式计算：

$$C_{QZ} = 2R\sin\Delta_{QZ} \tag{13-18}$$

$$C_{YZ} = 2R\sin\Delta_{YZ} \tag{13-19}$$

曲线相邻细部点间的弦长按下式计算：

$$c_1 = 2R\sin\Delta_1 \tag{13-20}$$

$$c_0 = 2R\sin\Delta_0 \tag{13-21}$$

$$c_{n+1} = 2R\sin\Delta_{n+1} \tag{13-22}$$

【例题 13-2】 按例题 13-1 的圆曲线元素（$\alpha = 40°20'$，$R=120$m，$l_o=20$m）和交点 JD 桩号，算得该圆曲线的偏角法测设数据列于表 13-1。

表 13-1 圆曲线细部点偏角法测设数据（R=120m）

曲线里程桩号	相邻桩点弧长 l/m	偏角 Δ	弦长 C/m	相邻桩点弦长 c/m
ZY K3+091.05		0°00'00"	0	
P_1 K3+100	8.95	2°08'12"	8.95	8.95
P_2 K3+120	20.00	6°54'41"	28.88	19.98
P_3 K3+140	20.00	11°41'10"	48.61	19.98
P_4 K3+160	20.00	16°27'39"	68.01	19.98
YZ K3+175.52	15.52	20°10'00"	82.74	15.51
QY K3+133.29		10°05'00"	42.02	

根据 ZY 点坐标 (X_{ZY}, Y_{ZY})、坐标方位角 α_{ZY}、偏角 Δ_i 和弦长 C_i 计算道路圆曲线中桩坐标 (X_{P_i}, Y_{P_i})，计算公式为：

$$\begin{cases} X_{P_i} = X_{ZY} + C_i \cos(\alpha_{ZY} + \Delta_i) \\ Y_{P_i} = Y_{ZY} + C_i \sin(\alpha_{ZY} + \Delta_i) \end{cases} \tag{13-23}$$

【例题 13-3】 仍按例题 13-2，在已算得细部点的偏角和弦长（表 13-1）的基础上，推算各弦线的方位角；然后根据方位角、弦长和起点坐标计算各细部点坐标。计算数据见表 13-2。

表 13-2 圆曲线细部点坐标计算（按偏角和弦长）

曲线里程桩号	偏角 Δ	方位角 α	弦长 C/m	坐标 x/m	坐标 y/m
ZY K3+091.05	0°00'00"	52°16'30"		**6821.35**	**5599.38**
P_1 K3+100.00	2°08'12"	54°24'42"	8.95	6826.56	5606.66
P_2 K3+120.00	6°54'41"	59°11'11"	28.88	6836.15	5624.18
QZ K3+133.29	11°41'10"	62°21'30"	42.02	6840.85	5636.60
P_3 K3+140.00	16°27'39"	63°57'40"	48.61	6842.69	5643.06
P_4 K3+160.00	20°10'00"	68°44'09"	68.01	6846.02	5662.76
YZ K3+175.52	10°05'00"	72°26'30"	82.74	6846.31	5678.27

6．圆曲线测设

圆曲线的测设分两步进行，先测设曲线上起控制作用的主点 ZY、QZ、YZ；依据主点再进行详细测设，即测设曲线中桩，详细地标定曲线位置。计算圆曲线主点和中桩坐标后，可以利用全站仪极坐标方法进行测设，也可利用 GNSS-RTK 采用直接坐标法进行测设，测设方法与第 12 章坐标测设一样，此处不再赘述。

13.2 有缓和曲线的圆曲线测设

缓和曲线是在直线与圆曲线之间或半径相差较大的两个转向相同的圆曲线之间设置一段过渡曲线。设置在直线与圆曲线之间的缓和曲线，曲线上任意一点的曲率半径 r_i 应与曲线起点至该点的弧长 l_i 成反比，即（$r_i = \dfrac{C}{l_i}$，C 为系数）；在与直线连接处（$l_i = 0$）曲率半径为无穷大（$r_i = \infty$），在与圆曲线连接处（$l_i = l$）曲率半径与圆曲线半径（$r_i = R$）相同。缓和曲线保证了车辆在直线和圆曲线之间平滑过渡,避免了曲率半径的突然变化,提高了行车平稳性,降低不适感,增加线形美观。

1. 有缓和曲线的圆曲线主点

如图 13-3 所示,在圆曲线两端加设等长的缓和曲线 l 后,曲线主点有 5 个,直缓点(ZH)、缓圆点(HY)、曲中点(QZ)、圆缓点(YH)、缓直点(HZ)。

2. 缓和曲线参数

在图 13-3 中,β、m、p 称为缓和曲线参数,β 为缓和曲线切线角,即 ZH 与 HY 处切线或 HZ 与 YH 处切线之间的夹角;m 为切线增量(切垂距),自圆心向 ZH 点或 HZ 点的切线作垂线 OC 和 OD,则 m 为 ZH 点或 HZ 点到垂足的距离;p 为圆曲线内移量,即垂线长 OC 或 OD 与圆曲线半径 R 之差。

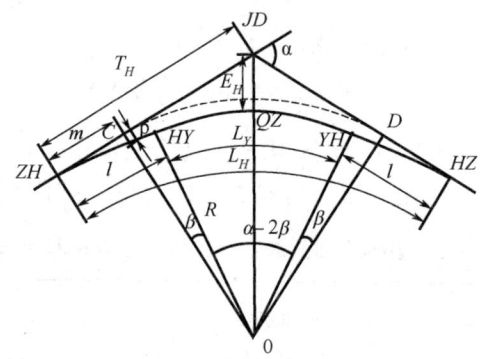

图 13-3 有缓和曲线的圆曲线

缓和曲线参数 β、m、p 由下式求得:

$$\begin{cases} m = \dfrac{l}{2} - \dfrac{l^3}{240R^2} \\ p = \dfrac{l^2}{24R} \\ \beta = \dfrac{l}{2R} \dfrac{180°}{\pi} \end{cases} \quad (13\text{-}24)$$

3. 有缓和曲线的圆曲线要素的计算

同圆曲线一样,有缓和曲线的圆曲线要素也是 4 个:切线长 T_H、曲线长 L_H、外矢距 E_H、切曲差 J_H。

根据图 13-3 中的三角函数关系可以得到曲线要素的计算公式如下:

$$\begin{cases} T_H = m + (R+p)\tan\dfrac{\alpha}{2} \\ L_H = \dfrac{R\pi}{180°}(\alpha - 2\beta_0) + 2l \\ E_H = (R+p)\sec\dfrac{\alpha}{2} - R \\ J_H = 2T_H - L_H \end{cases} \quad (13\text{-}25)$$

4．曲线主点里程的计算

交点 JD 的里程由设计单位给出，曲线主点里程可按式（13-26）计算：

$$\begin{cases} ZH里程 = JD里程 - T_H \\ HY里程 = ZH里程 + l \\ QZ里程 = HY里程 + (L_Y/2) \\ YH里程 = QZ里程 + (L_Y/2) \\ HZ里程 = YH里程 + l \\ HZ里程 = JD里程 + T_H - D_H (检核) \end{cases} \quad (13\text{-}26)$$

式中：曲线中圆曲线长 $L_Y = L_H - 2l$。

【例题 13-4】 已知线路某转点 JD 的里程为 K162+028.77，圆曲线半径 R=500m，缓和曲线长 l=110m，转向角 $\alpha_右$= 48°23′。

（1）计算曲线要素：切线长、曲线长、外矢距、切曲差。
（2）计算主点的里程。

解：（1）把已知数据代入式（13-24）、式（13-25），求出：

$$\beta=6°18'9'', \quad m=55\text{m}, \quad p=1\text{m}$$

T_H=280.07m，L_H=532.22m，E_H=49.23m，J_H=27.92m，L_Y=312.22m

（2）计算主点里程并检核：

JD	K162+028.77
$-T_H$	280.07
ZH	K161+748.70
$+l$	110.00
HY	K161+858.70
$+(L_Y/2)$	156.11
QZ	K162+014.81
$+(L_Y/2)$	156.11
YH	K162+170.92
$+l$	110.00
HZ	K162+280.92
$JD+T_H-J_H$	$K162+280.92 = HZ$（计算正确）

有缓和曲线的圆曲线主点、中桩坐标计算与单一圆曲线计算方法类似，在此不再赘述。计算出曲线主点、中桩的坐标后，可利用全站仪极坐标法测设或 GNSS-RTK 直接坐标法测设。

13.3 竖曲线的测设

在设计路线纵坡的变更处，考虑行车的视距要求和行车的平稳，在竖直面内用圆曲线连接起来，这种曲线称为竖曲线。如图 13-4 所示，路线上有三条相邻的纵坡，其坡度分别为 i_1（+）、i_2（−）、i_3（+）；在坡度为 i_1 和 i_2 的纵坡之间设置凸形竖曲线，在坡度为 i_2 和 i_3 的纵坡之间设置凹形竖曲线。

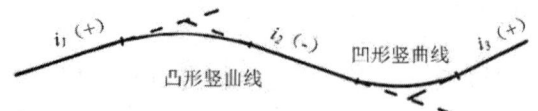

图 13-4　路线纵坡和竖曲线

根据路线相邻坡道的设计纵坡 i_1 和 i_2（见图 13-4），按下式计算竖曲线的坡度转折角 α。

$$\alpha = \arctan i_1 - \arctan i_2 \tag{13-27}$$

竖曲线的设计半径为 R，竖曲线的计算参数为切线长 T，曲线长 L 和外矢距 E。可以采用与平面圆曲线计算主点测设参数同样的式（13-1）进行计算。但由于竖曲线的设计半径 R 较大，而 α 角又较小，因此，当 i_1、i_2 较小时竖曲线测设元素也可以用下列近似公式计算：

$$T = \frac{1}{2}R(i_1 - i_2) \tag{13-28}$$

$$L = R(i_1 - i_2) \tag{13-29}$$

$$E = \frac{T^2}{2R} \tag{13-30}$$

同理可导出竖曲线中间各点按直角坐标法测设的 y_i（即竖曲线上的标高改正值）的计算式：

$$y_i = \frac{x_i^2}{2R} \tag{13-31}$$

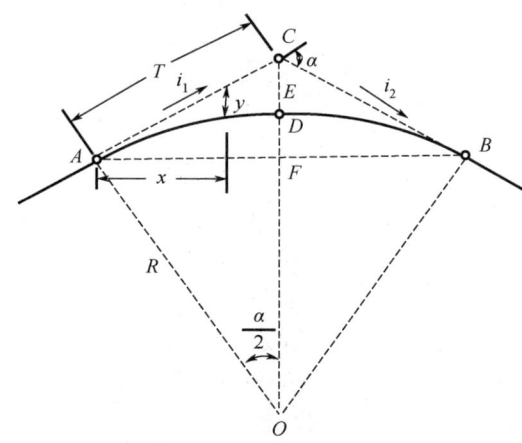

图 13-5　竖曲线测设元素

上式中的 y_i 值在凹形竖曲线中为正号，在凸形竖曲线中为负号。

【例题 13-5】　设 $i_1 = -1.114\%$，$i_2 = +0.154\%$，为凹形竖曲线，变坡点的桩号为 K1+670，高程为 48.60m，欲设置 R=5000m 的竖曲线，求各测设元素、起点、终点的桩号和高程、曲线上每 10m 间距里程桩的标高改正数和设计高程。

解：按上列公式求得 T =31.70m，L=63.40m，E =0.10m，竖曲线起点、终点的桩号和高程为

起点桩号=K1+(670−31.70)=K1+638.30

终点桩号=K1+(638.3+63.40)=K1+701.70

起点坡道高程=48.60+31.7×1.114%=48.95m

终点坡道高程=48.60+31.7×0.154%=48.65m

然后根据 R =5000m 和相应的桩距 x_i，即可求得竖曲线上各点的标高改正数 y_i，计算结果列于表 13-3。

表 13-3 竖曲线各桩高程计算

桩号	至起点或终点距离 x_i/m	标高改正值 y_i/m	坡道高程/m	竖曲线高程/m	备注
K1+638.3			48.95	48.95	竖曲线起点
K1+650	x_1 =11.7	y_1 =0.01	48.82	48.83	i_1 =−1.114%
K1+660	x_2 =21.7	y_2 =0.05	48.71	48.76	
K1+670	x_3 =31.7	E =0.10	48.60	48.70	变坡点
K1+680	x_4 =41.7	y_2 =0.05	48.62	48.67	i_2 =+0.154%
K1+690	x_5 =51.7	y_1 =0.01	48.63	48.64	
K1+701.7			48.65	48.65	竖曲线终点

竖曲线起点和终点的测设方法与圆曲线相同，而竖曲线上细部点的测设，实质上是在曲线范围内的里程桩上测设竖曲线的高程。因此，实际工作中，测设竖曲线与测设路面高程桩一起进行。测设时，只需把已算出的各点坡道高程再加上（对于凹型竖曲线）或减去（对于凸形竖曲线）相应点上的标高改正值即可。

思 考 题

1. 圆曲线主点包括哪些？它们在线路工程测量中有何重要作用？
2. 圆曲线的基本参数有哪些？这些参数如何影响圆曲线的形状和尺寸？
3. 如何根据设计参数计算圆曲线的半径、弧长等关键数据？
4. 在圆曲线测设中，如何计算主点的桩号？
5. 如何根据设计参数和线路走向计算圆曲线主点的平面坐标？
6. 坐标计算中需要考虑哪些因素以确保准确性？
7. 什么是中桩？在圆曲线测设中，如何计算中桩的坐标？
8. 圆曲线测设的主要步骤和方法是什么？
9. 有缓和曲线的圆曲线主点有哪些？
10. 缓和曲线的基本参数有哪些？
11. 在有缓和曲线的圆曲线中，如何计算曲线主点的里程？
12. 里程计算对于线路定位和后续施工有何影响？
13. 什么是竖曲线？它在道路和铁路线路中起什么作用？
14. 竖曲线的类型有哪些？它们各自的特点和应用场景是什么？
15. 竖曲线测设的主要步骤和方法是什么？

第 14 章 隧道工程测量

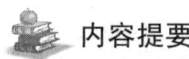
内容提要

介绍了隧道地面控制测量的方法,包括地面平面控制测量和高程控制测量,洞内平面控制和高程控制测量,隧道(巷道)贯通测量,包括洞内中线和腰线的测设、洞内施工导线测量和水准测量、盾构施工测量以及竖井联系测量等。重点在于隧道地面和洞内控制测量,这是隧道贯通测量基础,确保隧道施工过程中的定位和测量准确无误,为隧道的顺利贯通提供有力保障。难点在于隧道工程测量面临着复杂的地质和环境条件,以及高精度的测量要求。

14.1 隧道地面控制测量

隧道地面控制测量应在隧道开挖前完成,应根据隧道的长度、形状、线路、通过地区的地形情况和施工方法等沿隧道两洞口的连线方式布设,各个洞口(包括辅助坑道口)外均应布设一定数量且相互通视的控制点。

首先分析所收集的资料,进行实地踏勘,现场选点,确定布网方案。对于隧道进出口、竖井(斜井或水平坑道)口,每个洞口附近至少要布设 3 个平面控制点和 3 个水准点,洞口设点应便于施工中线的放样,便于联测洞外控制点及向洞内测设导线,向洞内传算方位的定向边长度不宜小于 300m。投点的高程要适当,埋设需稳固可靠,便于长期保存和使用。洞口水准点应布设在洞口附近土质坚实、通视良好、施测方便、便于保存且高度适宜之处,两个水准点间的高度差,以安置一次水准仪即可联测为宜。

14.1.1 隧道地面平面控制测量

当线路平面控制网精度满足隧道控制测量要求时,可在线路控制网基础上扩展加密,建立隧道施工控制网。当线路平面控制网精度不能满足隧道控制测量要求时应建立隧道独立平面控制网,为了施工放样、估算与测量贯通误差更方便,使独立坐标系坐标轴与隧道轴线一致,或与贯通面垂直,投影高程面选取隧道的平均高程面。为了把隧道和线路的设计坐标系联系起来,需要与线路控制点联测,根据线路测量的控制点进行定位和定向,并且计算出线路坐标系下的坐标。

隧道地面平面控制的方法主要有 3 种:导线法、边角网法和 GNSS 网法。其技术要求见表 14-1。

表 14-1 隧道地面平面控制测量技术要求

测量方法	测量等级	隧道长度/km	洞外定向边长度/m
GNSS 网法 导线法 边角网法	一等(GNSS)	8~20	≥400
	二等	4~8	≥350
	三等	2~4	≥300
	四等	<2	≥250

1. 导线法

在较短的沿山隧道，地形条件较适合，且受仪器设备限制的情况下，可考虑采用导线法。用导线法建立隧道洞外平面控制时，导线点应沿两端洞口的连线布设，导线应组成多边形闭合环，一个控制网中导线环的个数应不少于 4 个；每个环的边数为 4~6 条，应尽可能将两端洞口控制点纳入导线网中，如图 14-1 所示。相邻边长应大致相等，相邻边长的比不应小于 1：3，并尽量采用长边，以减小测角误差对导线横向误差的影响。导线的内业计算一般采用严密平差法，等级较低的导线也可采用近似平差计算。

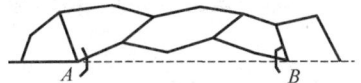

图 14-1 隧道地面导线布设示意图

2. 边角网法

在 GNSS 定位技术应用之前，基本是采用边角网法建立隧道地面平面控制网。图 14-2 是一个典型的隧道地面边角网图，隧道两洞口点 A、D，曲线隧道两切线上的点 ZD_1、ZD_3、ZD_4、和直圆点 ZY 都是控制网上的点，可精确地确定曲线的转角和曲线元素。

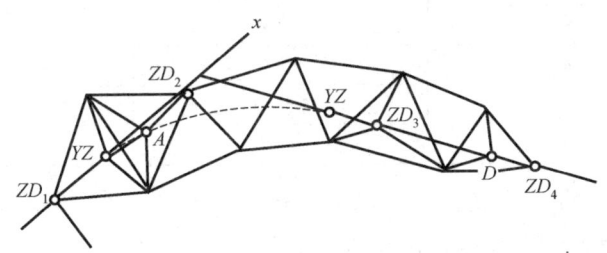

图 14-2 隧道地面边角网示意图

3. GNSS 网法

隧道 GNSS 网选点除满足 GNSS 布设的一般要求外，还应满足以下要求：应在隧道各开挖洞口附近布设不少于 4 个点的洞口点群（含洞口投点），洞口点群宜布设成大地四边形或三角形网。对于直线隧道，应在进出口的定测中线上布设两个控制点，另外再布设两个定向点，要求洞口点与定向点通视，对于曲线隧道，控制网应包括曲线的主要控制点（曲线起点、终点）和每条切线上布设的两点洞口点，应便于地面测量方法检测、加密或恢复。隧道 GNSS 平面控制网宜采用网联式布设，整个 GNSS 网由若干个独立异步环构成，每个点至少有 3 条独立基线相连，至少独立设站观测两个时段。

14.1.2 隧道地面高程控制测量

隧道地面高程控制测量的任务是在各洞口附近设立 3 个以上水准基点，作为向洞内传递高程的依据。一般在平坦地区用等级水准测量，在丘陵及山区可考虑采用电磁波测距三角高程测量。

水准路线应以线路定测水准点的高程作为起始高程，一般布设为附合水准路线，或铺设两条相互独立的水准线路。对于大型隧道工程，水准测量等级应根据两洞口间水准线路长度确定，表 14-2 为铁路隧道高程控制测量技术要求。

表 14-2　铁路隧道高程控制测量技术要求

铁路类型	轨道结构	列车设计速度 V /(km/h)	隧道洞外洞内水准路线总长度/km			
			<6	6～17	17～39	39～150
客货共线铁路，重载铁路	有砟	$120<V\leqslant200$	二等			
		$V\leqslant120$	三等	精密		二等
	无砟	$120<V\leqslant200$	三等		精密	二等
		$V\leqslant120$	四等	三等	精密	二等

14.2　隧道洞内控制测量

14.2.1　洞内平面控制

由于隧道横断面狭窄，洞内平面控制只能采用导线形式进行，特长隧道可加测陀螺方位角。其测量技术要求见表 14-3。

表 14-3　隧道洞内平面控制测量技术要求

测量方法	测量等级	隧道长度/km	洞外定向边长度/m
导线测量	二等	8～20	≥400
	隧道二等	5～8	≥350
	三等	2～5	≥300
	四等	1.5～2	≥200
	一级	<1.5	≥200

洞内导线应以洞口投点为起始点，沿隧道中线或隧道两侧布设成直伸型导线。对于特长隧道，洞内导线可布设为由大地四边形构成的导线网（见图 14-3（a））和由重叠四边形构成的交叉双导线网两种形式（见图 14-3（b））。大地四边形的两条短边可用钢尺量取，无须进行方向观测。大地四边形全导线网的观测量较大，靠近洞壁的侧边易受旁折光影响，所以适宜采用交叉双导线网。为增加检核，应每隔一条侧边闭合一次。

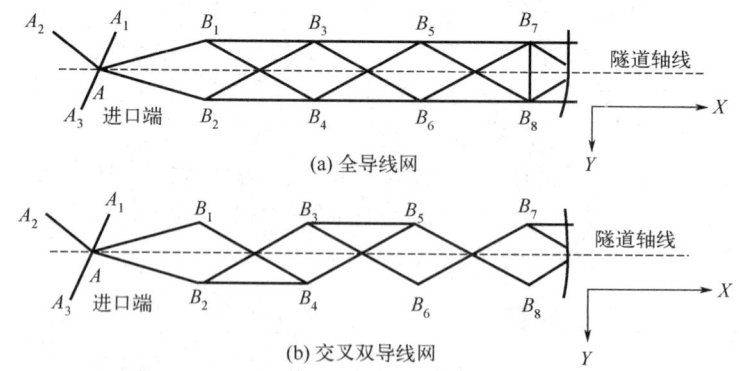

图 14-3　隧道洞内导线网示意图

与地面导线测量相比，洞内导线的主要特点是：不能一次布设，应随着隧道的开挖分级布设，并逐渐向前延伸。洞内导线的分级布设通常分施工导线、基本导线和主要导线。施工导线的边长为 25～50m，基本导线边长为 50～100m，主要导线的边长为 150～180m。当隧道开始掘进时，首先布设施工导线，给出坑道的中线，指示掘进方向；当掘进 300~500m 时，布设基本导线，检查已敷设的施工导线是否正确，高等级导线的起点、部分中间点和终点应与低等级导线点重合；隧道继续向前掘进时，应以高等级导线为基准，向前敷设低等级导线和放样中线。隧道单向掘进每隔约 5km 应采用不低于 5″级的陀螺仪加测定向边，当陀螺边方位角与洞内导线边坐标方位角之差大于 15″时，应进行分析检查。

14.2.2 洞内高程控制测量

洞内高程控制测量的目的是利用洞口高程控制点向洞内传递高程，即测定洞内各高程控制点的高程，作为洞内施工高程放样的依据。洞内应每隔 200~500m 设立一对高程控制点。高程控制点可选在导线点上，也可根据情况埋设在隧道的顶板、底板或边墙上。洞内三等及以上的高程控制测量应采用水准测量，四等及以下可采用水准测量或光电测距三角高程测量。当采用水准测量时，应进行往返观测；采用光电测距三角高程测量时，应进行对向观测。洞内水准测量时，除采用常规的方法，有时为避免施工干扰，还采用"倒尺法"传递高程，如图 14-4 所示。应用倒尺法传递高程时，规定倒尺的读数为负值，高差的计算与常规水准测量方法相同。

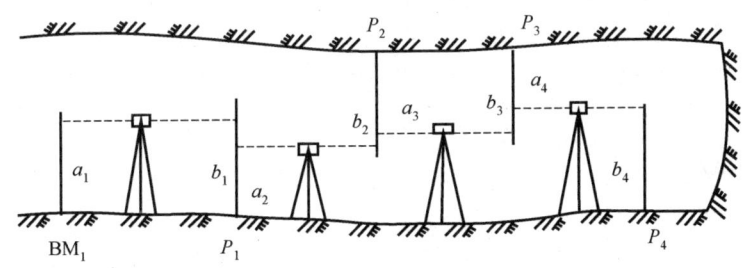

图 14-4 倒尺法传递高程示意图

14.3 隧道（巷道）贯通测量

隧道（巷道）贯通测量通过精确的测量和计算，确保隧道（巷道）在掘进过程中能够按照设计要求准确贯通，避免出现偏差过大的情况，从而保证工程质量、施工安全和施工进度。

14.3.1 洞内中线和腰线测设

1. 中线测设

根据隧道洞口中线控制桩和中线方向桩，在洞口开挖面上测设开挖中线以控制开挖方向，并逐步往洞内引测隧道中线上的里程桩。一般情况为隧道每掘进 20m，要埋设一个中线里程桩。中线桩可以埋设在隧道的底部或顶部。

2. 腰线测设

在隧道施工中，为了控制施工的标高和隧道横断面的放样，在隧道岩壁上，每隔一定距离（5~10m）测设出比洞底设计地坪高出 1m 的标高线，称为腰线。腰线的高程由引测入洞内的施工水准点进行测设。由于隧道的纵断面有一定的设计坡度，因此，腰线的高程按设计坡度随中线的里程而变化，它与隧道底设计地坪高程线是平行的。

14.3.2 洞内施工导线测量和水准测量

1．洞内导线测量

测设隧道中线时，通常每掘进 20m 埋设一个中线桩，由于定线误差，所有中线桩不可能严格位于设计位置上。所以，隧道每掘进至一定长度（直线隧道约每隔 100m 左右，曲线隧道按通视条件尽可能放长），就应布设一个导线点，也可以利用原来测设的中线桩作为导线点，组成洞内施工导线。洞内施工导线只能布置成支导线的形式，并随着隧道的掘进逐渐延伸。支导线缺少检核条件，观测应特别注意，导线的转折角应观测左角和右角，导线边长应往返测量。为了防止施工中可能发生的点位变动，导线必须定期复测，进行检核。根据导线点的坐标来检查和调整中线桩的位置，随着隧道的掘进，导线测量必须及时跟上，以确保贯通精度。

2．洞内水准测量

用洞内水准测量控制隧道施工的高程。隧道向前掘进，每 50m 应设置一个洞内水准点，并据此测设腰线。通常情况下，可利用导线点位作为水准点，也可将水准点埋设在洞顶或洞壁上，但都应力求稳固和便于观测。洞内水准测量均为支水准路线，除应往返观测外，还须经常进行复测。

3．掘进方向指示

根据洞内施工导线和已经测设的中线桩用全站仪指示出隧道的掘进方向。由于隧道洞内工作面狭小，光线暗淡，因此，在施工掘进的定向工作中，经常使用激光全站仪，以及专用的激光指向仪，用以指示掘进方向。激光指向具有直观、对其他工序影响小、便于实现自动控制等优点。例如，采用机械化掘进设备，用固定在一定位置上的激光指向仪，配以装在掘进机上的光电接收靶，在掘进机向前推进中，方向如果偏离了指向仪发出的激光束，则光电接收装置会自动指出偏移方向及偏移值，为掘进机提供自动控制的信息。

14.3.3 盾构施工测量

盾构法隧道施工是一种先进的、综合性的施工技术，它是将隧道的定向掘进、土方和材料的运输、衬砌安装等各工种组合成一体的施工方法。其作业深度可以离地面很深，不受地面建筑和交通的影响；机械化和自动化程度很高，是一种先进的隧道施工方法，广泛用于城市地下铁道、越江隧道等的施工中。

盾构的标准外形是圆筒形，也有矩形、双圆筒形等与隧道断面一致的特殊形状。如图 14-5 所示为圆筒形盾构及隧道衬砌管片的纵剖面示意图。切削钻头作为盾构掘进的前沿部分，利用沿盾构圆环四周均匀布置的推进千斤顶,顶住已拼装完成的衬砌管片（钢筋混凝土预制件），推动其向前掘进。同时，由激光指向仪精确控制盾构的推进方向。

利用洞内导线点和水准点测定盾构的三维空间位置和轴线方向，用激光全站仪或激光指向仪指示推进方向，用千斤顶编组施以不同的推力，调整盾构的位置和推进方向。盾构每推进一段，随即用预制的衬砌管片对隧道壁进行衬砌。

在隧道施工中，可以用开挖竖井的方法来增加工作面，将整个隧道分成若干段，实行分段开挖，例如，城市地下铁道的建造，每个地下车站是一个大型竖井，在站与站之间用盾构进行掘进，施工可以不受城市地面密集建筑物和繁忙交通的影响。

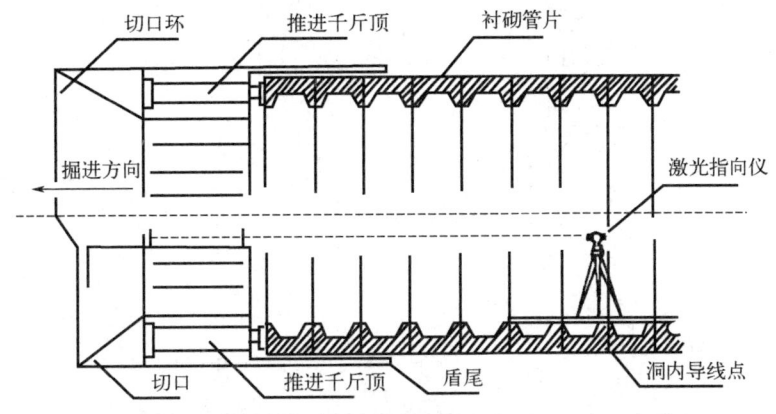

图 14-5　圆筒形盾构及隧道衬砌管片的纵剖面示意图

14.3.4　竖井联系测量

为了保证地下各开挖面能准确贯通，必须将地面控制网中的点位坐标、方位角和高程经过竖井传递到井底，建立地面和井下统一的工程控制网坐标系统，这项工作称为竖井联系测量。

竖井施工时，根据地面控制点把竖井的设计位置测设于地面。竖井向地下开挖后，其平面位置用悬挂大垂球或用垂准仪测设铅垂线，将地面的控制点垂直向下投影至地下施工面，其工作原理和方法与高层建筑的平面控制点垂直向上投影完全相同。高程控制点的高程传递可以用钢卷尺垂直丈量法或全站仪天顶测距法。

竖井施工到达底面以后，应将地面控制点的坐标、高程和方位角精确地传递到井底，以便能在竖井的底层确定隧道的开挖方向和里程。由于竖井的井口尺寸有限，用于传递方位的两根铅垂线的距离相对较短（一般仅为 3～5m），垂直投影的点位误差会严重影响井下方位定向的精度。如图 14-6 所示，V_1、V_2 是圆筒形竖井井口的两个投影点，垂直投影至井下。由于投点误差，至井底偏移到 V_1'、V_2'。设 $V_1V_1'=V_2V_2'$，则对投影边方位角产生的角度误差为

$$\Delta \alpha = \frac{2V_1V_1'}{V_1V_2}\rho'' \qquad (14\text{-}1)$$

设 $V_1V_2=5\text{m}$，$V_1V_1'=V_2V_2'=1\text{mm}$，则产生的方位角误差 $\Delta \alpha = 1'12''$，一般要求投点误差应小于 0.5mm。两垂直投影点的距离越大，则投影边的方位角误差越小。该边的方位角要作为地下洞内导线的起始方位角，因此在竖井联系测量工作中，方位角传递（定向）是一项关键性工作。

竖井联系测量主要有"一井定向""两井定向"等方法。

1．一井定向

通过一个竖井口，用垂线投影法将地面控制点的坐标和方位角传递至井下隧道施工面称为一井定向。如图 14-7 所示，在竖井口的井架上设 V_1、V_2 两个投影点，向井下投影的方法可以用垂球线法或用垂准仪法。下面介绍用高精度的垂准仪进行一井定向以传递坐标和方位角的方法。在竖井上方的井架上 V_1 和 V_2 两个投影点上架设垂准仪，分别向井底 V_1' 和 V_2' 两个可以微动的投影点进行垂直投影。

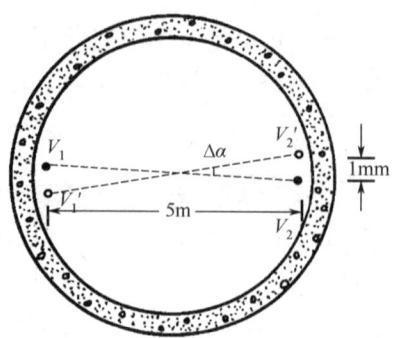

图 14-6 竖井方位角传递误差

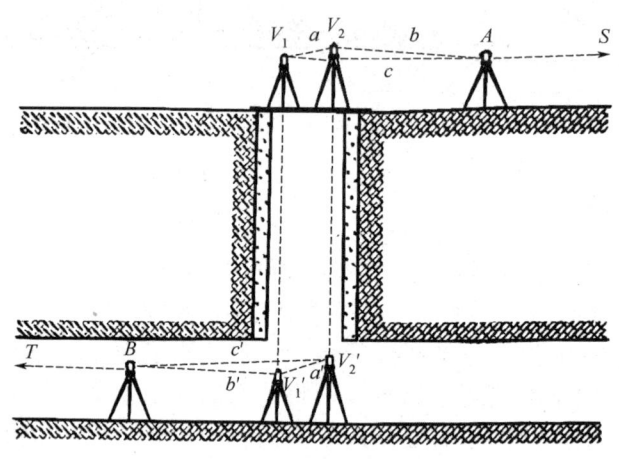

图 14-7 一井定向联系测量

进行联系测量时，如图 14-7 和图 14-8 所示，在井口地面平面控制点 A 上安置全站仪，瞄准另一平面控制点 S 及投影点 V_1 和 V_2，观测水平方向，测定水平角 ω 和 α，同时测定井上联系三角形 $\triangle AV_1V_2$ 的三边长度 a、b、c。同时，在井下隧道口的洞内导线点 B 上也安置全站仪，瞄准洞内导线点 T 和投影点 V_1' 和 V_2'，测定水平角 ω' 和 α' 和井下联系三角形 $\triangle BV_1'V_2'$ 中的三边长度 a'，b'，c'。联系三角形应布置成直伸形状，α 和 α' 角应为很小的角度（<3°），b/a 的比值应大于 1.5，即 a 应尽可能大，这样有利于提高传递方位角的精度。

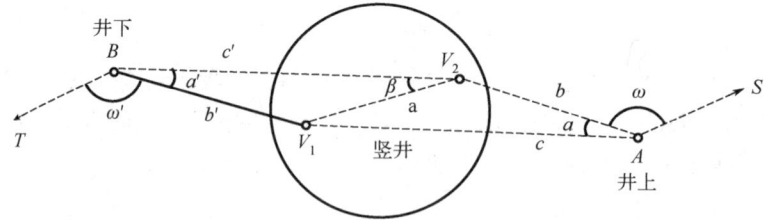

图 14-8 一井定向的联系三角形

经过井上、井下联系三角形的解算，将地面控制点的坐标和方位角通过投影点 V_1 和 V_2 传递至井下的洞内导线点。联系三角形的解算方法如下：

（1）井上联系三角形解算

根据地面控制点 A 和 S 的坐标，反算 AS 边的坐标方位角 α_{AS}，根据测得的水平角 α 和 ω，

推算 AV_1 边和 AV_2 边的方位角 α_{AV_1}、α_{AV_2}：

$$\alpha_{AV_1} = \alpha_{AS} - (\omega + \alpha) \tag{14-2}$$

$$\alpha_{AV_2} = \alpha_{AS} - \omega \tag{14-3}$$

根据 AV_1 边和 AV_2 边的边长及方位角，由 A 点坐标推算 V_1 和 V_2 点坐标 (x_1, y_1) 和 (x_2, y_2)：

$$\begin{cases} x_1 = x_A + c \cdot \cos\alpha_{AV_1} \\ y_1 = y_A + c \cdot \sin\alpha_{AV_1} \end{cases} \tag{14-4}$$

$$\begin{cases} x_2 = x_A + b \cdot \cos\alpha_{AV_2} \\ y_2 = y_A + b \cdot \sin\alpha_{AV_2} \end{cases} \tag{14-5}$$

算得的 V_1 和 V_2 点坐标应与 V_1V_2 实测边长 a 按下式作检核：

$$a = \sqrt{(x_1 - x_2)^2 + (y_1 - y_2)^2} \tag{14-6}$$

根据 V_1 和 V_2 点的坐标，反算投影边 V_1V_2 的方位角 $\alpha_{V_1V_2}$。

（2）井下联系三角形解算

根据井下观测的水平角 α' 和边长 $V_1'V_2'$、BV_1'，用正弦定律计算水平角 β：

$$\frac{\sin\beta}{BV_1'} = \frac{\sin\alpha'}{V_1'V_2'} \tag{14-7}$$

$$\beta = \arcsin\left(\frac{BV_1'}{V_1'V_2'}\sin\alpha'\right) \tag{14-8}$$

根据投影边方位角 $\alpha_{V_1V_2}$ 和 β 角，推算 $V_2'B$ 边的方位角 $\alpha_{V_2'B}$：

$$\alpha_{V_2'B} = \alpha_{V_1V_2} + \beta \tag{14-9}$$

根据 $V_2'B$ 边的边长及方位角，由 V_2 点坐标推算洞内导线点 B 的坐标：

$$\begin{cases} x_B = x_{V_2} + c' \cos\alpha_{V_2'B} \\ y_B = y_{V_2} + c' \sin\alpha_{V_2'B} \end{cases} \tag{14-10}$$

根据井下观测的水平角 α' 和 ω'，推算第一条洞内导线边的方位角：

$$\alpha_{BT} = \alpha_{V_2'B} + (\alpha' + \omega') \pm 180° \tag{14-11}$$

洞内导线取得起始点 B 的坐标和起始边 BT 的方位角以后，即可向隧道开挖方向延伸，测设隧道中线点位。

2．两井定向

在隧道施工时，为了通风和出土方便，往往在竖井附近增加一通风井或出土井。此时，井上和井下的联系测量可以采用两井定向的方法，以克服因一井定向时两个投影点相距过近而影响方位角传递精度的缺点。

两井定向是在两个竖井中分别测设一根铅垂线（用垂准仪投影或挂大垂球），由于两垂线间的距离大大增加，因而减小了投影点误差对井下方位角推算的影响，有利于提高洞内导线的精度。

两井定向时，地面上采用导线测量方法测定两投影点的坐标。在井下，利用两竖井间的贯通巷道，在两垂直投影点之间布设无定向导线，以求得联接两投影点间的方位角和计算井下导线点的坐标。采用两井定向时的井上和井下联系测量控制网布设图形，如图 14-9 所示，A、B、C 为地面控制点，其中 A、B 为近井点（靠近井口的控制点），V_1、V_2 为两个竖井中的垂直投影点，$V_1-E-F-V_2$ 组成井下无定向导线。通过无定向导线的计算，得到井下控制点 V_1、E、F、V_2 的坐标。

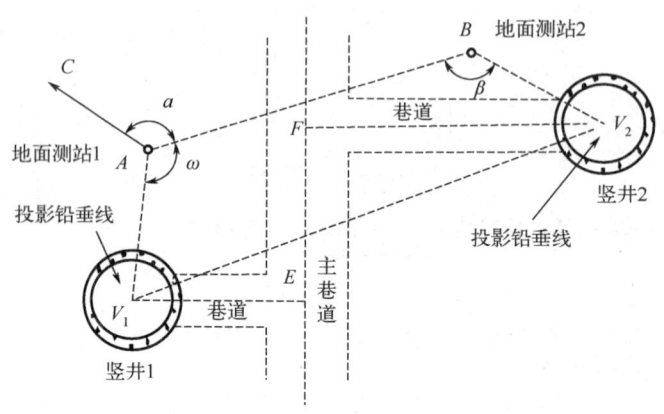

图 14-9　两井定向联系测量

3. 陀螺仪测定井下方位角

在经纬仪或全站仪的支架上方安装陀螺仪，组合而成陀螺经纬仪或陀螺全站仪。如图 14-10 所示为全站仪上安装陀螺仪、陀螺仪目镜中的读数和"逆转点法"读数示意图。陀螺仪定正北方向的原理如下，当陀螺仪中自由悬挂的转子在陀螺马达的驱动下高速旋转（约 21500r/min）时，因受地球自转影响而产生一个力矩，使转子的轴指向通过测站的子午线方向，即真北方向。经纬仪或全站仪的水平度盘可根据真北方向进行定向（读盘读数设置为零度）；当经纬仪或全站仪转向任一目标时，水平度盘的读数即为测站至目标的真方位角。

真方位角与坐标方位角之间还存在一个子午线收敛角的差别，通过地面控制点和井下的联系测量，可以求得测站的子午线收敛角，从而将真方位角化为坐标方位角。

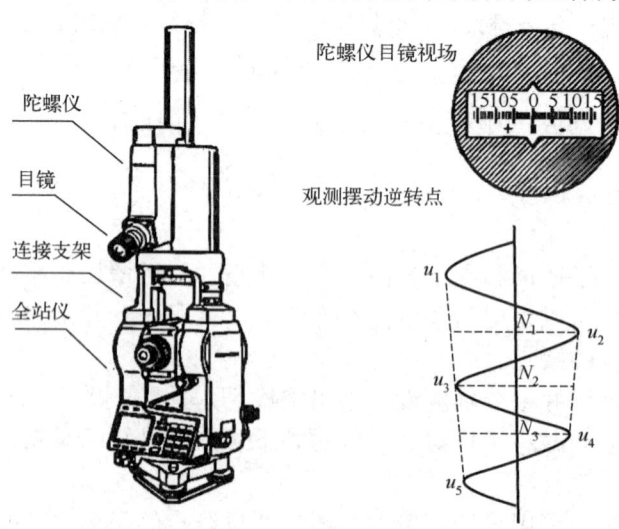

图 14-10　陀螺仪定向观测

用陀螺经纬仪或全站仪测定方位角时，安置仪器于测站上，将望远镜大致瞄准正北方向，水平微动螺旋制动于中间位置。启动陀螺仪，启动指示灯亮，当陀螺转速达到规定值后，启动指示灯灭，缓慢旋松用于固定陀螺旋转部分的紧锁螺旋，以便安全地放下陀螺的旋转头（或灵敏部分）；高速旋转中的陀螺轴向通过测站的子午面两侧做衰减往返摆动，通过陀螺仪目镜可以看到指标线的左右摆动。连续跟踪和读取摆动中的指标线到达左、右逆转点时的水平方向值 $u_1, u_2, u_3 \cdots$，根据三个连续方向值 u_i, u_{i+1}, u_{i+2}，按下式计算摆动中心点的方向值读数 N_i（$i=1,2,3,\cdots$）：

$$N_i = \frac{1}{2}\left(\frac{u_i + u_{i+2}}{2} + u_{i+1}\right) \qquad (14-12)$$

取各个 N_i 的平均值，得到测站的真北方向的水平方向值。用陀螺经纬仪或全站仪作地面和井下的联系测量时（见图14-11），在井口的地面控制点 A（近井点）安置陀螺经纬仪或陀螺全站仪，分别瞄准另一地面控制点 S 和垂线投影点 V（垂线钢丝如图14-11中所示或垂准仪投影时的觇牌），观测水平角和距离，推算 AV 方向的坐标方位角 α_{AV} 和 V 点的坐标 (x_V, y_V)。然后开动陀螺仪，测定 AV 方向的真方位角 A_{AV}，按下式计算近井点 A 的子午线收敛角：

$$\gamma = A_{AV} - \alpha_{AV} \qquad (14-13)$$

然后安置仪器于洞内导线点 B，瞄准铅垂线 V' 和洞内另一导线点 T，进行和地面点 A 同样的观测；根据陀螺仪测定的真方位角 A_{BV}，计算洞内导线边 BV 的坐标方位角：

$$\alpha_{BV} = A_{BV} - \gamma \qquad (14-13)$$

根据投影点 V 的坐标和 BV 边的边长和坐标方位角，计算 B 点的坐标；根据 B 点观测的水平角，计算 BT 边的坐标方位角；以此作为洞内导线的起始数据。

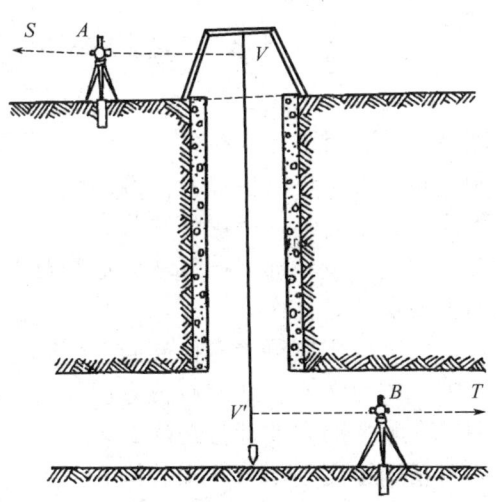

图 14-11　用陀螺仪测定方位角

4．竖井高程传递

竖井高程传递是将井口地面点的高程传递到井下的工作。如图14-12所示，在 A 和 B 点上立水准尺，竖井中悬挂钢卷尺（零点在下），井上、井下各安置一台水准仪，地面水准仪在水准尺和钢尺上的读数分别为 a_1 和 b_1，井下水准仪在钢尺和水准尺上的读数分别为 a_2 和 b_2，则 B 点的高程为

$$H_B = H_A + (a_1 - b_1) + (a_2 - b_2) \tag{14-14}$$

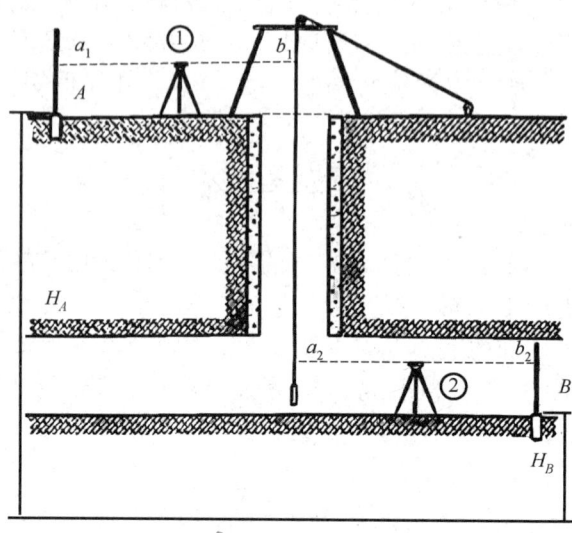

图 14-12　竖井高程传递

竖井高程传递也可以采用全站仪天顶测距法。全站仪天顶测距法是利用全站仪的测距和测角功能，通过指向天顶（即垂直向上）的望远镜，结合在各层垂直通道上安置的反射棱镜，来测量仪器轴与各层棱镜之间的垂直距离。通过加上仪器高度并减去棱镜常数，可以得到各层与底层之间的高差。

思 考 题

1. 隧道地面平面控制测量的主要目的是什么？
2. 如何选择合适的控制点布设方案以确保测量的准确性？
3. 在进行隧道地面高程控制测量时，应考虑哪些因素？
4. 高程控制测量的精度要求是多少？如何确保达到这些要求？
5. 洞内平面控制测量的主要步骤是什么？
6. 洞内高程控制测量与地面高程控制测量有何异同？
7. 在洞内高程控制测量中，如何选择合适的测量方法？
8. 洞内施工导线测量和水准测量的主要任务是什么？
9. 盾构机的前进方向如何精确控制？如何确保盾构施工的精度？
10. 竖井联系测量的主要目的是什么？

在进行竖井联系测量时，如何确保上下井口的准确对接？

参 考 文 献

[1] GB/T 13989-2012, 国家基本比例尺地形图分幅和编号[S]. 北京: 中国标准出版社, 2012.

[2] GB/T 7931-2008, 1:500 1:1000 1:2000 地形图航空摄影测量外业规范[S]. 北京: 中国标准出版社, 2008.

[3] GB/T 7930-2008, 1:500 1:1000 1:2000 地形图航空摄影测量内业规范[S]. 北京: 中国标准出版社, 2008.

[4] GB/T 24356—2023, 测绘成果质量检查与验收[S]. 北京: 中国标准出版社, 2023.

[5] GB/T 39612—2020, 低空数字航摄与数据处理规范[S]. 北京: 中国标准出版社, 2020.

[6] GB/T 33176-2016, 国家基本比例尺地图 1:500 1:1000 1:2000 地形图[S]. 北京: 中国标准出版社, 2016.

[7] GB/T 20257.1—2017, 国家基本比例尺地图图式 第 1 部分: 1:500 1:1000 1:2000 地形图图式[S]. 北京: 中国标准出版社, 2017.

[8] GB/T 12898-2009. 国家三.四等水准测量规范[S]. 北京: 中国标准出版社, 2009.

[9] GB/T 17942—2000, 国家三角测量规范[S]. 北京: 中国标准出版社, 2000.

[10] GB/T 12897—2006, 国家一.二等水准测量规范[S]. 北京: 中国标准出版社, 2006.

[11] GB/T 18314—2024, 全球导航卫星系统（GNSS）测量规范[S]. 北京: 中国标准出版社, 2024.

[12] GB/T 19391—2003, 全球定位系统（GPS）术语及定义[S]. 北京: 中国标准出版社, 2003.

[13] GB/T 17278—2009. 数字地形图产品基本要求[S]. 北京: 中国标准出版社, 2009.

[14] GB/T 27920.1-2011, 数字航空摄影规范 第 1 部分: 框幅式数字航空摄影[S]. 北京: 中国标准出版社, 2011.

[15] GB/T 35637—2017, 城市测绘基本技术要求[S]. 北京: 中国标准出版社, 2017.

[16] CH/T 8023—2011, 机载激光雷达数据处理技术规范[S]. 北京: 测绘出版社, 2011.

[17] GB/T 39611—2020, 卫星导航定位基准站术语[S]. 北京: 中国标准出版社, 2020.

[18] GB/T 39616—2020, 卫星导航定位基准站网络实时动态测量（RTK）规范[S]. 北京: 中国标准出版社, 2020.

[19] 李德仁, 王树根, 周月琴. 摄影测量与遥感概论[M]. 北京: 测绘出版社, 2001.

[20] 宁津生, 陈俊勇, 李德仁, 等. 测绘学概论[M]. 武汉: 武汉大学出版社, 2004.

[21] 张坤宜. 交通土木工程测量[M]. 武汉: 华中科技大学出版社, 2008.

[22] 李征航, 黄劲松. GPS 测量与数据处理[M]. 武汉: 武汉大学出版社, 2005.

[23] 周忠谟, 易杰军, 周琪. GPS 卫星测量原理与应用（修订版）[M]. 北京: 测绘出版社, 2004.

[24] 徐绍铨, 张华海, 杨志强, 等. GPS 测量原理与应用（修订版）[M]. 武汉: 武汉大学出版社, 2004.

[25] 李德仁, 刘耀林. 倾斜摄影测量技术[M]. 北京: 测绘出版社, 2018.

[26] 张祖勋, 张剑清. 数字摄影测量学（第二版）[M]. 武汉: 武汉大学出版社, 2012.

[27] 张剑清, 潘励, 王树根. 摄影测量学（第三版）[M]. 武汉: 武汉大学出版社, 2020.

[28] 王佩军, 徐青. 摄影测量原理与应用（第二版）[M]. 北京: 科学出版社, 2019.

[29] 武汉大学测绘学院. 误差理论与测量平差基础（第三版）[M]. 武汉: 武汉大学出版社, 2022.

[30] 宁津生, 陈俊勇, 李德仁, 等. 测绘学概论（第三版）[M]. 武汉: 武汉大学出版社, 2022.

[31] 陶本藻. 测量平差基础[M]. 北京: 测绘出版社, 2017.

[32] 龚健雅. 计算机视觉与摄影测量[M]. 北京: 科学出版社, 2021.

[33] 张正禄. 现代工程测量学[M]. 北京: 测绘出版社, 2017.

[34] 程效军, 鲍峰, 顾孝烈. 测量学（第五版）[M]. 上海：同济大学出版社，2023.

[35] 郭际明，史俊波，孔祥元，等. 大地测量学基础（第三版）[M]. 武汉：武汉大学出版社，2021.

[36] 潘正风、程效军、成枢、等.数字地形测量学（第二版）[M].武汉：武汉大学出版社, 2019.

[37] 郭庆华,胡天宇,刘瑾,等.轻小型无人机遥感及其行业应用进展[J].地理科学进展,2021,40(09):1550-1569.

[38] 庞勇, 李增元. 激光雷达遥感森林参数反演研究进展[J]. 遥感学报, 2022, 26(1): 1-12.

[39] 王成. 激光雷达原理与系统[M]. 北京: 科学出版社, 2021.

[40] 郭庆华, 庞勇, 刘清旺. 激光雷达遥感：原理、方法与应用[M]. 北京: 科学出版社, 2020.

[41] 陈军,刘万增,武昊,等.智能化测绘的基本问题与发展方向[J].测绘学报,2021,50(08):995-1005.

[42] 李德仁,张洪云,金文杰.新基建时代地球空间信息学的使命[J].武汉大学学报(信息科学版),2022,47(10):1515-1522.

[43] 刘万增,陈军.时空信息的基本内涵与赋能机理[J].地理学报, 2024, 79(05): 1099-1114.

[44] 李德仁,徐小迪,邵振峰.论万物互联时代的地球空间信息学[J].测绘学报,2022,51(01):1-8.

[45] 李德仁,张过,蒋永华,等.论大数据视角下的地球空间信息学的机遇与挑战[J].大数据,2022,8(02):3-14.

[46] 张广运,张荣庭,戴琼海,等.测绘地理信息与人工智能2.0融合发展的方向[J].测绘学报,2021,50(08):1096-1108.

[47] 孔维华, 王殷行. 测量学（第二版）[M]. 北京: 中国电力出版社, 2021.